普通高等教育“十二五”规划教材

电子商务综合应用教程

陈　萍　主　编

李志群　程渊敏　席　娜　副主编

中国铁道出版社
CHINA RAILWAY PUBLISHING HOUSE

内 容 简 介

本书全面介绍了电子商务的应用及全新的电子商务平台的操作。内容包括：电子商务概述、网络与Internet技术基础、网上交易与电子商务平台的应用、电子支付与网上银行、网络营销、电子商务物流、ShopEx电子商务平台应用、Ecstore电子商务平台应用案例。

本书内容从理论到实践、循序渐进，每章后面配有小结和习题，有利于学生巩固所学知识。

本书适合作为普通高等院校电子商务专业及电子商务应用相关课程的教材，也可作为电子商务师等级考试的参考用书，还可作为企业、事业单位从事电子商务研究和管理人员的参考书。

图书在版编目（CIP）数据

电子商务综合应用教程 / 陈萍主编. — 北京：中国铁道出版社，2014.1（2018.6重印）
普通高等教育“十二五”规划教材
ISBN 978-7-113-17933-5

Ⅰ.①电… Ⅱ.①陈… Ⅲ.①电子商务－高等学校－教材 Ⅳ.①F713.36

中国版本图书馆CIP数据核字（2013）第317945号

书　　名：电子商务综合应用教程
作　　者：陈　萍　主编

策　　划：曹莉群　　　**读者热线**：(010) 63550836
责任编辑：周海燕　彭立辉
封面设计：一克米工作室
责任校对：汤淑梅
责任印制：李　佳

出版发行：中国铁道出版社（100054，北京市西城区右安门西街8号）
网　　址：http://www.tdpress.com/51eds/
印　　刷：北京虎彩文化传播有限公司
版　　次：2014年1月第1版　　2018年6月第3次印刷
开　　本：787mm×1092mm　1/16　**印张**：16.75　**字数**：409千
印　　数：4501～4800册
书　　号：ISBN 978-7-113-17933-5
定　　价：38.00元

前言

本书针对目前电子商务在各个领域的应用而编写，并附教学光盘一张。书中介绍电子商务的操作流程及电子商务平台的运用，目标是要让高等院校的学生不仅仅掌握电子商务基本知识，还要掌握电子商务在工作中的具体应用，也为将来就业打下一个良好的基础。光盘附带如下内容：教学平台、教学录像、教学课件、考试卷面试题及答案、题库系统、阅卷系统、教材课后习题答案。光盘中教学资源丰富，便于教师上课与备课、学生自学。

本书编者长期从事高校电子商务课程的教学，经验丰富。本书编写时采用实例带动知识点的方法，使学生在了解实体市场的理论和操作的基础上，接受虚拟市场的理论和操作方法。

本书共分 8 章，相关内容如下：

第 1 章　电子商务概述，主要介绍电子商务及其演进、电子商务的分类、商务过程与基本流、电子商务的变革效应、电子商务发展趋势、移动电子商务。

第 2 章　网络与 Internet 技术基础，主要介绍 Internet 的形成与发展、运作模式、接入方法及主要服务；Intranet 的规划、建设过程及应用。

第 3 章　网上交易与电子商务平台的应用，主要介绍 B2B 电子商务应用、B2C 电子商务应用、C2C 电子商务应用。

第 4 章　电子支付与网上银行，主要介绍电子支付工具、网上银行、电子订货系统、移动支付、网上银行案例。

第 5 章　网络营销，主要介绍如何发现市场空隙，明确市场定位，以及创业企业网络营销的现实问题、创业企业营销的关键点（4P 理论）。

第 6 章　电子商务物流，主要介绍物流方式的选择、与物流公司的合作、商品包装策划。

第 7 章　ShopEx 电子商务平台应用，主要介绍全新的电子商务平台、商品管理、模板与页面管理、营销推广、会员管理订单管理等。

第 8 章　Ecstore 电子商务平台应用案例，主要介绍购物旅程、全新的促销活动及订单管理。

本书坚持“理论够用为度，加强实践训练”的教学理念，注重改革创新，使知识的传承与创新相结合，要求学生独立设计电子商务网店并能开展网上电子商务活动。

本书由陈萍任主编，李志群、程渊敏、席娜任副主编。具本编写分工：第 1、2、4 章由陈萍编写；第 3、5 章由李志群编写；第 7、8 章由程渊敏、陈萍编写；第 6 章由席娜编写。全书由陈萍统稿。

由于时间仓促，编者水平有限本书疏漏之处与不妥在所难免，欢迎读者批评指正。

特别声明：本书引用的 ShopEx 与 Ecstore 电子商务软件属上海商派网络技术有限公司所有，并受《中华人民共和国著作权法》和其他有关法律、法规的保护，仅供本书作为教学演示平台使用，不得用于商业用途。

编　者

2013 年 11 月

目 录

第 1 章 电子商务概述

本章提要

随着计算机与通信技术的迅猛发展，网络、信息技术日新月异。20 世纪末，Internet 为人类社会开创了一个全新的信息空间，利用互联网络进行网上咨询、广告宣传、商务洽谈、意见征询、市场调查、金融服务等已经成为人们崇尚的理念，集信息技术、商务技术与管理技术为一体的电子商务应运而生、悄然兴起、蓬勃发展。电子商务一出现就以其特有的魅力引起了各国政府、企业、公司和个人投资者的极大关注，它是 20 世纪信息化、网络化发展的产物。电子商务是人类利用现代信息技术进行交易的一种新的商品交易模式，它改变了商务活动的运作方式，是人类商品交易模式发展、变化的必然趋势。

本章主要介绍电子商务及其演进、电子商务的特点与功能、电子商务的分类、商务过程与基本流、电子商务的变革效应、电子商务发展趋势与移动电子商务等内容。

1.1 电子商务及其演进

电子商务实际上是一种基于电子方式的商务或买卖活动，它为人们赢得了新的商机。电子商务通过 Internet 进行商务运作，涵盖了网上调查、网上咨询、网上广告、商务洽谈、网上订货、网上贸易、网上支付、电子物流、售后服务等诸多商务活动，涉及生产、流通、分配、交换和消费等环节的所有电子信息化处理活动，正以惊人的速度在世界范围内蓬勃发展。

1.1.1 电子商务定义

电子商务（Electronic Business，EB）是在以网络（尤指 Internet）为基础的计算机系统支持下，采用电子方式从事的交互式的各种商务活动的过程，如图 1-1 所示。企业电子商务活动主要通过 Internet（因特网）、Intranet（企业内部网）及 Extranet（企业外部网）与企业的员工、客户、供销商和合作伙伴等进行。

事实上，由于电子商务应用领域与取向的差异，迄今尚未有统一的、权威的或较为全面的电子商务定义，都是基于不同层面进行表述的。不同政府、相关组织、公司、学术团体都依据自己的理解和需要来阐述，下面仅扼要地列举几种相对较为全面而系统的描述。

1. 国际化组织、团体对电子商务的定义

① 世界电子商务会议有关电子商务的权威性阐述：在1997年11月6～7日在法国首都巴黎举行的电子商务会议（the World Business Agenda for Electronic）定义，电子商务是对整个贸易活动实现电子化；从涵盖范围表述，电子商务的交易各方以电子交易方式而不是通过当面交换或直接面谈方式进行的任何形式的商业交易；从技术范畴界定义，电子商务是多技术的集合体，包括交换数据（电子数据交换、电子邮件）、获得数据（共享数据库、电子公告牌），以及自动捕获数据（条形码）等。

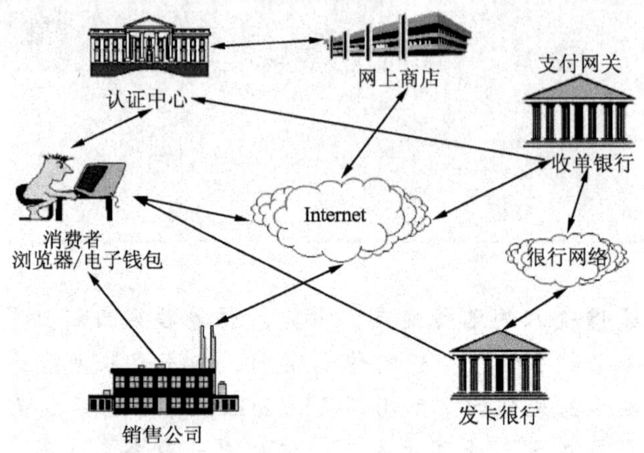

图1-1　电子商务系统活动过程

② 联合国经济合作与发展组织（OECD）有关电子商务的定义：电子商务是发生在开放网络上的包含企业之间（Business to Business，B2B）、企业和消费者之间（Business to Consumer，B2C）的商业交易。

③ 全球信息基础设施委员会（GIIC）有关电子商务的定义：电子商务是运用电子通信作为手段的经济活动，通过这种方式人们可以对带有经济价值的产品和服务进行宣传、购买和结算，这种交易的方式不受地理位置、资金多少或零售渠道的所有权影响，公有私有企业、政府组织、各种社会团体、一般公民、企业家都能自由地参加广泛的经济活动，其中包括农业、林业、渔业、工业、私营和政府服务业。电子商务能使产品在世界范围内交易并向消费者提供多种多样的选择。

④ 国际标准化组织（ISO/IEC）有关电子商务的定义：电子商务是企业之间、企业与消费者之间信息内容与需求交换的一种通用术语。

⑤ 联合国国际贸易法律委员会（UNITRAL）有关电子商务的定义：电子商务是采用电子数据交换（EDI）和其他通信方式增进国际贸易的职能。

⑥ 上海市电子商务安全证书管理中心有关电子商务的定义：电子商务是指用数字化电子方式进行商务数据交换和开展商务业务活动，主要包括利用电子数据交换（EDI）、电子邮件（E-mail）、电子资金转账（EFT）及 Internet 的主要技术在个人之间、企业之间和国家之间进行无纸化的业务信息交换。

⑦ 加拿大电子商务协会有关电子商务的定义：电子商务是通过数字通信进行商品和服务的买卖以及资金的转移，它还包括公司间和公司内利用电子邮件、电子数据交换、文件传输、传真、电视会议、远程计算机联网所能实现的全部功能（如市场营销、金融结算、销售及商务谈判）。

2. 世界从事电子商务运作的著名公司、学者对电子商务的定义

① IBM 公司阐述电子商务内涵时强调：网络环境下的商业化应用，把买方、卖方、厂商及其合作伙伴在 Intranet、Extranet 和 Internet 结合起来的应用。

② HP 公司有关电子商务的定义：电子商务通过电子化手段来完成商业贸易活动的一种方式，电子商务使人们能够以电子交易为手段完成物品和服务等的交换，是商家和客户之间的联系纽带。

③ Intel 公司有关电子商务的定义：电子商务是基于网络连接的不同计算机间建立的商业运作体系，是利用 Internet/Intranet 来使商务运作电子化。

④ 美国学者瑞维·卡拉克塔和安德鲁·B. 惠斯顿在《电子商务的前沿》一书中提出：广义地说，电子商务是一种现代商业方法，这种方法通过改善产品和服务质量、提高服务传递速度，满足政府组织、厂商和消费者降低成本的需求。

此外，尚有不少业界专家、学者对电子商务的描述，在此再赘述。

综览上述定义，可从宏观和微观两个不同层面予以归结。就宏观而言，电子商务是计算机网络的又一次革命，它通过电子手段建立一种新的经济秩序，不仅涉及电子技术和商业交易本身，而且涉及诸如金融、税务、教育等社会其他层面；就微观而言，电子商务是指具有商业活动能力的实体利用网络和先进数字化传媒技术进行的各项商业贸易活动，其中强调两个前提条件：其一是活动需要有商业背景；其二是环境的为网络化和数字化。

电子商务是利用网络实现所有商务活动业务流程的电子化，不仅包括电子交易的面向外部的业务流程，如网络营销、电子支付、物流配送等，还包括企业内部的业务流程，如企业资源计划、管理信息系统、客户关系管理、供应链管理、人力资源管理、网上市场调研、战略管理及财务管理等。

1.1.2 EB & EC

电子商务的概念是不断发展的，电子商务的先驱 IBM 公司于 1996 年提出了 EC（电子商业:Electronic Commerce 或 E-Commerce）概念。1997 年，该公司又引出了 EB（电子商务:Electronic Business 或 E-Business）概念，有的书籍上将两者均译为电子商务，很多人对它们的概念产生了混淆。EC 通常译为电子商业，有的书籍则将 EC 视作狭义的电子商务，而将 EB 视作广义的电子商务，这就隐含着两者之间的区别。

电子商务与电子商业的区别是：电子商务（EB）与电子商业（EC）相比具有更广泛的范畴（电子商业可视作电子商务的子集），EB 与 EC 的关系如图 1-2 所示。

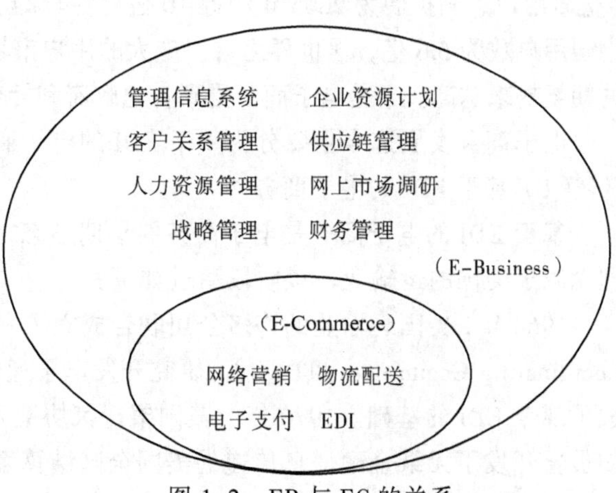

图 1-2 EB 与 EC 的关系

电子商务不仅是指在 Internet 上建立一个企业网站，进行产品市场宣传或通过 Web 进行一般的商业交易活动，而且将改变企业的传统业务运作模式，使企业通过 Intemet 来管理企业与客户的关系、改变企业的业务处理流程、加强对企业信息资源的有效利用、辅助管理与决策。电子商务是企业与企业之间、企业与消费者之间，以及企业内部的一种业务链，它贯穿于企业行为的全过程，包括面向外部的业务流程（如网络营销、电子支付、物流配送等）和面向企业内部的业务流程（如企业资源计划、管理信息系统、客户关系管理、供应链管理、人力资源管理、网上市场调研、战略管理及财务管理等）。

1.1.3 电子商务的演进

1. 电子商务的产生与发展

就电子商务内涵而言，它并非新生事物，自从1839年电报和电话出现以后，人们就开始将其用作交易手段，当贸易开始以莫尔斯码点和线的形式在信道中传递信息、进行商务交易的时候起，就标志着步入了电子商务雏形阶段，开始了运用电子手段从事商务活动的新纪元。

虽然电子商务的概念是近期在全球范围内炒起来的，但是它的发展并不是这些年才开始的，真正起源于基于计算机的电子数据处理（EDP）技术。实际上电子数据交换（EDI）、电子订单系统（EOS）、电子资金转移（EFT）、电话银行、网上炒股等都属于电子商务的范畴，并且有些已经运作得相当好。但是由于网络等环境因素的限制，电子商务一直很难被大规模采用和推广。

从计算机主要应用于科学计算、文字处理、数据统计报表处理起，就象征着企业内部电子商务的启动。随着网络技术的发展，电子商务的应用从企业内部扩展到企业外部的数据单证交换，引出了数据交换、传送的电子文件方式，从而导致了电子数据交换（Electronic Data Interchange，EDI）的出现，使电子单证通过专用增值网络（VAN）进行传送，近年来又转移到通过开放式的Internet上进行传送。银行间的电子资金转账（EFT）技术与企、事业间电子数据交换技术相结合，产生了早期的企业之间的电子商务。信用卡（Credit Card）、自动柜员机（ATM）、零售业销售终端和联机电子资金转账（POS/EFT）技术的发展，以及网络通信和安全技术的发展，使网上个人购物和企业之间网上交易得到了发展。

Internet的出现与Web技术的运用，使Internet具备了支持多媒体的能力，为网上在线商店等打下了基础，可谓是电子商务发展的中继器与催化剂。Internet的发展为电子商务的发展奠定了基础。随着上网队伍（包括个人、企业、政府、银行）的迅速扩大，Internet上的电子商务面对着有史以来最大的用户群，因特网已成为全球最大的互联网络，已经覆盖150多个国家和地区，连接了1.6万多个网络，240多万台主机，Internet全世界的网上用户群已由2003年1亿多用户急剧扩展为2005年的近10亿户。全球互联网行业在2012年统计时，用户数为24亿，中国用户数为5.6亿，居世界之首。庞大的用户市场使得大家对利用Internet进行电子商务活动的期望越来越高。于是电子商务受到各地政府和社会各行业的高度重视，并逐渐成为关注焦点。

电子商务发展迄今主要分为基于EDI的电子商务和基于Internet的电子商务两个阶段。

（1）基于EDI的电子商务

基于EDI的电子商务是电子商务的早期形态，使用范围狭窄、效率低下，鲜为人知。EDI理念源于美国的运输业，该阶段演进如下：

1968年，美国运输业的许多公司联合成立了一个运输数据协调委员会（Transportation Data Coordinating Committee，TDCC），研究开发电子通信标准的可行性。这个委员会提出的方案形成了现今EDI的基础。1970年，美国银行家协会（American Bankers Association）的一个研究委员会开发了无纸金融信息传递的美国全国结算系统，并提出了行业标准。1972年，美国第一个自动票据交换系统成立。1975年，TDCC发表了第一个EDI标准。1978年，美国全国性

EDI 委员会——X12 委员会成立；1981 年，该委员会出版了第一套 EDI 标准。1989 年，美国公布了重新修订的“统一法典 4A 编——资金划拨草案”，规范了电子商务中的资金划拨问题，EDI 的应用逐渐成为现实。1987 年，联合国公布了 EDI 运作标准 UN/EDIFACT（United Nations Rules for Electronic Data Interchange for Administration，Commerceand Transpod），并且每年进行修订。1990 年 3 月，正式推出了 UN/EDIFACT 标准，并被国际标准化组织正式接受为国际标准 ISO 97350，联合国为此成立了联合国贸易网络组织。1996 年 12 月 18 日，联合国贸易网络组织中国发展中心（CNTPDC）在北京成立，同年 12 月 24 日北京海关与中国银行北京分行在我国首次开通 EDI 通关电子划款业务，并成为联合国贸易网络组织的成员。

（2）基于 Internet 的电子商务

由于使用 VAN 的费用很高，仅大型企业才会使用，因此限制了基于 EDI 的电子商务应用范围的扩大，人们期望着覆盖面广、资费低廉、融涵多媒体效用的网络平台的出现。

1991 年，美国政府宣布 Internet 向社会公开开放，可以在网上开发商业系统，一直排斥在互联网络之外的商业贸易活动正式进入到网络系统，使电子商务真正有了用武之地，成为网络应用的最大亮点。

1992 年 2 月，联合国贸易与发展会议提出了联合国贸易效率计划：在全球有关地区建立贸易网点或中心，并连接而成为全球贸易网络，大大提高商务效率，促成了电子商务的快速发展。

1993 年，万维网（World Wide Web，WWW）在 Internet 上出现，使 Internet 具备了支持多媒体的能力，提升了电子商务网上运作的多媒体性。

1994 年，美国加州组成商用实验网（Commerce Net），用以加速发展 Internet 上的电子商务，确保网上交易与电子支付等的安全。同时，美国网景公司（Netscape）成立，该公司开发并推出安全套接层（SSL）协议，用以弥补 Internet 上的主要协议 TCP/IP 在安全性能上的缺陷，支持 B2B 方式的电子商务。SSL 协议支持按 X.509 规范操作的数字证书，可以识别通信双方的身份，但 SSL 协议在安全方面的缺陷是没有数字签名功能，不能授权，没有存取控制，不能防止抵赖等。

1995 年上半年，欧洲、日本也开始实施电子商务计划。尤其是日本，仅 1993 年由政府预算拨款的经费就达到 100 亿日元，加上民间投资，日本在电子商务方面的投资超过了 500 亿日元。由此可见，电子商务在发达国家中的重要性。

1996 年 2 月，VISA 与 MASTER CARD 两大信用卡组织发起制定在 Internet 上进行安全电子交易的 SET 协议（SET 协议的制定得到了 IBM、Microsoft、Netscape、GTE、VeriSign 等一批技术领先的跨国公司的支持）。SET 协议适用于 B2C 的安全支付方式，围绕消费者、商家、银行，以及其他方相互关系身份的确认，以保障网上支付安全。

1996 年 6 月 14 日，联合国贸易委员会通过《电子商务示范法》，明确电子商务法律的总原则及其在具体贸易领域里的具体运用。

1997 年 1 月，美国政府要求联邦政府自 1997 年 1 月起各部门全面采用电子商务方式。同年 12 月，VISA 与 MASTER CARD 共同建立安全电子交易有限公司（SETCO），专门从事管理与促进 SET 协议的应用和推广，该公司最高权威为根认证体系（Root CA），以下建立分层结构的认证体系，即分层逐上而下的认证机构（Brand CA）、地域政策认证机构（Geo-political CA），以及持卡人认证机构（Card Holder CA）、企业认证机构（Merchant CA）、支付网关认证机构（Payment Gateway CA）等。

1998 年，《企业与政府迈向电子商务的全球行动计划》正式推出。

1999 年 12 月 19 日，世界第一个电子商务标准问世。

该时期间，加拿大北方电讯公司（Nortel）所属 Entrust 公司开发公钥基础（Public Key Infrastructure，PKI）技术，支持 SET、SSL、IPSec 及数字证书和数字签名，可弥补 SSL 协议的缺陷。IBM、Sun Microsystems 等公司均采用 Entrust 公司的 PKI 技术，以支持 B2B 方式的网上安全结算。

2. 中国电子商务的发展

全球电子商务的出现和发展，无疑为我国电子商务提供了历史机遇，但也提出了严峻的挑战。中国政府和企业已经意识到电子商务对促进经济增长和提升企业竞争力的影响力。从 20 世纪 90 年代初开始，我国便开始组织实施了金桥、金关、金卡、金税等一系列的金字工程。在组织机构、外部环境与人才培养等方面均作了详尽的安排。在组织机构方面，国务院机构增设了信息产业部，为迎接电子商务的挑战创造了有利条件。外部环境方面，中国电信作为中国最大的信息网络服务商和经营者，除建立覆盖全国的电话网和移动通信网外，还建成覆盖全国的公用数据通信网和多媒体通信网。目前，公用分组交换网（CHINAPAC）和公用数字数据网（CHINADDN）已延伸到全国 2 500 多个县级以上城镇和 2 200 多个乡镇。已建成全国 IP 骨干网，IP 网端口逾 16 万个，带宽近乎 1 000 Mbit/s。在人才培养方面，国家教委、高等院校等都制订了一系列电子商务人才培养计划，为我国电子商务发展造就人才梯队。

1994 年 10 月，亚太地区电子商务研讨会在京召开。1997 年 4 月，中国商品订货系统（CGOS）开始运行，同年中国电信成立电子商务研究小组，1998 年 8 月初步建立了 CA（认证中心），并与中国农业银行、中国银行合作建立了支付网关。1998 年 11 月，成功开发了电子证券、在线缴费、在线报税、网上订阅、网上购物等项目。中国电信还以公众多媒体通信网为信息网络平台，以 CA 安全认证体系为核心，架构了电子商务安全认证的平台。

1998 年 10 月，国家经贸委与信息产业部联合宣布启动以电子贸易为主要内容的“金贸工程”。1999 年 6 月，上海电子商务工程已被列为国家综合示范工程，上海电子商务分为两个阶段建设：第一阶段拟定基本框架、建立 CA 中心、建立 Internet 支付网关、改变 EDI 专网方式、建立网上虚拟商店与政策和法规等；第二阶段筹建国内电子商务中心、综合性现代化物流、电子商务产业化与多模式电子商务。

2000 年 5 月，北京、上海、天津、重庆城市电子商务方案通过专家评审，付诸实施。

实际上，20 世纪 90 年代中国企业开始涉足电子商务迄今，已取得了喜人的成绩。中国的证券交易网与中国的金融结算系统覆盖全国，提升了金融、证券的运作平台与交易方式。中国的民航订票系统、中国商品交易网、上海电子商务安全证书管理中心、招商银行网上银行、上海书城网上书店、中国商品订货系统、中国远洋运输集装箱信息系统、中国银行网上银行等相继建立，形成了强大的网上商务运作系统，其中上海市电子商务安全证书管理中心实现数字证书授权和密钥管理，确保网上交易身份确认和电子商务安全运行。

总体而言，中国电子商务起步较晚，电子商务运作尚处在尝试发展阶段，系统专业化程度、网络基础设施及其他外部环境等亟待快速发展，中国要想使电子商务真正走向实用，还需要广大专业技术人员作出不懈的努力。

3. 电子商务发展的基础

回首电子商务，其产生和发展的基础主要包括如下内容：

（1）计算机应用的广泛

20 世纪 70 年代以来，计算机的处理速度越来越快，信息处理能力越来越强，价格越来越低，计算机应用越来越广泛，这为电子商务应用提供了内在的信息化发展与数据处理基础，促进了电子商务的发展。

（2）网络环境的日臻完善

由于 Internet 逐渐成为全球通信与交易的媒体，万维网技术的应用、网络平台正日臻完善着。全球上网用户呈几何级数增长趋势，快捷、安全、低成本与多媒体的特点为电子商务的发展提供了应用条件。

（3）安全交易协议的制定

电子安全交易协议（如 SET、SSL）的制定，为开发网上电子商务运作提供了一个安全环境，可保证信息在 Internet 上安全传输、电子商务参与者信息相互隔离，解决多方认证的问题，提供网上交易的实时性等。

（4）信用卡的普及应用

信用卡以其方便、快捷、安全等优点而成为人们消费支付的重要手段，并由此形成了完善的全球性信用卡网上支付、结算系统与网上银行，使"一卡在手、走遍全球"成为可能，同时也为电子商务的网上支付提供了重要手段。

（5）政府的支持与推动

自 1997 年欧盟发布了欧洲电子商务协议、美国的全球电子商务纲要以来，电子商务受到世界各国政府的重视。20 世纪 90 年代初，我国便开始组织实施了一系列的金字工程，信息产业部的组建、亚太地区电子商务研讨会在京召开等一系列举措为电子商务的发展提供了有利的支持。

（6）EB 法规条例的完善

电子商务有效运作离不开法律的规范，这对电子商务的健康发展起着规范和促进作用。1995 年 6 月 14 日，联合国国际贸易法委员会第 29 届年会通过了《联合国电子商务示范法》，2004 年 8 月 28 日我国第 10 届全国人民代表大会通过了《中华人民共和国电子签名法》，1999 年我国香港特别行政区制定了《电子交易法令》，这些都是电子商务发展的基础与保障。

1.2　电子商务的特点与功能

1.2.1　电子商务的特点

基于信息技术支撑的电子商务是在传统商务的基础上发展起来的，与传统商务运作相比，电子商务具有以下特点：

① 成本低廉：电子商务跨越了传统营销方式下的中间商环节，优化了价值链，降低了交易成本，顾客可以较低的价格获得优质产品和服务。此外，基于互联网络的电子商务运作网络环境是开放性的，资费较专用网络更为低廉，深受众多用户欢迎。

② 覆盖面广：电子商务是基于 Internet 平台而运作的。互联网络几乎遍及全球的各个角落，覆盖面相当广，用户通过简单的连网就可以方便地与贸易伙伴传递信息、洽谈商务、购置货物，数以千万计的用户群对商家来说无疑是一个潜在而广泛的市场。

③ 使用便捷：基于 Internet 的电子商务可以不受特殊数据交换协议的限制，任何商业文件或单证都可以直接通过电子化的交互方式填写来完成，无须翻译，普通用户都能看懂或直接使用。客户可以通过网络直观地浏览和选择商品、与商家互动交流。通过电子商务系统商家可以在网上展示商品，提供有关商品信息的查询，与顾客进行互动性的双向沟通，收集市场信息等。

④ 跨越时空：电子商务运作可以突破时间、空间的限制，实施全方位、全天候的交互式的商务运作与服务。全球市场由网络连接成为与地域及空间无关的一体化市场，任何人只要拥有一个网络入口点，就可随时、随地、随意地进行网上洽谈与买卖，可进行 24 小时的全天候商务活动。

⑤ 功能全面：基于 Internet 的电子商务可以全面支持不同类型的用户，实现不同层次的商务目标，可提供超越传统商务的功能为商家、消费者及网上的第三方服务，如发布电子商情、网上调查、网上咨询、网上广告、在线洽谈、网上订货、网上贸易、电子支付、网上银行、电子物流、售后服务与建立网上商场等。

⑥ 服务个性化：在商品越来越趋于共性化，而消费者越来越个性化的时代，电子商务凭借现代高科技技术的支撑，可充分实现以顾客为中心，最大限度地满足顾客个性化需求，企业可基于网络环境进行市场分析，针对特定的市场需求生产产品，为顾客提供个性化服务。此个性化体现在 3 个方面：个性化信息、个性化产品与个性化服务。

⑦ 整体协调性：电子商务具有整体性与协调性。它能够规范事务处理的工作流程，将人工操作和电子信息处理集成为一个不可分割的整体，以提高人力、物力的利用和系统运行的严密性。电子商务活动同时也具有协调效用，在电子商务环境中，它要求银行、配送中心、技术服务部、供应链环节涉及的相关部门通力协作、一气呵成。

⑧ 系统安全性：在电子商务中，安全性是一个至关重要的核心问题，它要求网络能提供一种端到端的安全解决方案，如加密机制、签名机制、安全管理、存取控制、防火墙、防病毒保护等，这与传统的商务活动有着很大的不同。

1.2.2 电子商务的功能

电子商务可提供网上交易和管理等全过程的服务。因此，它具有广告宣传、网上订购、咨询洽谈、网上支付、电子账户、物流配送、信息反馈、交易管理等各项功能。

1. 广告宣传

电子商务可凭借企业的 Web 服务器和客户的浏览器，基于 WWW 的超文本链接与超媒体技术，在 Internet 上发布各类商业信息。客户可借助网上的检索工具（Search）迅速地找到所需商品信息，而商家可利用网页和电子邮件（E-mail）在全球范围内做广告宣传。与以往的各类广告相比，网上广告可以根据更精细的个性差别将消费者进行分类，利用先进的三维虚拟现实界面设计，达到身临其境的效果，分别传送不同的广告信息。网上的广告成本最为低廉，而给顾客的信息量却最为丰富，极具诱惑力。

2. 网上订购

随着 Web 技术与电子商务系统的发展与完善，网上购物已日趋普及。电子商务可借助 Web

中的邮件交互传送实现网上订购。但就主体而言，较多地利用先进的网络通信与计算机逼真的三维图形技术，构成一个虚拟而逼真的动态网上商城，用户足不出户便能“逛商城”与“货比三家”，可全方位、全天候、便捷地选购商品。然后，通过友好的产品页面上提供的订购提示信息和交互式订购表单进行订购。订购信息也可采用加密的方式使客户和商家的信息免于泄露。目前在网上订购已成熟地付诸应用。

3. 咨询洽谈

电子商务客户可借助电子邮件、新闻组、实时讨论组与系统内的专业数据库网站来了解市场和商品信息、洽谈商务交易事务，如有进一步需求，还可用网上的白板会议来交流即时的图形信息。网上的咨询和洽谈能超越人们面对面洽谈的限制、提供多种方便的异地交谈形式。

4. 网上支付

电子商务要成为一个完整的商务过程，网上支付是最重要的一个环节。客户和商家间可采用信用卡账号实行网上支付。在网上直接采用电子支付可省去交易中很多人员的开销。网上支付将更安全、更可靠地控制传输信息，以防止欺骗、窃取、冒用等非法行为。

5. 电子账户

网上支付必须要有电子金融系统来支持，即银行、信用卡公司，以及保险公司等金融单位，要为金融服务提供网上操作服务。而电子账户管理是基本的组成部分。信用卡号或银行账号都是电子账户的一种标志，其可信度需要有必要的技术措施来保证，如数字凭证、数字签名、身份认证和加密等。

6. 物流配送

对于已付款的客户应将其订购的货物尽快地传递到他们手中，以完成电子商务下的物流配送。最适合在网上直接传递的货物是信息产品（如软件、电子读物、信息服务等），对于该类货物，不管是本地还是异地，都能通过电子邮件等方式直接从电子仓库中将其发送到用户端，实施物流的调配。

7. 信息反馈

电子商务能十分方便地采用网页上的表单来收集用户对销售服务的反馈意见，其中可融合多媒体信息。这样使企业的市场运营、供应链环节能形成一个闭环。客户的反馈意见不仅能提高售后服务的水平，也可使企业获得改进产品、发现市场的商业机会。

8. 交易管理

交易管理是对商务活动全过程的管理，整个交易管理将涉及人、财、物多个方面，融合了企业和企业、企业和客户、企业和政府部门及企业内部等诸多方面的协调和管理。

电子商务的发展，将会提供一个良好的交易管理网络平台及多种多样的应用服务系统。这样，方能保障电子商务获得更广泛的应用。

1.3 电子商务的分类

基于 Internet 的电子商务应用领域相当广泛，从不同角度审视电子商务所得到的电子商务分类也不尽相同，以下列举了一些常见的电子商务分类方法。

1.3.1 按交易对象分类

按电子商务参与交易的对象来进行分类，大致可将电子商务分为 5 种类型：企业对消费者的电子商务、企业对企业的电子商务、企业对政府机构的电子商务、消费者对政府机构的电子商务与消费者对消费者的电子商务。

1．企业对消费者的电子商务

企业对消费者的电子商务（Business to Consumer，B2C）也称商家对个人客户或商业机构对消费者的电子商务，它基本等同于电子零售商业，主要是借助于 Interent 开展的在线销售活动，特征是量大额小、市场庞大，如上海书城的网上在线书籍销售。通常所说的网上购物中的“物”不仅指具体的、有形的实物（如邮票、书、花等），也指无形的“信息”和“服务”。近年来，随着 Internet 为企业和消费者开辟了新的交易平台，再加上全球网民的增多，使得这类电子商务得到了较快发展，成为电子商务发展的主要动力。

2．企业对企业的电子商务

企业对企业的电子商务（Business to business，B2B）也称商家对商家或商业机构与商业机构的电子商务。它是指商业机构（或企业、公司）使用 Interent 或各种商务网络向供应商（企业或公司）订货和付款。B2B 的电子商务发展最快，已经有了多年的历史，额大量广、商机无限，特别是通过增值网络（Value Added Network，VAN）运行的电子数据交换（EDI），使企业对企业的电子商务拥有了新老客户两大群体。公司之间可使用网络进行订货、接受订货和合同等单证，并付款。例如，电子贸易、电子采购、网上招标等，可采用电子数据交换、电子邮件（E-mail）、电子公告牌、电子传真、电子资金调拨（EFT）、网上签合同等手段进行电子化商业活动。

3．企业对政府机构的电子商务

企业对政府的电子商务（Business to Government，B2G）是指企业与政府机构之间进行的电子商务活动，覆盖公司与政府组织间的许多事务。目前，我国有些地方政府已经推行网上采购，例如网上报关、网上报税、网上申领执照或营业许可、网上产权交易等涉及企业与政府之间的行为，现今的电子政务即包括了该类型。例如在美国，政府采购清单可以通过 Internet 发布，公司可以以电子化方式回应；另外，政府通过电子数据交换的方式向企业征税等，这种方式可以更好地树立政府的形象，实施对企业的行政事务管理，推行各种经济政策等。

4．消费者对政府机构的电子商务

通过消费者对政府机构的电子商务（Consumer to Government，C2G）是指政府对个人的电子商务活动，政府可以把电子商务扩展到福利费发放和个人税收的征收等方面。通过网络实现个人身份的核实、报税、收税等政府对个人之间的行为。该类电子商务活动目前正在逐渐形成。随着商业机构对消费者以及商业机构对政府电子商务的发展，各国政府将会对个人实施更为完善的电子政务服务，它是电子政务中省视的焦点。

5．消费者对消费者的电子商务

消费者对消费者的电子商务（Consumer to Consumer，C2C）是指消费者与消费者进行的电子交易买卖活动，该模式中网站在一定的规范约束下为双方提供一个平台，所有商品均由卖方负责存储和运输，网站不保证交易的可靠性。例如，美国的 eBay 和我国的雅宝拍卖网站（http://www.yabuy.com）等。

1.3.2 按网络类型分类

电子商务按照所使用的网络类型可分为如下类型：基于 EDI（电子数据交换）网络的电子商务、基于 Internet 的电子商务、基于 Intranet（企业内部网）的电子商务，以及基于 Extranet（企业外部网）的电子商务。

1. 基于 EDI 网络的电子商务

基于 EDI 网络的电子商务就是利用 EDI 网络进行电子交易。EDI 是指将商业或行政事务按照一个公认的标准形成结构化的事务处理或文档数据格式，以及从计算机到计算机的电子传输方法。简言之，也就是按照商定的协议，将商业文件标准化和格式化，并通过计算机网络，在贸易伙伴的计算机网络系统之间进行数据交换和自动处理。

2. 基于 Internet 的电子商务

基于 Internet 的电子商务就是利用 Internet 进行的网上商务活动，它是电子商务运作的最主要形式。Internet 是以计算机、通信、多媒体、数据库技术为基础，通过互联网络，在网上实现营销、购物以及服务。它突破了传统商业生产、批发、零售以及进、销、存流转程序与营销模式，真正实现了投入少、低成本、零库存和高效率，避免了商品的无效搬运，消费者可以不受时空、厂商的限制，实现了社会资源的高效运转和最大节余。

3. 基于 Intranet 的电子商务

基于企业内部网的电子商务就是利用企业内部网络进行电子交易。Intranet 是在 Internet 基础上发展起来的企业内部网，是在原有局域网上附加一些特定的软件，将局域网与 Internet 连接起来，从而形成的企业内部的虚拟网络。Intranet 将企业分布在全国各地的分支机构和企业内部的有关部门连接起来，使企业各级管理人员能够通过网络读取自己的信息，在线处理各种生产流程，有效地降低了生产成本，提高经营效益。

4. 基于 Extranet 的电子商务

Extranet 网是将 Intranet 网进一步扩大而形成的外联网，将贸易伙伴供应商、销售商等相关企业和政府部门联系起来，构成企业之间的交易和合作，从而简化了进货和销售的流程。

1.3.3 按活动方式分类

按电子商务活动运作方式可将电子商务分为完全电子商务和不完全电子商务两类。

1. 完全电子商务

完全电子商务即可以完全通过电子商务方式实现和完成整个交易的行为和过程，实施选购、支付、供货等完整的交易过程，即指商品或者服务的完整过程是在信息网络商实现的电子商务。一些无形产品和服务，如计算机软件、娱乐软件（电影、音乐和游戏等），以及信息服务（图像、电子图书和电子报刊等），均可以在网上进行完整的交易。完全电子商务能使双方超越地理空间的障碍进行电子交易，可以充分挖掘全球市场的潜力。

2. 不完全电子商务

不完全电子商务即指无法完全依靠电子商务方式实现和完成整个交易的交易行为和过程（如选购、支付、供货等的交易过程），选择商品、货款支付及商品交付过程中，有一项不能在网络上进行的，都不能称为完整的电子商务。不完整的电子商务还要依靠一些外部要素来辅助完成，一些有形货物，如服装、计算机、空调机等，无法在网上交付，还要利用邮政服务、商业快递和物流配送系统来完成。

1.3.4　按活动内容分类

电子商务按照商务活动的内容可分为：基于有形货物的间接电子商务和基于无形货物的直接电子商务。

① 直接电子商务：指无形货物或者服务的订货或者付款等活动，如某些计算机软件、娱乐内容的联机订购、付款和交付，或者全球规模的信息服务。

② 间接电子商务：指有形货物的电子订货与付款等活动，它依然需要利用传统渠道（如邮政服务和商业快递车送货等）送货。

1.3.5　按活动性质分类

按电子商务活动的性质可分为有支付的电子商务处理和无支付的电子事务处理。

① 有支付的电子商务处理，如网上购物、网上支付等均含有支付环节的电子商务，能够方便消费者，降低企业运作成本，减少交易环节，增强企业的竞争能力。

② 无支付的电子事务处理，如网上报税、网上办公等均不含支付环节的电子商务，可以大大提高工作效率，增加工作透明度，有助于树立信息化政府和企业的形象。

1.4　商务过程与基本流

社会生产力的发展和科学技术的日新月异，促进了人类社会由自给自足的自然经济向商品经济的转换。人类最早是采用“以物易物”的方式交换商品，随着货币的产生，人们步入了“一手交钱，一手交货”的买卖方式或通过第三方（中介人）的商品交换阶段，这些都是基于面对面的交谈式的商品交易方式，即泛称为传统商贸方式。

随着网络技术的发展、Internet 和 Web 技术的出现，一种新的网上电子交易方式——电子商务应运而生。这种交易方式主要靠电子信息网络进行交易活动，而无须买卖双方面对面地直接接触或中介的撮合，完全可以足不出户，通过计算机的交互式界面与远在异地或异域的客户或商家进行信息咨询、商务洽谈、网上购物、电子支付及享受售前、售后服务等。

然而，为了加深对电子商务理论与技术的理解，人们不由不关注起传统商贸方式与电子商务方式下商务机制的变迁，即商务运作过程以及期间的 4 种基本“流” 和两者间的异同性等有关内容。

1.4.1　商务运作过程

1. 传统商贸交易过程

一个传统的商务实务运作流程是指企业具体进行商贸交易过程中的实际操作步骤，它主要由交易前的准备、贸易洽谈、合同的执行、支付与结算等环节组成。

① 交易前的准备：这一阶段主要是指买卖双方和参加交易各方在签约之前所进行的一些活动，诸如交易前买卖双方的调研、信息发布、了解商贸信息和询问具体商品价格等信息。对于商贸交易过程来说，交易前的准备就是供需双方如何能宣传或者获取有效的商品信息过程。商品的供应方的营销策略是通过报纸、电视、户外媒体等各种广告形式宣传自己的进货渠道。

对于商品的需求者（工业企业、商业企业和消费者）来说，就是千方百计地搜索自己所需要的商品信息以充实自己的进货渠道。因此，交易前的准备实际上就是一个商品的信息发布、查询和匹配过程。

② 贸易磋商过程：这一阶段是在商品的供需双方都了解了有关商品的供需信息后，就开始进入具体的贸易磋商过程。贸易磋商实际上是贸易双方进行口头磋商或者纸面贸易单证的传递过程。纸面贸易单证包括询价单、定购合同、发货单、运输单、发票、收货单等，各种纸面贸易单证反映了商品交易双发的价格意向、营销策略管理要求及详细的商品供需信息。在传统商贸活动的贸易磋商过程中使用的工具有电话、传真或邮寄等，因为传真件不足以作为法庭仲裁依据，故各种正式贸易单证的传递主要通过邮寄方式传递。

③ 合同与执行：在传统商务活动中，贸易磋商过程通常是通过口头协议来完成，但是磋商过程完成后，交易双方必须以书面形式签订具有法律效应的商贸合同，从而确定磋商结果和监督合同执行，并在产生纠纷时通过合同由相应机构进行仲裁。

④ 支付过程：传统商贸业务中的支付一般有支票和现金两种方式，支票方式多用于企业的商贸过程，用支票方式支付涉及双方单位及开户银行；现金方式主要用于企业对个体消费者的商品零售过程。

2. 电子商务交易过程

电子商务是由传统商贸方式演变而来，模式相近但过程细节略有所变化，主体交易过程演变为交易前、交易中与交易后 3 个阶段。

（1）交易前

该阶段主要是指买卖双方和参与交易各方在签约前的准备活动，包括字各种商务网络和因特网上寻找交易机会，通过交换信息来比较价格和条件、了解各方的贸易政策、选择交易对象等。

买方根据自己要买的商品，准备购货款，制订购货计划，通过 Internet 等进行货源市场调查和市场分析，反复进行市场查询，了解各个卖方国家的贸易政策，反复修改购货计划和进货计划，确定和审批购货计划。再按计划确定购买商品的种类、数量、规格、价格、购货地点和交易方式等，尤其要利用 Internet 和各种电子商务网络寻找自己满意的商品和商家。

卖方根据自己所销售的商品，召开商品新闻发布会，制作广告进行宣传，全面进行市场调查和市场分析，制订各种销售策略和销售方式，了解各个买方国家的贸易政策，利用 Internet 和各种电子商务网络发布商品广告，寻找贸易伙伴和交易机会，扩大贸易范围和商品所占市场的份额。并且诚邀其他参加交易各方（如中介方、银行金融机构、信用卡公司、海关系统、商检系统、保险公司、税务系统、运输公司）为进行电子商务交易做好准备。

（2）交易中

此交易中阶段应包括交易谈判与签订合同及办理交易进行前的手续等。

① 交易谈判与签订合同：此时主要是指买卖双方利用电子商务系统对所有交易细节进行网上谈判，交易双方可以利用现代通信设备和通信方法，经过认真谈判和磋商后，将双方磋商的结果以文件形式确定下来，以电子文件形式签订贸易合同。明确在交易中的权利、所承担的义务、对所购买商品的种类、数量、价格、交货定点、交货期、交易方式和运输方式、违约和索赔等合同条款，尚可附以详细的约定，合同双方可以利用电子数据交换（EDI）进行签约，也可以通过数字签字等方式签约。

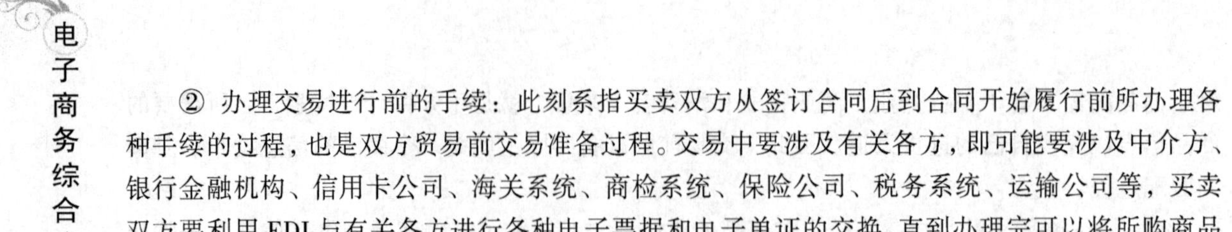

② 办理交易进行前的手续：此刻系指买卖双方从签订合同后到合同开始履行前所办理各种手续的过程，也是双方贸易前交易准备过程。交易中要涉及有关各方，即可能要涉及中介方、银行金融机构、信用卡公司、海关系统、商检系统、保险公司、税务系统、运输公司等，买卖双方要利用 EDI 与有关各方进行各种电子票据和电子单证的交换，直到办理完可以将所购商品从卖方按合同规定开始向买方发货的一切手续为止。

（3）交易后

交易后包括交易合同的履行、服务和索赔等活动。这一阶段是从买卖双方办完所有各种手续之后开始，卖方要备货、组货，同时进行报关、保险、取证等，卖方将所购商品交付给运输公司包装、起运、发货，买卖双方可以通过电子商务服务器跟踪发出的货物，银行和金融机构也按照合同，处理双方收付款进行结算，出具相应的银行单据等，直到买方收到自己所购商品，完成整个交易过程。索赔是在买卖双方交易过程中出现违约时，需要进行违约处理的工作，受损方要向违约方索赔。

1.4.2 商务交易中的基本流

1. 基本流及其内涵

传统商贸交易与电子商务交易过程中都包含着 4 种基本的“流”（教材后文中简称为基本流）：信息流、商流、资金流与物流，这些“流”交织在商品交易与商务运作的详细过程中。基本流的具体内涵简述如下：

① 信息流：既包括商品信息的提供、促销营销、技术支持、售后服务等内容，也包括诸如询价单、报价单、付款通知单、转账通知单等商业贸易单证，还包括交易方的支付能力、支付信誉等。

② 商流：指商品在购、销之间进行交易和商品所有权转移的运动过程，具体是指商品交易的一系列活动。

③ 资金流：主要是指资金的转移过程，包括付款、转账、结算等过程。资金的加速流动，具有财富的创造力，商务活动的经济效益是通过资金的运动来体现的。

④ 物流：物流系指因人们的商品交易行为而形成的物质实体（商品或服务）的流动过程，它由一系列具有时间和空间效用的经济活动组成，包括包装、运输、存储、配送、装卸、保管、物流信息管理等各种活动。

2. 传统商贸交易中的基本流

传统商品交易中的任何一笔完整的交易，都包含着信息流、商流、资金流、物流。

人类最早采取“以物易物”的交换方式，当时没有资金流，商品所有权的转换是紧紧地伴随物流的转换而发生的。货币的产生，人类的交易链上出现了第一层中介：货币，人们开始用钱来买东西，“一手交钱，一手交货”，商品所有权的转换仍然是紧随物流的，只不过是以货币为中介而已。这个阶段由于生产力的发展和社会分工的出现，信息流开始表现出来，并开始发挥作用。随着社会分工的日益细化和商业信用的发展，专门为货币做中介服务的第二层中介出现了，它们是一些专门银行机构等，它们所从事的是货币中介服务和货币买卖，由于有了它们，物流和资金流开始分离，产生了多种交易方式：交易前的预先付款；交易中的托收、支票、汇票；交易后的付款（如分期付款、延期付款）。这就意味着商品所有权的转换与物流的转换脱离开。在这种情况下，就突出了信息流的作用。因为这种分离带来了一个风险问题，要规避这种风险就要依靠尽可能多的信息，例如对方的商品质量信息、价格信息、支付能力、支付信誉等。

总而言之，在这一阶段，商流与资金流分离，信息流的作用日益重要。

随着网络技术和电子技术的发展，电子中介作为一种工具被引入了生产、交换和消费中，人类进入了电子商务时代。

3. 电子商务交易中的基本流

在电子商务时代，人们做贸易的顺序并没有改变，还是可分为交易前、交易中和交易后 3 个阶段，但进行交流和联系的工具变了，如从以前的纸面单证变为现在的电子单证。该阶段的一个重要特点就是信息流形态呈现为电子方式，更多地表现为票据资料的流动。此时的信息流处于一个极为重要的地位，它贯穿商品交易过程始终，在一个更高的位置对商品流通的整个过程进行控制，记录整个商务活动的流程，是分析物流、导向资金流，进行经营决策的重要依据。在电子商务时代，由于电子工具和网络通信技术的应用，使得交易各方的时空跨度几乎为零，有利地促进了信息流、商流、资金流与物流间的有机结合。对于某些可以通过网络传输的商品和服务，甚至可做到 4 种基本流的同步处理。

综上所述，该阶段电子商务交易与传统商贸交易过程中一样，每一笔交易，都包含着信息流、商流、资金流与物流。

电子商务的过程是以物流为物质基础，以商流为表现形式，信息流贯穿始末，引导资金流正向流动的过程。其中信息流、商流、资金流等的处理都可以计算机和网络通信设备来实现。而物流则可通过电子商务下的物流配送系统完成。

4. 基本流间的相互关系

基本流间的相互关系可以表述为：系统以信息流为依据，通过资金流实现商品的价值，通过物流实现商品的使用价值，通过商流实现商品交易和商品所有权的转移。物流应以资金流为前提和条件，资金流则是物流的依托和价值担保，并为适应物流的变化而不断进行调整。信息流对资金流和物流运动起指导和控制作用，并为资金流和物流活动提供决策的依据。基本流的形成是商品流通不断发展的必然结果，它们共同完成商品的生产—分配—交换—消费—生产的循环，是商务活动中不可分割的整体，共同完成着商品流通的全过程。

1.4.3 电子商务与传统商务的区别

电子商务将传统商业活动中基本流的传递方式利用网络科技与经济理论进行整合，企业将重要的信息以全球信息网(Internet & Web 技术)、企业内部网(Intranet)或企业外部网(Extranet)直接与分布各地的员工、客户、经销商及供应商连接，使企业更具竞争力。电子商务与传统的商务活动方式相比显示出明显的区别与优势，具体如下所述。

1. 交易虚拟化

基于 Internet 进行贸易，贸易双方从贸易磋商、签订合同到支付等，无须当面进行，可通过互联网络完成，整个交易完全虚拟化。对卖方来说，可到网络管理机构申请域名，制作自己的主页，构建产品信息网。而虚拟现实、网上聊天等新技术的发展使买方能够根据自己的需求选择广告，并将信息反馈给卖方。通过信息的推拉互动，签定电子合同，完成交易并进行电子支付。整个交易都在网络这个虚拟的环境中进行。

2. 交易透明化

买卖双方从贸易磋商、签订合同、货款支付、交货通知等都在网上进行通畅、快捷的信息

传输，可保证彼此间的信息核对，电子商务的系统安全机制可防止作伪，使得网上商务较传统商务显示出极大的透明性。

3. 交易高效化

由于互联网络将贸易中的商业报文标准化，使商业报文能在世界各地瞬间完成传递与计算机自动处理，将原料采购、产品生产、需求与销售、银行汇兑、保险、货物托运及申报等过程无须人员干扰，而在最短的时间内完成，交易效率大幅提升，无可比拟。

4. 交易成本低

电子商务使得买卖双方的交易成本大大降低，具体表现在：

① 距离越远，网上信息传递的成本相对于信件、电话、传真而言就越低。此外，缩短时间及减少重复的数据录入也降低了信息成本。

② 买卖双方通过网络进行商务活动，无须中介者参与，减少了交易的有关环节。

③ 卖方可通过互联网络进行产品介绍、宣传，避免了在传统方式下做广告、发印刷产品等大量费用。

④ 电子商务实行“无纸贸易”，可减少 80%的文件处理费用。

⑤ 互联网络使买卖双方即时沟通供需信息，使无库存生产和无库存销售成为可能，从而使库存成本大幅下降。

⑥ 企业利用 Intranet 可实现“无纸办公”，提高了内部信息传递的效率，降低了管理成本。通过 Internet 把公司总部、代理商及分布在异地的子公司、分公司联系在一起，及时对各地市场情况做出反应，即时生产，即时销售，降低了存货费用，采用高效的配送公司提供交货服务，从而降低产品成本。

1.5 电子商务的变革效应

电子商务是商务劳动新的生产力，是在掌握电子商务技能的复合型人才控制下，运用电子工具从事的商务活动，是掌握当代信息技术和商务技术的人与代表当代科学技术的电子工具及当代商务活动全过程的有机结合。所以，它是当代商务活动先进而优秀的生产力。由于现今商品的生产是以销定产的，而消费者的需求是通过市场销售来实现的，因此抓住商务这个中间环节，就可以带动生产、消费双方，而电子商务正是能担此重任的系统，所以电子商务是国民经济新的发动机。在市场经济中，需要既发挥市场对资源配置的基础性作用又运用宏观调控手段对经济发展全局进行调节和控制。而电子商务在这个市场信息体系中是主体，无论是针对宏观还是微观经济调控，都是人们得心应手的重要工具。

因而，电子商务在社会经济中是商务劳动新的生产力，是国民经济的发动机，是经济调控的重要工具。电子商务对社会经济的变革效应表述如下：

1.5.1 变革商务的活动方式

传统的商务活动最典型的景象是“推销员满天飞，采购员遍地跑，消费者则在商场中精疲力尽、步履维艰地寻找自己所需的商品。而今，通过 Internet 人们可以方便地进入网上商城浏览、采购各类产品，获取在线服务；商家可以在网上与客户联系，利用网络进行货款结算服务，政府还可以方便地进行网上招标、电子采购等。

1.5.2 变革企业的经营理念

由于电子商务是一种便捷的购物手段，消费者的个性化、特殊化需要可以完全突破原有的经营理念，通过网络展示在生产厂商面前。为了取悦顾客，突出产品的设计风格，制造业中的许多企业纷纷发展和普及电子商务。电子商务对企业经营的直接影响可以概括为：降低了企业的交易成本、减少了企业的存货、缩短了生产周期、增加了企业的竞争优势与交易机会、提高了企业的知名度、提高经营效益、全天候与全方位运作等。因而，企业的经营方式出现了根本性的变革。同时，电子商务对于实现贸易的全球化、实时化、网络化、数字化，促进国际贸易的增长，改善贸易管理也具有十分重要的作用。例如，美国福特汽车公司于 1998 年的 3 月，将分布在世界各地的 12 000 个 EB 工作站与公司的内部网连接起来，并将全世界 15 000 个经销商纳入内部网，从而实现了按用户的不同需求供应汽车，完成经营目的。

1.5.3 变革人们的消费方式

网上购物使得消费者具有了主导性，购物意愿掌握在消费者手中。同时消费者还能以一种轻松自由的自我服务的方式来完成交易，消费者主权可以在网络购物中充分体现出来，有利于消费者“足不出户、货比三家”，拥有更加个性化的选择与更多的便利，甚至更低的价格，实现电子订货，提高买卖双方的效益。

1.5.4 促进传统行业的变革

电子商务是在商务活动的全过程中，通过人与电子通信方式的结合，极大地提高商务活动的效率，减少冗余的中间环节。传统制造业借此进入小批量、多品种的时代，“零库存、无店铺、网上营销”理念的佐助以及各种在线服务为传统行业提供了全新的服务方式，有利于促成全国统一的大市场、大流通、大贸易，并可打破条块分割与地域分割的限制，促进传统行业的变革。

1.5.5 带来金融行业的变革

电子支付是电子商务的关键环节，也是电子商务得以顺利发展的基础条件，随着电子商务在电子交易环节上的突破，网上银行、电子支付系统、银行卡、电子支票、电子现金等网上金融服务，这些都需要电子化金融体系的紧密配合和它们自身的发展，这将传统的金融业带入一个全新的领域。电子商务与电子化金融体系和电子交易互为推动力，相辅相成，促进了电子商务的发展。电子商务发展推动了电子化金融体与电子支付环节的变革，进一步完善了网上银行体系。

美国安全第一网络银行（SFNB）是世界上第一家网上银行，于 1995 年 3 月 8 日获准成立，同年 10 月 18 日正式上网，网址为 http://www.sfnb.com，SFNB 主页如图 1-3 所示。

SFNB 由两大部分组成：其一是信息服务器，向这一领域的潜在客户介绍银行及其服务；其二是银行服务器，装有真正的银行应用系统。每一次客户向银行发送的交易信息都经过编码使信息在网络上安全地传送。SFNB 系统提供七大服务：网上开户（Open an Account）、产品和服务（Products & Services）、合作计划（Partners Program）、关于银行（About the Bank）、服务的演示版（Demonstrations）、存款信息（Deposit Information）、进入账户服务（Account Access）。该网上银行的产品有：现行利率（Current Rate）、基本支票业务（Basic Checking）、利息支票业务（Interest Checking）、货币市场（Money Market）、信用卡（Credit Card）、基本储蓄业务（Basic

Savings)、大额可转让业务 (Certificates of Deposit)。SFNB 提供的服务有：存款信息、总裁的信、网上服务工具、SFNB 在线表单、无风险保证、私人政策等。

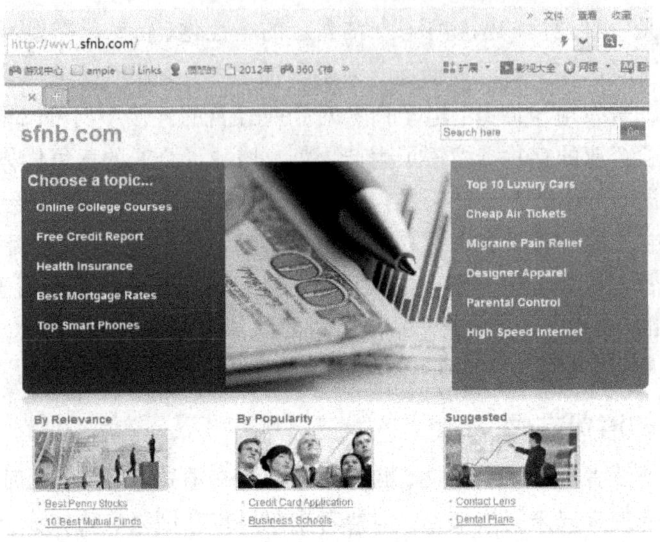

图 1-3　美国安全第一网络银行主页

1.5.6　提升政府的角色行为

政府承担着大量的社会、经济、文化等的管理和服务功能，对调节市场经济运行，防止市场失控带来的不足等起着巨大的作用。当企业、公司应用电子商务进行生产经营，银行实施金融电子化以及消费者实现网上消费的同时，将同样对政府管理行为提出新的要求。网上电子政府或称网上政府（泛称电子政务）则是电子商务发展的一个重要里程碑，这将更进一步提升其社会角色行为，完善它们对电子商务的管理职能、保障职能与服务职能。

1.5.7　加速社会经济信息化

电子商务的广泛开展推动信息网络的不断发展与完善，促进信息产业的发展。国家将加大对信息基础设施的投资，改善基础设施的功能；社会方方面面都将从中受益，促成了公司企业内部信息系统的建设，为电子商务发展打下基础，从而大大加快了社会信息化的进程。电子商务对社会经济的影响会远远超过商务的本身，会将人类真正带入信息社会。电子商务对国民经济信息化的影响主要有以下 4 个方面：

① 促进信息设备硬件、软件和相关信息服务的发展。

② 促进信息基础设施的建设与完善。

③ 促进电信网、计算机网、广播电视网的一体化。

④ 促进信息产业与金融、证券、教育、医疗等相关产业的融合。

1.5.8　呼唤新的政策和法规

电子商务中的身份识别、电子签名、电子支付、产权保护、合同认证、商业欺诈等方面的问题，呼唤新政策和法规的健全。因而，在政策和法规方面急需在原有基础上进一步建设与完善。这将对传统商务、贸易体制形成强烈的冲击。电子商务中的税收问题，电子支付中的法律问题、知识产权、商标权、域名问题、安全和隐私权问题等都是发展电子商务所必须解决的问题。

1.6 电子商务发展趋势

随着社会的逐步信息化和信息技术的应用日趋普及，电子商务将会加速发展与应用，电子商务系统、条件、环境、规范等也日臻完善。电子商务的网上在线优势，正促进着企业、公司等经济效益的不断提升，电子商务的不断发展。究其发展趋势，主要呈现如下：

1.6.1 基础纵深化

伴随着电子商务基础设施的日臻完善，支撑环境的逐步规范，企业和个人参与电子商务的深度将得到拓展，制约中国电子商务发展的网络瓶颈有望得到缓解和逐步解决，个人对电子商务的应用将从目前点对点的直线式向多点智能式发展。图像通信网、多媒体通信网将建成使用，三网合一潮流势不可挡，高速宽带互联网络将扮演越来越重要的角色，我国电子商务的发展将具备良好的网络平台和运行环境。

1.6.2 交易便捷化

随着电子商务基础平台（网络技术、环境因素、法律基础、社会人文、支付安全等）的迅速发展，网上商务的运作速度趋于更加方便、快捷、可靠。网上的信息检索与电子交易更需要方便、快捷的网络技术的不断发展与速度的不断提高，这样，电子商务的运作速度才会更加迅捷，基于 Web 的电子商务网上商务洽谈、购物方能更为方便、轻松和实惠。

1.6.3 需求个性化

电子商务发展和普及是对传统秩序型经济的社会组织中个人的一种解放，使人们个性的张扬、创造力的发挥、消费者主权的实现有了更有效的技术基础。个性化定制信息需求和个性化商品需求将成为发展方向，消费者将把个人的嗜好放到商品的设计和制造过程中，对所有面向个人消费者的电子商务活动来说，如何满足消费者的个性化需求是现代企业面临着的一个重要课题，也对企业的生产流程提出了严峻的挑战。提供比传统商业企业更具个性化的多样化服务，是电子商务成败的关键因素。

1.6.4 运作国际化

互联网络的最大优势之一就是超越时间、空间的限制，能有效地突破国家和地区间各种有形和无形的壁垒，对促进每个国家和地区对外经济、商务资金、交互信息等的交流起着巨大的作用。随着国际电子商务环境的规范和完善，我国电子商务企业将逐步走向世界。电子商务将有力地刺激我国的对外贸易，它对我国中小企业开拓国际市场、利用好国外各种资源是一个千载难逢的有利时机，但也面临着世界电子商务强手的严峻挑战。

1.6.5 对象专业化

面向消费者的专业化网站前景看好，面向行业的专业电子商务平台发展潜力巨大。专业化趋势表现为两个方面：其一是面向个人消费者的专业化趋势，要满足消费者个性化的要求，提

供专业化的产品线和专业水准的服务至关重要，今后若干年内我国上网人口仍将以中高收入水平的人群为主，他们购买力强，受教育程度较高，消费个性化需求比较强烈。所以，提供一条龙服务的专业网站发展潜力颇大；其二为面向企业客户的专业化趋势。对 B2B 电子商务模式来说，以大的行业为依托的专业电子商务平台前景看好。

1.6.6 网站融合化

电子商务网站初期全面开花之后必然走向新的融合，包括同类兼并、互补性兼并和战略联盟协作等。目前，大量的网站属于"重复建设"，定位相同或相近，业务内容类同。同类网站间的兼并是大势所趋，强存弱汰，对于那些处于领先地位的电子商务企业在资源、品牌、客户规模等诸方面虽然有很大优势，但面对国外著名电子商务强手要生存的发展前景与策略取向必须采用互补性收购模式。由于个性化、专业化是电子商务发展的两大趋势，每个网站在资源方面是有限的，客户的需求又是全方位的，所以不同类型网站以战略联盟的形式进行相互协作势在必行。

1.6.7 商务无线化

随着无线网络技术的发展，利用手机、笔记本式计算机等移动通信设备与无线上网技术进行的移动电子商务已成为当今电子商务发展时髦举措与必然趋势。Internet 与移动技术的结合为移动电子商务技术登台亮相提供了契机，可以实现流动办公、移动网上商务、移动支付等，也可大大节约成本，提升企业或个人的营运效率，为多方位电子商务的实施提供了技术基础与用武只地。

1.6.8 EB 全程化

电子商务可从辨别消费者的需求，企业内部产品的研制、生产、检验、营销，用户订单发送、接收票据、更新数据、跟踪物流及用户调查，再到企业产品开发与改进，支持企业全过程。电子商务使得企业（商家）和消费者距离更近、关系更密切，用户足不出户便可买到想要的东西。网上商店无所不在，彼此关联，具有交互性和智能化的特征，充分显示了企业电子商务运作的全过程。

1.7 移动电子商务

电子商务方兴未艾，移动电子商务（Mobile Electronic Business，MEB）又步入了人们的眼帘。随着无线网络技术的发展，无线通信变成了现实，特别是移动通信的空前发展，使得人们在任何地方、任何时间获取数据成为可能；WAP（无线应用协议）标准的不断完善及支撑产品的推出，使得 Internet 的信息和先进的应用能够延伸到每一台手机或其他无线终端，使人们通过移动电话不仅能获得传统的语音服务，还能够获得数据服务，在移动中进行电子商务，从而促进移动电子商务的发展。互联网络和无线通信的结合，将使无线经济活动的效率极大化、个性化要求得到充分展现，因此移动电子商务将是电子商务的发展趋势。

1.7.1 移动商务的含义与效用

1. 移动电子商务的含义

移动电子商务是指移动用户利用移动接入设备（手机、笔记本式计算机等）通过无线网络连接到 Interent 上所从事的网上商务（电子交易）活动，是与无线上网技术相结合所构成的一个电子商务体系。用户可以获取信息服务，进行购物、交易，交纳各种费用等。

移动电子商务既是电子商务的一种实现形式，也是移动数据业务的一个子集，与电子商务类似，移动电子商务也可分为 5 种类型：企业对消费者、企业对企业、企业对政府机构、消费者对政府机构与消费者对消费者。移动电子商务的交易业务应用范围非常广，大致可以分成 3 类：微支付类业务、小额支付类业务和银行证券类业务。微支付类业务包括支付获取信息的费用，接收广播信息服务的支付。小额交易类业务包括小型商品交易、购买彩票、机票预定、交停车费等。银行证券类业务包括银行转账、股票买入、卖出等。

据调查报道，2005 年全球已有 2.04 亿配备小型浏览器的移动电话用户，即大约 1/5 的移动电话用户将使用手机访问 Internet。目前，GSM（全球移动通信：Global System For Mobile Communication）数据业务量仅占运营商移动业务总收入的 2.2%。GSM 用户中有 40%希望使用数据业务。2003 年，西欧数据用户将上升到 5 100 万，数据业务用户比例上升至 25%，数据收入逾 74 亿美元，占蜂窝业务收入的 6%；同样，美国将达到 280 万用户，比例上升为 21%，收入达 26.5 亿美元，占蜂窝业务收入的 5%。2005 年非话音业务的使用量已超过话音业务。截至 2011 年年底，我国 3G 移动电话用户总数达到 1.28 亿户，其中 TD 用户占 3G 用户比例达 39.9%。2012 年 6 月，中国移动用户新增 558.9 万户，其中 TD 用户新增 281.7 万户。2012 年 6 月底，中国移动用户总数超过 6.83 亿户，3G 用户总数达到 6 707.9 万户。根据三大运营商最新公布的用户数据，截止 2012 年 11 月底，我国移动用户超过 11 亿，其中 3G 用户超过 2 亿，3G 用户渗透率约为 18%。所以，MEB 有着广泛的平台基础与巨大的市场潜力，商机无限。

2. 移动电子商务的效用

移动电子商务带给企业的效用是显而易见的，具体如下所述：

① 铸就了移动性电子交易。通过个人移动设备来进行电子交易的能力被视为移动 Internet 业务的最重要方面。移动通信提供了高度的安全性，而且其安全性还可通过各种方式得到进一步增强，如电子签名、认证和数据完整性。

② 创造了网上的无限商机。Internet 与移动技术的结合为服务提供商创造了新的商机，使之能够根据客户的位置和个性提供服务，可方便地建立和加强与其客户的关系，可以实现流动办公，大大节约成本，提升企业或个人的营运作业效率。

③ 提供了便捷的大众化应用。移动电子商务非常适合大众化的应用，具有灵活、简单、方便的特点。移动电子商务是一种全新的销售与促销渠道，能提供在 Internet 上直接购物，全面支持移动 Internet 业务，可实现信息、媒体和娱乐服务的电子支付，并完全根据消费者的个性化需求和喜好定制，设备的选择及提供服务与信息的方式完全由用户自控。

通过移动电子商务，用户可随时获取所需的服务、应用、信息和娱乐；可随地使用移动电话或 PDA 查找、选择及购买商品和服务。服务付费可通过多种方式进行，以满足不同需求；可直接转入银行、用户电话账单或者实时在专用预付账户上借记。移动电子商务的发展将使普通的消费者在预定门票、支付费用、股票交易及财务办理上受益。

1.7.2 移动电子商务系统模型

移动电子商务系统模型如图 1-4 所示。

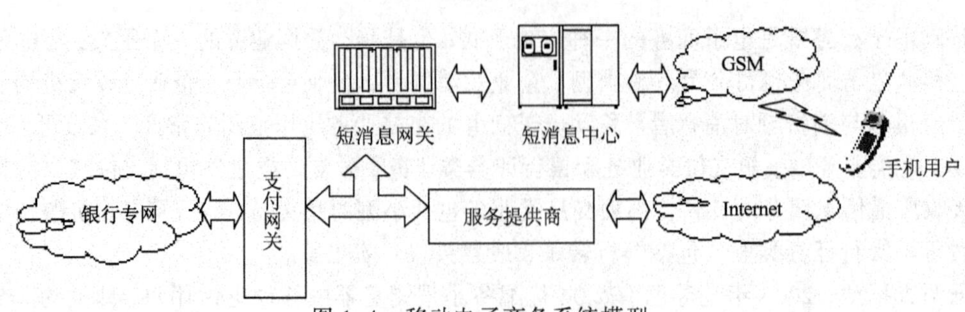

图 1-4　移动电子商务系统模型

该模型主要包括以下几部分：

① 手机用户：通过 SIM 卡向 GSM 网络证明自己的合法性，但这只是接入无线网络的第一步，执行电子商务的安全协议，还需要获得服务提供商提供的交易主密钥，必要的时候还需要下载相应的应用软件。

② GSM 网络、短消息中心及短消息网关：完成短消息的安全传输，由于通信网络只负责明文短消息的可靠传输，因此远远不能满足移动电子商务的安全需求。

③ 服务提供商：主要提供移动数据业务，它既可以本身就是内容提供商或业务提供商，也可以作为一个协议转换的代理，把 Internet 的业务转换成适于 GSM 网络传输的数据格式。在理想的电子商务模型中，每个手机用户和银行中的一个账号绑定，服务提供商为手机提供有偿服务，用户利用银行的支付网关付费。

④ 支付网关：支付网关是移动电子商务中最关键的一部分，负责银行网络专用协议和 IP 间转换，并处理支付请求。

⑤ 银行：作为可信金融机构支持用户参与移动电子商务产生的支付行为。

1.7.3　移动商务系统架构

尽管不同厂商提供的移动电子商务系统解决方案有所不同，但它们的基本结构是一致的，由上而下包括移动商务应用、移动用户设施、移动中间件和移动网络设施 4 个功能层。

1. 移动商务应用

移动电子商务不仅提供电子购物环境，还提供一种全新的销售和信息发布渠道。从信息流向的角度看，移动电子商务提供的业务可分为以下 3 个方面：

① 推（Push）业务：该业务主要用于公共信息发布，应用领域包括时事新闻、天气预报、股票行情、彩票中奖公布、交通路况信息、招聘信息和广告等。

② 拉（Pull）业务：该业务主要用于信息的个人定制接收，应用领域包括服务账单、电话号码、旅游信息、航班信息、影院节目安排、列车时刻表、行业产品信息等。

③ 交互式（Interactive）业务：该业务包括电子购物、博彩、游戏、证券交易、在线竞拍等。

2. 移动用户设施

移动用户设施就是支持电子商务的移动终端，包括手机、PDA 等。

3. 移动中间件

移动中间件是连接电子商务与不同的移动网络和操作系统的软件实现层，例如 ExpressQ、WAP 等。ExpressQ 是一种移动消息接发中间件，可将非 IP 应用程序提供给移动用户，完成用户脱离服务区时的信息存储和用户处于服务区时的信息转发。WAP 用以将互联网络上的应用和服务引入移动终端。由于传统的 HTML Web 内容难以在小尺寸的移动终端屏幕上有效地显示，因此 WAP 采用 WML（无线置标语言）作为信息标记语言。系统尚提供了几个扩展现有互联网络标准的规范，以定义独立于语言的 API 文档对象模型，使应用程序能够访问和改进文档的结构、内容和覆盖范围。

4. 移动网络设施

移动网络设施是支持移动商务的网络和设备，其主体就是蜂窝移动通信网。基于电路交换的 GSM 网络能提供的最高接入速率为 9.6 kbit/s，制约了基于 WAP 技术的移动商务的开展。而 2.5G 的 GPRS 和 CDMAIX 网络支持分组数据交换，最高接入速率的理论值都在 150 kbit/s 以上，推动了移动电子商务的发展。此外，移动网络设施还包括无线局域网和蓝牙、卫星通信网络等。

1.7.4 实现移动电子商务的技术

互联网络、移动通信技术和其他技术的完美结合带来了移动电子商务，MEB 以其灵活、简单、方便的特点开始受到消费者的欢迎，通过它用户可随时随地获取所需的服务、应用、信息和娱乐。实现 MEB 的技术包括以无线应用协议、移动 IP、蓝牙技术、通用分组无线业务与移动定位系统。

1. 无线应用协议

无线应用协议（Wireless Application Protocol，WAP））是移动通信与互联网络相结合的产物，可使用手机之类的无线装置上网，是开展移动电子商务的核心技术之一。WAP 是一种通信协议，它的提出和发展是基于在移动中接入 Internet 的需要。通过 WAP，手机可以随时随地、方便快捷地接入互联网络，真正实现不受时间和地域约束的移动电子商务。

WAP 提供了一套开放、统一的技术平台，用户使用移动设备很容易访问和获取以统一的内容格式表示的 Internet 或企业内部网信息和各种服务。它定义了一套软硬件的接口，可以使人们像使用 PC 一样使用移动电话收发电子邮件及浏览 Internet。同时，WAP 提供了一种应用开发和运行环境，能够支持当前最流行的嵌入式操作系统。WAP 可以支持目前使用的绝大多数无线设备，包括移动电话、FLEX 寻呼机、双向无线电通信设备，等等。在传输网络上，WAP 也可以支持目前的各种移动网络，如 GSM、CDMA、PHS 等，它也可以支持未来的第三代移动通信系统（3rd Generation，3G）。

2. 移动 IP

移动 IP 通过在网络层改变 IP，从而实现移动计算机在 Internet 中的漫游。移动 IP 技术使得结点在从一条链路切换到另一条链路上时无须改变它的 IP 地址，也不必中断正在进行的通信。移动 IP 技术在一定程度上能够很好地支持移动电子商务的应用，但是目前它也面临一些问题，如移动 IP 运行时的三角形路径问题、移动主机的安全性和功耗问题等。

3. 蓝牙技术

蓝牙（Bluetooth）是一种短距的无线通信技术，电子装置彼此可以通过蓝牙而连接起来。Bluetooth 是由爱立信、IBM、诺基亚、Intel 和东芝共同推出的一项短程无线连接标准，旨在取代有线连接，实现数字设备间的无线互连，以便确保大多数常见的计算机和通信设备之间可方便地进行通信。蓝牙可使移动电话、个人计算机、个人数字助理（PDA）、便携式计算机、打印机及其他计算机设备在短距离内无须线缆即可进行通信。例如，使用手机在自动售货机处进行支付，这是实现无线电子钱包的一项关键技术。蓝牙支持 64 kbit/s 实时话音传输和数据传输，传输距离为 10～100 m，传输速度可以达到 10 m/s。其组网原则采用主从网络。

4. 通用分组无线业务

传统的 GSM 网中,用户除通话以外最高只能以 9.6 kbit/s 的传输速率进行数据通信,如 Fax、E-mail、FTP 等，这种速率只能用于传送文本和静态图像，但无法满足传送活动视像的需求。GPRS 突破了 GSM 网只能提供电路交换的思维定式，将分组交换模式引入到 GSM 网络中。它通过仅仅增加相应的功能实体和对现有的基站系统进行部分改造来实现分组交换,从而提高资源的利用率。GPRS 能快速建立连接，适用于频繁传送小数据量业务或非频繁传送大数据量业务。GPRS 是 2.5 代移动通信系统。由于 GPRS 是基于分组交换的，用户可以保持永远在线。

5. 移动定位系统

移动电子商务的主要应用领域之一就是基于位置的业务者和外出办公的公司员工提供当地新闻、天气及旅馆等信息。该技术可为本地旅游业、零售业、娱乐业和餐饮业的发展带来巨大商机。

1.7.5 移动电子商务的安全风险

移动电子商务运作主要面临着来自移动通信系统和互联网络的安全风险,包括无线链路威胁、服务网络威胁和终端威胁。主要分为：

① 终端窃取与假冒：攻击者有可能通过窃取移动终端或 SIM 卡来假冒合法用户，从而非法参与交易活动，给系统和用户造成损失。通过本地和远程写卡方式，攻击者有可能修改、插入或删除存储在终端上的应用软件和数据，从而破坏终端的物理和逻辑控制。

② 无线网络的窃听：由于无线网络本身的开放性特点，以及短消息等数据一般都是明文传输，这使得通过无线空中接口进行窃听成为可能。攻击者通过窃听有可能了解交易流程，获取用户的隐私信息，甚至破解交易协议中的秘密信息。

③ 交易抵赖与否认：当用户普遍利用手机进行网上交易时，就可能存在网上交易欺诈的问题，用户有可能对发出的交易指令进行否认，也可能对使用的业务费用及业务数据来源进行抵赖。随着开放程度的加强，来自服务提供商的交易抵赖也将成为可能。

④ 中间“游”人的攻击：如果攻击者设法使用户和服务提供商间的通信变成由攻击者转发，那么这种中间“游”人攻击将可以完全控制双方的交易过程，并从中非法获利。

⑤ 拒绝服务与业务：破坏服务网络对手机用户提供的正常服务，阻止用户使用相关移动业务。

⑥ 交易信息的重传：截获传输中的交易信息，并把交易信息多次传送给服务网络。

目前，安全移动电子商务系统主要应提供身份认证、交易数据的完整性、交易事务的完整性、消息新鲜性、加密机制、防抵赖功能、用户隐私保护、审计等安全服务。

1.8 电子商务网上银行实例

1. 招商银行概述

1998 年 4 月，招商银行（http://www.cmbchina.com）在国内首先推出第一家网上银行（一网通），如图 1-5 所示。招商银行推出 Internet 上主页及网上银行业务，使客户“足不出户”便知天下事，就能即时查询其在银行的账务变动情况，动态了解当天银行的利率，了解外汇汇率、股市行情等变动情况，并可以享受各种金融信息服务。

图 1-5　招商银行电子商务网站示意图

招商银行坚持以客户需求为导向，走科技领先型银行之路，提供完善的电子支付系统，通过 Internet 或其他公用信息网，将客户的计算机终端连接至银行主机，实现了将网上银行服务直接送到客户办公室、家中或出差地点的银行对公服务系统，使客户足不出户就可以享受到招商银行的服务。招商银行自首推网上企业银行 1.0 版到迄今更为完善和成熟的网上企业银行 6.0 版问世，不断改善系统流程、业务模式和功能结构，革新后台技术支持，始终引领国内网上银行业潮流，为电子商务的发展而不断变革。

2．招商银行提供的主要功能

招商银行的业务包括：招银天地、个人银行、企业银行、网上支付、网上商城、网上证券，诸多服务，其中个人业务、企业银行、网上支付三个系统是目前招商银行提供的网上银行的核心服务，使客户突破传统银行地理环境、服务时间的限制，突破空间距离和物体媒介的束缚，完全可以足不出户就可以享受到招商银行的服务。

① 个人银行：个人银行以方便、快捷、安全的方式处理客户个人账务，适用于个人和家庭。客户只要在招商银行开设普通存折或“一卡通”账户，即可通过 Internet 查询自己的账户余额、当天交易和历史交易等信息，并可获得修改账户密码等服务。存折账户或一卡通账户查询时，只须输入账号和密码即可。

② 企业银行：企业银行以便捷、安全的方式处理客户对公账务，为客户提供如下网上服务功能：

- 严格的“企业银行”用户和用户权限管理。
- 完善的账务信息查询，包括账户明细及账户交易明细查询。
- 总公司对下属子公司或分公司账户和账务的查询。
- 企业内部账户资金的调拨、内部转账和向其他企业付款的支付，转账和支付都是安全的。
- 网上代发工资服务。
- 丰富多彩的信息服务，包括银行到账通知、转账支付发生通知、贷款到期通知、开办新业务通知、利率变动通知、招商银行机构和业务信息、证券行情、实时利率汇率信息等。

③ 网上支付：网上支付向客户提供网上消费支付结算。该行网站已开通国际权威（CA）

认证，并采用了先进的加密技术，客户在使用“网上支付”时，所有数据均经过加密后才在网上传输，因此是安全可靠的。

网上支付功能使用的过程如下：

- 申请网上支付服务：客户必须到该行任一网点办理本项服务的申请手续，取得网上支付卡和支付密码。只有该行“一卡通”用户可享受此项服务。
- 专户转账：在成功申请网上购物功能后，银行即为客户在活期储蓄账户下设立了“网上支付”专户，在进行网上消费前需将资金转入此专户。
- 选购：可以在任何提供招商银行“网上支付”服务的网上商家选购商品和服务，当选购完商品和服务并确认后，使用鼠标点击“一卡通付款”栏，就会自动被引导到本行的网站进入网上支付程序。
- 支付：依次输入网上支付卡号和支付密码，客户端显示以下信息中的一种：扣款成功；专户余额不足，请客户通过电话银行向专户补充存款；通信故障，请稍后进行交易。
- 交易确认：为避免出现由于商家库存不足以至无法供货等情况，所有购物交易均须经商家确认后才能成立。客户可随时通过招商银行网页“网上支付”专栏查询订单是否已被确认，如有疑问，可拨打网上商城服务热线，向商家直接查询。

Internet将改变未来金融市场的运作方式，招商银行则给人们提供了便捷的网上服务。网上银行前景在望，竞争策略浮现雏形，未来的电子商务推动着所有银行的网上服务。回眸过去、展望未来，更便捷的金融服务将是网上银行带给客户的最大权益，将始终引领国内外网上银行业潮流，为电子商务的发展而不断变革。基于Internet的电子商务将会是效益和竞争同在、商机与挑战并存。

小　结

电子商务是在以互联网络为基础的计算机系统支持下，采用电子方式从事的交互式的各种商务活动的过程。企业电子商务活动主要通过 Internet（因特网）、Intranet（企业内部网）及Extranet（企业外部网）与企业的员工、客户、供销商和合作伙伴等进行。电子商务是利用网络实现所有商务活动业务流程的电子化，不仅包括了电子交易面向外部的业务流程（如网络营销、电子支付、物流配送等）还包括了企业内部的业务流程，如企业资源计划、管理信息系统、客户关系管理、供应链管理、人力资源管理、网上市场调研、战略管理及财务管理等。

互联网络、移动通信技术和其他技术的完美结合推动了移动电子商务的发展，MEB 以其灵活、简单、方便的特点开始受到消费者的欢迎，通过它用户可随时随地获取所需的服务、应用、信息和娱乐。实现 MEB 的技术包括以无线应用协议、移动 IP、蓝牙技术、通用分组无线业务与移动定位系统。

习　题

一、填空题

1. 电子商务通过 Internet 进行商务运作，涵盖了网上调查、__________、网上广告，商务洽谈、________、网上贸易、网上支付、________、售后服务等诸多商务活动，涉及生产、流通、分配、交换和消费等环节的所有电子信息化处理活动。

2. 国际标准化组织（ISO）有关电子商务的定义：电子商务是企业之间、企业与________信息内容与需求交换的一种通用术语。

3. 电子商务与电子商业的区别是：电子商务与电子商业相比具有更广泛的________。

4. 1996年________，联合国贸易委员会通过《电子商务示范法》，明确电子商务法律的________及其在具体贸易领域里的具体运用。

5. 电子商务具有________、覆盖面广、使用便捷、________、功能全面、服务个性化、________、系统安全性特点。

6. 电子商务交易过程中都包含着4种基本的“流”：信息流、商流、________与物流。

7. 电子商务包括交易前、________与交易后三个阶段。

二、判断题

1. 电子商务是利用网络实现所有商务活动业务流程的电子化，不仅包括了电子交易的面向外部的业务流程，还包括了企业内部的业务流程。（ ）

2. 电子商务是企业与企业之间、企业与消费者之间，以及企业内部的一种管理链，它贯穿于企业行为的全过程。（ ）

3. 1999年2月19日世界第一个电子商务标准问世。（ ）

4. 2000年5月间，北京、上海、天津、重庆城市电子商务方案通过专家评审，付诸实施。（ ）

5. 实现MEB的技术包括以无线应用协议、移动IP、蓝牙技术、通用分组无线业务与移动定位系统。（ ）

三、简答与实验

1. 简述电子商务的内涵并试述电子商务的各种分类。
2. 简述电子商务与电子商业的区别。
3. 简述基于Internet电子商务的演进。
4. 试问电子商务对社会经济的变革效应体现在哪些方面。
5. 试述电子商务发展趋势。
6. 试述移动电子商务的含义。
7. 登录中国商品交易中心（HTTP：//www.chinamarket.com.cn/）网站，了解其功能、特点等。
8. 完成实验：浏览美国安全第一网络银行（http://www.sfnb.com）与招商银行（http://www.cmbchina. com）网站，了解其功能、特点与网上银行特色等。

第 2 章 网络与 Internet 技术基础

本章提要

电子商务是基于计算机技术、计算机网络技术而产生与发展的。Internet 技术促成了电子商务的长足发展与广泛应用。Internet 可提供全球性信息、服务资源的共享，是世上最大而又不断拓展的互联网络。万维网技术使电子商务将传统商场引入了网上，构建出大量网上虚拟商店，完成网上商务活动。

本章就电子商务的网络技术基础进行阐述，主要包括：计算机网络及其功能、计算机网络的组成与的分类、网络协议、OSI 参考模型、Internet 的形成与发展、Internet 的运作模式、IP 地址与域名、Internet 接入方法、Internet 的主要服务、Intranet 及其规划、Intranet 项目建设过程与应用等。

2.1 计算机网络基础

计算机网络是伴随着计算机技术与通信技术的发展而发展的，它是两者有机结合的产物，也是电子商务运作的基础平台，是电子商务有效实施的必要保障。计算机网络的形成过程是从简单的解决远程计算、信息收集和数据处理的专用联机系统开始，随着计算机技术和通信技术的发展，又在联机系统的基础上，发展到了把多台独立计算机连接起来，组成以共享资源为目的的计算机网络。这样就进一步扩大了计算机的应用领域，促进了计算机技术、通信技术等在各个领域的飞速发展。

2.1.1 计算机网络及其功能

1. 计算机网络定义

计算机网络是指利用通信设备和线路将分布在不同地理位置的具有独立功能的多台计算机系统互连，遵照网络协议及网络操作系统进行数据通信，实现资源共享和信息传递的系统。由上述计算机网络的定义可以归结出计算机网络的 4 层内涵：

① 互连计算机系统是一个完整、独立的系统，拥有自己的软、硬件，能够单独对信息进行加工处理。自主的计算机间不存在制约与被制约关系。

② 计算机间互连是在一定的计算机通信设备和连接媒体基础上实现的，包括网卡、线缆、集线器、交换机和路由器等。

③ 不同计算机系统间进行互连必须要有共同的语言，遵循相同的规则，即事先要进行约定一套通信协议。此外，还得关注一下网络操作系统平台。

④ 计算机互连而构成网络的最主要功能和目的是实现资源共享和数据通信。例如，当今的Internet上就包括了众多网络系统的互联，其中涵盖了海量般的信息资源供人们共享，并通过通信传输方式（下载与上传）予以实现。

2. 计算机网络功能

① 资源共享：计算机网络实现了资源共享，使得处于不同地理位置的网络用户可以使用分布在网络任何位置的软件、硬件资源，共享数据信息。一般而言，用户所在站点的计算机系统，无论硬件还是软件，性能总是有限的。资源共享后，用户可以像使用自己的个人计算机一样，使用网上的资源（包括高速打印机、软件、数据库、主机容量等）。用户可以使用网上的大容量磁盘存储器存放采集、加工的信息，用以解决相关问题。

② 数据通信：网络的通信功能使得不同地理位置间用户可以及时、快速、高质量、低成本地交流信息。网络中不仅能传输文字，而且可传送多媒体信息。例如，电子邮件（E-mail）可以使远隔重洋的地球两端用户快速准确地相互通信；电子数据交换（EDI）可以实现在政府（如商检、海关等）、金融（发卡银行、收单银行等）或公司（买方、卖方等）之间进行订单、发票、转账等单据的安全准确的交换；文件传输服务（FTP）可以实现文件的实时传递，为用户复制和查找文件提供了有力的工具。

③ 提高系统的可靠性：通过网络中多台计算机存放重要的信息资源或软件副本，实现多副本备份，可以提高计算机系统的可靠性。当某一台计算机出现故障时，可以立即由计算机网络中的另一台计算机来代替完成后续的任务。例如，军事防御系统、工业自动化生产线、空中交通管理、电力供应系统等都可以通过计算机网络存储备用替换系统，以确保系统的安全性和可靠性。

④ 协同处理：将分散在各地的计算机中的数据资料适时集中或分级管理，共同解决某个大问题，并经综合处理后形成各种报表，提供给管理者或决策者分析和参考。当某一个计算中心的任务负载很重时，可通过网络将此任务传递给空闲的计算机去处理，以调节忙闲不均现象，实施协同处理。此外，基于地域的时差也为网络协同处理带来了很大的灵活性，一般白天计算机负荷较重，晚上则负荷较轻，地球时差正好为我们提供了半球调度裕量。

⑤ 易于扩充：随着各种网络软件的日益丰富、完善，用户可以通过终端得到各种信息和良好的服务，把整个网络看作是自己的系统。当需要扩充网络的规模时，只要把新的设备、站点挂上网络即可。

⑥ 分布式处理：对于综合性的大型问题可采用合适的算法，将任务分散到网中不同的计算机上进行分布式处理。特别是对当前流行的微机局域网，这将更有意义。利用网络技术将微机连成高性能的分布式计算机系统，使它具有解决复杂问题的能力。

⑦ 提高性能价格比：网络设计者可以全面规划，根据系统总需求和各站点的实际情况确定各工作站的具体配置，达到以最少的投资获得最佳的效果。例如，一个仓储管理系统中，可以设计一个功能较完善，特别是运算速度快、软件丰富、磁盘容量较大的服务器，而每个工作

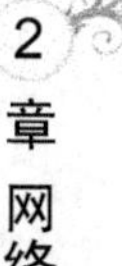

站因只用于数据的输入操作，可适度降低该机的档次或简化为一个无盘工作站，其结果是投资不大，效果尚佳，比使用单台个人微机更优越，从而间接地提高了系统的性能价格比。

在上述功能中，资源共享和数据通信是计算机网络诸多功能中最主要的，也是最基本的功能，是重中之重。随着计算机应用的不断发展，计算机网络的功能和提供的服务将不断增加。

2.1.2 计算机网络的组成

计算机网络由通信子网和资源子网组成，即计算机网络的二级结构，如图 2–1 所示。通信子网包括专门负责通信处理的通信控制处理机、通信线路和其他通信设备，它们承担全网的数据传输、转发和通信控制等通信处理工作，而不提供信息资源和计算能力。资源子网负责全网的数据处理和计算，向用户提供各种网络资源和网络服务，最大限度地共享网络中的各种软、硬件资源。通常，计算机网络系统主体可分为硬件和软件两大部分。

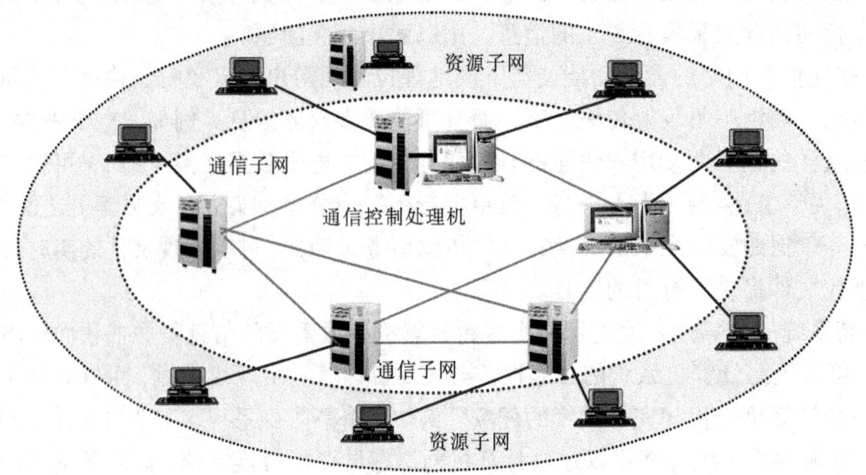

图 2–1 计算机网络的二级结构

1. 网络硬件

一般而言，计算机网络的网络硬件可分为：网络服务器、网络工作站、网络交换互连设备等外围设备。其中，网络交换互连设备又涵盖了网络适配器、交换机、网桥、路由器、网关、调制解调器等。

① 网络服务器：网络服务器是一台可被网络用户访问的计算机，它可为网络用户提供各种资源，并负责管理这些资源，协调网络用户对这些资源的访问。服务器是局域网的核心，网络中可共享的资源大多集中在服务器中，如大容量磁盘、高速打印机、网络数据库等，通过服务器，局域网上的用户可以共享文件、共享数据库、共享外围设备等。

服务器可以是个人计算机，也可以是工作站或小型计算机。由于服务器是为网络上的所有用户服务的，在同一时刻可能有多个用户同时访问服务器，因此充当服务器的计算机应具有较高的性能，包括较快的速度、较大的内存、较大容量的硬盘等。目前，许多计算机生产厂家干脆就把可作网络服务器的计算机称为网络服务器。服务器可以是一个单纯的文件服务器，或一个单纯的打印服务器、邮件服务器等，也可以是提供多种服务的综合服务器，或提供几乎所有服务的服务器。服务器可以是专用的（只作为网络服务器），也可以是并发的（既作为网络服务器，又作为网络工作站）。

按照提供的服务不同，可把服务器分为 Web 服务器、文件服务器、打印服务器、电子邮件服务器、数据库服务器、通信服务器、视频服务器等。

② 网络工作站：网络工作站是指能使用户在网络环境进行工作的计算机。网络工作站现在经常被称为客户机。在局域网上，一般都是采用微机作为网络工作站，如 IBM 公司与 HP 公司等的 PC 系列微机。网络工作站的作用就是让用户在网络环境下工作，并运行由网络上文件服务器提供的各种应用软件。在网络中，服务器一般只存放共享数据或文件，而对这些信息或文件的运行和处理则是由工作站来完成的。

③ 网络适配器（NIC）：俗称“网卡”，是计算机和网络线缆之间的物理接口。网卡一方面将发送给另一台计算机的数据转变成在网络线缆上传输的信号并发送到线缆上；另一方面又从网络线缆接收信号并把信号转换成在计算机内传输的数据。每一台上网的服务器或工作站上都至少必须装一块网卡，才能进行网络通信，实现网络信息存取。网卡一般插在计算机主机的扩展槽内。网卡的种类很多，它们使用不同的传输介质，采用不同的网络协议。显然，两个可以互相通信的计算机的网卡应采用相同的协议，如图 2-2 所示。

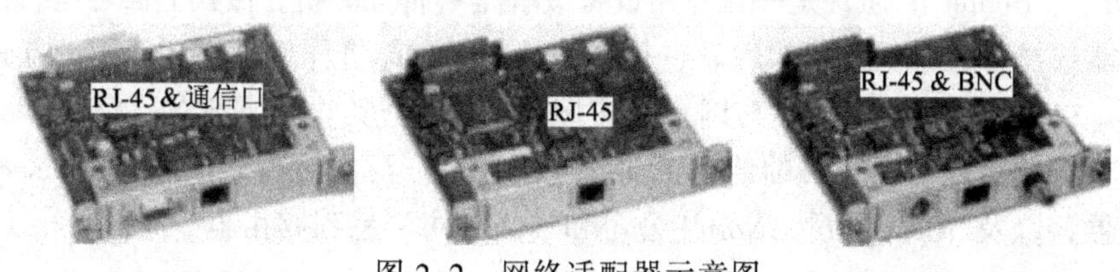

图 2-2　网络适配器示意图

④ 调制解调器（Modem）：俗称“猫”，具有调制和解调功能。前者是将计算机内的数字信号转换成模拟信号（D/A 转换），后者则将模拟信号转换成数字信号。在频带传输系统中，计算机通过调制解调器与电话线路连接。在发送端，调制解调器将计算机产生的数字数据转换成电话交换网中可以传送的模拟信号；在接收端，调制解调器将接收到的模拟信号还原成数字数据传送给计算机。在全双工通信方式中，调制解调器应具有同时发送与接收模拟数据信号的能力。计算机中所用的调制解调器可分为外置式和内置式两种。从机体角度讲，外置式调制解调器与计算机是互相独立的，通过外线与计算机的 COM 端口和电话线连接。内置式调制解调器被安装在计算机的扩展槽内，不占用物理 COM 端口。

⑤ 集线器（Hub）：星形拓扑局域网中用来连接计算机的设备，它包含了与网络组件连接的多个接口，如图 2-3 所示。集线器一般为有源集线器，需要电源才能工作。集线器一般有 8 端口、16 端口或 24 端口之分，每个端口可以和计算机或其他集线器连接，集线器之间也可以进行互连以扩大网络规模。

⑥ 交换机（Switch）：交换机是按照通信两端传输信息的需要，用人工或设备自动完成的方法，把要传输的信息送到符合要求的相应路由上的技术设备的统称，如图 2-4 所示。广义的交换机就是一种在通信系统中完成信息交换功能的设备。交换机同时拥有路由器和集线器的部分功能，当交换机用于星形结构时，能作为中心结点起放大信号的作用，它可以决定将接收到的数据向什么地方发送。它的每个端口拥有自己的以太网 MAC 地址，可充分利用带宽，传输速率高。目前，广泛使用的是以太网交换机，它可以有多个端口，每个端口既可以单独与一个结

点连接，也可以与一个以太网集线器连接。例如，如果一个 100 Mbit/s 的端口单独与一个结点连接，这个结点就独享 100 Mbit/s 的带宽，这类端口通常称为专用端口；如果一个 100 Mbit/s 的端口与一个集线器连接，那么这个端口的带宽将被与该集线器连接的多个结点所共享，这类端口通常被称为共享端口。

⑦ 网桥（Bridge）：能对不同类型的局域网实行桥接，实现互相通信，但又能有效地阻止各自网内的通信不会流到别的网络。网桥有时也用在同一网络内，可以隔离不同的网段，把不需要越出网段的通信限制在段内，避免网络传输的负担过重。

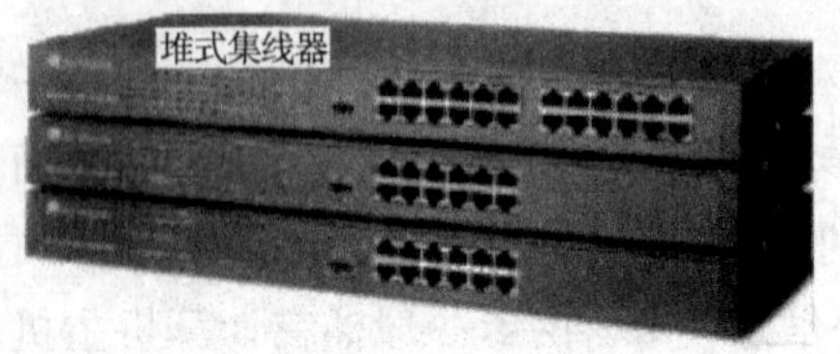

图 2-3　集线器

图 2-4　交换机

⑧ 路由器（Router）：通常是一台专用设备或者是一台计算机，在其上面可运行能识别各种网络协议并能选择合适路由器的软件。它是使用最广泛、能将异形网连在一起的互连设备，如图 2-5 所示。在互联网络中，网络与网络的连接，都是通过路由器实现的，路由器为通过它的数据包选择合适的路径以到达目的地。目前，应用比较广泛的路由器产品有：Cisco 公司的各个系列路由器，以及 3Com 公司、Nortel 公司和华为公司的系列路由器。

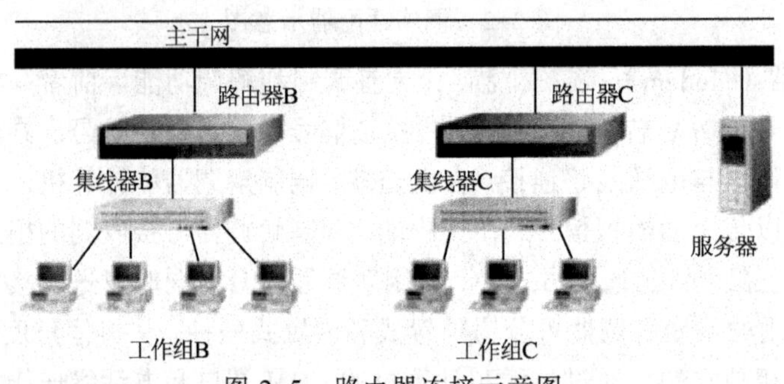

图 2-5　路由器连接示意图

⑨ 网关（Gateway）：位于互联网络和计算机之间的一个信息转换系统。网关比路由器有更大的灵活性，它能互联各种完全不同体系结构的网络。支付网关就是电子商务系统和银行之间的接口。

⑩ 中继器（Repeater）：对传送后变弱的信号进行放大和转发，所以只工作在同一个网络内部，起到延长介质长度的作用，如图 2-6 所示。

⑪ 网络传输介质：主要用于网络接口间的连接，进而作为不同计算机之间通信的数据传输通道。常用的网络传输介质有：有线类的双绞线、同轴电缆、光缆和无线类的微波、卫星、激光与红外线传播介质等。

图 2-6　中继器

⑫ 网络安全设备：目前，保护网站安全的最主要手段是构筑防火墙（Firewall）。防火墙是网站

与 Internet 之间的一道屏障，由软件和硬件设备结合而成，可以保护内部网络不受外部非法用户的入侵，同时也可以通过检测和控制内部网络与 Internet 之间的数据包和数据流量来防止内部网络出现的安全隐患。

⑬ 外围设备：外围设备属于可被网络用户共享的硬件资源。通常情况下是一些大型的、昂贵的外围设备，如大型激光打印机、绘图设备、大容量存储系统等。

2. 网络软件

计算机系网络是在网络软件控制下工作的。网络软件是一种在网络环境下使用和运行或者控制和管理网络工作的计算机软件。一般而言，网络软件是一个软件包，它包括供服务器使用的网络软件和供工作站使用的网络软件两部分，每一部分都包括几个程序。互相通信的计算机必须遵守共同的协议，因此网络软件必须实现网络协议，并在协议的基础上提供网络功能。根据网络软件的作用和功能，可把网络软件分为网络系统软件和网络应用软件。网络系统软件是控制和管理网络运行及网络资源使用的网络软件，它为用户提供了访问网络和操作网络的人机接口。网络应用软件是指为某一个应用目的而开发的网络软件。

在网络系统软件中最重要的是网络操作系统。网络操作系统往往决定了网络的性能、功能、类型等。计算机系统的运行需要操作系统的控制和管理，如 Windows、UNIX、OS/2 等，网络系统的运行也需要网络操作系统。网络操作系统主要用于控制服务器的运行，并且使用户能够而且容易地使用网络资源。它管理服务器的安全性，并为网络管理员提供管理网络的工具，以便控制和管理用户对网络的访问，管理磁盘上的文件等。网络操作系统可用来控制用户允许访问哪一个文件，以及控制用户的使用权限。

局域网上有很多种网络操作系统，目前使用最广泛的网络操作系统主要有 Microsoft 公司的 Windows、Novell 公司的 NetWare、Banyan 公司的 VINES 以及 UNIX、Linux 等。

2.1.3 计算机网络的分类

计算机网络可以从不同的角度进行分类：按网络的覆盖范围、按网络的使用范围、按网络的交换功能、按网络的通信介质，按网络的通信速率、按通信的传播方式、按网络的拓扑结构等。

1. 按网络覆盖的范围分类

按网络覆盖的范围分类，实际上是按网络传输的距离进行分类。传输技术随信息传输距离不同而不同。按网络覆盖的范围可把网络分成局域网、城域网和广域网。

（1）局域网

局域网（Local Area Network，LAN）的地理分布范围在几千米以内，一般局域网络建立在某个机构所属的一个建筑群内或大学的校园内。通过路由器和广域网或城域网相连接实现信息的远程访问和通信。LAN 是当前计算机网络发展中最活跃的分支，可把机构组织内的计算机和共享设备连接在一起，实现组织内的资源共享。

局域网的特点：覆盖范围有限，通常由一个部门或公司组建，数据传输速率高（10～1 000 Mbit/s），信息传输过程中延迟小、差错率低；易于安装、便于维护，局域网的拓扑结构一般采用广播式信道的总线形、树形或环形结构。

（2）城域网

城域网（Metropolitan Area Network，MAN）采用类似于 LAN 的技术，但规模比 LAN 大，

地理分布范围在 10～100 km，盖范围介于 LAN 和 WAN 之间，一般覆盖一个城市或地区。为多个组织的局域网提供高速的连接途径，实现数据、语音图像、视频等多媒体信息的传输，也可作为公共设施来运作。

（3）广域网

广域网（Wide Area Network，WAN）的覆盖范围很大（几十千米以上），可以是一个国家或一个洲际网络，规模庞大而复杂。在我国广域网通信的线路和设备是由电信部门提供的，它可以把多个局域网和城域网连接起来，也可以把世界各地的局域网连接起来，实现远距离资源共享和低价的数据通信。广域网可将局域网的灵活性、易用性及广域网的分布性、开放性有机地融合在一起，使得现有的网络速度更加快捷。它的通信子网大多数采用分组交换技术，可以是公用通信网、卫星通信网、无线通信网等。

2. 按网络的使用范围分类

网络按使用范围可分为：公用网和专用网。

（1）公用网

该网络是向公众开放、为社会提供服务的网络。一般由电信部门组建、管理和控制，网络内的传输和交换装置可以租赁给任何部门和单位使用，只要符合用户的要求就能使用。

（2）专用网

只为拥有者或组建公司、企业内部提供服务，而不允许外部用户使用。由某个组织（公司、企业或政府部门或联合体）建设、管理和拥有，具有内部资源的安全性和保密性效应，

3. 按网络的交换功能分类

网络按交换功能分为：线路交换网、报文交换网、分组交换网与混合交换网。

（1）线路交换网

线路交换网在通信期间始终使用该信道，并且不允许其他用户使用。通信结束后才释放所建立的信道。线路交换的通信过程分为 3 个阶段：信道建立阶段、数据通信阶段和信道释放阶段。

（2）报文交换网

报文交换网基于存储转发机制，当源主机和目的主机通信时，不管目的主机是否接通，都让源主机发送信息。网络中的中继结点（交换器）只起传递信息的作用，总是先将源主机发来的一份完整的仅做适当处理报文存储在交换器的缓冲区中，然后再根据报头中的目的地址，选择一条相应的输出链路。若该链路空闲，便将报文按报头中的目的发送至目的地址主机。若输出链路忙，则将信息在缓冲区中暂存，待链路有空即行发送。

（3）分组交换网

分组交换网与报文交换网一样，采用存储转发方式，为避免报文过长发送时的线路交换效应，它先将一份长的报文划分成若干定长的报文分组，以报文分组作为传输的基本单位进行传输。

（4）混合交换网

混合交换网在一个数据网中同时采用线路交换和报文分组交换。既有实时效应，又融合存储转发机制。

4. 按网络的通信介质分类

网络按通信介质（媒体）分为：有线网与无线网。有线网是采用同轴电缆、双绞线或光纤等有形物理介质传输数据的网络。无线网是采用微波、红外线或激光等无线介质传输数据的网络。

5. 按网络的通信速率分类

网络按通信的速率分为：低速网、中速网和高速网。具体速率参数随着计算机网络速度不断提高，会略做修正。低速网网上的数据传输速率在 6 Mbit/s 以下，中速网网上的数据传输速率介于 6～100 Mbit/s 之间。通常，高速网网上的数据传输速率在 100 Mbit/s 以上。

6. 按通信的传播方式分类

网络按通信传播方式分为：点到点网络与广播式（一点对多点）网络。在采用点到点通信的网络中，每段线路两端连接一对计算机或通信设备用户（网络结点）。信息沿着经过的每台计算机或通信设备进行传输。在广播式网络中，仅有一个公共通信信道供网络上所有用户共享。任一时间内某用户计算机（网络结点）利用通信信道发送数据时，其他网络结点只能“收听”而不能发送，且仅为指定的用户计算机（网络结点）才能接收信息。

7. 按网络的拓扑结构分类

计算机网络按拓扑结构可分为：星形网、总线形网、树形网、环形网和网状形网等。网络的拓扑结构不同所采用的传输方式和通信控制协议也不同。其中，星形网、环形网和网状形网采用点对点的数据传输方式，总线形网采用一点对多点（广播式）的数据传输方式，而网状形网则由多个按不同拓扑结的网络互连而成。

（1）星形拓扑结构

星形拓扑结构中有一个唯一的位于中央位置的结点（主机或服务器），每一台计算机都通过单独的通信线路连接到中央结点。每一个网络设备以点到点的链路通过中心设备（交换机或集线器）连到中央结点上，如图 2-7 所示。在星形网中，可以在不影响系统其他设备工作的情况下，非常容易地增加和减少设备。中央结点负荷较重，是通信的瓶颈，若坏了则整个网络瘫痪，这种网络的规模一般都不能太大。一个星形拓扑可以包含在另一个星型拓扑中，从而复合成一个树形拓扑或层次形网络拓扑结构。

星形拓扑结构的优点：利用中央结点可方便地提供服务和重新配置网络；单个连接点的故障只影响一个设备，不会影响全网，故障易于检测、隔离和维护；任何一个连接只涉及中央结点和该站点，因此控制介质访问的方法较简单，因而访问协议也十分简单。

星形拓扑结构的缺点：每个站点直接与中央结点相连，需要大量电缆，因此费用较高；如果中央结点产生故障，则全网陷于瘫痪，所以对中央结点的可靠性和冗余度要求较高。

（2）环形拓扑结构

环形拓扑结构由沿固定方向连接成封闭回路的网络结点组成，每一个结点与它左右相邻的结点连接，是一个点对点的封闭结构。所有的结点公用一个信息环路，都可以提出发送数据的请求，获得发送权的结点可以发送数据。环形网络常使用令牌来决定哪个结点可以访问通信系统。在环形网络中信息流只能是单方向的，每个收到信息包的站点都向它的下游站点转发该信息包，直至目的结点。信息包在环网中“环游”一圈，最后由发送站进行回收，只有得到令牌的站才可以发送信息。每台设备都可直接连到环上，或通过一个接口设备和分支电缆连到环上，如图 2-8 所示。

环形拓扑结构的优点：拓扑结构简单、传输延时确定。

环形拓扑结构的缺点：由于整个环路会成为网络的瓶颈，环中任何一个结点出现故障都可能造成网络瘫痪，维护也较为复杂。

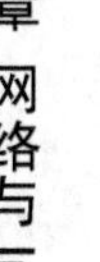

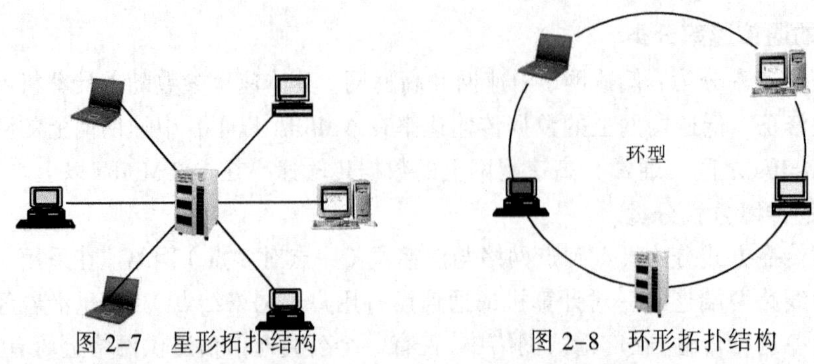

图 2-7　星形拓扑结构　　图 2-8　环形拓扑结构

环形网络的一个典型代表是令牌环局域网，其数据传输速率为 4 Mbit/s 或 16 Mbit/s，这种网络结构最早由 IBM 推出，但现在已被众多厂商所采用。

（3）总线形拓扑结构

总线形拓扑结构网络是种一点对多点的结构，是把每个结点连接到一条横贯始末的公共线路上，这条公共线路称为总线，如图 2-9 所示。它和计算机中的总线差不多，读者可把计算机中的处理器、内存及板卡想象成网络中的计算机，而把总线想象成网络，以便理解。

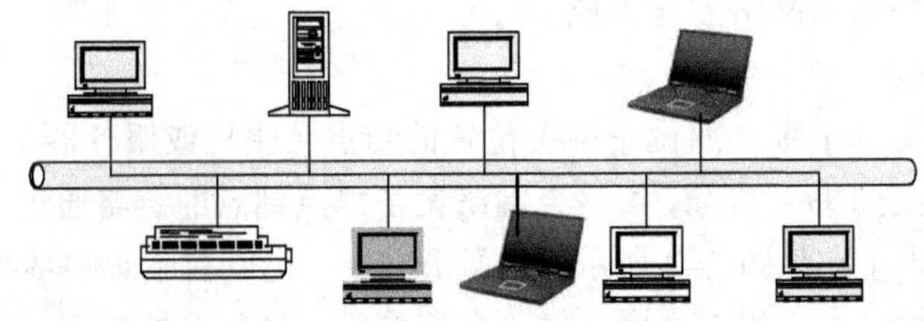

图 2-9　总线形拓扑结构

总线形网络采用单根传输线作为传输介质，所有的站点都通过相应的硬件接口直接连接到传输介质（或称总线）上，并使用一定长度的电缆将设备连接在一起。设备可以在不影响系统中其他设备工作的情况下从总线中取下。任何一个站点发送的信号都可以沿着总线介质传播，而且能被其他所有站点接收。目前，总线形拓扑网络通常是用 T 形 BNC 连接器将计算机直接连到同轴电缆主干上。

总线形拓扑结构的优点：电缆长度短、费用低，且易于布线和维护；可扩充性好、增减结点容易；结构简单，传输介质又是无源元件，从硬件的角度看，十分可靠。

总线形拓扑结构的缺点：网络的地理范围小，网络负载重时冲突明显增加，吞吐量明显下降；该拓扑网络不是集中控制的，所以故障检测需要在网上的各个站点上进行；在扩展总线的主干线长度时，需重新配置中继器、电缆、调整终端器等；总线上的站点需要介质访问控制功能，这就增加了站点的硬件和软件费用。

以太网是一种典型的总线形网络，它是一种共享介质的网络，大家都共用一条通道，用户可以想象出整个网络的拥挤程度，因此网络规模也不能太大。

（4）树形拓扑结构

树形拓扑结构可以看成是星形拓扑结构等的扩展。在组建较大型网络时，往往采用多级星形网络，有时外加总线形网络。将多级星形网络按层次方式排列，即可构成树形网络，如图 2-10 所示。在树形结构中，其分支结构也可能是总线形或环形，只是在整体上看起来像一棵树。

（5）网状形拓扑结构

网状形拓扑结构网络（又称分布式网络或无规则网络），它是由分布在不同地点的计算机互连而成。各个结点间有多条链路相连，网络中无中心结点，如图 2-11 所示。

网状形拓扑结构的特点：可靠性高，结构复杂，不易扩充。

网状结构的特殊情况是全互连。全互连的结构是一台计算机与其他计算机都有一条直接的线路相连（此时，实际上是一种组合方式，如 5 个结点就得有 10 根电缆，而 10 个结点就得有 45 根电缆），这种结构在速度上很快，但整个设施造价太昂贵。除了军事领域或其他要求极高的特殊用途外，一般很少使用这种结构。

在图 2-11 中，可以看到一台计算机和其他计算机间都有直接的线路相连，即使某条线路坏了，也不至于影响通信。它的可靠性大大强于星形、总线形等拓扑结构网络。

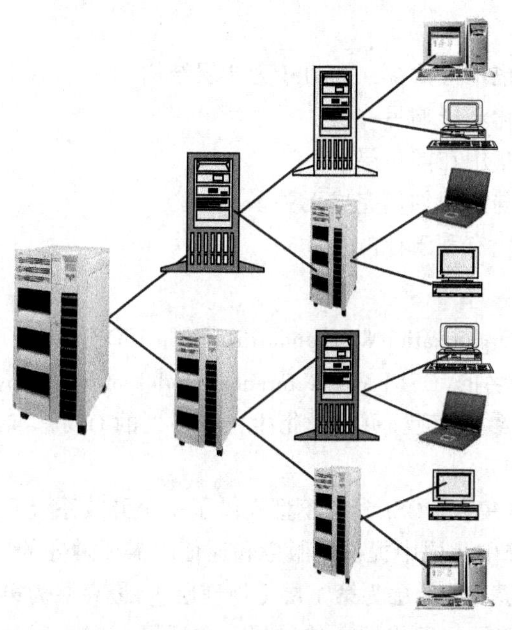

图 2-10　树形拓扑结构

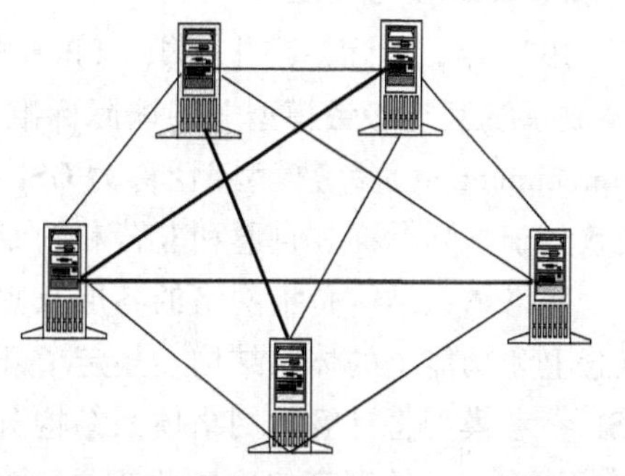

图 2-11　网状形拓扑结构

2.1.4　网络协议

在计算机网络中，为使相互通信的两个计算机系统高度协调地交换数据、实施对话，必须在它们之间建立通信接口与规则（包括实现信息传送的硬件设备和完成双方实施通信的软件设置规则），使彼此之间能按规则进行信息交换。网络协议系指那些为进行网络数据通信而建立的规则、标准或约定，它是一组使网络中的不同设备能进行数据通信，而预先制定的一整套通信双方相互了解和共同遵守的格式和约定。

网络协议是网络通信的语言，是通信的规则和约定。通过协议，可以在物理线路的基础上，构成逻辑上的连接，给出响应和所需要完成动作及它们的时间关系，实现网络中的计算机、终端，以及其他设备之间直接进行数据交换。

网络协议由语义、语法、时序 3 个要素构成：

① 语法：指数据或控制信息的格式或结构形式。

② 语义：指构成协议元素的含义，包括需要发出何种控制信息，完成何种动作及做出何种应答。

③ 时序：即事件执行的顺序及其详细说明。

由此可悟出，语义规定通信双方准备“讲什么”，确定协议元素的种类；语法规定通信双方“如何讲”，确定数据的格式、信号电平；时序说明了事件出现与执行的先后顺序。

2.1.5 OSI 参考模型

1. 层次结构

基于计算机网络的内在机理与运作效用，对于非常复杂的计算机网络宜采用层次结构来描述、分析。由于结点之间的联系可能是很复杂的，因此在制定协议时，一般是把复杂成分分解成一些简单的成分加以研究，而后再将它们复合起来。最常用的复合方式是层次结构方式，即上一层可调用下一层，而与再下一层不发生关系。

层次结构机制一般的分层原则：

① 层次数量适中。层次数量不应过多，也不宜太少，如 OSI 为 7 层结构。

② 各层之间相互独立。某一层的内部变化不影响另一层。

③ 每层具有特定的功能。类似功能尽量集中在同一层。

④ 低层对高层提供的服务。所提供服务与低层如何完成无关。

⑤ 相邻层间有接口。相邻层之间的接口应有利于标准化。

2. OSI 参考模型

1979 年，国际标准化组织（International Organization for Standardization，ISO）提出了一个“开放系统互连参考模型”的国际标准，即著名的 OSI/RM（Reference Model of Open System Interconnection）参考模型，泛称为 OSI 或 OSI 参考模型，并由此衍生出一系列的 OSI 标准。ISO 是致力于国际标准、自愿和非营利的专门机构。

网络体系结构是指网络的各层及其协议的集合。OSI 参考模型提供了一个开放系统互连的概念上和功能上的体系结构，规定了开放系统中各层中提供的服务和通信时需要遵守的协议。OSI 参考模型将计算机网络体系结构分为 7 层，最低层为第 1 层（物理层），最高层为第 7 层（应用层），由低到高依次为物理层、数据链路层、网络层、传输层、会话层、表示层和应用层。在 OSI 中，每个层都有相对独立、明确的功能，而每一层的功能都依赖于下一层提供的服务，并为上一层提供必要的服务，相邻两层间通过界面接口进行通信。模型的 1～4 层是面向数据传输的，而 5～7 层则是面向应用的。物理层直接负责物理线路的传输，最上面的应用层直接面向用户。表 2-1 描述了 OSI 模型的 7 层组成与扼要功能。

表 2-1 OSI 层次组成与扼要功能

层次	名称	功能
7	应用层	利用下层的支持，满足具体的应用要求
6	表示层	解决异构系统间的信息表示问题，屏蔽不同系统数据表示的差异
5	会话层	提供控制会话和数据传输的手段
4	传输层	屏蔽子网差异，以及用户要求和网络服务之间的差异
3	网络层	利用路由技术，实现用户数据的端到端传输
2	数据链路层	利用差错处理技术，提供高可靠传输的数据链路
1	物理层	确定物理设备接口，提供支持点对点位流传输的物理链路

OSI 参考模型的 7 层协议结构如图 2-12 所示，其中数据通信交换结点只有最低 3 层，称为中继开放系统。图中也可看出网络中任意两个系统端点间的通信过程。

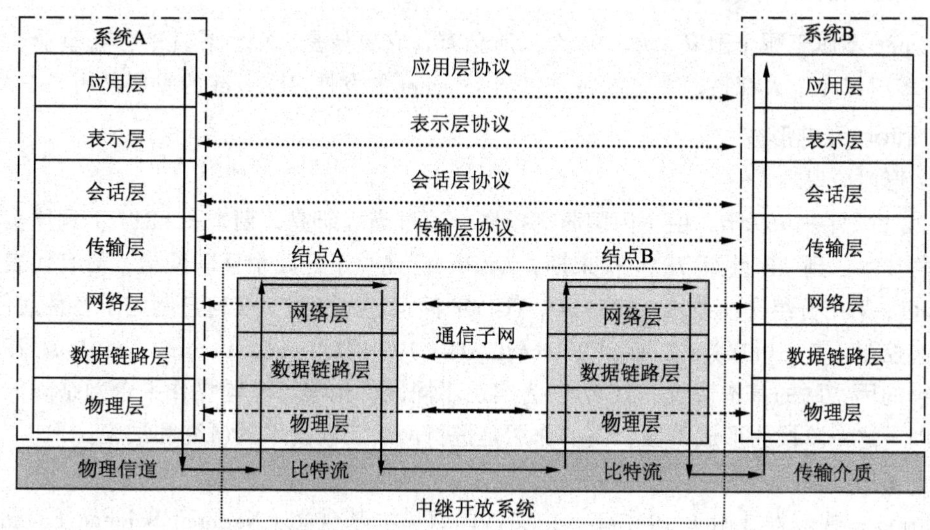

图 2-12 ISO/OSI 参考模型结构

2.1.6 TCP/IP

TCP/IP 可实现异构网络互连，为 Internet 的迅速发展打下了基础，它已成为 Internet 的基本协议。TCP/IP 参考模型包括应用层（Application Layer）、传输层（Transport Layer）、网际层（Internet Layer）和网络接口层（Network Interface Layer）4 层，如图 2-13 所示。

OSI	TCP/IP	TCP/IP映射对象	传递对象
应用层 表示层 会话层	应用层	应用协议 SMTP、Telnet\SNMP FTP、HTTP、DNS等	报文
传输层	传输层	TCP、UDP	传输协议分组
网络层	网际层	IP（ICMP）ARP.RARP	IP数据报
数据链路层	网络接口层	网络接口协议 （链路控制媒访问）	帧
物理层	硬件 （物理网络）	以太网、令牌环、 FDDI.X.25.其他网	

图 2-13 TCP/IP 参考模型及层次对照图

2.2 Internet

Internet（因特网）是世界上规模最大的互联网络，是全球性的、最具影响力的、分布于世界各地的、基于“全球统一”规则（协议）的计算机互联网络，也是世界范围内的信息资源库。通过它把一个五彩缤纷的世界展现在的世人面前，其现已深入到政治、经济、科学、技术、文化、卫生乃至人们的现实生活，利用 Internet 进行市场调查、产品介绍、信息咨询、洽谈商

务、合同签订、网上购物、货币支付、售后与金融服务等已成为人们崇尚的理念。

2.2.1 Internet 的形成与发展

Internet 不属于哪个国家、单位或个人所独有，它更像是一个世界性的公益事业、资源共享库，许多组织和个人都是以奉献的精神参与 Internet 的发展。Internet 的发展经历了 3 个阶段：

1. Internet 的形成

（1）形成阶段

早 20 世纪在 1969 年，由美国国防部投资，通过高级研究计划署（ARPA）具体实施研究网间互联技术。到 20 世纪 70 年代末期，ARPA 已建立了好几个互联网络，最有代表性的是 ARPANRT，采用分组交换技术。1974 年，TCP/IP 问世，为网间交换信息制定了各种通信协议，其中传输控制（Transmission Control Protocol，TCP）和网际协议（Internet Protocol，IP）已发展成当今的因特网的基本协议，TCP/IP 为实现不同硬件构架、不同操作平台网络间的互联奠定了基础。这一阶段为形成阶段，主要作用是进行网络互联技术的研究和试验。

（2）实用阶段

Internet 的快速发展始于 1986 年，由美国国家科学基金会（National Science Foundation，NSF）资助，先把 5 个国内超级计算机网络联成采用 TCP/IP 的广域网——NSFNet，以后，相继又有一些大公司加盟，把 NSFNet 建成了一个强大的骨干网。旨在共享它所拥有的资源，推动科学研究的发展。1986—1991 年间，接入 NSFNet 的计算机网络 100 多个发展到 3 000 多个，有力地推动了互联网络的发展。在中国，1994 年中国科学技术网 CSTNET 首次实现和 Internet 直接连接，同时建立了我国最高域名.服务器，标志着我国正式接入 Internet。接着，相继又建立了中国教育科研网（Cerent)计算机互联网（ChinaNet)和中国金桥网（Genet），从此中国用户日益熟悉并使用 Internet。

（3）商业化阶段

互联网络的初衷是用来支持教育与研究，而非商业活动。但随着互联网规模的迅速扩大，其中蕴藏的无限商机也逐渐显露出来。1991 年底，美国 IBM、MERIT 和 MCI 公司联合组成了一个非营利公司 ANS(AdvanCed Networks and Servces)，建成了取代 NSFNet 的 ANSNet 骨干网。不久，以 IBM 公司生产的计算机组成的 BITNet 网与 ANSNet 网合并后，同时还引入了商用 Internet 交换（Commercial Internet Exchange，CIX）互连结点结构（由高速路由器和连接各个充作互联网服务提供商的 CIX 成员的链路组成），形成了现今 Internet 的基础。这一阶段是 Internet 的商业化阶段。而今天源于美国的 Internet 已是全球性 Internet 的骨干网。

2. Internet 的发展

20 世纪 80 年代中期以后，在世界其他地区，也先后建成了各自的 Internet 骨干网。例如，北欧网（NORDUnet）、加拿大网（CAnet）、欧洲网（EARN）、苏联及东欧国家网（E-EUROPEnet）等。这些骨干网又通过各种途径与美国的 Internet 骨干网相联，形成了当今规模的庞大的 Internet。

但随着网络应用的急剧发展、多媒体、高带宽、超容量的数据信息库的广泛使用（如远程教学、远程医疗、金融业、高性能实验室等），使得原有的网络已不能继续满足用户的需求。据此，美国已于 1994 年提出并于 1996 年开始实施 Internet II 计划和新一代 Internet（Next Generation Internet，NGl）的网络发展规划。

Internet II 与 NGI 的首要任务是为科研机构建立一个领先的前沿网络，实现宽带网的媒体集成和实时通信，旨在向全球范围内的教育、科研机构等提供新一代的网络应用和服务。通过每年提供可观的资金来促进学术界、产业界和政府的合作。其目标如下：

① 用高性能的网络连接大学和国家实验室，其中的 100 个机构的网络连接速度要比现在的 Internet 快 100 倍，10 个机构的网络速度要比现在的快 1 000 倍。

② 支持下一代网络技术的研究与示范新一代的应用。

这一期间，我国也成立了学术性组织：第二代互联网协会（中国 Internet II），以促进网络环境、网络结构、协议标准及网络应用。中国的互联网发展也相当迅速，20 世纪 90 年以来，已建成 4 个遍布全国的骨干网：中国公用计算机网（CHINANET）（http//www.bta/sta.net.cn）、中国科学技术网（CSTNET）（http//www.cstnet.net.cn）、中国教育与科研计算机网（CERNET）（http//www.edu.cn/）和中国金桥信息网（GBNET）（http//chopin.gb.com.cn）。它们都有独立的网间接口，可与美国或其他国家地区的 Internet 骨干网相联，形成了当今既可与中国内部的网络互联，同时又与世界相通的几大骨干网。近年来，又相继建立了中国联通公用互联网、中国网通公用互联网、中国移动互联网、中国长城网和中国国际贸易互联网等。

2.2.2 Internet 的运作模式

Internet 采用客户机/服务器（C/S：Client/Server）运作模式。服务器提供系统服务，其他需要服务的计算机作为客户机。当客户需要某个服务时客户机（客户程序）通过网络与能提供该种服务的服务器建立连接，向它发出服务请求，服务器根据该请求做出相应的处理，然后把结果送回客户机（C/S 结构如图 2-14 所示）。随着 Web 技术的不断发展，Internet 应用模式正逐渐演进为浏览器/服务器（Browse/Server，B/S）运作模式，如图 2-15 所示。

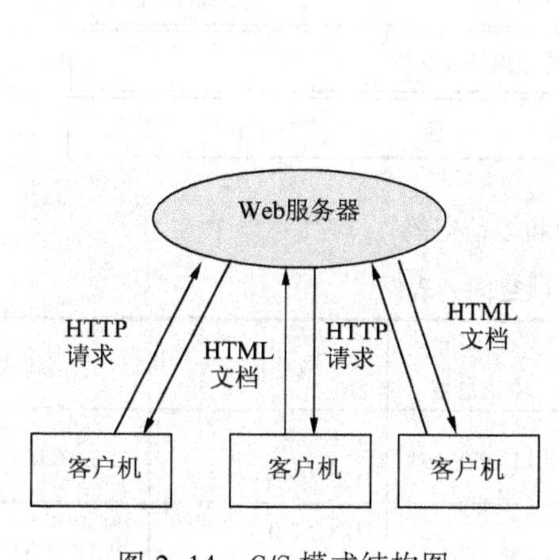

图 2-14 C/S 模式结构图

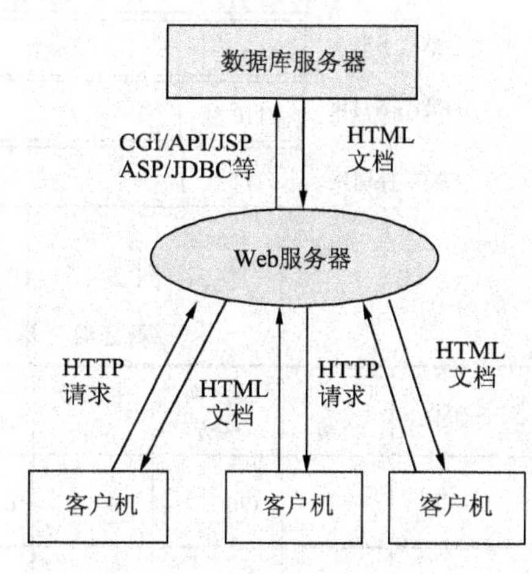

图 2-15 B/S 模式结构图

2.2.3 IP 地址与域名

1. IP 地址

Internet 中 IP 地址是一个极为重要的概念。为确保 Internet 上每台主机（能提供网络服务的计算机）在通信时能互相识别，每台主机都必须有一个唯一的地址来标识，即用 IP 地址表示该主机在网上位置，又称主机网际协议地址，这就如电话系统中每台接入电话网络的具有标识效用的电话号码）。

IP（IPv4）地址按层次结构组织，包含两部分：网络地址与主机地址，前者用以区分在互联网络上互连的各个网络；后者用来表示同一网络上的不同计算机（或主机）。IP 地址由 32 位二进制数构成，分为 4 段（4 个字节），每段 8 位，可以用小于 256 的十进制数来表示，段间用圆点隔开。

例如，192.168.8.128（对应的二进制数为：11000000.10101000. 00001000. 10000000）。

IP 地址具有如下两个重要性质：

① 每台主机的 IP 地址在整个 Internet 中是唯一的。

② 网络地址在 Internet 范围内统一分配，主机地址则由该网络本地分配，即当一个网络获得一个网络地址后，可以自行对本网络中的每台主机分配主机地址，主机地址部分只须在本网络中唯一即可。

2. IP 地址的分类

为适应不同规模网络的需要，IP 地址通常分为 5 类，如图 2–16 所示。其中，A 类以“0”开头，用于有大量主机的超大型网络；B 类以“10”开头，用于有较多主机的大、中型网络、C 类以“110”开头，用于主机数量不多的小型网络；D 类以“1110”开头，用于多目地址的广播传递；E 类以“1111”开头，主要用于研究和试验，不供一般使用。其中，A、B、C 类为基本类，基本类所规定的网络地址与主机地址的空间分别与它们的相应长度相关。表 2–2 所示为基本类 IP 地址空间列表。

位：012　8　16　24　31

A类：大型网	0	网络地址	主机地址（24位）
B类：中型网	10	网络地址	主机地址（16位）
C类：小型网	110	网络地址（21位）	主机地址
D类：多目网	1110	多目传送地址（28位）	
E类：保留网	1111	保　留	

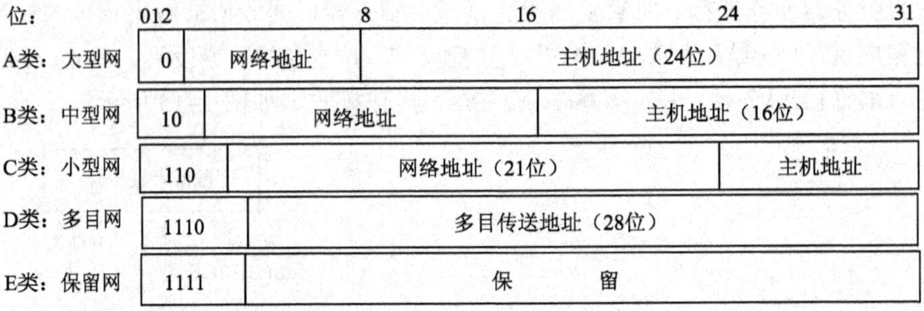

图 2–16　IP 地址类型和地址空间

表 2–2　基本类 IP 地址空间列表

类	第一字节	网络号位数	最多网络数	主机号位数	最多主机数	网络中主机总数	地址范围	子网掩码
A	1 ~ 126	7	126	24	16 777 214	2 113 928 964	1.0.0.0 ~ 127.255.255.255	255.0.0.0
B	128 ~ 191	14	16 382	16	65 534	1 065 320 704	128.0.0.0 ~ 191.255.255.255	255.255.0.0
C	192 ~ 223	21	209 750	8	254	532 676 608	192.0.0.0 ~ 223.255.255.255	255.255.255.0

3. 特殊 IP 地址

在 A、B、C 类中，有少量 IP 地址不可分配给主机，仅用于特殊用途，称之为保留 IP 地址（或称特殊 IP 地址）。这些保留 IP 地址如下：

① 主机号全 0 的主机地址，泛称网络地址，即不允许把全 0 的地址分配给某个主机。例如，138.210.0.0 表示 B 类网络的 IP 地址。

② 主机号全 1 的主机地址，又称广播地址，如 138.210.255.255。

③ 网络号、主机号全 0 的 IP 地址。

④ 网络号、主机号全 1 的 IP 地址。

⑤ 网络号全为 1 的 A 类地址，即第一段十进制数为 127 的 IP 地址。

4. IPv6

基于 Internet 的应用正如火如荼地发展着，然而究其可靠运作的关键所在实乃 TCP/IP 协议簇中的网间地址 IP。迄今，IPv4 版本为整个 Internet 提供了基本的通信机制。随着应用的拓展，Internet 所基于的 IPv4 地址空间的容量已捉襟见肘：地址枯竭（理论上达 20 亿左右个地址，而今所剩无几）、网络安全和多媒体应用支撑欠缺等问题逐渐显露出来，为克服 IPv4 的不足并基于发展的视野，因特网的工程小组 IETF（Internet Engineering Task Force）从 20 世纪 90 年代初开始制定下一代 IP 协议：IPv6，并不断完善。1998 年改进为 RFC2460 标准。IPv6 旨在拓展 IPv4 已有的长处，解决存在的问题，并取代 IPv4 成为下一代互联网络的主导协议，近期向 IPv6 演进已取得很大的进展，不久将会给 Internet 带来新的飞跃。

IPv6 基于 IPv4 而发展，其在 IPv4 基础上增加了些更为优良的性能，具体如下：

① 拓展的地址空间：IPv6 将现有的 IP 地址长度由 32 位增加到 128 位，使地址数量大大增加（每平方米将有 1 000 多个 IPv6），这将完全满足未来发展的需要。

② 头部的简化和可扩展性：IPv6 对包头的简化，避免了那些很少使用的域静态地占用空间，字段由 IPv4 的 13 个降为 7 个，使路由器处理分组的速度加快，提高了吞吐率。

③ 自动的地址配置：IPv6 支持多种形式的自动配置，支持采用无状态或 IPv4 下 DHCP 功能的自动配置服务，无须手动干预就能改变网络中所有主机的地址。IPv4 向 IPv6 的转换是平滑渐进的，且升级简便，随时使用，启动费用低廉。

④ 完善的安全性：IPpv6 中包含了一套用于保护 IP 通信的安全协议：IPSec（IP Security）。利用数据包头的扩展部分提供路由器级的安全性。IPv6 实现了认证头 （Authentication Head，AH）和封装安全载荷（Eencapsulated Security Payload，ESP）两种机制。前者实现数据的完整性及对 IP 包来源的认证；后者提供独立的具有端到端的数据加密功能。

⑤ 可靠的 QoS：IPv6 提供对服务质量（Quality of Service，QoS）的支持。在 IPv6 分组的头部中定义了业务类别和数据流标志。前者将 IP 分组的优先级分为 16 个等级，对需要特殊 QoS 的业务，可按需设置、酌情处理；后者用于标识、处理任意一个网络中传输的数据流。

⑥ 有效的组播功能：组播是一种将信息传递给所有已登记并欲接收该消息主机的功能，IPv6 还包含了一些限制组播消息传递范围的一些特性，从而减少了带宽的使用。

5. 域名

就计算机而言，采用 IP 地址来标识 Internet 是十分有效的，但面对一连串枯燥的二进制数记起来非常困难，用户使用起来也颇感不便，为此 Internet 引进了便于记忆的、富有含义的字符形 IP 地址——域名。

域名是用有意义的名字来一一对应地标识计算机的 IP 地址。域名在互联网络上是唯一的，为此互联网络规定了一套命名机制，称为域名系统（Domain Name System，DNS）。在互联网络上，按域名系统定义的、作为服务器的计算机的名字称为域名。域名系统是一种分布型层次式的命名机制。域名由若干子域构成，子域间以圆点相隔，最右边的子域是顶级（最高级）域名，从右向左层次逐级降低，最左边的子域是主机名。域名的一般形式为：

主机名.网络名.机构名.顶级域名

（但有些域名及国外域名未必完全如此，如 www.google.com 或 www.yahoo.com）

例如，上海应用技术学院网 Web 服务器的域名为 www.sit.edu.cn，其顶级域名是 cn，表示这台主机在中国这个域。Edu 表示该主机为教育领域的；si 则是上海应用技术学院网名。最左边的子域是 www（通常为 Web 服务器的子域名），表示该主机的名字。若要登录上海应用技术学院网的 Web 服务器，人们可以利用它的域名或 IP 地址，但前者更显得直观、便于记忆，这就是使用域名的方便所在。顶级域名可分成两大类：一类是基于机构的性质（见表 2–3），另一类按照表示地理位置（国家或地区）名称来表征，如表 2–4 所示。当然，机构名（二级域名）也可基于此法分类，域名无大小写之分。

表 2–3　基于机构性质的顶级域名表

域　名	组　织	域　名	组　织	域　名	组　织	域　名	组　织
com	商业机构	edu	教育部门	gov	政府部门	mil	军事部门
int	国际组织	net	网络组织	org	非营利组织	info	信息服务机构
arts	文化和娱乐	shop	出售商品店	web	www 机构		
rec	休闲和娱乐	nom	个人及个人所命名的单位				

表 2–3 中后 6 项为 1996 年增加的顶级域名。

表 2–4　基于国家或地区的顶级域名表

国家或地区代码	国家或地区	国家或地区代码	国家或地区	国家或地区代码	国家或地区
CN	中国	UK	英国	FR	法国
RU	俄罗斯	DE	德国	IT	意大利
US	美国	HK	中国香港	SE	瑞典
JP	日本	CH	瑞士	NL	荷兰
CA	加拿大	TW	中国台湾	KR	韩国

2.2.4 Internet 接入方法

Internet 的接入方式有按网络构架与按通信介质两种。从网络构架来看，Internet 接入方式可分为：（单机）拨号接入方式、（小型）局域网接入方式和（大型）园区网接入方式等。从通信介质角度看，可分为专线连接方式和拨号连接方式，在此仅关注后者。

专线连接是指用光缆、电缆或通过卫星、微波等无线通信方式，或租用电话专线、ISDN、DDN、帧中继专线来与 Internet 连通。专线接入一般用于将一个局域网（LAN）或一个机构的园区网接入 Internet。专线接入具有可使用全部 Internet 的服务工具、传输速度快、用户的主机始终连接在 Internet 上等优点。但连网资费较贵，布线连接后不易移动等。此方式通常适于业务量大、拥有自己局域网或园区网的机构和团体用户。

拨号连接主要面向 PC 个人用户或带着便携机的流动人员。无论 PC 用户在何处，只要能接通电话，就可以利用调制解调器和拨号电话线接入 Internet。它具有联网费用低，连接地点灵活等优点；但受电话线制约，存在着传输速度低等缺点。通常，拨号接入可分为仿真终端和拨号 IP 两种方式，常用于单个微机接入 Internet，在此仅讨论后者。

随着入网的用户数迅速增长，ISP（Internet Service Provider，Internet 服务提供商）应运而生。ISP 提供 WWW、E-mail 等服务，入网用户可通过 ISP 骨干网接入 Internet，如图 2-17 所示。

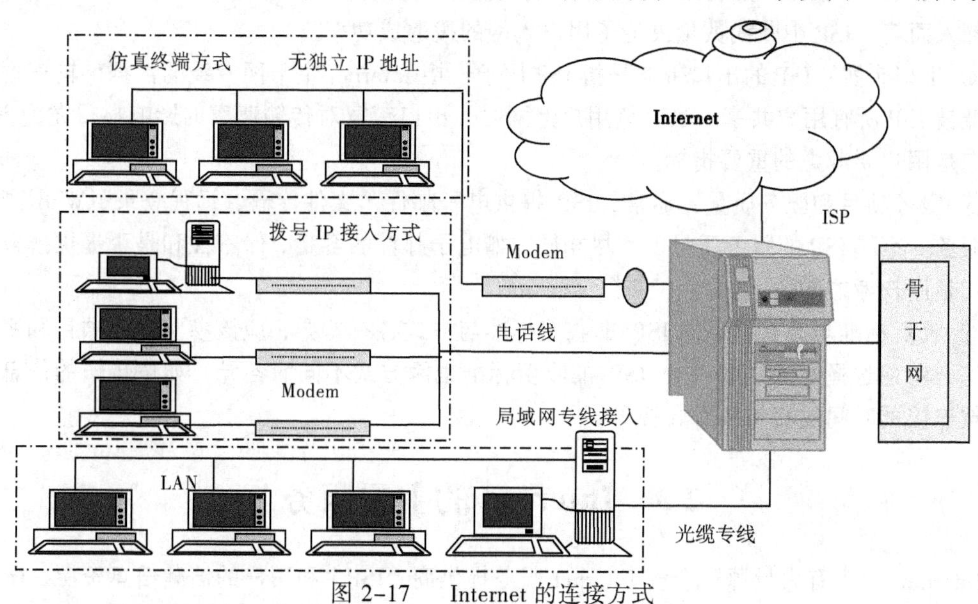

图 2-17　Internet 的连接方式

1. 拨号 IP 接入方式

这种方式使用 SLIP（Serial Line Internet Protocol）或 PPP（Point to Point Protocol），运行于 TCP/IP 下（有其 IP 地址），通过拨号电话线把微机与 Internet 上的代理主机连接起来，可获得 Internet 上全部服务，尚可在用户机上使用某些高级用户接口、图形界面的客户软件，或按客户/服务器模式建立其信息资源等，这是仿真终端方式无法做到的。缺点是：费用相对前者较高，通信速率也受电话线路的限制，软件的安装和维护相对困难，且适合于具有一定网络互联知识，业务量较少但又希望得到 Internet 全部服务的用户。目前，由拨号电话线通过 ISP 接入 Internet 的用户用的均为此种方式。

2. 局域网专线接入方式

通常，很多企业或机构都拥有自己的局域网，每种局域网都有相关的通信协议和服务体系。对于局域网颇具规模的单位，特别是教育或培训部门，经常需要多人同时上网，一般通过局域网的专用服务器由专线接入 ISP 代理，进而通过代理服务器接连接到 Internet 上，由于代理服务器与 ISP 之间采用特殊的高速线路（ADSL、宽带网等）传输信息，如通过专门铺设的光缆等专线，因而局域网上的用户与 Internet 通信速率要比拨号上网方式快得多。

3. ISP 的选择

ISP 是为用户提供 Internet 接入、从事 Internet 服务的机构。不论拨号接入方式还是局域网专线接入形式，都要使用 ISP。所以，选择一个合适的 ISP 是接入 Internet 必须考虑的问题。

用户在选择 ISP 时应考虑如下因素：

① ISP所在的位置：在选择ISP时，当其他要素相同的情况下尽可能采用本地ISP，避免舍近求远，减低累积效率。

② 通信速率：指ISP所能支持的用户到ISP间的数据传输速率，这与ISP一端的调制解调器速率有关。通信速率直接影响用户访问Internet的速率。

③ 连接的可靠性：指连接是否成功、连接顺畅、服务可靠程度和连接后是否会断线。对拨号接入而言，ISP中断线数量决定了用户入网的拨通成功率。

④ 出口带宽：ISP的出口带宽是指ISP用于连接Internet主干网专线的数据传输速率。出口带宽被ISP所有用户共享，当大量用户上网时，出口带宽对传输速率的影响显得尤为重要，因而它是用户要考虑的重要指标。

⑤ 服务项目和服务质量：通常，ISP提供电子邮件、文件传输、远程登录、Web浏览等基本服务。不同ISP的服务质量也不尽相同，如电子邮件的容量、保密性和是否提供搜索引擎等，均是用户考虑的范围。

⑥ 收费标准与方式：不同ISP的收费标准与方式各有差异，应该参照服务项目和服务质量，综合考虑选择对象。同一个ISP的收费标准也因方式不同而各异，如按传输的信息量收费、按连接的时间收费和按月收费等。

2.3 Internet的主要服务

Internet中含有大量源于众多Internet服务提供商（ISP）和用户的浩瀚信息资源，Internet提供的基本服务，实际上就是一种通过Internet上ISP和用户的信息资源来提供的形式多样的信息服务。Internet之所以发展如此迅速，也是基于它的诸多服务功能：万维网、电子邮件、文件传输、远程登录、电子公告栏、新闻组和专题讨论等。

2.3.1 万维网

万维网（World Wide Web，WWW）通常又称Web或W3，或全球信息网，是一种以图形界面和超文本链接方式来组织信息页面的技术，在该网中允许用户从某台计算机中访问网上资源。这个服务基于超文本传输协议（HTTP），采用了超文本（Hypertext）和超媒体（Hypermedia）及链接技术，可用多种媒体技术直观地向用户展现信息。客户端的软件使用浏览器。

1. 万维网特征

Web具有如下特征：

① 提供文本、声音、图形、图像等信息，赋予超媒体链接图形界面、可交互地查询和访问网上资源。

② 支持可产生具体网页的超文本置标语言（HTML）。

③ 基于域名地址的统一资源定位器（URL）。

2. 统一资源定位器

WWW上的每个信息资源都有统一的地址，由统一资源定位器（Uniform Resource Locator，URL）来标识，确定资源在网络上的位置及所需要检索的文档。

URL由三部分组成：资源类型、存放资源的主机代号域名及资源的路径和文件名。例如，

http://www.w3.org/hypertext/www/Client.html。其中：

① http://指明了要访问的资源类型是超文本信息，使用 HTTP 协议。

② www.w3.org：为要连接的主机域名。

③ /hypertext/www/：为文档所在的目录路径。

④ Client.html：为要找的文件名。

Internet 上的所有资源都可由 URL 来表示（见表 2-5），且 URL 地址是唯一的。

表 2-5 URL 中涉及的资源类型

资源名	功能	网络地址举例
FTP	文件传输提供与 anonymous 文件服务器连接	ftp://ftp.ku.edu.cn/
Telnet	与主机建立远程登录连接	telnet:// telnet.pku.edu.cn/
News	阅读 USENET 专题讨论	news:// news.pku.edu.cn/
Gopher	通过 Gopher 访问	gopher://gopher.sta.net.cn/
http	多媒体资源	http://www.google.com/

3. WWW 浏览器

浏览器（Browser）是 WWW 客户端的软件，它是一个帮助人们阅读文件并选择相关资料的工具和界面。在浏览器窗口展示的页面上，有许多与其他文件的文本、图片相关联的超链接。超链接以特殊的颜色并带有下画线方式显示，当用鼠标选择被点击后，就会立刻跳到另一个 URL 中。

为了访问 WWW，人们开发了许多浏览器软件，其中最著名的是美国微软公司开发的 Internet Explorer 和美国网景公司开发 Netscape Navigator，其他的还有 Opera 等。

不同浏览器的窗口界面有所不同，但下列功能是各种浏览器都具备的共性：

① 从主页开始浏览：主页是启动浏览器软件或到达某一网站所见到的第一个主题页面，然后是由其可到达该网站的所有页面。单击工具栏上的“后退/前进”按钮，可返回已访问过的上一页或进入已访问过的下一页。

② 链接到指定的网页：在浏览器上有“地址”输入框，键入统一资源定位地址，然后按 Enter 键，即可访问指定的网页。

③ 返回到近期浏览过的网页：通过“打开历史记录”可选择“转到”已访问过的网页。最近的网页通常被自动保存在浏览器的 Cache 缓冲区中。

④ 收藏自己喜爱的网页：将自己喜爱的网页网址放入收藏夹或建立书签文件，可大大方便以后的搜索操作。

⑤ 将当前的网页内容存储起来：通过“文件”菜单可将当前网页按超文本格式或文本格式方式保存，同时还可以将图形文件保存下来。

单击工具栏上的“停止”按钮，可停止当前网页的下载。

可控制关闭图片、声音或视频文件的下载，以加快浏览速度。

可不展示文件或图形而直接保存。

浏览器会根据 URL，自动到全球各地的 WWW 服务器上查找信息。由于它提供的友好操作界面，隐含着计算机 IP 地址、域名、网络协议、输入密码等数据，因此对计算机网络技术不甚了解者也能方便地使用浏览器阅读和查询。

（1）IE6 浏览器简介

Internet Explorer 6.0（简称 IE6）是微软公司的一款功能强大的浏览器。在 Windows 2000/XP 下，只要单击“任务栏”中的 IE6 浏览器的图标即可启动 IE。如果已经上网，IE6 启动后，在该窗口中除了有标题栏、菜单栏、工具栏、状态栏、快捷按钮外，还有 URL 地址输入栏。在 URL 地址栏中输入 WWW 站点名（如 http://www.cnki.net），按 Enter 键后，即可出现如图 2-18 所示的界面。

图 2-18 用 IE6 访问 http://www.cnki.net 站点的界面

IE6 不仅包含和增加了经典的浏览器功能，而且还新增了多种浏览器的特性和 Internet 工具，使得用户使用起来更加得心应手。

① 更方便的搜索工具：通常在需要重新查阅搜索过的页面时，必须退回到该页或者重新查询。在 IE6 中拥有一个搜索栏，在窗口的栏位中列出搜索结果，如图 2-19 所示。

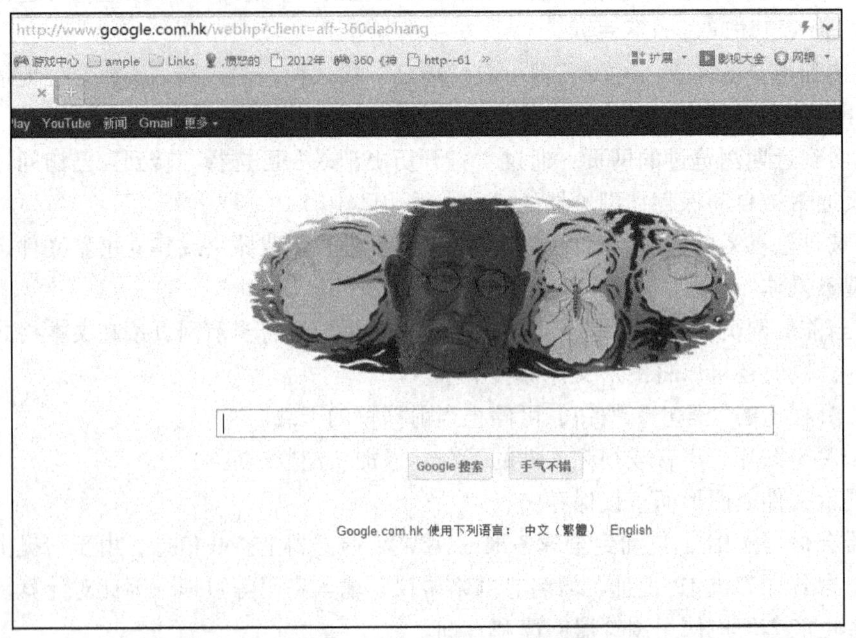

图 2-19 IE6 下搜索工具的使用

② 功能强大的历史栏与收藏夹：IE6 的脱机浏览、历史工具与收藏夹可以帮助用户节省上网费用。例如，将上网时感兴趣的信息，下载或保存在收藏夹中，然后在合适的时候选择“脱机工作”，单击“历史或收藏”按钮，即可仔细阅读相关的站点信息。

③ 实现虚拟现实：IE6 中包含了微软公司开发 VRML 2.0 浏览器。虚拟现实技术使用户能进入计算机产生的交互式的三维环境中，并且能在其中走动。虚拟现实的最大特点是立体视觉和交互性，用户可以从不同角度观察图像。

④ 收听新闻节目：IE6 提供了收听新闻和收看图像节目的功能。IE6 附件中提供的 Realplayer 可以直接收听广播站点的消息。目前流行的新闻和娱乐站点使用的都是 RealAudio 格式，其包括 CNN、ABC、NPR、MSNBC 等，北美的中文网络广播电台的域名为 www.radiochina.com。

⑤ 召开实时视频会议：通过 NetMeeting 发出语音呼叫，与运行 NetMeeting 和其他兼容 Internet 电话产品的用户交谈，召开视频会议。

此外，IE6 中还有许多其他的功能，如预定站点、活动频道、电子邮件、闲聊等。

（2）Navigator 浏览器简介

网景公司 Netscape 成立于 1994 年，推出的浏览器导航家 Navigator 曾一度占领浏览器的主要市场。图 2-20 所示为用 Navigator 访问 www.cpcw.com 的主页面。

图 2-20 用 Navigator 访问 www.sohu.com 的主页面

通常在使用 Navigator 前，应对 Option 菜单下的选项进行配置。其中，基本配置（Genneral Preference）中共有 7 项配置选项，Fonts、Colors、Images、Apps、Helpers、Languages 六项可依系统默认值设置，Appearance 则根据个人需要设置；邮件功能配制（Mail and News Preferance）项共有 5 项配置选项，其设置主要是 Server（服务器）和 Identity（身份）两项；其他如网络设置（Network Preferances）、安全设置（Security Preferance）可按系统默认值配置，自动加载图像（AutoLoad Images）则可根据需要设置。

Netscape 提供了许多菜单命令，以便浏览和处理文件。其中：

①"文件"菜单：处理有关页面文档、打印、退出 Netscape 命令。

②"编辑"菜单：处理复制文件、搜索信息及设相关置数。

③"查看"菜单：处理窗口风格、刷新屏幕及字符转换。

④"转到"菜单：处理有关浏览页面方向命令。

⑤ Communicator（通信）：有关电子邮件、新闻、书签等命令。

命令工具按钮如下：

①"后退"按钮：跳回到历史清单的前一页，如果按钮是灰色表示已跳到最前一页。

②"前进"按钮：跳到历史清单的下一页，如果按钮是灰色表示已跳到最后一页。

③"刷新"按钮：重新下载信息。

④"主页"按钮：跳到主页。

⑤"搜索"按钮：访问 Netscape 默认的搜索网页。

⑥"网景"按钮：链接到 Netscape 公司站点。

⑦"打印"按钮：打印当前正显示的页面。

⑧"安全"按钮：查看当前页面的安全性。

⑨"停止"按钮：停止链接。

4. WWW 搜索引擎

Internet 是个巨大的信息海洋，WWW 的出现促进了互联网络的发展，提高了人们浏览的速度和效率。然而，网上站点和网页急剧增加，用传统的方法来查找与日俱增的站点和网页已颇显吃力，搜索引擎应运而生，它是互联网络上快速查找信息的检索工具。好的搜索引擎应具有自动搜集信息并自动标引分类、发现新的信息或站点，经分门别类后再提供检索软件来协同用户检索。

一个好的搜索引擎应有自己丰富的、能及时更新的、数量颇具规模的数据库，并能及时提供多种信息查询、智能检索等方式。表 2-6 为几个常见的搜索引擎及特点。

表 2-6 常见的搜索引擎及特点

搜索引擎	URL 与 搜 索 引 擎 的 特 点
google	网址：http://www.google.com，是专业使用率最高的基于 Robot 型的流行搜索引擎，擅长易用性和高相关性，提供一系列新技术而多次获奖；具有完善的文本对应技术和先进的 Page Rank 排序技术，还有非常独特的网页快照目录服务、新闻组检索、图像搜索，工具栏、搜索结果翻译过滤等功能
Yahoo 雅虎	网址：http://www.yahoo.com，是最早出现的分类目录式搜索软件；用户通过浏览方式，按目录层次点击超链接，获取信息，冗余信息较少。还提供了按单词和词组进行查询的功能，并可以进行逻辑条件的查询
Infoseek	网址：http://www..infoseek.com，是一个有偿检索数据库服务的搜索引擎，其数据库包含计算机期刊、新闻热线、医学联机数据库、公司，涉及商业、金融、健康、体育、时事等。数据库为全文型，每天更新，可进行关键字查询及条件查询
baidu 百度	网址：http://www.baidu.com，是全球最大的中文搜索引擎，具有近 3 亿的中文网页，速度迅捷，服务器规模庞大，每日更新，每秒接受众多来自各国的中文搜索请求。每年对数百亿次搜索进行响应，可获得最纯粹的搜索体验
Excite	网址：http://www.excite.com，是由 Arclitext 公司开发的，其数据库为全文型并且每日更新。它既提供分类查询，也可以进行关键字或自然语言查询，其智能文摘技术使摘要具有较高的可读性

续表

搜索引擎	URL 与 搜 索 引 擎 的 特 点
Altaviste	网址：http:// www.altavista.digital.com，其速度迅捷，每日更新，采用记录每一网页发表的最新日期的全文标引网页内容，提供了简单检索、高级检索、Usenet 检索等检索方式。查询操作符号有+、–、;、*、AND、&、OR、|、NEAR 等
Hotbot	网址：http:// www.hotbot.com，提供每天更新的 5 400 万个全文索引的 WWW 页和 Usenet 文档。在其首页中提供了 4 类菜单，包含了一些基本的选择以确定搜索的范围、采用的语种及对返回结果的限制
Sohu 搜狐	网址：http:// www.sohu.com，全部内容采用人工分类，共分为免费资源收藏、搜狐新闻、企业集萃、多媒体、社区、体育、外国参考、网页登记等 10 个栏目，是一个访问率很高的中文网站。近年来一直是十佳网站之一

2.3.2 电子邮件

电子邮件（E-mail）是 Internet 最基本的服务，也是最重要的服务。电子邮件是一种用电子手段提供信息交换的通信方式。通过互联网络实现文本、声音、图形、图像与影视等信息的传送、接收、存储，从而可将邮件发往世界各个区域。

电子邮件具有的优点：不受距离和自然条件的限制，信息传递快，效率高，故障率低，通信资费便宜，使用范围广泛；具有传统邮件不可比拟的优越性，是 Internet 资源应用中使用率最高的服务。

1. 电子邮件的功能与邮箱地址

由于电子邮件数字化的特征，使其功能大大超越了传统意义上的邮件。不但文本文件可邮寄，非文本文件（如多媒体文件、二进制文件等），也可在发信端用附件方式发出。综观电子邮件及电子邮件软件的使用效果，其功能可归结如下：

① 可同时向多个收信人发送同一邮件，传递包括文本、声音、影像和图形在内的多种类型的信息。

② 可同时自动接收几个邮箱中的信件，伴有转发、编组发送等许多辅助功能。

③ 可向 Internet 以外的网络用户发送信件。

在 Internet 中，电子邮件的地址格式为：User–name @Domain–name。

其中：

- User- name：表示用户名。
- @：表示位于（读作 At）。
- Domain–name：表示接收邮件的主机域名（指向该主机的电子邮件服务器）。

2. 电子邮件系统结构

电子邮件采用存储转发机制，其服务可在顷刻之间将邮件送到收件人的信箱之中，发送电子邮件者不会因“占线”而浪费时间，收件人也无须在线路的另一端苦苦等候。

电子邮件系统主要包括用户代理、邮件传输代理、用户与相关协议。电子邮件系统结构如图 2–21 所示。用户代理提供了用户使用电子邮件系统的人机界面，即通过用户代理用户可方便地组织和收发邮件，用户代理因操作系统不同而各异。电子邮件的实际传递是由邮件传输代理完成的，系统采用存储转发机制，收到邮件以后先保存好，当接收者准备好后再行转发。这样当接收邮件的主机出现故障，经修复正常后，那些在故障期间无法投递的邮件可一并发出，且该系统即使接收邮件的主机暂时不可访问，发送者也能使用用户代理进行邮件发送。

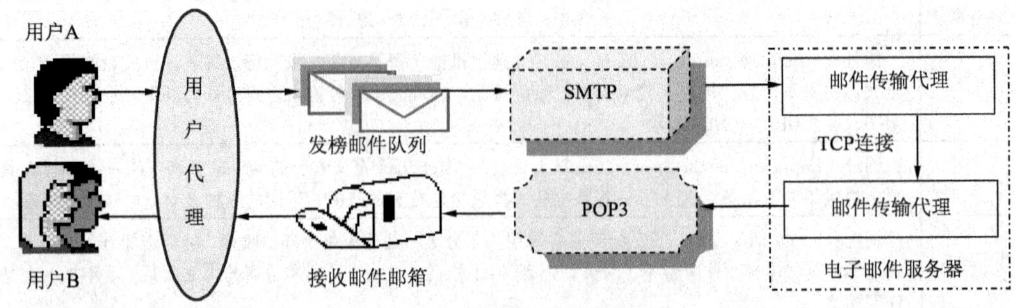

图 2-21　电子邮件系统结构

邮件发送的过程可简述如下：当用户使用用户代理组织并发送完一个电子邮件后，系统将邮件放到发送邮件队列中。邮件传输代理作为一个后台进程定时地检查这个队列，当检查到队列中有未发出的邮件时，便将该邮件从队列中取出。然后，把收信人地址中接收邮件主机的域名部分映射成 IP 地址，再尝试与接收邮件的远程主机建立 TCP 连接；若连接成功，邮件传输代理就把邮件复制送给远程主机，远程主机接收到复制后把它存放到接收邮件信箱中，等待用户来取。一旦确认邮件正确送出，邮件传输代理就消除本次复制。若发送失败，邮件传输代理记录下整个过程并将邮件保留在发送队列中。邮件传输代理定时地检查发送队列中是否有未发送的邮件，一旦发现就再次发送。

3. SMTP 与 POP3

SMTP（Simple Mail Transfer Protocol，简单邮件传送协议）是用于保证不同操作系统的计算机之间能有效传送邮件，它是 TCP/IP 协议簇中制定计算机之间交换邮件的一个标准。SMTP 之所以称为"简单"协议，是因为它只支持计算机之间传送 7 位的 ASCII 字符。为了支持 8 位（字节型）的二进制信息的交换，又制定了互联网络电子邮件扩展 MIME（Multipurpose Internet Mail Extensions）标准，这样就可以处理声音、图像等多媒体信息。

两台遵循SMTP的主机进行邮件传送的前提条件是接收邮件的主机必须时刻处于等待状态（因它无法知道何时会有其他主机的连接要求），为求改观，由此产生了 POP 协议（Post Office Protocol，现为 POP3：邮局协议第三版）。POP3 允许用户通过计算机访问负责接收邮件的主机并取走存放在其上的邮件，通常把这个主机称为 POP3 服务器。POP3 服务器不间断地运行着一个邮件传输代理，负责通过 SMTP 接收其他主机发来的邮件。SMTP 协议中传送请求是发送邮件的主机主动提出的，而 POP3 协议中是接收邮件的主机主动提出传送请求。引入 POP3 带来的好处是用户可以完全控制、保存自己的邮件。

4. 免费电子邮箱

用户要能收发电子邮件，必须有一台收发邮件的主机为他服务，也就是说用户在该主机上拥有自己的账号：电子邮箱。随着 Internet 技术的发展，Internet 上既有收费的电子邮件站点，也涌现出很多提供免费电子邮件服务的站点。常见的提供免费电子邮件的站点有：

http://www.126.com　　http://www.sina.com.cn

http://freemail.263.net　　http://www.163.net

http://www.etang.com　　http://www.nease.net

http://www.china.com　　http://www.email.com.cn

http://www.990.net　　http://www.hotmail.com

http://www.yahoo.com　　http://www.sohu.com

5. 电子邮件软件

目前，使用电子邮件的主要形式有：基于专用电子邮件软件与基于 WWW 站点附带的电子邮件两种。电子邮件软件是用户用来发送和接收邮件的程序（或称为用户代理），如 Outlook Express、Foxmail 等，IE6 浏览器的邮件命令默认使用 Outlook Express。而基于 WWW 站点附带的电子邮件则是通过 WWW 浏览器的电子邮件功能（如 http://www.126.com 、http://www.sina.com.cn 等）也可收发电子邮件。每一个电子邮件软件的基本功能大体相同，使用前均需进行参数设置，收发电子邮件必须上网，但书写或仔细阅读可脱机进行。

2.3.3 远程登录

1. 功能概述

远程登录（Telnet）可使用户的计算机变成网络上另一台计算机的远程终端。只要用户有网上那台计算机的账号和密码，就可以登录进入该计算机，使用该计算机的各种资源。网络上的超级计算机往往利用这种方式供大家共享。

2. 使用 IE6 环境下的 Telnet

在 IE6 环境下使用 Telnet 的操作步骤如下：

在 IE6 窗口"地址"栏中输入要访问的主机 URL 地址，如 telnet://sunm.shcnc.ac.cn，按 Enter 键，将打开 Telnet 窗口，如图 2-22 所示。系统开始连接，当登录提示信息 login 出现时，便进入远地主机。输入远地主机的用户名和密码，经系统验证若，用户名和密码正确，则登录成功，显示该主机的命令提示符，并可用 UNIX 命令操作。

图 2-22　Telnet 窗口

2.3.4 文件传输

文件传输（FTP）服务采用文件传输协议 FTP。运用这个服务，可以直接进行任何类型的文件的双向传输，使得用户上传、下载信息得心应手。上述操作，用户需要具有该网络计算机的账号、密码等权限。

在互联网络上有着数量巨大的匿名 FTP 服务器，提供一种匿名 FTP 服务（网络上较重要的服务之一），这些服务器中存有大量可由人们自由复制的各类信息，如各种免费或共享软件、技术文档，甚至电子杂志和归档的新闻组。许多使用互联网络所必需的客户和服务器软件都能从匿名 FTP 服务器中复制到。许多正在开发的互联网络软件的中间版本往往由匿名 FTP 服务器向公众发表，供大家试用。这些服务器构成了互联网络的巨大信息资源。匿名 FTP 服务器可以由任何人以用户名 anonymous 进行访问。

在 IE6 环境下的 FTP 是在 Windows 基础上开发的文件传输协议，使用窗口界面，操作方便，提供匿名（Anonymous）FTP 服务，所以不要求用户输入用户名和密码。在 IE6 窗口“地址”栏中，输入要连接的 FTP 服务器的 UBL 地址，如 ftp://ftp.shcnc.ac.cn/，按 Enter 键，系统便开始建立连接。若连接成功，则窗口上会出现 FTP 页面，显示服务器上的文件目录，进而可进行若干操作。

2.3.5 新闻组

这是一个为用户提供专题讨论的服务。Usenet 上有许许多多的专题讨论组，每一个讨论组都有一个反映其讨论内容的固定名称。用户可根据自己的需要参加某组的讨论，并可以把自己的意见发表在讨论组上，也可从讨论组中阅读别人发表的看法。

可在 Outlook Express 下使用 Usenet，在 IE6 窗口“地址”栏中输入要连接的 News 服务器的 URL 地址，按 Enter 键，即可参加专题讨论。例如，要访问上海邮电的 News 服务器，可在地址栏中输入它的 URL 地址 news://news.sta.net.cn，按 Enter 键，系统即弹出 Outlook Express 窗口，当第一次阅读 News 时，Outlook Express 首先会把服务器上的新闻组目录下载下来，然后就可以根据目录订阅某些新闻组，如图 2-23 所示。

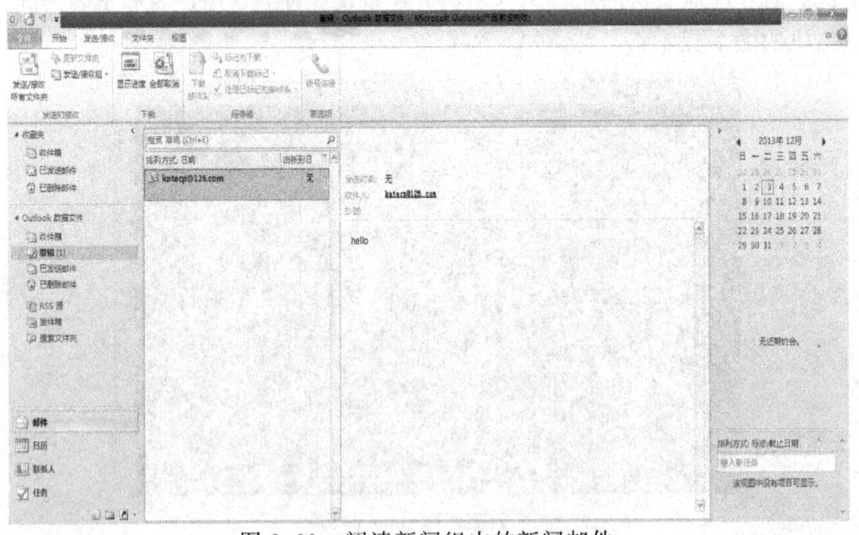

图 2-23　阅读新闻组中的新闻邮件

目前，我国开放的 News 服务器不多，而且使用经常受到限制，所以大部分国内用户是通过介绍的电子公告 BBS 参加专题讨论的。新闻组中的类别很多，主要分为：alt.（所有想聊的东西）、news.（新闻）、rec.（娱乐、创作）、biz.（商业）、comp.（计算机）、k12.（教育）、soc.（社会）、humanities.（人文）、misc.（杂类）、talk.（聊天）、sci.（科学）、Regional（宗教）等。表 2-7 是国内部分新闻服务器的地址。

表 2-7　国内部分新闻服务器的地址

新闻服务器	网　　址
北京大学	news.pku.edu.cn
宁波电信	news.nb.zj.cninfo.net
新帆新闻组	news.newsfan.net
浙江新闻组	news.zj.cninfo.net

2.3.6　电子公告板

电子公告板（Bulletin Board System，BBS）是 Internet 上一个很活跃的“社区”。BBS 上有两大功能：一是在各个信区浏览文章、发表文章，并可转发到电子邮件中；二为聊天，即“笔谈”，把别人的“话”显示在屏幕上，把自己的话输入计算机后输出，聊天可以一对一，也可以在聊天室中。

可在 IE 环境下使用 BBS。在 IE6 窗口“地址”栏中输入要连接的 BBS 服务器的 URL 地址，按 Enter 键，即可参加 BBS 讨论。例如，要访问中国科技网（上海）的生命玄机站，可在“地址”栏中输入它的 URL 地址 http://bbs.cst.sh.cn，按 Enter 键，就可进入“生命玄机”网站（见图 2-24），只要单击各讨论区名，即可参加讨论。表 2-8 列出了几个国内比较著名的 BBS 站点及其地址。

图 2-24　BBS 的生命玄机站

表 2-8　国内比较著名的 BBS 站点及其域名地址

学　　校	站　　名	域　　名
清华大学	水木清华	http://www.smth.org
上海交通大学	饮水思源	http://bbs.sjtu.edu.cn
北京大学	未名站	http://bbs.pku.edu.cn
南京大学	小百合	http://bbs.nju.edu.cn
武汉大学	珞珈山水	http://bbs.whu.edu.cn
广州中山大学	逸仙时空	http://bbs.zsu.edu.cn
哈工大	紫丁香	http://bbs.hit.edu.cn
西安交通大学	交大思源站	http://bbs.xanet.edu.cn

2.3.7 Archie 和 Gopher 服务

匿名 FTP 服务器成千上万地分布在世界各地。假如想要复制一个文件，但只知道文件名或部分文件名，要从数量如此之多的匿名 FTP 服务器中找到它是十分困难和费时的，有些情况下甚至是不可能的。为解决这个困难，出现了 Archie 服务。将文件名或部分文件名输入给 Archie 服务器，通过搜索，Archie 服务器就能报告在哪些匿名 FTP 服务器中有所需要的文件。Archie 服务提供了一种查找文件的方法。

然而互联网络有着除文件以外许多其他类型的信息资源，为了方便查访，这些信息存储在成千个分布在各处的 Gopher 服务器中，被称为 Gopher 空间（Gopherspace）。用户使用 Gopher 客户软件连接到 Gopher 服务器上，在一级套一级的菜单的引导下，能透明地漫游有关的各个 Gopher 服务器，方便地取得所要的信息。万维网的出现，使 Archie 服务和 Gopher 服务逐渐被取代。

可在 IE6 环境下使用 Gopher。在 IE 窗口“地址”栏中输入要连接的 Gopher 服务器的 URL 地址，按 Enter 键，即可访问 Gopher 资源。例如，要连接上海长途电信的服务器资源，可在“地址”栏中输入它的 UBL 地址 Gopher://gopher.sta.net.cn，按 Enter 键，IE 窗口即出现 Gopher 菜单，即可浏览有关计算机方面的资源。通过单击相关按钮，IE 窗口即显示出有关计算机的菜单，这样逐级浏览下去，就可以访问到所需的资料。

2.4 Intranet

Internet、WWW 技术的日臻完善与普遍使用，使得用互联网络技术来构造企业内部的信息管理网络比用其他技术更经济、更快速。因此，企业内部网（Intranet）应运而生。企业间业务往来日见增加，希望利用互联网络技术把几个企业之间用网络连接起来，由此衍生出外部网（Externet），彼此间通过在路由器中设置防火墙，根据 IP 地址过滤信息，完善系统的安全、保密性。进而又可引申出 Internet/Intranet/Externet 的联想理念和网络的关联性如图 2-25 所示。

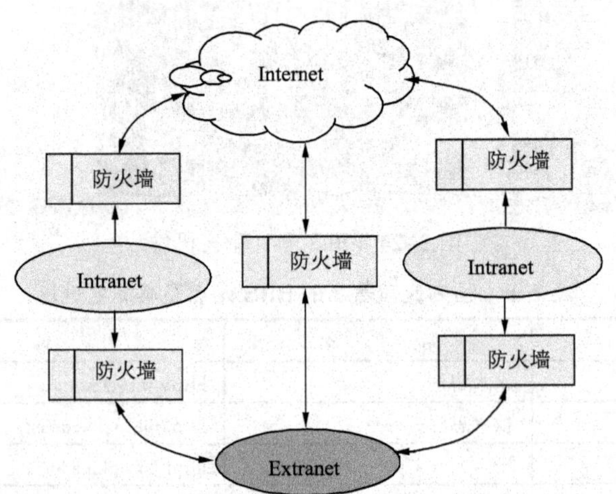

图 2-25 Internet 和 Intranet 的网络关联图

2.4.1 Intranet 基础

1. Intranet 与 Internet 的关系

Intranet 是利用 Internet 的技术和通信协议实现企业内部网络和企业信息系统的概念模型。

① 两者相同处为：它们都使用 TCP/IP 实现网络互联，都提供 Web 网络服务等。

② 两者不同处在于：Internet 是全球互联网络，Intranet 是企业内部网络；前者信息是公众性的，安全、保密性弱；后者则为公司内的，安全、保密性高；前者规模庞大、管理复杂、结点连接各异，后者规模小、管理严格、连接运营性能较高。

③ Intranet 继承、弘扬了 Internet 的技术，主要包括 WWW、电子邮件、数据库和网络操作系统技术，而核心技术为 WWW。

2. Intranet 作用

Intranet 对企业的作用众多，主要表现为：

① 集中管理资源，改善查询效果。

② 降低经营成本，减少行政支出。

③ 资源归类管理，提高共享效率。

④ 加速产品开发，增强竞争能力。

⑤ 改进媒介方式，提高运作效率。

⑥ 改进主页技术，完善企业形象。

3. Intranet 的功能

① 万维网（WWW）。

② 电子邮件（E-mail）。

③ 文件传输（FTP）。

④ 远程登录（Telnet）。

⑤ 文件查询（Archie 和 Gopher 服务）。

⑥ 安全管理（Security Management）。

⑦ 其他。此外，Intranet 尚提供目录服务、文件打印和网络管理等功能。

Intranet 与 Internet 相比最突出的优点是系统的安全性，用防火墙等软件隔离非法用户，许多万维网服务器和浏览器也都提供不同程度的加密、认证等安全措施，对入网用户进行身份验证和网上传输数据加密、从而有利地保护了系统的安全可靠。

4. Intranet 的组成

Intranet 的基本组成如图 2-26 所示。

① 局域网是 Intranet 网络的通信基础设施。

② 网络安全由防火墙来提供。

③ 网络管理由网管工作站运行网管软件而实现。

④ 网络服务由各种应用服务器组成的服务器群提供（Web 服务器提供超链接、超媒体服务，数据库服务器保存各种重要数据，电子邮件服务器提供电子邮件服务）。

⑤ 客户机通常是 PC，使用浏览器软件来浏览服务器的信息。

⑥ 与 Internet、DDN、X.25 帧中继等的连接，使用路由器实现，PC 通过公用电话网（PSTN）访问 Intranet 时使用通信服务。

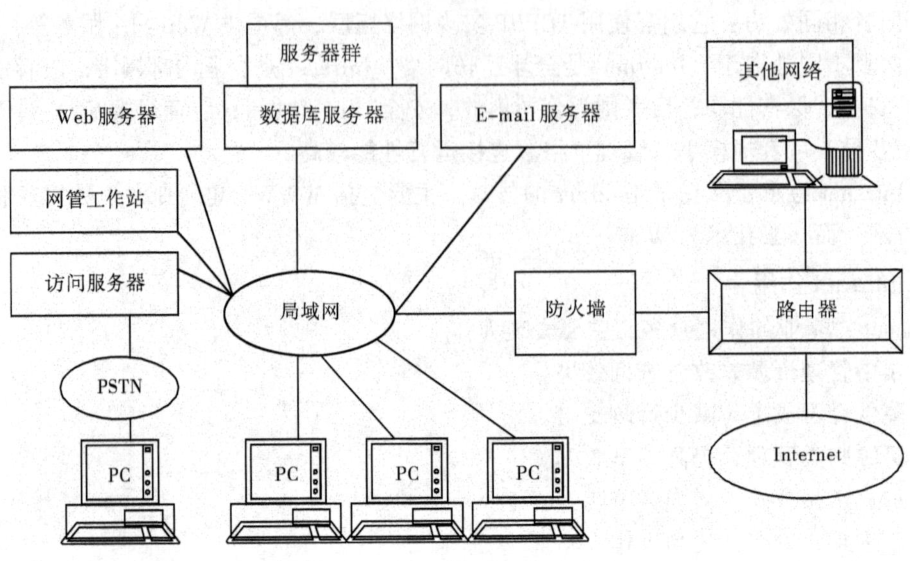

图 2-26 Intranet 的基本组成

2.4.2 Intranet 规划

一个成功的 Intranet 信息系统基于良好的规划。在规划方案时，管理者应充分发挥其优势，扬长避短，将 Intranet 作为完善的业已存在的信息基础设施和改善组织内外管理的一种工具，应用于企业发展、建设中。

1. Intranet 规划方案

（1）服务对象规划

服务对象规划是系统中最重要的规划，涉及如何吸引客户完成企业筹划。一般包括两个方面：服务对象范围的确认（对系统信息感兴趣者的层次结构）与服务对象需求的确认（对系统信息具体内容的不同需求）。

（2）目标规划

目标是进行整个 Web 系统开发建设的源动力，其规划得优劣将直接影响系统分析、设计的方向，常涉及以下 4 个问题：

① 信息分类：构建 Web 信息服务的框架。

② 使用对象：说明 Web 信息服务的用户对象。

③ 信息层次：在提供服务时，根据用户的不同来提供不同层次和详细程度的信息。

④ 服务目标：系指用户期望从信息服务中得到的收益。

（3）开发目标规划

系统开发目标是为了实现系统目标所做出的具体实施细则和详细的开发说明，它是相对不变的，可为系统设计、实现提供指导性信息。

（4）应用信息规划

应用信息规划是指 Web 信息服务系统向用户提供的信息范围，一般包括向用户和系统开发人员所提供的信息。涉及定义信息范围、规划，如何获取信息与如何维护、更新信息。

（5）系统实现规划

系统实现规划主要确定系统所需开发时间和系统所需的软、硬件条件。在实现过程中规划人员要始终与Web服务器的管理人员紧密合作。系统规划实现涉及以下几个方面：

① 为Web信息服务系统规划充裕的软、硬件运行条件。

② 规划系统开发与实现的时间表包括开发、Web页面链接资源测试的时间。

③ 规划建立和维护Web的模板库，以供调试。

④ 按系统信息格式描述建立实验性模型系统和进行有关系统功能的开发性试验。

2. Intranet的运作技术

（1）网络平台的构建

① 网络硬件平台的构建：在中、小型企业中计算机数量不多，且计算机的分布往往较为集中，多为局域网互联络。目前，在局域网方面的主流技术有以太网（10/100/1 000 Mbit/s），FDDI、ATM，尤以以太网的价格低廉，实施方便等原因而被广泛使用。该构建过程中必须注重其性能价格比，一般在有多媒体应用的情况下，可考虑用100 Mbit/s的，不宜过分盲目追求高档次配置。

② 网络软件平台的搭建：由于Intranet使用Internet技术，故须基于TCP/IP，在此基础上采用HTTP为传输协议。企业中所有信息均采用HTML格式进行Web发布。目前，较为成熟的网络操作系统有NetWare、Windows NT/2000 Server/Server 2003和UNIX等。

由于中、小型企业往往缺乏专业计算机人员，因此易于管理维护的操作系统成为首选。如Microsoft Windows NT/2000 Server/Server 2003/Server 2012等，其功能比较丰富，很受中、小型企业的青睐。而且，微软公司针对中、小型企业推出了Small Business Server 4.0的中文版，其中包括Windows NT/2000 Server、Exchange Server、SQL Server 2008、Proxy Server、Modem Sharing Server等，为中、小型企业提供了上手快、功能丰富而实用的软件平台。另有 Windows NT/2012平台下的Internet Information Server（IIS），可作为WWW服务器和FTP服务器。

（2）应用平台的选择

在企业应用中，应根据具体情况选择相应的应用平台。若企业侧重于办公自动化的应用，则应该选择办公自动化平台。目前较为成熟的办公自动化系统主要有 Lotus Notes、Exchange Server、Groupwise，其中Lotus Notes和Exchange Server能在Windows NT平台上运行，颇具集成化功能，使得企业内部协同工作。前者进入市较早，应用系统也较成熟，但集成度较弱（如与 Office集成不佳；而后者就略具优势。

（3）Intranet的数据库

随着网络应用的不断拓展，人们逐渐地关注起数据库系统。在选择上，应视Intranet系统数据库信息量的多少而酌情确定关系型数据库的规模。通常有如下3种：

① 小型数据库：又称为桌面数据库，适用于桌面办公。小型数据库主要有Access和Visual FoxPro，它们运行于PC上，工作平台多为Windows系统。

② 中型数据库：中型数据库适用于中小型企业，主要有Microsoft的SQL Server等。

③ 大型数据库：该型均属网络型，主要产品有Oracle、Informix、Sybase和IBMDB2等。

Intranet网络环境要求数据库具有能与Web服务器集成，功能完善程度高，安全性、稳定性、容错性和扩展性好及备份的可操作性强等优点。

3. 应用系统的开发

由于各个企业的情况不同，其应用系统千差万别。按其归类，大致有 MIS 系统、OA 系统、ERP 系统、财务管理核算系统、CAD / CAM 等。在设计这些系统时，必须考虑到 Intranet 环境，使各系统间能够相互关联，而应用模块的功能则相对独立、集成方便。Intranet 开发尚需关注的日常任务是网页的开发和维护。

2.4.3 Intranet 项目建设过程

Intranet 的应用是可伸缩的，基于它的企业网可以根据企业实际情况由小到大逐步建立起来，可酌情逐步完善。通常，实施过程如下：

① 可行性分析：对建立企业 Intranet 实施可行性评估，包括经济和技术的评估。

② Intranet 环境评估与改善：建立 Intranet 之前，必须对企业实施 Intranet 的环境进行评估，对欠缺之处进行改善。

③ 实施 Intranet：一般尚可细化为：

实现电子式的信息交换。实现 E-mail、WWW 的应用，进行资源共享和信息发布，实现对公文发布、专题讨论、通信录、技术资料共享等简单而实际的应用。

导入群件、工作流服务器等。强化信息管理系统，构筑以提高办公效率、及时获得营销信息为目标的快速决策支持系统。

实现 Web 服务器与数据库的连接，包括对多种定制模式所需的事务处理、数据仓库和在线分析处理、多媒体技术等。

④ Intranet 实施后的评估。系统投入运营一段时间后，需要对之进行全面评价，确定系统是否达标，指出系统改进和扩充的方向。

2.4.4 Intranet 的应用

Intranet 的应用主要集中在企业人力资源、人员的在职培训、内部协作、特定计划信息的展示、信息共享及传播、产品广告、营销管理、客户服务等几方面。

① 企业人力资源管理：Intranet 管理的方式应用可使企业人力资源管理更趋高效、规范。

② 企业人员在职培训：企业人员在职培训在 Intranet 上进行，通过计算机辅助教学（CAI）来帮助企业对新、老员工进行在职培训，联机手册可供学员来参阅和读取。

③ 内部协作：协作通过对电子邮件、新闻组和工作流的应用，进而改善具有一定跨度群组间的通信和工作效率。

④ 视频会议：企业开会时，可以利用 Intranet 把所讨论的企业计划流程图显示在每个与会者（可在不同地域中）的浏览器上或借助投影机直接投影在显示屏幕或远程视频上。

⑤ 信息共享和传播：企业分布在不同地域上的子公司都是利用 Intranet 共享、传播信息资源。

⑥ 商品广告：置于网上的信息资源可通过网页展示企业的商品形象，供客户下载使用。

⑦ 营销管理：通过 WWW 迅速发送市场销售信息（而非复印或人工发送）及订单、订单跟踪信息，从而赢得时间、效率，换取利润。

⑧ 资料库和数据处理：数据的处理是企业管理的沉重负担（缓慢易错），且在资料的保密上常存在问题。Intranet 出现后大为改观，使系统安全、可靠、高效。

⑨ 企业内部综合管理：Intranet 日益重视局域网内部资源的优化组合，企业内部资料或应用软件将会趋于综合处理，也就是达到集中化管理的目的。

目前，Intranet 的应用正日趋广泛，如企业的进销存、财务管理和处理都可以在其上完成。此外，多媒体的应用和网络通信的管理也会在 Intranet 上扮演极其重要的角色，如视频的影像及声光处理、语音系统服务以及网络上的电话服务（Iphone）等。可见，将来 Intranet 在企业界将会扮演极重要的角色。

小　结

计算机网络是伴随着计算机技术与通信技术的发展而发展的，是两者有机结合的产物，也是电子商务运作的基础平台，是电子商务有效实施的必要保障。

本章讲述了 Internet 的形成与发展、Internet 的应用和趋势、Internet 的运作模式、TCP/IP、IP 地址、子网掩码、IPv6、域名系统、拨号接入方式、局域网专线接入方式、ISP 的选择、拨号上网的运作过程与 Internet 的主要功能。详述了万维网、电子邮件和浏览器等相关知识。

习　题

一、填空题

1. 计算机网络实现了资源共享，使得处于不同地理位置的网络用户可以使用分布在网络任何位置的________、硬件资源，________。

2. 计算机网络的网络硬件可分为________、网络工作站、网络交换互联设备等外部设备。

3. 网络交换互连设备又涵盖了网络适配器、________、网桥、________、网关、调制解调器等。

4. 按照提供的服务不同，可把服务器分为________、文件服务器、打印服务器、电子邮件服务器、________、通信服务器、视频服务器等。

5. 集线器一般有 8 端口、16 端口或________之分，每个端口可以和计算机或其他集线器连接，集线器之间也可以进行互连以________。

6. 计算机网络按拓扑结构可分为________、总线型网、________、环形网和网状形网等。

7. 网络协议由语义、语法、________3 个要素构成。

8. OSI 参考模型将计算机网络体系结构分为 7 层，由低到高依次为________、数据链路层、网络层、________、会话层、________和应用层。

二、判断题

1. 计算机网络由通信子网和资源子网组成。

2. 网络工作站是指能使用户在网络环境上进行工作的小型机。（　）

3. 解调是将计算机内的数字信号转换成模拟信号。（　）

4. 网桥不能对不同类型的局域网实行桥接，实现互相通信。（　）

5. 按网络覆盖的范围可把网络分成局域网、城域网和互联网。（　）

6. 网络按交换分为：线路交换网、报文交换网、分组交换网与混合交换网。 ( )
7. TCP/IP 参考模型包括应用层、传输层、网际层和网络接口层四层。 ( )

三、简答题

1. 简述计算机网络定义。
2. 简述总线型拓扑结构网络的优点。
3. 何谓网络协议？简述层次结构机制一般的分层原则。
4. 何谓 Internet？简述 Internet 的形成与发展。
5. 试问 Internet 采用何种运作模式？简述该模式的运作过程。
6. Internet 的 TCP/IP 所提供的 IP 地址由几位构成，主要分成哪几类，每类又可分为几段？
7. 何谓域名和域名系统？
8. Internet 的域名系统采用何种命名机制？简述其一般形式。
9. 试从通信介质角度简述 Internet 的接入方式。
10. 简述 Internet 的服务功能。

第 3 章 网上交易与电子商务平台的应用

本章提要

网络平台非常方便地提供了广大消费者通过网络进行购物，节约了时间，同时商品价格的透明度高，通过 B2C 或 C2C 平台，消费者很快搜索到自己所需要的商品。今后网上购物将成为购物者优先购物的途径。

本章将主要介绍网上交易、B2B 电子商务平台的应用、B2C 电子商务平台的应用、C2C 电子商务平台的应用等内容。

3.1 网上交易

网上交易是买卖双方利用互联网络进行的商品或服务的交易。常见的网上交易主要有：企业间交易、企业和消费者间交易、个人间交易及企业和政府间交易等。

3.1.1 网上交易概述

网上交易是信息技术与经济发展相结合的产物，是一种新的交易方式，是电子商务的一种重要模式。开展网上交易有助于提高交易效率，降低交易成本，拉动消费，促进商品和各种生产要素的自由流动及国民经济又好又快的发展。

网上交易参与方包括网上交易的交易方（即买方和卖方）和网上交易服务提供者。网上交易服务提供者，根据其服务内容可以分为以下两种：

① 网上交易平台服务提供者。从事网上交易平台运营并为买卖双方提供交易服务，如阿里巴巴、淘宝和当当网等。

② 网上交易辅助服务提供者。为优化网上交易环境和促进网上交易，为买卖双方提供身份认证、信用评估、网络广告发布、网络营销、网上支付、物流配送及交易保险等辅助服务，例如第三方支付平台支付宝和财付通等。

近年来，国内电子商务发展迅猛，但关于网上交易的相关法规条款还没有形成整套系统，尚需完善。尤其目前的网上交易条款还存在一些模糊区，一些不良卖家趁机钻空子、刷信用或诈骗消费者的情况时有发生，网上交易的“诚信及安全”成了困扰消费者的首要问题。网络安

全成为当前各业界十分关注的问题，网络钓鱼、病毒及木马等网络安全隐患的存在给电子商务及网络支付等应用的开展造成了障碍。

1. 认识网上交易的特点

网上交易通过互联网络进行信息交流，洽谈、签订合同乃至履行合同，其优点是效率高、成本低。但交易方在了解对方真实身份、信用情况及履约能力等方面有一定难度，存在一定的违约和欺诈风险。交易方应认识网上交易的特点，谨慎交易，积极防范风险，防患于未然。

2. 了解交易对方的真实身份

交易各方在交易前要尽可能多了解对方的真实身份、信用状况及履约能力等信息，可以要求对方告知或向交易服务提供者询问，必要时也可以向有关管理或服务机构查询。

卖方应在适当的时间将自身与交易有关的真实信息告知对方，例如营业执照和特殊业务许可证照的有关信息、实体经营地址和真实有效的联系方式等。如果卖方拒绝提供基本身份信息，买方要谨慎对待，慎重交易，警惕和防范利用网上交易进行欺诈的行为。

3. 注意支付安全

交易各方如果选择网上支付方式，要通过安全可靠的第三方支付平台进行，及时保存支付信息，增强网上支付的安全意识。交易各方进行网下支付的，要充分考虑货到付款、预付货款等方式的特点，注意资金的使用安全，以防上当受骗。

4. 保存网上交易记录

交易各方可以自行保存各类交易记录，以作为纠纷处理时的证据。贵重商品与重要服务的交易，可以生成必要的书面文件或采取其他合理措施留存交易记录。

3.1.2 网络证券交易

网络证券是电子商务应用较好的领域，主要业务集中在网上证券交易和各种增值服务上，目前已成为证券交易的主要方式。网上交易系统发展速度很快，网上进行的交易平均占比从2006年的40%发展到目前的70%，最高达到90%以上。

随着互联网络在中国的逐步普及，网上交易已成为投资者使用的主要手段，其交易量已远远超过传统的现场交易。网上证券交易正日益成为全球证券市场交易委托的发展主流，这在很大程度上改变了投资者和证券商的活动方式。中国证券监管层从技术层面看到了市场应用前景，积极支持网上证券交易的发展。网上交易之所以能如此快速的发展，是因为其自身的优势。首先，与其他的电子商务活动相比，网上证券交易有几个特点：一是网上证券交易没有物流环节，大大节约了成本；二是网上证券交易避免了电子商务活动中的直接支付问题，通过交易收费、服务免费的运作方式，证券商以证券交易手续费作为收入来源，这也避免了直接支付带来的网上交易安全性的问题；三是交易的单一性和标准化降低了网上证券交易的复杂程度，这避免了关于外形、质量等方面的顾虑；四是证券公司作为网上证券交易服务提供者是具有专业资格的，其权威性与可靠的信誉度增加了网上证券交易的安全感。其次，网上交易还有无可比拟的便捷性，主要体现在两方面：一是交易可以与看盘同步进行，这增加了买卖决策的安全性；二是交易过程十分快速，委托的全过程甚至能够简化到鼠标的一次点击。可以说，便捷性适应了证券交易的特性要求。

网络证券交易作为一种新型的证券交易方式，具有委托快捷便利，可视化强，资金网上自助管理及保证金存取方便等特点。它体现出显著的优势：成本低、虚拟性、个性化、服务质量高及融合性强等。目前，证券业的网络交易是在国内开展较早、规模较大、比较成功的金融电子商务。

下面以招商证券网上交易系统为例，简单介绍网上交易的方法。

1．开户

持本人身份证和同名银行存折或银行卡，到招商证券营业部或营业网点均可办理深沪 A、B 股证券账户卡和开立资金账户，同时办理资金存取业务，即将用户银行卡或存折上的钱和保证金账户内的资金互转。

2．网上交易

招商证券提供两种网上交易方式：一种是使用专业版交易软件；另一种是登录招商证券网的“快速交易通道”进行交易。

（1）专业版交易软件

将专业版交易软件下载到本地计算机的网上交易方式，其优势是交易速度快，安全性高；具备功能超强的行情分析工具，操作界面友好，支持各种上网代理服务器；稳定性好，可靠性强，能支持交易高峰期高并发流量。如果经常进行网上交易，建议尽量选择该方式。

登录招商证券网站（http://www.newone.com.cn），单击导航条中的“软件下载”选项，进入“下载交易软件”页面，如图 3-1 所示。单击“招商证券网上交易全能版”对应的“下载”按钮，即可下载该软件。

图 3-1　在招商证券网站下载交易软件

将该下载软件安装在自己的计算机中，打开登录界面，输入“牛卡号”“交易密码”和“验证码”，单击“登录”按钮，即可进入软件，如图 3-2 所示。

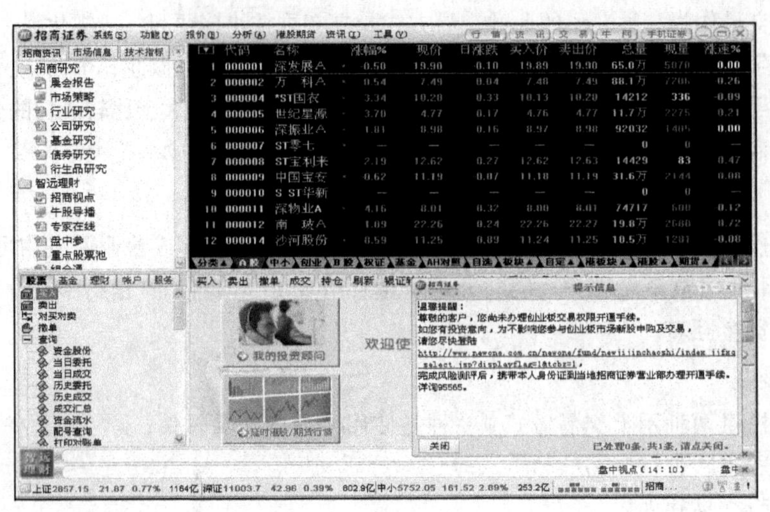

图 3-2　登录交易软件

① 银证转账：进行证券交易前，需要将银行存折或卡上的存款划拨到牛卡资金账户上。单击软件主界面左下方“银证业务”中的“银证转账”按钮，弹出转账的信息，如图 3-3 所示。选择银行并输入“转账金额”，单击“转账”按钮，就可以将银行卡或存折上的存款转入牛卡账户中，转账成功后就可以进行证券交易。

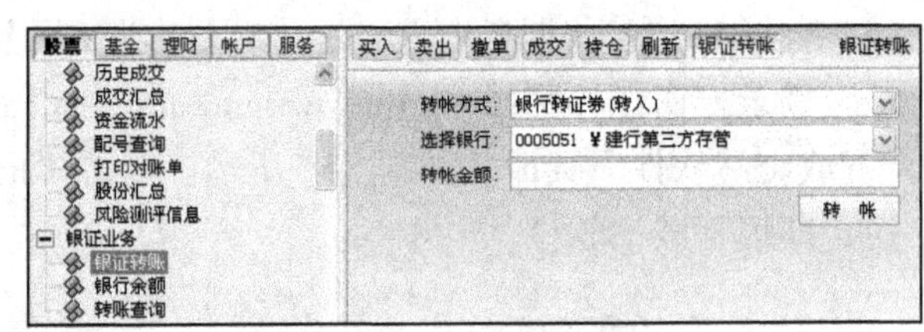

图 3-3　银证转账

② 查看行情：要快速查找某一只股票的行情，可直接输入该股票的代码或者拼音简称，按 Enter 键即可，如图 3-4 和图 3-5 所示。

图 3-4　输入股票的代码或者拼音简称

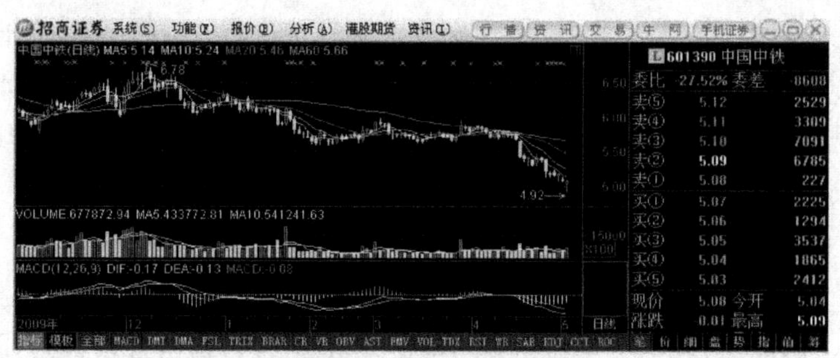

图 3-5　查看股票行情

选择一支股票，按 F10 键即可查看该股票的各股资料，例如最新动态、公司概况及持股情况等信息。

③ 进行交易：该软件提供了丰富的交易功能，包含股票业务、开放式基金业务、组合通和 ETF 篮子买卖等多种功能，如图 3-6 所示。

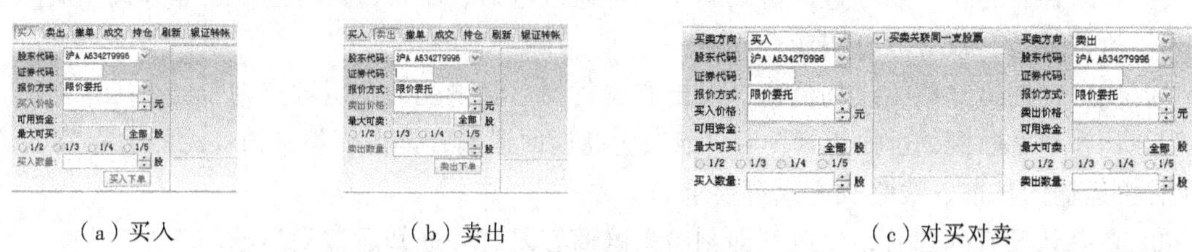

（a）买入　　（b）卖出　　（c）对买对卖

图 3-6　丰富的交易功能

此外，该软件还为用户提供了很多贴心的服务，如专家在线，用户可以在线咨询专家。短信理财通服务，能为用户提供更及时、更周到的证券咨询服务。该服务项目分两部分：一部分是免费类定制——账户信息提示，包括新股申购提示、新股中签提示及持仓股重大公告等服务项目；另一部分是单项类定制——股票行情和投资资讯，包括定时行情发送、大盘指数报送及股票到价提示等服务项目。

（2）快速交易通道

除了使用专业软件进行操作，还可以直接从招商证券牛网（www.newone.com.cn）登录，不需要下载安装、不受代理服务器限制、能穿越防火墙在局域网内使用。目前，招商证券“快速交易通道”能够提供较全的交易服务，包括开放式基金的开户、申购和赎回等功能。缺点是行情分析功能弱，操作时交互性差。

电子商务实际上是一种基于电子方式的商务或买卖活动，它为人们赢得了新的商机。电子商务通过 Internet 进行商务运作，涵盖了网上调查、网上咨询、网上广告、商务洽谈、网上订货、网上贸易、网上支付、电子物流、售后服务等诸多商务活动，涉及生产、流通、分配、交换和消费等环节的所有电子信息化处理活动，电子商务正以惊人的速度在世界范围内蓬勃发展。

3.2　B2B 电子商务应用

B2B 是商业对商业，或者说是企业之间的电子商务，即企业与企业之间通过互联网络进行商品、信息及服务的交换。

B2B 电子商务有两种基本模式：一种是在企业间直接进行，例如制造商的在线采购和在线供货；另一种是通过第三方网站平台进行，例如国内著名的阿里巴巴网（china. alibaba.com）就是一个 B2B 电子商务网站，各类企业可以通过阿里巴巴网进行企业间的电子商务，如发布和查询供求信息，与潜在客户或供应商进行在线交流和商务洽谈等。

3.2.1 交易过程及流程图

B2B 电子商务的交易过程大致分为以下 10 个步骤：

① 采购商向供应商订货，首先要提交“用户订单”，该订单应该包括产品名称、数量、质量及价格等相关信息。

② 供应商收到“用户订单”后，根据“用户订单”的要求查询产品的情况，由供应商再给出“报价单”。

③ 采购商看到“报价单”后，针对给出的报价决定是否购买。

④ 如果愿意合作，双方进入洽谈程序，可通过电话、E-mail、阿里旺旺等方式交流。

⑤ 洽谈成功，双方签订买卖合同。

⑥ 供应商向运输商（或物流商）发出有关货物运输情况的“运输查询”。

⑦ 运输商在收到“运输查询”后，给供应商返回运输查询的回答，如有无能力完成运输，以及有关运输的日期、线路及方式等要求。

⑧ 在确认没有问题后，供应商即刻给采购商答复，并通知运输商运输。

⑨ 运输商接到“运输通知”后开始发货，接着供应商向支付网关发出“付款通知”。

⑩ 支付网关向供应商发出交易成功的“转账通知”。

整个交易过程图如图 3-7 所示。

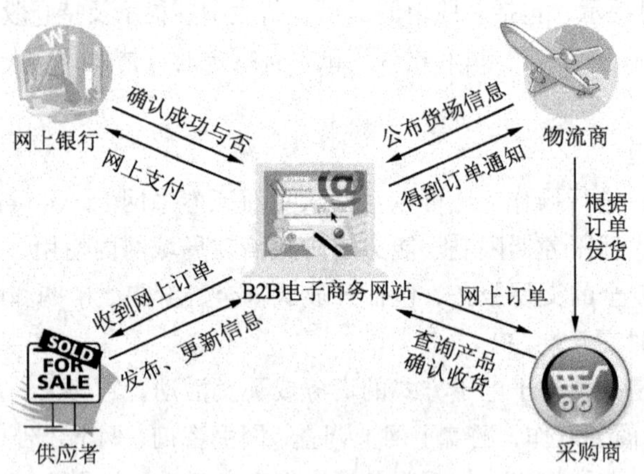

图 3-7 交易流程图

3.2.2 交易所需的基本知识

要想采购到满意的商品，应该注意以下几点：

1. 商品的质量

对采购人员而言，应设法了解供应商对本身商品质量了解的程度，管理制度较完善的供应商应拥有有关质量的文件（如质量合格证和商检合格证）。

采购人员应向供应商取得以上的资料，以方便未来的交易。在我国，商品的执行标准有国家标准、专业（部）标准及企业标准，其中又分为强制性标准和推荐性标准。但通常在买卖的合同或订单上，质量是以下列方法的其中一种来表示的。

① 市场上商品的等级；

② 品牌；

③ 商业上常用的标准；

④ 物理或化学的规格；

⑤ 性能的规格；

⑥ 工程图；

⑦ 样品（卖方或买方）；

⑧ 以上的组合。

采购人员在采购时应首先与供应商对商品的质量达成共识。在可能的情况下，对一些商品，如大米、衣服、家纺用品、鞋类等商品，应要求供应商提供样品封存，以避免以后的纠纷或法律诉讼。对于瑕疵品或在仓储运输过程损坏的商品，采购人员在采购时应要求退货或退款。

2. 包装

包装可分为两种：内包装及外包装；内包装是作为保护、陈列或说明商品之用的，而外包装则仅用在仓储及运输过程的保护。设计良好的内包装往往能提高客户的购买意愿，加速商品的回转，采购人员应说服供应商在这方面向好的企业学习，并加以改进，以利彼此的销售。

3. 价格

除了质量与包装以外，价格是所有采购事项中最重要的项目。在采购前，采购人员应事先调查市场价格，不可凭供应商片面之言。如果没有相同商品的市价可查，应参考类似商品的市价。在采购价格时，采购人员最好先分析成本或价格；数家供应商进行竞标时，采购人员应选择两三家较低标的供应商，再分别与他们采购，求得公平而合理的价格。但在使用竞标方式时，采购人员切勿认为，能提供最低价格的供应商即为最好的供应商。我们必须综合选择一个在其送货、售后服务、营销支持、其他赞助等方方面面能提供支持的供应商。所以，有时候会放弃与提供极低价格的大批发商合作，而选择与不愿意提供极低价格的制造商或生产厂商合作，因为后者的制造商通常在产品质量、货源保证、售后服务、促销活动及其他赞助上会有更多的营销费用支持。

3.2.3 卖家招揽生意的技巧

卖家招揽生意的技巧有以下几种：

① 商铺颜色搭配要协调，页面内容尽量详细，清晰明了；招牌设计要足够漂亮，能吸引人；公司介绍要详细、全面，能充分体现公司的经营特色，并附上产品图片，进一步增强买家信服力；证书做到尽量齐全，便于更好地让顾客来了解公司，凸显公司信誉良好。

② 注重产品的发布技巧。标题是信息内容的核心浓缩，表述清晰并且包含关键信息的标题能让用户更容易掌握产品的具体情况，从而引起买家更多的兴趣。信息标题还要尽可能包含产品相关的关键字，尽可能地传达产品信息；标题要包含诱惑点，例如折扣信息、1 件起批或混批等；产品尽可能多，种类要齐全，产品图片要清晰、美观；还要很好地利用精品橱窗，主

题性地去推广产品，突出优势；产品图片滚动展示，给买家更强烈的视觉冲击。

③ 产品信息的及时维护。对已经过期的信息即时更新，尽量让产品信息有机会靠前，这样买家在搜索时才会有机会发现。

④ 第一时间发现与你的产品所关联的求购信息，主动出击，给买家发送报价，在报价时充分体现产品的特色。

⑤ 及时回复收到的相关留言与信息。让客户感受到公司的正规（因为一般公司网络都有专人负责），对主动来找的客户一定要非常重视，耐心地回答咨询者的问题，而且在回复时一定要用客气与尊重的语气。

⑥ 提高与客户沟通的技巧。这是一门大学问，不能急于求成，让客户感觉到你的专业和诚心，感受到公司的实力。

⑦ 注意电话回访。对有意向的客户定期或不定期地电话跟踪，但这方面一定要把握好尺度，电话打得过频客户会嫌烦，如果不跟踪，这些意向客户又会把你遗忘。

⑧ 经常在论坛活动，提高个人知名度，并且能热心帮助网友。公司的知名度高了，自然会有人关注公司和产品，并且帮助别人的同时就是帮助自己。

⑨ 不管是论坛还是与网友聊天，一定要保持文明用语，保持在论坛的形象，因为你代表着公司，代表着品牌。

3.2.4 买卖速配

买卖速配是帮买家在第一时间发布求购信息，让有意向的供应商主动和买家联系。作为买家，买卖速配可以帮助其在 20 min 内收到大量的供应商反馈，能够大大提高采购效率，节省选择供应商的时间。买卖速配的特点是操作简单，精确度高，快速招标。

使用买卖速配非常简便，具体操作步骤如下：

① 进入发布商业信息页面。

② 信息类型选择“求购”或“紧急求购”，并选中“买卖速配”。

③ 完整填写求购信息表单（其中非常重要的是：合理填写产品名称、正确选择产品类目），确认无误后，单击“发布”按钮。

④ 信息审核通过后，将会通过贸易通提醒的方式，发送给相应的供应商。

⑤ 供应商收到贸易通提醒后，会主动与买家联系。

使用买卖速配的技巧如下：

① 准确选择产品类目。在发布求购信息时，为了提高速配供应商的精确度，建议使用“类目自动匹配”功能，可以提高类目选择的准确性。

② 合理填写产品名。为了增加可供选择的供应商范围，速配效果更好，在发布求购信息时，建议不要填写含描述性说明的产品名，如“联想笔记式本计算机”，可以写成“笔记本式计算机”。

③ 在高峰时刻使用买卖速配效果更好。建议在网站使用的高峰时刻，即周一至周五的 9：00—10：00 和 15：00—16：00，使用买卖速配，以获得更大的供应商选择范围。

④ 发布更多的供应信息，并通过重发将信息排序靠前，同时尽可能保持贸易通在线，使收到买卖速配提醒的概率大大提高。

3.3 B2C 电子商务应用

B2C 电子商务是按电子商务交易主体划分的一种电子商务模式，即表示企业对消费者的电子商务，具体是指通过信息网络以及电子数据信息的方式实现企业或商家机构与消费者之间的各种商务活动、交易活动、金融活动和综合服务活动，是消费者利用 Internet 直接参与经济活动的形式。

3.3.1 买家前台购物

在 B2C 商务网站上购物，虽然不同的网站会有不同的购物流程，但基本上包括几大要素：注册→挑选→购买→支付→收货。

图 3-8 所示为 B2C 商务网站买家购物流程图。

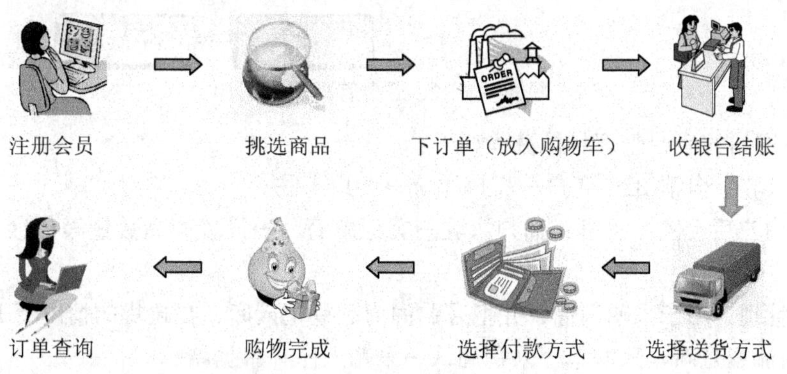

图 3-8 B2C 前台购物流程图

B2C 商务网站上购物的具体流程如下：

① 用户注册：目前大部分 B2C 网站都实行会员制，只要通过网站注册开户，就可成为该网站的会员。

② 挑选商品：在 B2C 网站中，通过搜索找到欲购买的商品。

③ 选好后放入购物车，如果一次要购买多件商品，可以将它们都放入购物车，最后合并结账。

④ 如果网站有特惠商品，可以根据个人需要选择想要的特惠品，可以将特惠品也加入到购物车里。

⑤ 进入结算中心：这一步就是结账，不同的网站对其会有不同的叫法。

⑥ 填写收货人的相关信息，如购货人的姓名、地址、邮编及电话等。

⑦ 选择支付方式：按照网站支持的方式，选择自己方便的支付方式。

⑧ 确认订单。

完成以上步骤，订单提交后页面会自动显示订单号。

3.3.2 卖家后台管理

B2C 后台管理系统集网上客户订单的接收、采购、销售、调拨及库存各环节的资金流、物流管理于一身，是一个适用于商业批发、零售业务的电子商务网站管理系统。B2C 卖家的后台处理流程一般是网上客户订货→订单受理→库存查询→销售单生成→出库确认→发货确认→结账，流程图如图 3-9 所示。

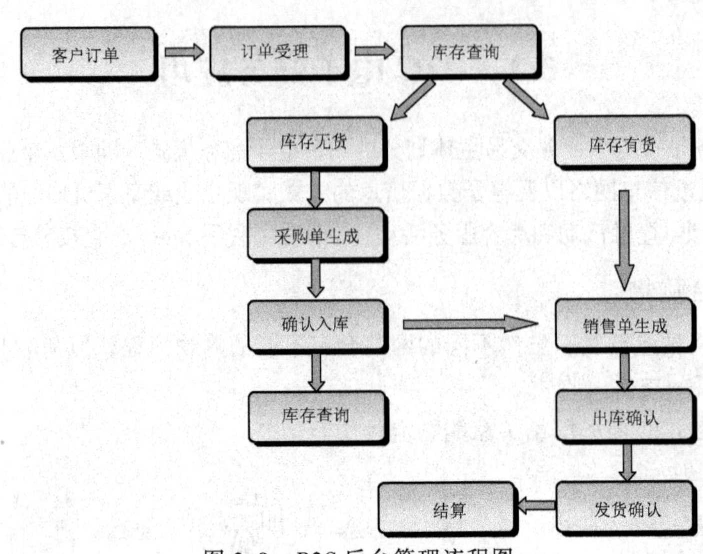

图 3-9 B2C 后台管理流程图

B2C 商务网站的后台管理具体流程如下：

① 商户入驻：申请 B2C 商户→商户注册→商户入驻。

② B2C 商户后台商品管理：商户入驻→登记新商品→设置商品数量等信息→保存、记账（起初库存）。

③ 采购管理：用于采购商品，并把采购的商品登记入库，在缺货的情况下 B2C 商户才进行采购。采购流程是新建采购单→采购确认→采购入库→单据结算。

④ 销售管理：用于 B2C 商户对客户购买商品所下的订单进行操作。主要流程是 B2C 前台选购商品（下订单）→商户登录→受理网上订单→生成销售单→发货处理→结算。

3.3.3 B2C 与 B2B 的比较

B2B 和 B2C 模式的企业，在信息流、资金流及物流 3 个环节中，存在明显的不同。

① 信息流：不论是 B2B（代表企业有阿里巴巴）还是 B2C（代表企业有当当），涉及的信息都是由 B2B 的会员企业或者 B2C 的卖家自己完成信息的录入和维护。阿里巴巴可以利用这些资料来收取会员企业的费用，B2C 网站由于受产品供应商条件的制约，商品信息资料有一半以上都是自己来完成，包括维护和更新。

② 资金流：B2B 企业提供了供买卖双方交易的平台，在交易中承担裁判的角色，最多也仅仅是在交易过程中代收卖家货款。B2C 网站在支付上很下工夫，提供多种方式供用户选择，如邮局汇款、银行转账、网上支付及货到付款等，目的是为了促成每笔交易。

③ 物流：B2B 企业仅提供信息的交换，不直接参与物流，由供货商和采购商自主完成；B2C 企业主要依托线下第三方物流进行配送，如 EMS 和宅急送等。

综上所述，物流、信息流和资金流在 B2C 企业中的每个环节都要全程参与，只有每个环节都顺利了，交易才能完成，B2C 企业才能真正收到款；如果这其中任何一个环节出问题，都是由 B2C 企业来承担后果。因为作为消费者只认 B2C 企业这个商家，而邮局、银行、快递等所做的一切都是为顺利完成这个环节辅助服务的。B2B 企业并不过多地接触终端消费者市场，只在信息流方面起到对商家提供电子商务渠道的作用。

3.3.4 B2B 和 B2C 网站优化的比较

下面对 B2B 和 B2C 电子商务网站进行优化对比。

1. 网站优化目标不同

B2C 和 B2B 网站优化的最终目标都是为了提高销售量，在这点上是没有什么区别的；但是在网站优化上，B2C 网站通常是为了提高人均访问的销售率。最理想的状态是，当用户通过搜索引擎找到网站，在搜索结果中进入网站设置的通道，最终完成购物的流程。然而，这对于 B2B 的企业网站来说是不实际的，B2B 的买家通常不可能在网站完成整个购买流程，因此 B2B 企业网站优化目标不是立即见效的，重点是吸引更多的买家将企业列入首选供应商候选名单中。在 B2B 领域内的转化率，通常不是马上就可以做到，在 B2B 网站优化中使网站被采购商发现只是一个开始。

2. 网站栏目和产品分类设置对 B2B 网站更重要

B2B 网站结构看起来简单，无非是供应信息、求购信息、产品库和企业库等主要栏目，以及每个栏目下对不同行业、不同产品类别的分类，并将相应的信息发布到相应的分类中。但实际上，B2B 网站分类的方法对于网站的整体优化状况是至关重要的，因为分类目录不合理将造成用户难以获取网站信息、搜索引擎忽略二级栏目及二级栏目中的信息及网站 PR 值低等综合问题。由此可见，B2B 网站的栏目和分类目录相当重要。

3. B2B 企业网站网页内容更重要

B2B 企业网站文案内容的重要性不仅对网站在搜索引擎中的排名有重要影响，而且更重要的是对采购商有影响，文案还必须具有说服力。虽然在 B2C 网站中文案的说服力也很重要，但一般典型的 B2C 客户是一些散户，他们对产品规格、颜色及价格优惠等更感兴趣，而采购商受规避风险的心态驱使，若产品仅仅价格低并不意味着就是他最好最合适的供应商，B2B 采购商在一个采购流程中会做更多的调查研究。因此，为了让采购商无论走到网站的哪一页都能建立对企业的信任，就需要对网站所有的网页内容进行认真设计，从而提高用户的关注度。

4. 了解 B2B 买家常用的搜索引擎很重要

B2B 随着供求信息发布量的增加，大量新发布的信息在不断滚动更新。为了让买家及时搜索到发布的信息，了解他们常用的搜索引擎很重要。不同的人喜欢使用不同的搜索引擎，而不同的搜索引擎的算法和排名规则又有所不同。例如，百度和 Google，百度有人工参与编辑，Google 是全自动的，则针对 Google 的优化与百度的优化有一点不同。此外，随着垂直搜索引擎越来越受欢迎，需要了解买家喜欢使用哪些垂直搜索引擎，并采取行动让网站在这些垂直搜索引擎也有较好的曝光度。

垂直搜索引擎是相对通用搜索引擎的信息量大、查询不准确、深度不够等提出来的新的搜索引擎服务模式，是通过针对某一特定领域、某一特定人群或某一特定需求提供的有一定价值的信息和相关服务。其特点就是“专、精、深”，且具有行业色彩。相比通用搜索引擎的海量信息无序化，垂直搜索引擎则显得更加专注、具体和深入。

3.4 C2C 电子商务应用

近年来，中国电子商务行业发展十分迅速，众多电子商务企业成长也十分显著。作为电子商务增值领域之一的 C2C 市场，随着整体电子商务行业的发展持续升温，C2C 销售量迅速增长，成为中国电子商务行业比较重要的电子商务产品之一。

3.4.1 C2C 电子商务网站

1. 网站 1——买买乐

买买乐电子商务服务平台（http://www.mymyle.com）是为用户提供全程电子商务配套服务的技术平台，它还提供便捷可靠的网上开店、同城店铺及独立网店等网上创业配套服务。

买买乐网上开店服务平台以“个性、交流、共享”为理念，倡导 Web 2.0 时代互联网络个人商务生活的新方式。该平台提供独立的网上商店虚拟店面、简单易用的网上商店业务管理系统和可共享的商务信息，方便网民独立经营一家“专属于我”的个人网上商店。

与其他类似平台相比，买买乐平台的特色在于其拥有自己的免费域名、完备的管理系统和独立的会员系统。商家与顾客、顾客与顾客之间可通过网店公告、留言板、商品评论或 BBS 等多种途径进行网上交流。目前，买买乐已成为多家高等院校电子商务在线实训平台和大学生网上创业平台。

（1）企业建站服务

企业服务板块是买买乐电子商务服务平台增值业务之一，旨在提供从便捷、简易的新手建站及独立建站，到订单处理、客户服务等全方位服务，帮助用户构建和打造独立的网上品牌。平台团队参与配合了政府机构、企事业单位和包括 APEC 官方网站在内的各大项目的策划与建设，具备丰富的经验和技术实力。

（2）实训基地

近年来，电子商务就业前景备受关注，实战型的电子商务精英越来越受到人才市场的欢迎，通过校企合作的实践模式提升电子商务实战技能已经成为各大高等院校、培训机构和个人的主流选择。

EC-Lab 是买买乐电子商务服务平台提供的全方位模拟真实环境的电子商务实验室，目前已经涵盖现有主流电子商务平台或网站的业务模型及逻辑，包括网上开店、店面装修、商品上传与设置、订单管理及网络营销等电子商务运营的最核心模块，并配合以丰富的教学方案和实验教程等，可以十分方便地开展全仿真的电子商务实践教学。

EC-Lab 项目通过多年校企合作项目的积累，形成“知行合一”的特色，即通过丰富的案例学习、模拟训练和网上营销实战演习，让培训学员掌握从选择商机到制订网上创业的商业计划，从网上开店开业到运营，从个体经营到企业经营过程中的各种技术、营销理论知识和实践操作技能，增强培训学员的电子商务实战能力，为电子商务专业就业能力的提升打下牢固基础。

2. 网站 2——淘宝网

淘宝网（www.taobao.com）成立于 2003 年 5 月 10 日，由阿里巴巴集团投资创办。经过 6 年的发展，截止到 2009 年 6 月淘宝拥有注册会员 1.45 亿，2008 年实现年交易额 999.6 亿人民币，是亚洲最大的网络零售商圈。2010 年，淘宝拥有注册会员突破 2 亿；2012 年 11 月 11 日，淘宝单日交易额 191 亿元。

2008 年，“大淘宝战略”应运而生。秉承“开放、协同、繁荣”的理念，通过开放平台，发挥产业链协同效应，“大淘宝”致力于成为电子商务的基础服务提供商，为电子商务参与者提供“水”“电”“煤”等基础设施，繁荣整个网络购物市场。

大淘宝最重要的目标是为社会创造 100 万个直接就业机会。截止到 2008 年底，已经有 57 万人通过在淘宝开店实现了就业（国内第三方机构艾瑞统计），带动的物流、支付及营销等产业链上间接的就业机会达到 162 万个（国际第三方机构 IDC 统计）。

推动“货真价实、物美价廉、按需定制”网货的普及是大淘宝的使命。通过压缩渠道成本和时间成本等综合购物成本，淘宝帮助更多的人享用网货，获得更高、更便捷的生活品质；通过提供销售平台、营销、支付及技术等全套服务，大淘宝帮助更多的企业开拓内销市场，建立品牌，实现产业升级。

3．网站 3——拍拍网

腾讯拍拍网（www.paipai.com）是腾讯旗下知名的电子商务网站。拍拍网于 2005 年 9 月 12 日上线发布，2006 年 3 月 13 日宣布正式运营，是国内较大的电子商务平台。

拍拍网目前主要有女人、男人、网游、数码、手机、生活、运动、学生、特惠、母婴、玩具、优品和酒店等几大频道，其中的 QQ 特区还包括 QCC、QQ 宠物、QQ 秀和 QQ 公仔等腾讯特色产品及服务。拍拍网拥有功能强大的在线支付平台——财付通，为用户提供安全、便捷的在线交易服务。

依托于腾讯 QQ 超过 7 亿的庞大用户群以及 3 亿以上活跃用户的优势资源，拍拍网具备良好的发展基础。2006 年 9 月 12 日，拍拍网上线满一周年，通过短短一年时间的迅速成长，拍拍网已经与易趣和淘宝共同成为中国最有影响力的三大 C2C 平台。2007 年 9 月 12 日，拍拍网上线发布时间满两周年，在流量、交易和用户数等方面获得了全方位的飞速发展。据易观国际报告显示，2007 年第二季度，拍拍网获得了 20%的增长，并迅速跃居国内 C2C 网站排名第二的领先地位。据 iResearch 艾瑞咨询数据显示，2007 年，中国 C2C 电子商务市场交易规模达到 518 亿元，其中拍拍网的成交额首次超越 eBay 易趣，以 8.7%的交易份额位居第二；2008 年第二季度，拍拍网实现了 30%以上的环比增长，交易额增长迅速，份额提升至 9.9%，继续稳居国内大电子商务平台第二位。

拍拍网一直致力于打造时尚、新潮的品牌文化。2008 年 11 月 11 日，拍拍网正式宣布：网站新的品牌口号定位于“超值购物、值得信赖”，未来拍拍网将着力打造一个“最便捷、最贴心、最值得信赖的”的社区电子商务平台，为用户提供诚信、安全的在线网购新体验。

作为腾讯“在线生活”战略的重要业务组成，拍拍网依托于腾讯 QQ 及腾讯其他业务的整体优势，现在已成为国内成长速度最快、最受网民欢迎的电子商务网站，并且帮助几十万社会人员和大学生解决了就业问题。

3.4.2 网店的经营

开网店和开实体店是完全不一样的，不是什么商品在网上都能“方便”的，比如快速消费品（水果）、大件商品（家具）等。这些商品的常规销售点是大商场或大卖场，相比之下，网店在提供“三包”保障和现场感受商品等方面就存在很大局限性。在网上做生意，就要独辟蹊径，网店商品的选择直接影响网店的业绩，所以一定要慎重。

1．分析目前网络热销商品

根据有关统计显示，目前网络热销商品主要有书籍、服装、化妆品、饰品、手机、家居用品、游戏产品及皮具等大众消费品。市场上较大的产品有如下几类：

① 书籍类：书籍一向是热销产品，但竞争也非常激烈。

② 居家类：床上用品、家居饰品等。

③ 数码类：MP3、MP4、手机及笔记本式计算机等。

④ 服装类：韩版服饰、品牌男装、女装及童装等。

⑤ 配饰类：皮带、手表、水晶及翡翠等。

2．定位分析

要想经营好网店，首先要找准目标，可以从以下两点进行分析：

① 消费人群及消费潜力：考虑目标群体的主要人群，缩小定位范围进一步明确目标。例如，适合什么样的人，适合什么样的年龄段，消费潜力如何。

② 确定销售范围：结合自己的货源优势，为自己所销售的产品找准方向。需要明确的产品特质包括什么样的产品，产品是什么功能，这些功能表现在哪里，适合什么样的人及产品能给目标群体带来什么。

3．选择商品的原则

确定适合网上销售商品的原则如下：

① 特色或时尚商品：独具特色或者十分时尚的物品网上销量都不错。

② 附加值较高：价值低于运费的单件商品是不适合网上销售的。

③ 价格较合理：大部分网上购物的消费者都是看上价格低这一特点，否则就不会在网上购买。

④ 体积较小：这种商品方便运输，可以降低运输的成本。

⑤ 通过网站了解就可以激起消费者的购买欲：网上购物多数是冲动下购买，要把握消费者的这一心理，如果这件商品必须要亲自见到才可能放心购买，那么就不适合在网上销售。

⑥ 网下实体店买不到或者不容易买到的，可以放在网店里卖，例如外贸订单产品或者直接从国外带回来的产品。

3.4.3　选定货源

网上开店确定经营方向后，要先解决好货源问题，能不能找到既便宜又优质的货物，是网上开店成功的关键所在。下面介绍一些常见的进货渠道。

1．批发市场进货

这是最常见的进货渠道，如果你的小店经营服装，可以去周围一些大型的批发市场进货，例如北京动物园批发市场。进货时，可以充分发挥议价能力，力争将批发价压到最低，同时要与批发商建立好关系。

2．厂家进货

厂家进货也是常见的渠道，去厂家进货可以拿到更低的价格，但是要求进货金额比较高，无形中增加了经营风险。经营网店最好有在厂家工作的亲戚或朋友，这样进货就没有问题了。

3．关注外贸产品或 OEM 产品

目前，许多生产厂商在外贸订单或者为一些知名品牌的贴牌生产外会有一些剩余或积压的产品待处理，一般价格相当低廉，这也是一个不错的进货渠道。

4．网上进货

（1）网络平台进货

卖家通过搜索引擎找到大型的批发网站，仔细分析和比较货源，通过第三方支付平台进行网上采购，优点是避免了地域货源的局限性。例如，进入阿里巴巴中文站 http://www.1688.com，单击页面上方的“采购必应”标签，如图 3-10 所示，在搜索栏中输入商品名称即可。

图 3-10　阿里巴巴网站

（2）网络代理产品

网络代理或代销是目前比较流行的网上销售模式。网店不需要直接进货，买家下订单后，店主只要向供货商支付货款，由供货商直接发货给买家即可。优点是零成本、零库存。

总之，不管是通过何种渠道寻找货源，物美价廉是关键因素，薄利多销同样能让你获得“双赢”，也能为卖家带来更多的买家信誉和利润。

3.4.4　店内风格设计

1. 网店起名与店标设计

网店首先要有好的店名，有人说“一个好的店名等于开店成功了一半”，虽然这句话不能全信，但店铺有一个好的店名确实很重要。下面谈谈给网店取名的技巧。

① 简洁通俗：店名一定要简洁明了，通俗易懂且读起来响亮畅达，如果招牌用字生僻，读起来绕口，就不容易被浏览者熟记。

② 别具一格：网店有千千万万，网店的名称就要特别，用与众不同的名字体现出一种独立的品位和风格，从而吸引浏览者的注意。

③ 与自己的经营商品相关：店名要符合所经营的商品，一目了然，让买家在第一时间了解你的经营范围。

④ 用字吉祥：尽量使用一些符合中国人审美观的字样，店名应该有一种美感，不要剑走偏锋，为吸引人注意而使用一些淫秽低俗、惹人反感的字，结果只能是适得其反。

店标即 Logo，要醒目、简洁、有一定的寓意，它表达着一个网店的品位与思想，一定不能马虎，尽量请专业的美工设计。

2. 商品信息

商品名称应尽可能以简洁的语言概括出商品的特质，让人一看就能大致了解商品的基本信息；应避免出现特殊符号，因为某些符号可能导致商品名不能正常显示。

一般格式：品牌＋商品名＋规格＋说明。例如，"15ml 的兰蔻无油型光彩营养眼霜"的商品名称至少应该为兰蔻（品牌）＋光彩营养眼霜（商品名）＋15 mL（规格）＋（无油型）的说明，即兰蔻光彩营养眼霜 15mL（无油型）。

由于淘宝上的顾客大部分使用关键词检索产品，因此在宝贝名称里面多加几个相关的关键词，如公仔花束、卡通花束、生日礼物或情人节礼物等。同时，也要密切留意淘宝首页上的热门搜索，尽量在产品上加上热门搜索词，能有效提高产品点击率和增加销量。

商品图片一定要清晰美观、细节入胜，如商品正面、反面、内部、外部、特别局部等，商品图片的精美直接影响浏览客户的购买欲。商品描述的关键是个性化、专业化、多样化，还要做到完整、具体，例如规格、尺寸、材料、颜色、产地、质地、是否保修及保修期限等。好的商品描述能吸引眼球、增加销量，还能避免不必要的纠纷。此外，卖家支持的物流方式和支付方式也是必要信息。

3. 找准定价及竞拍方式

一般有竞价和一口价两种方式，卖家应根据商品种类选择合适的竞价方式。竞价可以聚集大量人气，因此卖家可适量地选取一些商品进行竞价拍卖，有些热门、限量收藏的商品通过竞价拍卖能够获得理想的价格；积压商品可以通过竞价扩大店铺影响。一口价则可以用于一般商品，减少烦琐环节，省时省力。

除此之外，还要有具体的联系地址、电话、E-mail 及其他的相关信息，以方便客户在第一时间内能联系到店主。

3.4.5 选择配送方案

经营网店过程中，当买卖双方达成交易买家付款后，接下来卖家就要包装商品，然后发货。网店物流主要包括邮政平邮和快递，而快递又包括普通快递和 EMS 快递。卖家还可以选择电子商务网站推荐的物流公司，也可以自己联系线下的物流公司。

1. 线下物流公司

线下物流公司是指卖家自己联系的物流公司。出于运输费用的考虑，小件商品可以选择快递公司，但是大而重的货物必须选择专业物流公司。目前，网上店主首选的物流公司有申通快递、圆通快递、中铁快递和顺丰快递等。

2. 网站推荐的物流公司

淘宝网已与一些物流公司达成协议，卖家只需要在网上下单，物流公司就会上门取件。相对而言，网上下单更有保障，如果货物丢失、被损坏或物流公司服务比较差，可以向淘宝网投诉，淘宝网将督促物流公司进行索赔。淘宝网推荐的物流公司主要有宅急送、申通物流、网通速递、韵达快运、EMS 快递、E 邮宝、天天快递及联邦快递等。

3.4.6 提供良好的服务

良好的服务会给买家完美的购物体验，并且吸引更多的回头客。卖家体贴的销售服务会增加消费者对网购的信心，最终可能会成为卖家的忠实客户。

对于买家提出的问题，卖家应该及时、详细、耐心地回答。发货后，卖家可以主动联系买家，询问对商品有什么意见等。如果买家对商品提出异议，卖家应该主动沟通；如果问题确实存在，卖家可以办理退货。虽然这笔生意没有做成，但买家会对诚信的卖家留下良好印象，从而成为下次购物的潜在客户。在线与客户进行沟通，不仅要认真对待客户的提问，而且还要提供方便的在线联系方式，利用网络降低客户的沟通成本，同时再三联系也可以有效地增加客户的成交率。

3.4.7 网店的推广

网店开设后需要进行大力宣传、推广。在很大程度上，推广效果决定了店铺的营业额。下面介绍网店营利的重要的环节——网店的推广。

1．聊天工具推广

开通网店后第一时间告诉周围的人，让他们也帮忙宣传。把自己的网店地址可以写在自己和朋友的QQ、MSN等聊天工具的备注中，让更多的人知道你的店铺；也可以适当利用聊天工具进行群发推广。不要单纯发广告信息，很容易引起反感，可以使用一些小技巧，例如“打扰了，上次王先生要买的悬疑小说到货了，但我找不到你，你看到信息后请与我联系吧”。

2．参加各种网店促销活动

多关注淘宝提供的各种促销活动，如一元专区、限时抢购、周末疯狂购及周末特卖场等。根据自身商品的特点，积极参加这类活动，可以大大提高网店的点击率和交易量。

3．付费推广

目前，大部分C2C电子商务网站都为卖家推出了竞价排名服务，主要代表有百度竞价（http://www2.baidu.com）、淘宝直通车（http://www.taobao.com/p4p /celerity/index. php/）。通过对关键字的竞价，将自己的竞价商品显示在百度、淘宝、雅虎的搜索页等地方。其优点是针对性强，覆盖面广，效果比较明显。当卖家为所推广的商品设置关键词后，买家只要搜索这一关键词，卖家的商品就会出现在直通车展示位。只有当买家点击了这些商品，淘宝才收取费用，不点击不收费，真正做到人性化。

淘宝还提供一些增值服务，购买这些有偿服务后还是有效果的。例如，旺铺、加入消保及商盟等，对客户点击率的提高非常重要。

还有一种推广方式是销售提成，主要代表是淘客推广（http://www.alimama.com）。通过淘客在其他媒介上的推广宣传，完成商品的交易。卖家需要将交易额的一部分作为佣金支付给淘客。这是很不错的方式，不会出现亏损现象。佣金多，市场需求面广的商品卖家可以选择这类推广。

4．社区推广

通过在C2C电子商务网站社区里和热门论坛中发帖、回帖，把网店链接、广告语及促销信息写在论坛的签名中，赚取人气，同时也能增加网店的被关注率。一篇质量高的帖子可以起到很好的宣传推广作用，从而带动产品的销售。

5．提高信用度很关键

在C2C电子商务网站中，网店的信用度相当重要。因为这类网站的首页一般都有店铺类目，是按信用度从高到低排列的，顾客在购买商品时，这个信誉值绝对是一个重要的参考依据，所以

快速提高网店的信用度，也是店铺推广的重点。但这个不是短时间内能做到的，而是一个长期努力的过程。

信用的评价标准不仅仅是信用度的高、低，更重要的是客户的评语。好的评价会留住老顾客，吸引新顾客，所以应让每位顾客都感受到特别的被尊重，急顾客所需并多与顾客沟通；对于负面评价，应及时给出合理的解释。

6．友情链接

等店铺开了一段时间后，可以在和商品相关的网站交换友情链接。不要小看这个链接，很多小网站就是靠这种大量的友情链接带来流量，慢慢形成自己的用户。

尽量找一些比较有名气的网站进行友情链接。友情链接不仅能带来可观的流量，也对卖家的关键字排名等很多方面有好处。

3.4.8　其他经营技巧

1．打折、积分促销

采用有效的促销策略，对网店的宣传大有好处。根据顾客购买次数和购买数量，设置不同等级的打折、积分优惠，并得到相应的会员积分；买家利用积分加 n 元就可换购店内其他商品，类似于实体超市的促销手段。还可以利用店庆、圣诞节、情人节等一些节日搞活动进行促销、物品打折或者赠送。

2．送赠品

可以准备一些小礼物，告知顾客只要购买商品，就有精美礼品相送或者满多少金额送礼品。在给客户邮寄商品时，加上小礼物，再配上情切温馨的祝语，很简单的举动就能给客户带来意外的惊喜，它传递的温情足以打动顾客的心，把客户当朋友，以诚相待，总会有好的回报。

3．免邮费

为顾客免邮费或者买够多少金额免邮费，这样可以刺激顾客消费，免除邮费的信息可以在店铺公告和宝贝描述中发布。

4．经常上架新货、巧用一元起拍

网店应该经常增加新货，丰富商品品种，商品价格也应该拉开档次，最好同时存在低价位和高价位的商品。一元起拍这一招非常灵，能在短时间内聚集人气。开展一元拍的同时，最好能配合做一些广告，让大家都知道“优惠”政策。

5．合理使用淘宝助手

在淘宝上，最直接提高交易量的办法就是让自己的商品排在搜索的第一页。通常，快下架的商品经常排在前面，因此最好保证经常都有商品马上要下架，淘宝助手在这种情况下就很有用。

小　结

了解 B2B 网上交易的基础知识，如采购满意商品的关键、卖家招揽生意的技巧，利用买卖速配提高交易量，以及交易过程及基本流程，要求掌握 B2C 模式下买家前台购物、卖家后台管理的流程，从“三流”（即信息流、资金流、物流）、营销策略及网站优化方面分析 B2B 和

B2C 的异同，能够在网上挑选自己喜欢的商品

通过电子商务网站为买卖用户双方提供一个在线交易平台，使卖方可以在上面发布待出售的物品的信息，而买方可以从中选择进行购买，同时，为便于买卖双方交易，要提供交易所需的一系列配套服务。例如，协调市场信息汇集、建立信用评价制度、多种付款方式。了解 C2C 电子商务的发展现状及存在的问题，分析 C2C 电子商务的发展前景及吸引力，掌握经营网店的思路、方法及技巧，从选定经营方向到进货，再到店铺的设计，以及如何推广，提供良好的售后服务，维系良好的客户关系等，掌握网上开店的思路、流程及管理。

习　题

一、填空题

1. 网上交易是________利用互联网络进行的商品或服务的交易。常见的网上交易主要有________、________、个人间交易及企业和政府间交易等。

2. 网络证券是________，主要业务集中在网上证券交易和各种增值服务上，目前已成为证券交易的主要方式。

3. B2B 是________，或者说是企业之间的电子商务，即企业与企业之间通过互联网络进行商品、信息及服务的交换。

4. B2C 电子商务是按电子商务交易主体划分的一种电子商务模式，即表示________，具体是指通过信息网络及电子数据信息的方式实现企业或商家机构与消费者之间的各种商务活动、________、金融活动和综合服务活动，是消费者利用 Internet 直接参与经济活动的形式。

二、判断题

1. 网络交易中心在电子商务中介交易中扮演着介绍、促成和参与者的角色。　（　　）
2. 网络交易中心既是买方的卖方，也是卖方的买方。　（　　）

三、简答与实验

1. 什么是 B2B 电子商务模式？
2. B2B 卖家招揽生意的技巧有哪些？
3. 简述 B2C 卖家的后台处理流程的主要内容。
4. 假设你的个人网店已经建立，如何进行网店的推广？
5. 试述电子商务发展趋势。
6. 目前国内主要的 C2C 电子商务交易平台有哪些？
7. 完成实验：在 C2C 平台上尝试建立个人网店。

第 4 章 电子支付与网上银行

本章提要

资金流的有机循环是现代商贸易活动中不可缺少的部分。实现电子商务全过程必然涉及网上资金的流转，建立有效的网上银行，实施安全的电子支付，这是电子商务发展的重要举措。电子支付要以计算机和通信技术为手段，通过网络系统以电子信息传递形式实现货币支付与资金流通。

本章将就电子货币、电子支付工具、网上银行、电子订货系统、移动支付、网上银行案例等进行介绍。

4.1 电子支付

4.1.1 电子货币

电子货币是随着电子交易的发展而产生的，基于传统货币的理念，但它是一种较传统货币（金属货币、纸币及各种票据等）更加方便、快捷的电子支付工具。

1. 电子货币的内涵

电子货币指以金融电子化网络为基础，以商用电子化机具和各类交易卡为媒介，以电子计算机技术和通信技术为手段，以电子数据（二进制数据）形式存储在银行的计算机系统中，并通过计算机网络系统以电子信息传递形式实现流通和支付功能的货币。

在未来的数字化社会和数字化经济浪潮下，电子货币将成为主宰。电子货币包括电子现金、银行卡、电子支票等。

2. 电子货币的优点

电子商务的发展，使网上银行、电子支付、电子货币应运而生。电子货币要能被商家、消费者所接受，通常应具有如下优点：

① 安全性：在线交易、资金转移、电子货币的使用要绝对安全。电子商务可免除携带现金太多而提心吊胆的窘态。尤其是大额银行卡，丢失或遇窃后可以挂失，相当安全。

② 便捷性：交易或消费时，不必使用现金支付，摒弃了现金携带、清点、支付的麻烦，支付时甚至不必面对面，省时省心。

③ 通用性：若使用国际组织网络的银行卡及互联网络上流通的电子货币，不受地域、国界的限制，可在全球通用，不必一跨国度就要先行兑换，具有通用性。

④ 真实性：买卖双方能够确认他们所使用或收到的电子货币是真实的。

⑤ 匿名性：能确保买卖双方与他们之间的交易是匿名的，从而达到保护消费者隐私权的目的。

⑥ 增效性：电子商务的使用，可以减少现金流通量，减勉了钞票的印刷、保管、押运、兑换、回笼等，可大幅降低成本、提高效率与增加社会效益，给社会和个人带来更多的效益。

3. 电子货币的特征

基于不同的视野，电子货币具有以下主要特征：

① 从技术上看，电子货币的发行、流通、回收等均采用现代科技的电子化手段，有些电子货币品种是实现在线支付的基础。为防止伪造、复制、非法使用，电子货币采用了信息加密、数字签名、数字时间戳、防火墙等安全防范措施。

② 从形态上看，电子货币脱离了货币的传统形态，不再以实物、贵金属、纸币等可视、可触的形式出现，而是以电子数据形式存储，故又泛称数字现金、虚拟货币。

③ 从结算当事人看，电子货币当事人一般包括电子货币发行者、使用者及中介机构。电子货币的使用者可以是一个或多个；中介机构一般为银行等金融机构。

④ 从结算方式上看，无论电子货币在流通过程中经过一次或多次换手，其最后善意持有者均可向电子货币发行者或其前手提出对等资金的兑换要求。

4. 电子货币的形式

① 按电子货币的结算方式可分为 2 种：

- 支付手段电子化的电子货币，指本身具有价值的电子数据，如由荷兰的求索现金公司（DigCashbv/Inc.）研制的“网络型电子货币”的代表 E-cash 及英国企业 Mondex UK 研制的 Mondex 等。
- 支付方法电子化的电子货币，指以电子化方法传递支付指令给结算服务提供者以完成结算，如 ATM 转账结算，或通过 POS 机的信用卡结算等。

② 按电子货币的支付方式可分为 3 种：

- “先存款后消费”的预付型电子货币，如现今广为使用的借记信用卡和储值卡。
- “先消费后付款”的预付型电子货币，如 VISA 和 MASTER 等贷记信用卡。
- 在消费的同时即从银行账户转账的即付型电子货币，如通过 ATM（Automatic Teller Machine，自动柜员机）和 POS（Point of Sales，销售点终端）的现金卡。

③ 按电子货币的形态可以分为 4 种：

- 储值卡型：功能与普通使用 IC 芯片的 IC 卡基本一致，但可以通过 ATM 增加卡内的余额而重复使用，如中国金卡工程中的智能 IC 卡、丹麦的 DANMONT、芬兰的先驱者等。但其不能在互联网络上进行个人之间的支付，就目前而言，经济影响力有限。
- 信用卡应用型：在传统信用卡基础上实现了在互联网络上通过信用卡进行支付功能的电子货币（如第一虚拟互联网支付系统、计算机现金安全互联网支付服务等），是目前发展最快、正步入实用化阶段的电子货币。
- 存款电子化划拨型：通过网络转移、划拨存款以完成结算的电子化支付方法，可细分为通过金融机构的专用封闭式网络的资金划拨和通过互联网开放网络实现的资金划拨，如美国安全第一网上银行提供的电子支票、环球银行金融电讯协会（Society of World wide Inter-bank Financial Telecommunication，SWIFT）提供的电子结算系统等。

- 电子现金型：基于一定规律排列的存储于硬盘或 IC 卡内的代表一定金额的电子数字信息，前者如 E-cash，后者如英国的 Mondex，两者是最接近现金形式的电子货币。

4.1.2 电子支付及特点

1. 电子支付的定义

电子支付（Electronic Payment）是指以金融电子化网络为基础，以商用电子化机具和各类交易卡为媒介，以计算机技术和通信技术为手段，以电子数据形式存储在银行的计算机系统中，并通过计算机网络系统以电子信息传递形式实现流通和支付。

电子支付方式的出现略早于互联网络，它表现为电子商务交易的当事人，包括消费者、企业和金融等机构，使用电子支付工具在安全的条件下，通过网上进行货币支付或资金流转。

2. 电子支付的特点

与传统的支付方式相比，电子支付具有以下特点：

① 开放的网络环境：电子支付过程是在一个开放的网络环境（如 Internet）中完成的；而传统的支付过程是在较封闭的环境中进行的。

② 安全的数字方式：电子支付基于先进而安全的信息技术来完成信息传输，各种支付形式都是采用数字化方式进行款项支付的，支付过程是数字化资金的流转；传统的支付使用的是物理实体货币，通过流通、转让，以及银行汇兑等来完成资金的支付。

③ 先进的网络通信：电子支付使用的是最先进的网络平台（如 Internet、Extranet），对软、硬件设备的要求都很高，要求有联网的微机、相关的软件及一些配套设施；而传统的支付采用的是面对面的交易或通过传统的通信媒介进行汇兑，相对逊色。

④ 高效且方便快捷：电子支付有高效、方便、快捷等优点。用户只要通过一台上网的 PC，便可足不出户，在很短的时间内完成整个支付过程。电子支付可以完全突破时空的限制，全天候、高效地实施跨地域的电子支付，这是传统支付方式所望尘莫及的。

当然，电子支付尚存在一些问题，其中安全问题是主要困扰电子支付运作的关键问题。在大规模使用电子支付前，首先要解决黑客入侵、内部人员作案、密码泄露等一系列安全问题。其次是支付的条件问题，用户所用的电子支付工具，必须满足多个条件，如消费者账户所在的银行要有电子支付系统、企业的开户银行要具有电子支付的技术支持并被接收单位认可等。

4.1.3 电子支付发展

电子支付发展经历了的 5 个不同阶段：

① 银行间采用安全的专用网络进行电子资金转换（EFT），即利用通信网络进行账户交易信息的电子传输与结算办理。

② 银行计算机与其他机构计算机间资金的结算，如代发工资，代缴水电费、电话费等。

③ 利用网络终端向用户提供各项银行服务业务，如用户在自动取款机（ATM）进行存、取款操作。

④ 利用银行销售点终端（POS）向用户提供自动扣款服务，此乃现今电子支付的主要方式。

⑤ 电子支付可随时随地通过互联网络进行直接转账结算，即网上支付形式，此乃最新发展阶段。

4.1.4 电子支付模式

网上电子支付模式分成两类：其一是脱机付款，如利用电话、电传、信件等手段传递信用卡信息或银行账户信息，这种付款方式安全但不太方便；其二是网上直接付款，形式可以是直接传递信用卡、银行账号信息，或间接（即通过第三方）传递付款信息，或把信用卡或银行存款转化为电子货币，用电子货币直接付款。下面基于 5 种模式：无安全措施的支付系统模式、通过第三方代理人支付的模式、数字现金支付模式、简单加密支付系统模式、安全电子交易（SET）支付模式所涉及的网上支付各种模式进行阐述。

电子支付问题是一个复杂的问题，涉及银行等金融系统、认证系统、相应的法规条文等方方面面的问题。在进行电子支付的活动过程中，值得人们关注的问题有实现网上支付的手段及网上支付的安全问题的解决等。

1．无安全措施的支付系统模型

（1）交易过程

从持卡人对商家（企业）发出购物请求开始，到商家发授权请求至银行，银行确认合法性检查，最后向持卡人发出购物应答，这样一次交易全过程消息传递流程如图 4-1 所示。

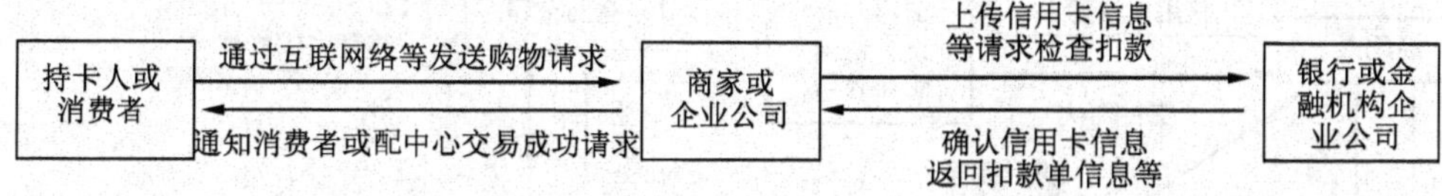

图 4-1　无安全措施的支付模型流程

信用卡信息的传递方法有两种：一种是通过电话、传真等非网上手段；另一种是通过网络传送，但没有安全措施。信用卡信息的合法性检查是在商家与银行之间进行的。

（2）交易存在的问题

这种模式含有如下弱点：

① 商家完全掌握持卡人的信用卡信息。

② 信用卡信息的传递无安全保障。

③ 风险由商家承担。

2．通过第三方经纪人支付的模型

该支付过程，是由持卡人在第三方经纪人付费服务器上开一个账户，用这个账户付款。

（1）交易过程

持卡人在网上经纪人处开立一个账户，网上经纪人持有消费者的信用卡号和账户密码；持卡人用这个账户向商家订货；商家将持卡人账号提供给经纪人；经纪人验证商家身份，给持卡人发送信息（可用电话、传真、电子邮件等），要求持卡人确认购买意向和支付后，将信用卡信息传给网络银行，完成支付和购买过程，这种方法交易成本一般会因为有第三方参与而较高。其支付流程如图 4-2 所示。

（2）支付特点

① 持卡人账户的开设不通过网络，且信用卡信息不在开放的网络上传送。

② 可通过电子邮件等传输媒体与方法确认持卡人身份。

③ 商家承担的风险小，自由度大。

④ 支付是通过双方都信任的第三方（经纪人）完成的。

这种支付模型关键要有法律制度约束第三方（经纪人），交易双方对它有较高的信度，风险主要由它承担，保密等功能也由它实现。

3. 电子现金支付模型

持卡人在网上开户行的现金服务器账户预先存入现金，就可以利用个人密码得到相应的电子现金。这在电子商务的活动中广泛应用。

（1）交易过程

消费者在开户银行中开立电子现金账户，预先存入或转账一笔钱款兑换成电子现金；用户可随时使用个人计算机电子现金终端软件从银行账户取出一定数量的电子现金存在硬盘上；消费者从同意接受电子现金的商家订货，使用电子现金支付所购商品的费用；接收电子现金的商家与用户开户银行之间进行清算，用户开户行将持卡人所购买商品的钱款支付给商家。其支付流程如图 4-3 所示。

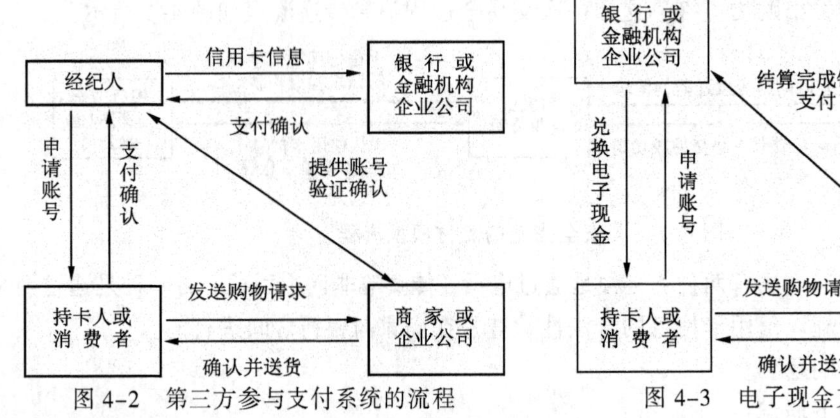

图 4-2 第三方参与支付系统的流程

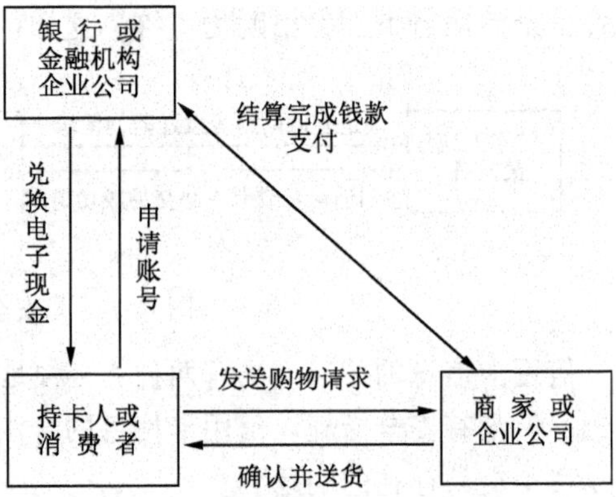

图 4-3 电子现金支付系统流程

（2）支付特点

① 消费者银行与商家之间应有协议和授权关系。

② 消费者、商家和电子现金的发行都需要使用电子现金软件。

③ 银行与商家有较严密的信息交换协议，较为安全可靠。

④ 电子现金与普通现金一样，可以存取和转让，但适用于小额交易。

⑤ 身份验证是由电子现金本身完成的。在发放电子现金时使用数字签名；商家在每次交易中将电子现金传送给银行，由银行验证数字签名的有效性。

电子现金的发行负责用户和商家之间实际资金的转移。

4. 简单加密支付系统模型

该模型是一种比较常用的支付模式，完全依赖用户在银行开立的普通信用卡账户，采用一些简单的加密实现交易支付的全过程。在持卡人仅提供信用卡号码的情况下，由系统对传输的信息进行加密，当开户银行收到信息后，再解密确认后支付给商家，然后商家为持卡人进行消费服务。其支付流程如图 4-4 所示。

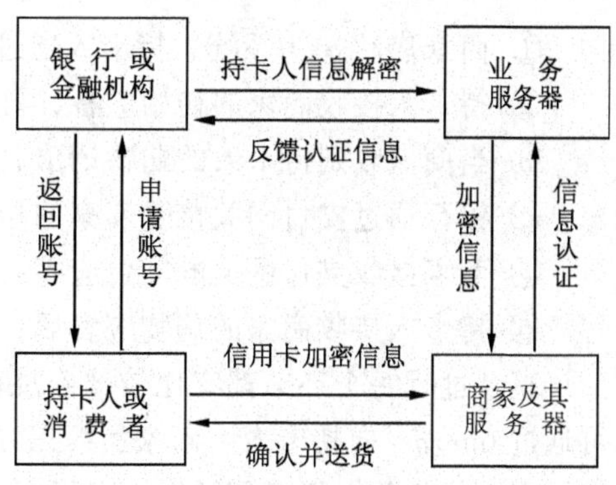

图 4-4 简单加密支付系统的流程

（1）交易过程

① 持卡人到信用卡发放行开户并申请账号。

② 向商家服务器提供信用卡账号等信息。

③ 商家服务器到业务服务器中认证信用卡信息。

④ 业务服务器确认信用卡信息的有效性后，到银行或金融机构进行扣款处理，并返回商家服务器。

该过程中商家是无法看到持卡人的信用卡信息的，交易过程每一步都可通过数字认证签名来确认，或只在部分环节上需要数字签名。数字签名是持卡人、商家注册系统时产生的，不能修改。持卡人、商家、银行都必须使用支持此种业务的软件，持卡人用卡加密的信息存储在持卡人所使用的硬盘上。

（2）支付特点

① 信用卡卡号、交易等关键信息需要使用对称和非对称加密技术进行加密。

② 以数字签名确认信息的真实性后，尚可通过身份认证系统。

③ 需要在持卡人机、商家机及银行服务器设立相应的服务软件。

④ 这种系统需要用的加密技术有 SHTTP 协议、SSL 协议等。支付过程关键在于各自专用网络的安全，进而可解决整个交易过程中的安全问题。由于商家不知道持卡人的信息，可以杜绝商家泄露持卡人隐私的可能性。但一系列的加密、授权、认证等相关信息的传送，使交易成本提高，该方式不适用于小额交易。

5. 安全电子交易系统模型

安全电子交易（Security Electronic Transaction，SET）为在开放的 Internet 上安全地进行交易提出了一整套完整的方案，支持用数字证书来认证网上购物持卡人及向持卡人销售商品的商家确认真实性，从而保护了在互联网络上进行交易的各方安全。

（1）SET 交易支付流程

SET 交易支付流程为如图 4-5 所示，具体过程如下：

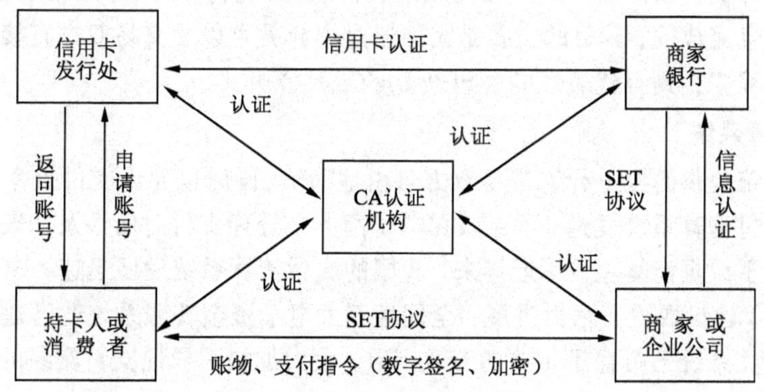

图 4-5 安全电子交易模型的流程

① 商家启动 SET 系统，持卡人通过软件向商家发送初始请求，商家进行初始应答。

② 持卡人接收商家的初始应答，再向商家发购物请求。

③ 当商家收到持卡人的购物请求后，通过支付网关向银行发扣款请求。

④ 银行通过支付网关接受商家的扣款请求后执行扣款，向商家发送支付应答。

⑤ 商家接收支付网关的支付应答后，再向持卡人发送购物应答。

⑥ 持卡人接收商家的购物应答后，可得到所需商品。

整个过程每个环节都有比较准确规范的应答流程，此时，信用卡发行机构独立使用，CA 可通过 Internet 向持卡人、商家、第三方（信用卡发行机构、商家银行等）发放证书，并通过专用网络与相关银行建立联系，进行证书发放的认定工作。

（2）SET 支付的特点

① 信息在互联网络上安全传输而不被窃听或篡改。

② 商家只能看到订货信息，看不到持卡人的账户信息。

③ 持卡人和商家相互认证，以确定对方身份。

④ 软件遵循相同的协议和信息格式，具有兼容性和相互操作性。

⑤ 严格按照 SET 的标准，具有较高的可靠性、安全性。

为了保证信息传输的安全性，交易所使用的密钥必须经常变换。SET 使用电子信封的方式更换密钥。方法是由发送方自动生成专用密钥，用它加密明文，再将生成的密文同密钥本身一起用公钥密钥的手段加密传出去。收信人用公钥方法解密后，得到专用密钥，进而解密。正是 SET 提供多方认证和加密，确保了其操作过程的安全性。

4.1.5 电子支付系统

电子商务中信息流、商务流、资金流、物流的全方位流动，以及电子商务的完整性运作推动着网上支付及其系统的尽快实现。目前，在电子商务中出现的包含信息加密措施的支付系统模式近乎十几种，总体可分为 3 类：数字化的电子货币系统、对网上支付提供信息中介服务的支付清算系统和利用金融专用网络提供独立的支付授权或者采用智能卡技术实现联机支付的银行卡支付系统。

1. 电子货币系统

这是一种允许支付以匿名方式直接完成的支付系统，支付行为的完成是通过代表等量数字化货币的加密信息完成的，其目的主要是无须通过中介就可以使交易双方直接实现支付。在这类系统的开发进程中，具有代表性的公司是 DigiCash 公司。

2. 支付清算系统

支付清算系统提供的服务允许交易双方自由地通信，同时也允许支付指令利用现有的金融专用网络通过支付清算系统发送，可克服在电子商务中处理支付时所涉及的安全问题，业务量大的城市已建立了票据清算系统。近年来，我国的支付清算系统发展迅速，中国国家现代化支付系统（CNAPS）建设取得了很大进展，全国性五大电子资金转账系统业已建成。国有商业银行的电子资金汇兑系统已覆盖了主要的营业网点，大大加快了异地支付交易的处理，银行间的资金转账均可当天结算。

3．银行卡支付系统

在国家“金卡工程”的推动下，各商业银行在中央银行组织下，基于联合共建原则，为用户提供方便的用卡环境，使银行卡的使用环境不断改善。迄今，国内银行发行信用卡的已逾10家，银行卡支付交易增长迅速，银行卡（信用卡）信息交换系统已进入扩展阶段。我国的银行卡已经成为网上支付的主要工具，多家银行发行的银行卡都已经具有了网上支付功能，如中国银行的长城卡、招商银行一卡通、工商银行牡丹卡、浦发银行东方卡和建设银行龙卡等。

4.1.6 在线支付

在线电子支付是电子商务的关键环节，也是电子商务得以顺利发展的基础条件，它是在电子支付体系基础上发展起来的。依托互联网络，是一种实时与零距离为典型特征的电子支付方式。没有实时的电子支付手段相配合，电子商务的优势和效率就体现不出来。因此，实时电子交易和在线电子支付是电子商务的两个基本组成部分。

互联网络上的在线支付必须具有高度的安全性，包括完整的认证客户、信息可靠传输、无拒付支付、有效的稽核机制、隐私权保护、周全的信息服务，据此方可保证公共网络上在线支付的安全性。在线支付系统是电子商务网上在线支付的平台环境与软件基础，它应该具备一定的要求，必须是一个分布式系统，得到广泛的社会认可，有可供网上的在线支付的信息网络安全平台，能确保支付系统安全，能利用数字签名等安全机制防止信道上信息的被窃听与被篡改，能实现现金等支付的匿名和不可跟踪性等。

4.2 电子支付工具的形式

4.2.1 电子支付工具

电子支付工具泛指电子支付媒介（交易卡）。随着科学技术的发展，电子支付工具越来越丰富。目前，电子支付工具有：电子现金、信用卡、电子钱包、借记卡、智能卡、电子支票、电子汇票及电话卡等。

这些支付工具可以划分为三大类：其一是电子货币类（如电子现金、电子钱包等）；其二是电子信用卡类（包括智能卡、借记卡、电话卡等）；其三是电子支票类，如电子支票、电子汇款（EFT）、电子划款等。这3类支付工具各有自己的特点和操作模式，适用于不同的交易过程。

基于电子支付工具的网上结算融合多种形式，基于篇幅，在此主要介绍电子现金、信用卡、电子支票、电子钱包与智能卡。

4.2.2 电子现金支付形式

1．电子现金概述

电子现金（E-Cash）也称数字现金，是一种以数据形式流通的货币，是通过网络支付时使用的现金。它把现金数值转换成为一系列的加密序列数，通过这些序列数来表示各种面值的货币。要使用电子现金进行网上购物，消费者只要先在开展电子现金业务的银行开设账户并存入一定的金额，用户就可以在接受电子现金的商家购物，并可通过开户的网上银行，使用一个密码和个人识别码（PIN）来验明身份，直接从自己的账户中下载电子现金进行购物和支付。

2. 电子现金的优点

使用电子现金可以扩大商业机会，促进网络经济的增长，大中小企业都可以利用 Internet 进行跨国经营交易。电子现金具备如下优点：

① 成本低廉：只需要在买方和卖方、电子现金银行安装电子现金软件，利用现有的技术设施、互联网络等就可完成电子现金的存取、转账，消耗较小，尤其适合小额交易。

② 方便有效：无论是对消费者还是商家，电子现金都比传统的现金、支票、信用卡结算方式更为有效、方便，最终能降低消费者的购物费用。

③ 人人可用：无论是企业间的交易还是消费者间的支付，都可使用 E-Cash 来结算。

④ 匿名性：与实际通货一样，电子现金也具有匿名性。买卖双方在使用电子现金时都能避免暴露自己的身份。匿名性可防止销售者收集有关个人或组织的消费习惯等信息。

⑤ 无须特殊认证：与使用信用卡必须进行特殊认证不同，使用电子现金不需要进行特殊认证，可用于各种类型的交易。

⑥ 交易成本与交易距离无关：传统通货所跨越的距离和其成本是成正比的，距离越远，交易成本就越高。而距离对电子商务下的电子现金而言就不是问题。

然而，电子现金支付方式也存在如下问题：

① 成本较高：电子现金对于硬件和软件的技术要求都较高，需要一个大型的数据库存储用户完成的交易和 E-Cash 序列号以防止重复消费。

② E-Cash 丢失：电子现金和普通钞票一样会丢失，如果买方的硬盘出现故障且未做备份，电子现金丢失就和普通钞票一样，无法恢复。

③ 兑换问题：存在货币兑换问题，由于电子现金仍以传统的货币体系为基础，如美国银行只能以美元的形式发行电子现金，中国银行则发行以人民币为基础的电子现金，因此从事跨国贸易就必须要使用特殊的兑换软件来完成。

④ 使用范围有限：迄今接受电子现金的商家不多，且只有少数几家银行提供电子现金开户服务，因而使用范围有限。

尽管电子现金还存在很多问题，但是使用它仍呈现增长势头。随着未来便捷、安全可行的电子现金解决方案的出台，电子现金一定会像商家和银行界预言的那样，成为未来网上贸易方便的交易手段

3. 电子现金持有方式

电子现金持有方式有两种：在线存储和离线存储。在线现金存储意味着消费者不需要自己拥有电子现金，而是由一个可信赖的第三方（如电子银行）参与到所有的电子现金转账过程中，它们持有消费者的现金账号。在线现金系统要求商家先同消费者的开户银行联系，然后再接受消费者的购买请求。这样可确定消费者提供的电子现金是否有效而防止可能发生的欺诈行为。离线现金存储是在消费者自己的钱包里保存虚拟电子货币，由消费者自己持有货币，不需要可信的第三方参与交易。但这样往往容易发生欺诈事件，所以需要利用各种手段和技术来防止同一笔电子现金的重复使用及其他各种欺诈行为。

4. 电子现金的工作原理

电子现金采用的是基于公开密钥进行数字签名的加密方法。银行可以向所有客户提供其公

开密钥，使客户能解开用银行私有密钥加密的任何信息，客户的解密操作生成可识别的消息即可。在整个过程中，必须保护电子现金不被盗窃或更改，商家和银行要能验证电子现金是否属于支付它的消费者。电子现金整个支付流程如图 4-6 所示。

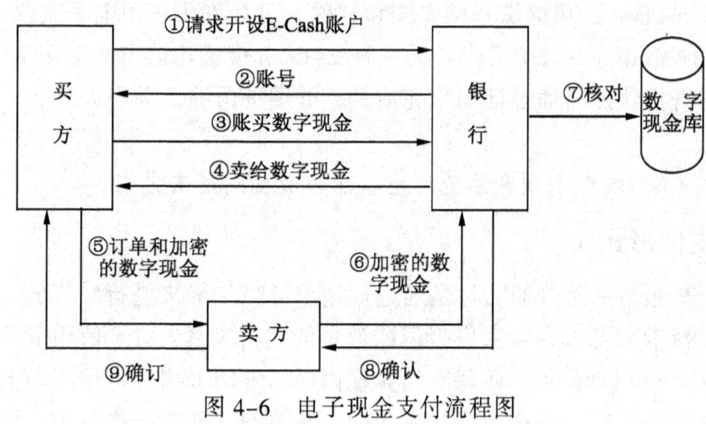

图 4-6　电子现金支付流程图

具体步骤如下：

① 消费者在 E-Cash 发布银行开立 E-Cash 账号，在账号中存入一定的现金来购买电子现金证书，这些电子现金就有了价值，并被分成很多包“硬币”，可以在商业领域中进行流通。

② 使用计算机从 E-Cash 银行取出一定数量的电子现金存在硬盘上，通常为小额现金。

③ 消费者与同意接收电子现金的商家进行洽谈，签定订货合同，使用电子现金在网上支付购物所需要的费用。

④ 接收电子现金的商家与电子现金发放银行之间进行结算，E-Cash 银行将用户购买商品的钱支付给商家。

5. 电子现金系统

电子现金系统在具体实现时，要求用户下载和安装同浏览器一起运行的复杂的客户端软件，由于存在着多种相互竞争的技术，电子现金系统开发还缺乏统一的标准。这就意味着消费者要面临多种专用而不可互换电子现金系统，因而电子现金的开发有待进一步提高。尽管如此，还是出现了一些比较成功的解决方案。简单介绍如下：

① DigiCash：该公司产品名为 ecash，主要特点是通过数字来记录现金，集中控制和管理现金，是一种足够安全的系统。DigiCash 是电子现金的先驱，其创始人 DavidChaum 于 1990 年在荷兰成立了这家公司，后来搬到了美国硅谷。DavidChaum 被誉为电子现金之父，他所提出的电子现金模式对后来的各类电子现金产生了很大的影响。DigiCash 软件能允许用户在网上采购产品和服务，且以匿名的方式支付电子现金。目前使用该系统发布 E-Cash 的银行有 10 多家，包括 Mark Twain、Eunet、Deutsche、Advance 等世界著名银行。

② CyberCash 公司：可提供用于小额数字现金事务处理服务 CyberCoin。在资金传输方面，CyberCoin 与 DigiCash 相似，资金可以从银行账户上传输给 CyberCoin 钱夹，然后，消费者就可以用这些数字现金来购物。

③ Clickshare：Clickshare 是面向报刊出版商的电子现金系统。Clickshare 可以跟踪交易，并向用户的 ISP 收费。而 ISP 已为此用户设置了账号，可从此账号中扣除用户的消费。Clickshare

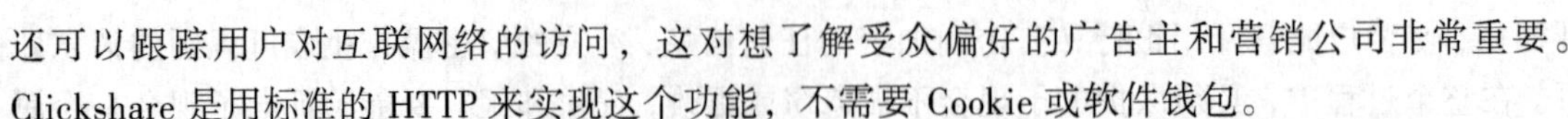

还可以跟踪用户对互联网络的访问，这对想了解受众偏好的广告主和营销公司非常重要。Clickshare是用标准的HTTP来实现这个功能，不需要Cookie或软件钱包。

④ Checkfree：Checkfree是最大的在线结算处理公司，为大企业和互联网络用户提供在线结算处理服务。Checkfree公司提供基础设施和软件，可允许用户用电子支票支付账单。

⑤ IBM公司的Mini-pay系统提供了另一种E-Csah模式。该产品使用RSA公共密匙数字签名，交易双方的身份认证是通过证书来完成的，电子货币的证书当天有效。该产品主要用于网上的小额交易。

此外，我国的CNAPS电子现金系统等也是比较成功的解决方案。

4.2.3 信用卡支付形式

在线交易中，有相当一部分的支付是通过信用卡和借记卡来进行结算的。这些卡是由金融机构发行的，授权持卡人可以在商家进行记账消费的支付工具。对于信用卡而言，是按用户的信用限制事先确定一个消费限度。在每次结算期内时，信用卡用户可用完卡上的金额，并允许透支一定额度。信用卡发行银行会对透支款收取一定利息。而对于借记卡，则是先存款，后消费，不允许透支，只能用卡上存有的金额进行消费。下面具体介绍一下信用卡。

1. 信用卡概述

（1）信用卡及其发展

信用卡（Credit Card）是银行或金融公司发行的，授权持卡人可在指定的商场进行记账消费的信用凭证。信用卡有信用卡号和用于识别持卡人的信用卡账户，持卡人身份可以通过出示持卡人身份证明（如本人签章、身份证等）或通过个人设立的密码来识别。

信用卡具有购物消费、信用借款、转账结算、汇兑储蓄等多种用途，可在商场、饭店等许多具有信用卡设备的场合使用。通常采用刷卡记账、POS结账、ATM提取现金等多种支付方式。

信用卡最早诞生于美国。1915年起，美国的一些百货商店和餐饮业商人为了招揽生意，在一定范围内给消费者发行信用筹码，消费者可以在这些发行筹码的商店及其分号赊购商品，约期付款。1946年，美国狄纳斯俱乐部和运通公司等开始发行旅游、娱乐信用卡。1950年，狄纳斯俱乐部进一步在全国组织联营，凡参加联营的旅店、餐馆所发行的信用卡可以通用，并通过银行进行结算。1952年，美国加州富兰克林国民银行首先发行信用卡，到1959美国即有60多家银行发行信用卡。随着计算机的发明及其在银行业中的广泛应用，信用卡得以迅速发展，跨越了国家界限，遍及全世界。20世纪80年代后，欧洲信用卡组织也在欧洲大陆发行欧罗巴卡；米兰、劳合、西敏寺等银行联合发行Access Card；中国香港南洋商业银行发行了发达卡；日本JCB公司的信用卡业务于20世纪80年代初由其国内发展到海外。当前，信用卡已成为一种普遍采用的支付工具，逐步取代了现金和支票，大到买房置地、旅游购物，小到公用电话、公共汽车，都可采用信用卡结算。

信用卡作为一种国际通行的先进的结算和支付工具，我国经历了从无到有、从代理到自己发行的过程，并迅速得到推广和发展。我国的信用卡业务最早源于1948年的中国银行广东省分行同中国香港东亚银行签订协议代理的信用卡业务。1985年3月1日，中国银行珠海分行发行了我国第一张信用卡——人民币中银卡。1986年6月1日，中国银行北京分行发行了第一张人民币长城卡。同年10月，中国银行总行指定长城卡为中国银行系统的信用卡，并在全国各地发行。1984 年 4 月，中国银行加入万事达国际组织，并于 1988 年 6 月 18 日发行了第一张外汇长城万事达卡。1984 年 10 月，中国银行加入维萨国际组织，并于 1989 年 8 月发行了第一张长城维萨卡。我国其他几家银行也先后发行了自己的信用卡，如中国工商银行的牡丹卡，中国人民建设银行的万事达卡，中国农业银行的金穗卡，交通银行的神通卡等。

（2）信用卡的特点

信用卡之所以能在世界范围内被广泛使用，与其本身的特点相关。信用卡的特点如下：

① 多功能性：不同的信用卡的功能和用途各不相同，但主要包括转账结算功能、消费借贷功能、储蓄功能和汇兑功能 4 种。

② 高效便捷：信用卡深受持卡人喜爱，利用信用卡结算可以减少现金货币流通量，简化收款手续。同时持卡人异地也可用卡存取现金，十分灵活方便安全。

③ 可靠性高，安全性好：信用卡有账户和密码，丢失后可以挂失，而且还有密码保护。而普通现金丢失后，就很难找回。

（3）信用卡使用对象

信用卡使用对象通常包括持卡人、商家、发卡银行、商家开户银行、信用卡公司等。

（4）网上信用卡支付的类型

在网上进行信用卡的支付，一般有如下 3 种类型：

① 使用不加密信用卡细节信息的方式进行支付。信用卡支付的最简单方法是在公共网络上交换未经加密的信用卡信息。但由于互联网络本身的安全水平很低，所以这种方法存在着很多问题，如黑客可通过扫描互联网络流量等方法窃取信用卡号码，此外，卖方必须验证信用卡的使用者就是持卡人本身。

② 使用加密信用卡细节信息的方式进行支付。使用这种方式，是在使用互联网络传送信用卡细节信息前先对信息进行加密，但这样做也要考虑其他因素，如信用卡交易本身的成本，所以不适合于小额结算系统。

③ 使用第三方验证的方式进行支付。使用这种方法，是引入第三方进行收款和证实，从而解决安全和认证问题。

2. 常用信用卡及特性

现今卡类繁多，使用范围广泛，但其物理特性主要表现在所采用的介质上，下面分别介绍磁卡、IC 卡和光卡。

（1）磁卡

磁卡是以磁材料为介质的一种卡。结构原理是在塑料卡中加一个磁条，作为记录信息的载体。但磁介质作为信息的载体存在不少问题：信息容易被泄露、篡改或盗用，保密性与可靠性差。基于所述缺点，许多厂商已把目光转向了更可靠的材料，但由于磁卡在技术和应用上比较成熟，再加上其价格便宜，在一些对安全性、可靠性要求不高的场合仍在使用。

（2）IC 卡

IC（Integrated Circuit）卡是在卡内安装存储芯片的一种卡，按卡内存储芯片的不同，可分为存储器卡、逻辑加密卡和智能卡 3 种。

① 存储器卡：存储器卡（Memory Card）内只含有一个 EEPROM（可编程可擦写只读存储器）芯片。存储芯片不能提供任何安全措施，只能由读/写器提供一些有限的安全检查，可用

在一般对安全性要求不太高的场合。

② 逻辑加密卡：其由逻辑电路和 EEPROM 两部分组成，实现了对 EEPROM 存储单元读/写或擦除的控制，增强了卡的安全性。逻辑加密卡的 EEPROM 存储区一般都分为含有不同功能的几个区，如制造区、发行区、密码区、应用区、个人区等。一般都要记录制造商信息、发行商信息、加密信息、个人信息和应用信息。这些写入信息有些是不可变更的，如制造商信息，有些是可以擦写的，如持卡人密码。由于逻辑加密卡内加入机密功能，它的安全性能比存储器卡好，但还不能有效地防止伪造等。多数逻辑加密卡只有一个应用区，因此只能作为单应用卡使用，不是很方便。

③ 智能卡：智能卡（Smart Card / Intelligent Card / ChipCard）内带有 MPU（微处理器）、EEPROM、RAM（存储器）和 ROM（只读存储器）等，能进行复杂的加密运算和密钥密码管理，其安全性和可靠性大大高于前两种卡，应用范围也更广泛，并能一卡多用。

（3）光卡

光卡是以光介质为媒体的一种新型卡。光卡不仅具有某些磁卡和 IC 卡无法获得的良好特性，还可将磁条、IC 芯片集成在同一张卡中形成复合卡，与原来的磁卡、IC 卡系统兼容，功能更加完善。光卡的特殊性表现在以下 4 个方面：

① 信息储存量大：目前标准光卡的存储容量为 4.1 MB、6.1 MB 和 4.1 MB 等，可以存储彩色照片等多媒体数据。

② 光卡记录的数据在物理上不可改写：光卡是由激光在光学介质上打凹洞形成永久的变形，不可恢复，这决定了光卡上的数据信息被篡改的难度极大。

③ 价廉耐用：按每字节数据所支付的费用计算，光卡的价格大大低于磁卡和 IC 卡，具有极高的性价比。而且光卡不怕磁场、电场、X 射线、水的干扰和侵蚀，耐高温和耐摩擦。

④ 安全可靠：光卡采用专利技术制造，并使用了多种加密技术，可防止伪造。光卡采用透视激光全息膜防伪标识，在特定道上用特殊方法加上公司印记，不易伪造。光卡在不同分区加入不同级别的密码，只有分区的所有者才能进入该分区。光卡中还能记录持卡人基于生理特征而产生的能唯一确定持卡人的标识（如照片、签字、指纹等），再加上存储的文件也要进行加密处理，所以无法盗用或改变内容。

由于光卡的以上特性，它个人证件、商品交易、军事、安全、金融、社会保险等各行业中，将发挥越来越大的作用。

3. 信用卡的工作过程

在传统店面购物环境下，收费和交货过程基本上是同时发生的。而网上商店则是在货物送达用户之后，才能从用户的信用卡上划走货款。用信用卡支付是电子商务的电子支付工具之一，其通用支付过程如图 4-7 所示。

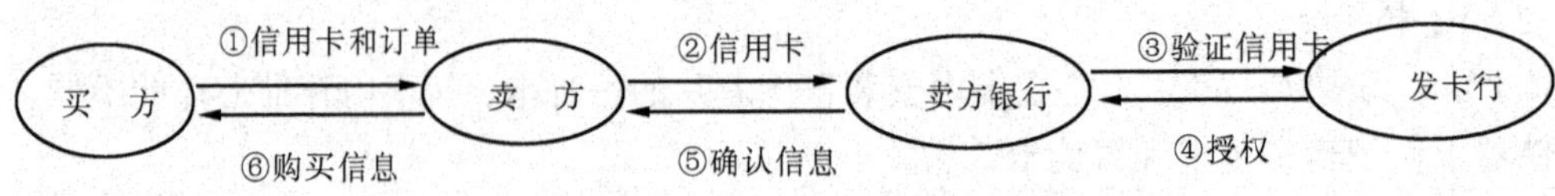

图 4-7 信用卡支付过程

具体步骤如下：

① 消费者通过计算机在商家的 Web 主页上浏览商品目录，选择要购买的商品，并填写订单内容，包括：商品数量、价格、运费，和送往地等。

② 选择信用卡支付，然后输入自己的信用卡号和密码。电子商务服务器对信用卡号码采用加密算法加密后，发送到相应的银行，同时销售商店也收到了经过加密的订单。

③ 银行对消费者的信用卡进行验证，银行证明这张信用卡有效（身份与资金的双重有效）并授权后，商店就可交货。与此同时，商店留下整个交易过程中发生往来的财务数据，并且出示一份电子收据发送给消费者。

④ 上述交易完成后，把相应的资金通过银行系统转账到商家的账户上。

基于信用卡的 SET 支付过程为如图 4-8 所示。

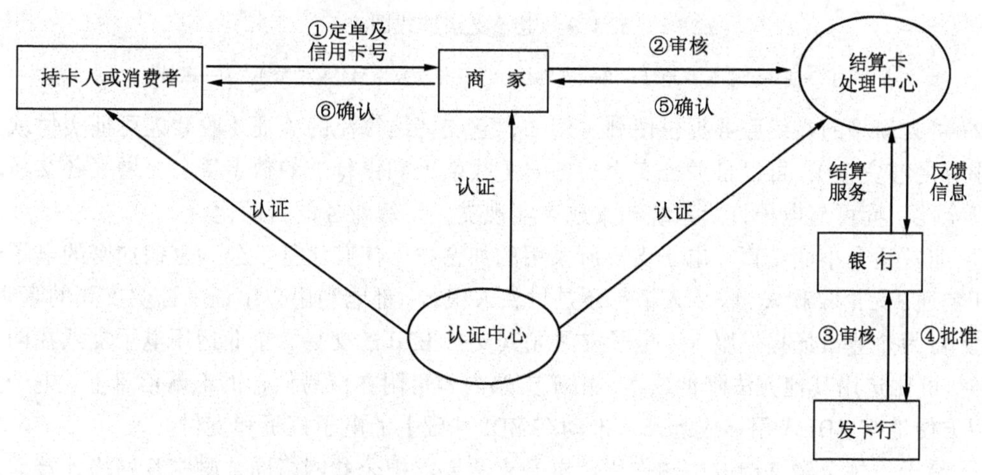

图 4-8 基于信用卡的 SET 支付过程

4.2.4 电子支票支付形式

电子支票（Electronlc Check，E-Check）是一种借鉴纸张支票转移支付的优点，利用数字传递将钱款从一个账户转移到另一个账户的电子付款形式。电子支票几乎和纸制支票有着同样的功能，该支付是在商户及银行相连的网络上以密码方式传递的，用电子支票支付，事务处理费用较低，而且银行也能为参与电子商务的商户提供标准化的资金信息，是一种高效率的支付手段。电子支票是用于电子资金传输的形式，如通过银行自动柜员机（ATM）系统进行普通费用支付的系统，可实现国与国、区域与区域、城市与城市的电子汇兑、清算等资金传输的系统，以及为客户每月从银行账户中扣除电话费等服务业务。

目前，国际上常用的电子支票系统有 NetCheque（http://www.netcheque.com/）、NetBill（http://www.netbill.com/）、Echeck（http://www.cheque.org/）等。常见的电子支票样式如图 4-9 所示。

1. 电子支票的特点

与传统支票相比，电子支票具有如下特点：

① 易于理解与使用。电子支票的运作方式与传统支票基本相同，不必专门学习。电子支票保留了纸制支票的基本特征和灵活性，又拓展了纸制支票的功能，因而易于理解、迅速采用。

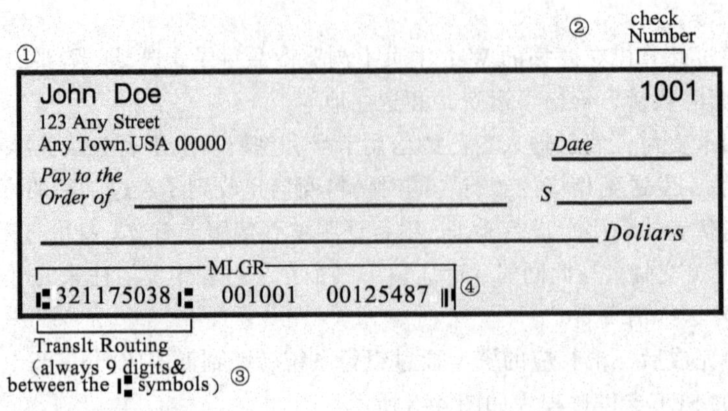

图 4-9 电子支票样式图

①—使用者姓名及地址；②—支票号；③—传送路由号（9 位数）；④—账号

② 可为新型的在线服务提供便利。例如，它支持结算流的验证（收款人可证实付款人在银行里有足够资金），可以自动证实交易各方（收款人和银行）的数字签名，增强各交易环节上的安全性，尚可与电子订货系统相集成来实现支付结算业务的自动化。

③ 非常适合小额结算。电子支票所采用的加密技术使其比基于公共密钥加密的电子现金更易于流通。无论收款人、收款人银行还是付款人银行，都能利用数字证书证明支票的真实性。

④ 可为企业市场提供服务。电子支票尤其支持 B2B 的交易，企业运用电子支票在网上进行结算，可比选用其他方法降低成本。由于支票内容可附在贸易伙伴的汇款信息上，电子支票还可以方便地与 EDI 应用集成起来，推动在 EDI 基础上的电子订货和支付。

⑤ 易于发挥金融基础设施的作用。电子支票要求把公共网络同金融结算网络连接起来，从而充分发挥现有的金融结算基础设施和公共网络的作用。

⑥ 要求建立准备金。准备金是商务活动的一项重要要求。第三方金融服务者不仅可以从交易双方获取固定交易费用或按一定比例抽取费用，还可作为银行身份，提供存款账户并从中赚钱。

2. 电子支票的交易过程

不论哪一类的电子支付传输都至少包含 3 个实体：购买方、销售方及金融中介（银行等）。在购买方和销售方做完一笔交易后，销售方要求付款。购买方从金融中介方那里获得一个唯一的电子支票（信息凭证），购买方把电子支票传输给销售方，销售方再传输给金融中介，银行随即把款项转入商家的银行账户上，该过程在几秒内即可完成。然而，如何鉴别电子支票和电子支票使用者的真假。这就需要有一个专门的验证机构（如 CA 中心）来做出认证，对商家的身份和资料提供认证。电子支票交易流程与对象关联如图 4-10 所示。

① 消费者和商家达成购销协议并选择用电子支票支付。

② 消费者通过网络向商家发送电子支票，同时向银行发送付款通知单。

③ 商家通过验证中心对消费者提供的电子支票进行认证，认证无误后，将电子支票送银行要求兑付或转账。

④ 银行在商家索付时通过验证中心对消费者提供的电子支票进行验证，验证无误后即向商家兑付或转账。

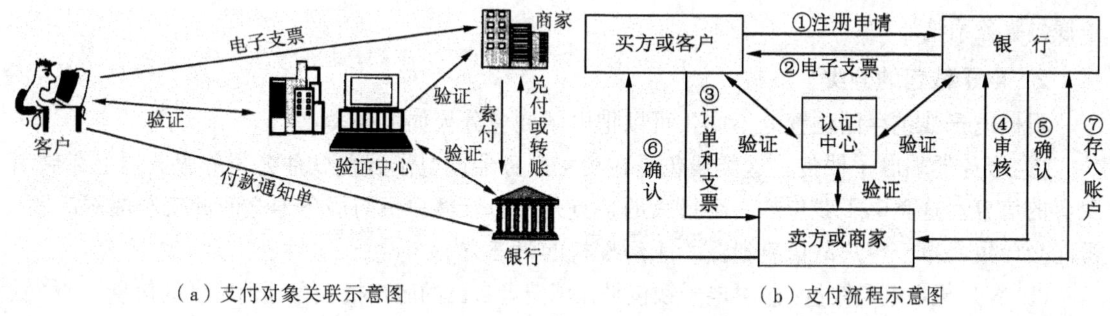

（a）支付对象关联示意图　　　　（b）支付流程示意图

图 4-10　电子支票支付过程

3. E-Check 支付的安全性

E-Check 支付的安全性涉及如下要求：

① 电子支票的认证：电子支票是客户用其私钥所签署的一个文件。接收者（商家或商家的开户行）使用支付者的公钥来解密客户的签字。这样将使得接收者相信发送者的确签署过这一支票。

② 公钥的发送与私钥的存储：发送者及其开户行必须向接收者提供自己的公钥。提供方法是将他们的 X.509 证书附加在电子支票上，为了防止欺诈，可向客户提供一个 Smart 卡，以实现对私钥的安全存储。

③ 银行本票。银行本票由银行按如下方式发行：发行银行首先产生支票，用其私钥对其签字，并将其证书附加到支票上。接收银行使用发行银行的公钥来解密数字签字。

4.2.5　电子钱包支付形式

世界上最早的电子钱包 Mondex 系统是英国 National-Westminster 银行发行的，1995 年 4 月电子钱包首先在斯温顿（Swindon）市试用，此后很快被用于超市、酒吧、珠宝店、宠物商店、餐饮店、食品店、停车场、电话间和公共汽车上。Mondex 卡终端支付只是电子钱包的早期应用，从形式上看，它与智能卡很相似。而今电子商务中的电子钱包则已完全摆脱了实物形态，成为真正的虚拟钱包了。

1. 电子钱包及使用环境

电子钱包（Electronic Purse）是电子商务活动中消费者购物常用的一种支付工具，它是小额购物或购买小商品时常用到的新式钱包。它是一种符合 SET 规格并安装在客户端计算机上应用软件。电子钱包要解决消费者每次购物都重复输入送货地址和结算信息的问题。电子钱包的功能和实际钱包一样，可存放信用卡、电子现金、所有者的身份证书、所有者地址以及在电子商务网站的收款台上所需要的其他信息。电子钱包提高了购物的效率。消费者选好商品后，只要点击自己的钱包就能完成付款过程。若以智能卡为电子钱包的电子现金支付系统，则具有多种用途，如信息存储、安全密码锁等功能，安全可靠。

网上购物使用电子钱包，需要在电子钱包服务系统中进行。电子商务活动中的电子钱包软件通常都是免费提供的。用户可以使用与自己银行账号相连接的电子商务系统服务器上的电子钱包软件，也可以通过各种保密方式利用网上的电子钱包软件。目前，世界上有 Visa Cash 和 Mondex 两大电子钱包服务系统，还有 Master-CardCash、EuroPay 的 Clip 和比利时的 Proton 等电子钱包服务系统。

2．电子钱包的分类

根据电子钱包存储位置的不同，可以把电子钱包分为如下两类：

① 服务器端电子钱包：这类钱包是在商家服务器或电子钱包软件公司的服务器上存储消费者的信息。这类电子钱包的一个最大的缺点是：由于客户机与服务器之间的安全漏洞问题，可能会导致将数千客户的信息泄露给未经授权的第三方。

② 客户机端电子钱包：这类电子钱包是在消费者自己的客户机上存储消费者的信息。这样做避免了由于攻击服务器而泄露客户信息的可能，但这类电子钱包的不足之处是下载时间长且不便于携带，因为客户若不在安装了自己电子钱包的客户机上购物，就无法得到自己电子钱包的支持。

3．电子钱包的工作原理

使用电子钱包的顾客通常要在有关银行开立账户。在使用电子钱包时，将电子钱包通过有关的电子钱包应用软件安装到电子商务服务器上，利用电子钱包服务系统就可以把自己的各种电子货币或电子金融卡上的数据输入进去。在电子钱包内只能装电子货币，即装入电子现金、信用卡等。这些电子支付工具都可以支持单击式支付方式，顾客只需要单击相应项目或图标就可完成支付。

在电子商务服务系统中设有电子货币和电子钱包的功能管理模块：电子钱包管理器，消费者可以用它来改变保密密码或保密方式，用它来查看自己银行账号上的收付往来的电子货币账目、清单和数据。电子商务服务系统中还有电子交易记录器，可供消费者查询所购物品与数量，并可付诸打印。

利用电子钱包进行网上购物的步骤如下：

① 消费者通过浏览器查询自己想购买的商品。

② 填写订单，包括：项目列表、价格、总价、运费、搬运费、运往地和税费等。

③ 通过电子商务服务器与有关商店联系并立即得到应答，告诉消费者所购货物的单价、应付款项、交货等信息。

④ 消费者确认后，选定用电子钱包付钱，电子钱包就装入了系统，单击电子钱包的相关项或电子钱包图标，电子钱包立即打开，输入自己的保密密码，在验证是消费者的电子钱包后，从中取出一张电子信用卡来付款。

⑤ 电子商务服务器对此信用卡加密后，发送到相应的银行，同时销售商店也收到电子商务服务器经过加密的购货单，销售商店将自己的消费者编码加入电子购货单中，再转送到电子商务服务器上（消费者信用卡信息对商家是看不见的）。经过电子商务服务器确认这是一位合法消费者后，将其同时送到信用卡公司和商业银行，在信用卡公司和商业银行之间要进行应收付款钱数和账务往来的电子数据交换与结算处理。信用卡公司将处理请求再送到银行请求确认并授权，银行确认并授权后再送给信用卡公司。

⑥ 如果经商业银行确认后拒绝并且不予授权，则说明顾客这张信用卡上的钱不够用或者没有钱，即已经透支。此时，消费者可以通过单击再次打开电子钱包，取出另一张电子信用卡，并重复上述操作。

⑦ 如果经商业银行证明这张信用卡有效并授权后，商家就可交货。与此同时，商家留下

整个交易过程中发生往来的财务数据，并且发送一份电子收据给消费者。

上述过程结束后，商家就按照顾客的要求将货物送到指定收货人手中，并由银行将钱从消费者账号转移到自己的账号上。

目前，在我国商业银行中，已有多家提供了电子钱包服务。例如中国银行（http://www.bank-of-china.com）、深圳金融电子结算中心（http://www.sbanknet.com）等。

4．国外几种常用的电子钱包

自 1995 年 4 月电子钱包面世以来，电子钱包已经在英国的温斯顿、中国的香港、加拿大的多伦多和新西兰等近 20 个国家和地区付诸应用，现列举几种国外常用的电子钱包：

① Agile Wallet：Agile Wallet 技术由 CyberCash 公司开发，可处理消费者结算和购物信息，提供快速和安全的交易。用户第一次用 Agile Wallet 购物时需要输入姓名、地址等信用卡数据，并被安全地存储在 Agile Wallet 服务器上。以后访问支持 Agile Wallet 的商家网站时，在商家的结算页面上会弹出有顾客购物信息的 Agile Wallet 框。用户验证了框内信息的正确性后，点击一次就可完成购物交易。此外，还可将新的信用卡和借记卡信息加入到受保护的个人信息中。

② eWallet：Launchpad 公司的 eWallet 是一个免费的钱包软件，消费者可下载并安装到自己的计算机上，和其他钱包一样，eWallet 将顾客个人信息和结算信息存在钱包里。eWallet 甚至还专门为用户留出放照片的地方。购物完成时，只须单击图标并输入密码，然后从 eWallet 中选定信用卡并拖到结账表中，eWallet 就能把在安装软件时所提供的个人信息填写到表中。为保护个人信息，eWallet 还有加密和密码保护措施。

③ Microsoft Wallet：Microsoft Wallet 预装在 Internet Explorer 4.0 及以上版本的浏览器里，但不会预装在网景公司的 Navigator 浏览器中。其功能与大多数电子钱包一样，在用户需要时可自动填写订单表。Microsoft Wallet 是微软公司为钱包的标准化而推出的，输入到其中的所有个人信息都经过加密并用密码进行保护。它的新版本还能同电子现金系统、网络银行账户及其他结算模式交互。目前，它支持万事达卡（Master）和维萨卡（Visa）等。

4.2.6　智能卡支付形式

1．智能卡概述

智能卡是一种将具有微处理器及大容量存储器的集成电路芯片嵌装于塑料基片上而制成的卡片。智能卡可放入电子钱包或可存放电子货币。

智能卡芯片内部电路主要由微处理器和存储器两部分组成。通常，微处理器一般采用 8 位字长的处理器。工作时，微处理器接受读写器发送的命令并进行分析，如果满足访问存储器的条件，就向存储器提供访问地址。写入时，读写器提供要写入的数据；读出时，将从存储器读出的数据交给微处理器处理，并将处理结果返回读写器，并由微处理器完成加密运算。通常采用 DES、RSA 来加解密。微处理器的一切操作都受控于卡内 MPU 操作系统（Chip Operating System，COS）来完成。

普通智能卡的应用程序是由专业程序开发人员通过使用汇编语言编写的，语言之间不通用。其后，SUN 公司公布了 JCA（Java Card API）标准的应用接口规范，旨在规范由于各种编写语言不通用而限制了智能卡的应用与发展的问题。JCA 卡可以在目前任何智能卡上运行，可帮助开发人员快速、便捷地建立大量应用程序。JCA 强化了客户的电子商务功能特性，用户可以在智能卡上保留关键信息（如密码、数据认证、交易信息等），JCA 卡的出现使用户完全摆脱了束缚在计算机终端上的局面，从而使智能卡大量应用于电子商务领域。JCA 卡、Java 电子商务应用程序接口与电子钱包三者的结合，为电子商务应用人员及程序开发人员提供了良好的开发环境。

2. 智能卡的特点

① 智能卡使得电子商务中的交易变得简便易行。智能卡能“记忆”相关信息，并以用户的名义提供这些信息。使用智能卡无须记住个人识别号码与密码（打电话、取现金、支付等），这是智能卡的一大优点。

② 智能卡具有很好的安全性和保密性。它降低了现金处理支出的被欺诈的可能性，提高了保密性。智能卡为持卡人和特约商户提供高效的结算服务，消费者利用信用卡结算可以避免随身携带大量现金，保障了安全。同时智能卡保密性能高于一般的信用卡，因而智能卡在网上支付系统中作用巨大。

3. 智能卡的工作过程

使用智能卡进行网上购物需要配置一个能安装在计算机上的可携式智能卡读/写设备，智能卡的交易必须通过卡片进行。运用智能卡进行网上购物的过程如下：

① 申请智能卡：用户向智能卡发行银行申请智能卡，申请时需要在银行开设账号，提供输入智能卡的个人信息。

② 下载电子现金：用户登录到发行智能卡银行的 Web 站点，按照提示将智能卡插入智能卡读/写设备，智能卡会自动告知银行有关用户的账号、密码及其他加密信息。用户通过个人账户购买电子现金，下载电子现金存入智能卡中。

③ 智能卡支付：在网上交易中，用户可选择采用智能卡支付，将智能卡插入智能卡读/写设备，通过计算机输入密码和网上商店的账号、支付金额，从而完成支付过程，实现了智能卡刷卡消费。

4.3 网上银行

电子商务的发展推动着网上银行业务的展开与完善，网上银行应运而生。网上银行（Internet Banking），又称网络银行（NetBank）、电子银行（Electronic Bank）、虚拟银行（Virtual Bank）、在线银行（Online Bank），它实际上是传统的银行业务在网上的延伸。这种新颖的网上银行几乎涵盖了现有银行金融业的全部业务，代表着整个银行金融业未来发展的方向。

4.3.1 网上银行概述

1. 网上银行的定义

网上银行是指利用因特网（Internet）技术，并通过因特网或其他公用电信网络与客户连接，向客户提供全方位的银行服务，包括向客户提供开户、销户、查询、对账、信贷、投资理财、行内外乃至跨国支付与清算等金融产品或金融服务。

2. 网上银行产生的动因

（1）网上银行是资金流循环的需要

在网上首先运行的是信息流，信息流动必然带来物流的产生，而物流的交换又必须以支付活动为基础，因而产生网上资金流。信息流、物流和资金流相互沟通构成了“网上经济”。网上有了资金流的需求，也就需要网上银行，这也是网上银行产生的动力。

（2）网上银行是电子商务发展的需要

电子商务活动离不开货币资金的支付，诸多传统银行的业务都将在网上商务中呈现出来。网上银行是电子商务活动中的参与者，它与买卖双方一样通过电子手段连接在网络中。它是买卖双方完成商务活动的服务机构，主要实现货币资金支付与清算两大功能，是电子商务发展的需要与保证。

（3）网上银行是银行自身发展的需要

目前，传统的银行业务面临着银行业间（包括国内外银行业间）竞争在不断加剧，银行收益不断减少。面对如此严峻的现实，银行只有扩大服务范围、提高服务质量，才能在激烈的竞争中立于不败之地。电子商务的崛起，给银行业带来了新的机遇，就银行业自身的生存和发展而言，尤须尽快地拓展网上银行服务，提升银行自身的内在潜力。因而，网上银行是银行业自身发展的需要。在中国，金融体制改革将使各家银行面临着空前的竞争，而电子商务的兴起同时也为银行提供了前所未有的机遇，网上银行或许是银行业的“未来之路”。

虽说网上银行在电子商务中只是一个服务机构，起着连接买卖双方的作用，但是它却对电子商务的顺利进行和发展起着重要的作用。离开了网上银行，一切电子商务活动都无法实现。因此，网上银行所提供的电子支付服务是电子商务中最关键的要素。所以，随着电子商务的发展，网上银行的发展亦是必然的趋势。

3. 网上银行的运作机制

网上银行运作机制主要包含两种：完全电子化的网上银行与兼顾传统业务的网上银行。

（1）完全电子化的网上银行

网上银行完全依赖于Internet构建起来的电子银行。这类银行的几乎所有业务交易都依靠互联网络进行。1995年10月，美国在Internet上成立的全球第一家网上银行——安全第一网络银行（Security First Network Bank，SFNB）通过Internet提供全球范围的金融服务。尽管SFNB在亚特兰大有一实际存在的办公室，但主要业务是在网上经营。这家网上银行向客户提供的是全新的服务手段，客户足不出户便可进行开户、存款、取款、转账、付款等业务。

（2）兼顾传统业务的网上银行

在传统银行基础上运用Internet开展银行业务交易处理服务，如家庭银行、企业银行等的服务。在美国的前50多家银行中，大多数银行允许客户通过WWW访问它们的网址，查看账户信息，部分银行还提供在线存款业务。我国有中国银行、招商银行等在网上实现了部分业务。

4.3.2 网上银行的基本功能

网上银行既承担着传统商业银行的业务，也肩负着电子商务过程中的在线支付等服务功能。网上银行功能一般包括网上银行业务项目、网上银行商务服务和网上银行信息发布。

1. 网上商业银行业务

网上商业银行业务主要包括：企业银行、个人银行、国际业务、信用卡业务、数字电子工具业务、信贷业务及特色服务等。

① 企业银行：包括不同账户划转资金，核对账户，电子方式支付员工工资，账户信息的报表输出，银行明细表、历史平均数表、打印显示各种报表、集团查看账户余额和历史业务情况等。

② 个人银行业务：包括网上开户、清户、账户余额查询、利息查询、电子转账、票据兑现等。

③ 国际业务：包括经网上进行的资金汇入、汇出和境内外资金汇兑。

④ 信用卡业务：包括网上信用卡申办、查询，向持卡人发送电子邮件、信用卡授权和清算。银行在网上对特约客户进行信用卡业务授权、清算等。

⑤ 数字电子工具业务：提供数字现金、信用卡、电子支票、智能卡等的支付方式。

⑥ 信贷业务：个人和企业在网上查询贷款利率，申请贷款，银行根据以往记录决定放贷与否。

⑦ 特色服务：常见的特色服务有提供消费信贷、免费下载金融商品和据此寻找潜在客户等。

2. 网上银行商务服务

网上银行商务服务包括：投资理财、金融市场、政府服务等。银行通过网上投资理财服务，更好地体现以客户为中心的服务策略。投资理财可以有两种方式：

① 客户主动型服务：客户可以对自己的账户及交易信息、汇率、利率、股价、期货、金价、基金等理财信息进行查询，使用或下载银行的分析软件帮助分析，按自己的需要进行处理，以满足客户的各种特殊需求。

② 银行主动型服务：银行可把客户服务作为一个时序过程，由专人跟踪进行理财分析，提供符合经济规律的投资理财建议和相关的金融服务。近 10 多年来投资理财已成为美国发展最快的行业之一，如共同基金、养老金等。

3. 网上银行信息发布

包括国际市场外汇行情、储蓄利率、汇率、国际金融信息、证券行情、银行信息等。

4.3.3 网上银行的框架结构

网上银行是一个有机的系统，整个网上银行系统包含 7 部分：网上银行客户、Internet 接入、Web 服务、CA 中心、交易网关、后台业务系统和系统管理。网上银行的框架结构如图 4-11 所示。

1. 网上银行客户

网上银行客户通过拨号、Internet 或其他方式和网上银行相连，向银行发出查询、支付、转账等交易指令，从而取得网上银行的各种交易和信息服务。网上银行客户可以分成两类：其一是个人用户和小型企业，由于业务量和投入成本的原因，这类客户通过低成本的拨号访问 Internet 和网上银行相连，接口采用 HTTP 协议；其二是电子商务中心和大型企业，由于这类客户的业务量大，愿意在网上银行做较多的投入，因此可以通过 DDN 或专用等方式和网上银行连接。

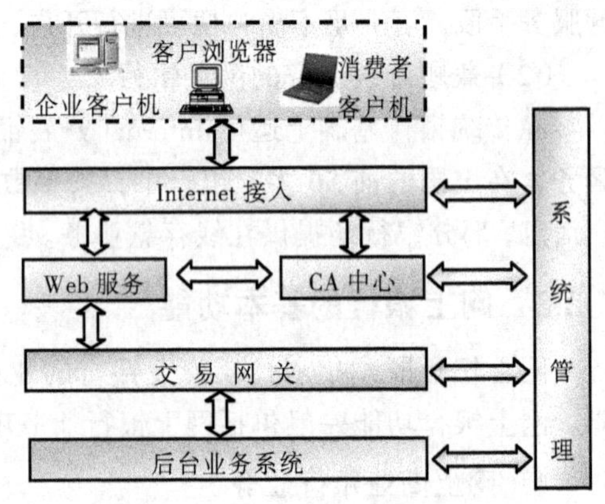

图 4-11　网上银行框架结构图

2. Internet 接入

Internet 接入包括过滤路由器（或拨号访问服务器）、DNS 服务器、入口实时监测和防火墙系统等，保证能够为网上银行系统提供安全可靠的 Internet 接入服务，Internet 接入系统必须统一规划、统一管理，不管有几个出口，它都是一个统一管理的整体。

3. Web 服务

Web 服务是网上银行框架的主体所在，涉及外部 Web 服务器、网上银行 Web 服务器和网上银行数据库服务器。

① 网上银行 Web 服务器：负责提供银行查询、交易类服务，该系统存放机密性的信息，对安全性的要求很高。可采用 IBM 的 WebSphere 应用服务器和 Web 服务器作为主要的运行环境，为保证高可用性，可以考虑采用一组相同的服务器通过 Websphere eNetwork Dispacher 实现负载平衡。

② 外部 Web 服务器：负责提供银行咨询类服务，供客户了解各种公共信息，如网上银行开户方法、个人理财建议、网上银行演示、网上银行热点安全问题解答与网上银行服务申请方法。该系统上仅存放非机密性、非交易性或即使被窃取也不会带来太大损失的信息，对安全性的要求并不是太高。

③ 网上银行数据库服务器：这是一个通用的 UNIX 服务器，其上运行 Sybase 或 UDB 数据库服务器软件。该数据库上存放的数据包括：

- 网上银行客户开户信息（如个人综合账户所辖具体账户）、网上银行系统参数，以及与 Internet 客户定制服务相关的信息。
- 企业银行客户开户信息（如企业系统账户所辖具体账户）、企业银行系统设置参数，以及与企业用户定制服务相关的信息。

4. CA 中心

信息安全的一个重要方面就是信息的不可否认性，为实现这一目的，就要求有一个网上各方都信任的机构来做身份认证，这个机构就是如前所述的认证机构（CA）。通常 CA 都应具有证书的签发、证书的归档、证书的作废和证书的更新等基本功能。

证书分为 SSL 证书和 SET 证书。通常，网上银行系统使用 SSL 证书，网上购物系统使用 SET 证书。需要配置一台 SSL 证书服务器，专门负责审核、发放、管理 SSL 证书。

5. 交易网关

网上银行的业务核心部件，包括网上银行交易网关系统和放在各个账户分行的网上银行前置机。

① 网上银行交易网关系统：用于向 Web 服务部分提供与业务系统通信的服务界面和接受客户的指令，并将客户指令送往相应账户分行的网上银行前置机。

② 网上银行前置机：根据交易类型的不同送往相应的后台业务系统进行数据处理；后台业务系统将处理结果回送给网上银行前置机，并由网上银行前置机将结果送达网上银行交易网关系统，再由网上银行交易网关系统将结果送交 Web 服务部分。

6. 后台业务系统

后台业务系统是指已建成或未来将建设的各种业务系统，诸如对公系统、储蓄系统、电子汇兑系统和信用卡系统等。

7．系统管理

提供整个网上银行系统的管理控制，并负责处理网上客户的咨询等，主要包括系统管理控制台、客户服务代表工作站。

① 系统管理控制台：系统管理工作站采用高档工作站，负责防火墙体系运作、系统与网络管理及 CA 系统管理工作。

② 客户服务代表工作站：这是一台供银行客户服务代表使用的 PC，客户服务代表负责接收、解答网上银行客户的反馈意见、咨询和投诉等。网上银行系统的体系结构如图 4-12 所示。

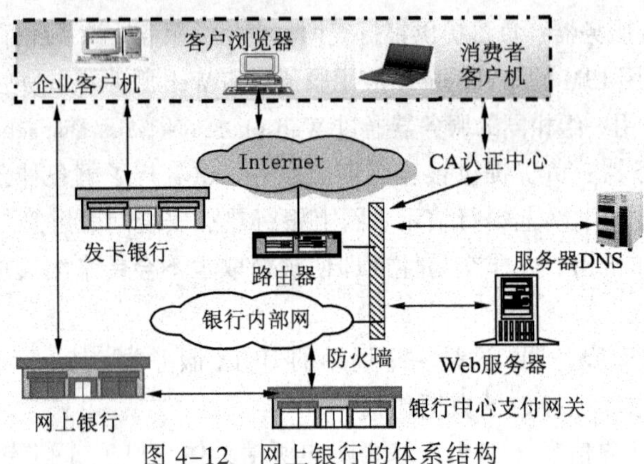

图 4-12　网上银行的体系结构

4.3.4　网上银行的运营模式

就目前网上银行业务发展来看，网上银行的运营模式包括零售型业务、批发型业务和批发-零售型 3 种模式。

① 零售型业务模式：把网上银行所针对的客户群设置为零售客户，把网上银行作为银行零售业务柜台的延伸，达到全天候不间断服务的效果，并节省银行的成本。美国的花旗银行（CitiBank）和美洲银行（Bank of America）等都有成功的经验可以借鉴。

② 批发型业务模式：网上银行以批发业务为主，即在网上处理银行间的交易（如拆借）、银行间的资金往来（结算和清算）。

③ 批发-零售型业务模式：是前两种的结合，即网上银行包括了上述两方面的业务。

4.3.5　网上银行的交易流程

网上银行交易流程如图 4-13 所示。

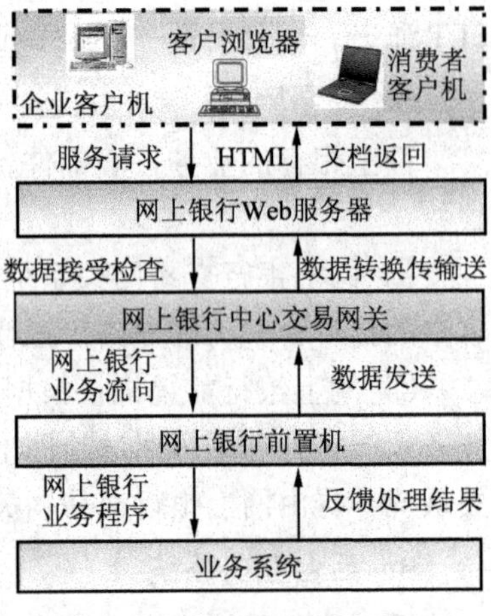

1．网上银行服务请求

消费者、企业客户等通过客户浏览器在客户端以 HTTP 方式向网上银行 Web 服务器提出服务请求，并最终接收以 HTML 文档返回的数据。

2．数据接收及检查

图 4-13　网上银行交易流程图

网上银行中心交易网关接收 Web 服务器发来的请求。对接收的数据进行检查，检查接收数据的每个数据项的数据类型是否合法，若不合法，转出错处理。

3．网上银行业务去向

对经过检查的数据进行交易的合法性检查，若不是合法交易转出错处理，对于合法交易按交易代号和账号区分交易去向，转相应账户分行网上银行前置机的银行业务程序。

4．网上银行业务程序

网上银行业务程序整理出每笔业务程序所需的入口参数，对入口参数进一步检查，若出错转出错处理，否则，调用相应的银行业务系统的业务程序。

5．反馈处理结果与数据发送

业务系统将负责实施网上银行业务处理，反馈处理结果的同时通过网上银行前置机发送数据，并将网上银行业务程序或出错处理程序结果返回。

采用图 4-13 所示结构，使网上银行系统的各部分结构分明，便于以后系统的扩展，同时可以使网上银行系统与银行业务系统彻底分开，有利于银行业务程序的通用，也有利于整个系统的安全、稳定。

4.3.6 网上银行的支付网关

支付网关是网上银行和 Internet 间的接口，是将 Internet 上的传输数据转换为网上银行金融机构内部数据的设备，通常由第三方商家提供。支付网关可以确保交易在互联网用户与网上银行间安全、无缝隙地传递，并且无须对原有主机系统进行修改。它可以处理所有 Internet 支付协议、Internet 特定的安全协议、交易交换、消息和协议的转换、本地授权及结算处理等，且可以通过适度的系统设置来满足特定处理要求。支付网关是网上银行的必要条件，可以实现如下功能：

① 配置和提供网上银行的支付能力，采用直观的用户图形接口进行系统管理。

② 具有接口的灵活性，可避免对现有主机系统的修改。

③ 采用公共密匙加密和 SET 协议，可以确保交易的安全性。

④ 适于信用卡、电子支票、电子现金，以及微电子支付等电子支付工具。

⑤ 提供完整的商家支付处理功能，包括授权、数据捕获和结算、对账等。

⑥ 提供网上交易的报告和跟踪，对网上活动进行监视。

⑦ 使网络的支付处理过程能适用于各种支付模式，确保商家信息管理上的一致性。

支付网关可使银行或交易商能从容应对高速增长的网络市场和应用广泛的网上银行。1998 年 5 月，中银信用卡有限公司与 IBM 中国香港有限公司宣布合作设立中国香港第一个 SET 标准的安全支付网关。提供一个安全可靠的环境，使中国香港的商家可以放心地在网上进行电子商务活动，满足中国香港市场的需要。

4.3.7 网上银行的安全

1．网上银行安全系统

网上银行的推出无疑给银行和客户带来极大的便利，但安全问题也显得尤其突出，最初安全措施主要是利用防火墙来管理，但是在网上银行在线交易下，防火墙仍有不足之处。防火墙属于网络安全产品，它主要是以监管网络协议（TCP/IP、HTTP、IPX 等）、通信包、网络服务

及网址等方式来确保网络的安全,仅充当看门的角色,以抵挡不良的信息和不合法用户的侵入。

但网上银行基本上是一个开放的环境，只要申请网上银行账户的用户均可合法进入。黑客经常针对计算机操作系统、Web Server 及网络应用程序中可能包含未被清除的瑕疵（Bugs）进行攻击。由于防火墙属于应用环境的范畴，因此它无法提供足够的保护。此外，防火墙亦无法阻挡内部的破坏者，因而需另辟蹊径。惠普公司的 HP Virtual Vault（HP 虚拟保险箱）安全系统属于应用系统等级（Appli-cation Level）的安全系统，可以弥补防火墙软件的不足。

美国安全第一网络银行（SFNB）是一个较为完备的网上银行安全系统，采用的是惠普公司的 HP Virtual Vault 安全系统。安全系统由信息服务器和银行两部分组成，客户通过信息服务器获得银行及其服务的信息。客户通过 WWW 浏览器与银行建立联系，客户与银行间的所有信息通信全部采用公共密匙加密。SFNB 在 Internet 和内部银行网络间还设置了防火墙和路由器，路由器检查发给银行的每个信息包的来源和目的地，拒绝所有非使用特定网络服务的包。路由器拒绝的所有访问内部地址的包，只能使用 http 来访问银行服务器。防火墙检查 Internet 发给客户服务网络的信息包。所有要通过防火墙的信息都要通过一个电子邮件代理机制，消除所有可疑的信息。这个代理机制负责把包的 IP 地址改为合适的内部网络站点，避免了外部对内部地址的直接访问。SFNB 使用了多层技术来保证在 Internet 上交易的安全。通过各种安全机制，SFNB 的 Internet 银行交易在技术上是有保证的。

2. 网上银行安全性保障

网上银行最关心的问题就是安全问题。世界各地的黑客随时随地可通过互联网对网络上银行进行攻击，会对网上商务造成难以估量的损失。因此，急需建立一个安全可靠的安全体系。网上银行的安全体系应包括安全策略、安全管理体系、安全管理制度和流程、定期安全评估、安全技术措施、业务安全措施、内部安全监控与安全审计。

（1）安全策略

网上银行系统的安全策略应当是整个计算机网络安全策略的一部分,在制定网上银行安全策略时也要考虑到整体安全策略的要求,还要考虑到安全与成本,以及安全与效率这两对矛盾。通常，要减少潜在的安全风险，必然会增加成本、降低运行效率。

（2）安全管理体系

就一般而言,网上银行安全管理体系必须首先设置一个安全主管，以指导管理员工作并协调其他安全事宜。其次，设置网上银行中心管理员。网上银行中心管理员设置分成：网上银行系统操作员、网上银行系统管理员、网上银行账户管理员、网上银行安全审计员和网上银行客户资料管理员。这些管理员承担不同的工作，拥有不同的权限，尽可能相互牵制。在分配权限时，遵照最小权限原则，即完成管理工作必需哪些权限，就只赋予哪些权限，不额外赋予多余的权限。管理员具体拥有的权限与承担的责任，可在制度中明确定义。

（3）安全管理制度和流程

安全问题不仅仅是技术上的问题，还包括管理上的因素，制定安全管理制度是保证系统安全的关键因素。必须根据具体管理体系，组建网上银行的运行维护和技术支持管理体系。从安全策略出发，设立不同安全管理角色，明确各自职责与工作流程，建立考核和监督机制，制定安全管理制度，做到网上银行的运行管理有章可循。

(4) 安全技术措施

从技术角度而言，所需安全技术措施包括安全管理体系、网络链路安全与应用安全。

(5) 业务安全措施

为了降低安全风险，有必要从业务制度方面对网上银行交易进行一些限制。例如：设立每笔交易限额和当日累计交易限额，网上银行中心每日核对交易流水；

对转账类交易加以限制，规定交易账户需要事先签约或约定，且收款方只能是信誉良好的单位或客户事先明确书面约定的个人。

(6) 内部安全监控

为使安全管理员尽早发现并防范系统中存在的安全漏洞，需要采用先进的安全监控工具进行系统地网络扫描和实时监控，可采用 ISS 公司的 System Scaner、Internet Scaner、Real Secure 产品进行内部的安全监控。

(7) 定期安全评估与审计

为了保证原先制定的安全策略仍然能适应目前的新情况与准确地查明安全管理制度和安全措施的具体执行情况，有必要定期对网上银行安全策略进行重新评估，定期对现有安全设施进行安全评估，以找出安全隐患，制定防范措施，尽可能地减少安全威胁。因此，必须定期（3个月）由安全管理部门主持，各区域网上银行中心安全主管进行一次内部安全评估，并同时酌情进行安全审计，包括系统自动生存的针对应用访问情况的审计日志和针对交易内容的应用程序所记的审计日志两方面。

4.4 电子订货系统

电子订货系统（Electronic Ordering System，EOS）能处理从新商品资料的说明直到会计结算等所有商品交易过程中的作业，即涵盖了整个商流。在当今极为关注仓储存货库存的态势下，尤须采用 EOS 系统。EOS 因包含了许多先进的管理手段，国际上使用非常广泛，且越来越受到商业界的青睐。

4.4.1 EOS 的组成与特点

1. EOS 的组成

电子订货系统基于电子手段完成供应链上从零售商到供应商的产品交易过程。通常，一个 EOS 系统必须有供应商、零售商（或消费者）、网络与计算机系统。

① 供应商：商品的制造者或供应者（生产商、批发商）。

② 零售商：商品的销售者或商品的需求者（消费者）。

③ 网络：用于传输订货信息（订单、发货单、收货单、发票等）的信道。

④ 计算机系统：用于产生、计算、分类和处理订货信息。

2. EOS 的特点

电子订货系统具有如下特点：

① 商业企业内部网络应用功能完善，能及时产生订货信息。

② 以计算机为工具，通过网络传输订货信息。

③ 零售商和供应商之间的信息传递及时。

④ POS（Point Of Sells，电子收款机系统）与 EOS 高度结合，产生高质量的信息。

EOS 不是单个零售店和单个供应商间的系统，而是众多零售商和供应商间的整体运作系统，EOS 在零售商和供应商之间建起了一条高速通道，使双方的信息及时得到沟通，使订货的周期大大缩短，既保障了商品的及时供应，又加速了资金的周转，趋于零库存战略的实现。

4.4.2 EOS 及其发展过程

电子订货系统是指将批发、零售商场所发生的订货数据输入计算机，通过网络连接的方式将资料传送至相关公司、批发业、商品供货商或制造商处。EOS 的发展经历了早期的 EOS、基于点对点（Point To Point）方式的 EOS、基于增值网（VAN）的 EOS 和基于 Internet / Intranet 的 EOS 四个阶段。

① 早期的 EOS：通过电话 / 传真在零售商和供应商之间传递订货信息。

② 基于点对点方式的 EOS：零售商和供应商的计算机通过专线或电话线直接相连，相互传递订货信息。该方式要求双方在开机建立连接状态下采用相同的通信协议、传输速率。这种方式适宜于供应商不很多的情况。

③ 基于增值网的 EOS：零售商和供应商之间通过增值网（Value Added Network，VAN）传递订货信息。增值网作为信息增值服务的提供者，用于转发、管理订货信息。增值网有两类：地区 VAN 网络与专业 VAN 网络。

地区 VAN 网络由许多中小零售商在各地设立区域性的 VAN 营运公司，为本地区的零售业服务，支持本地区 EOS 运行。

专业 VAN 网络在商品流通中，常常是按商品的性质划分（如食品、医药品、服装等），形成各个不同的专业。为达到流通现代化的目标，分别建立自己的网络体系，形成专业 VAN。该方式一般都通过 EDI 方式传递订货信息。

④ 基于 Internet 和 Intranet 的 EOS：随着 Internet 技术在全球范围内的普及，利用 Web 技术，通过 Internet 传递并共享订货信息，是人们的关注所在，它促进着 EOS 的发展，但 Internet 的安全性和保密性问题制约着 EOS 的广泛应用。

通常，人们往往又基于网络演进过程而分为传统方式 EOS（无网阶段）、基于 EDI 的 EOS（EDI 阶段）和基于 Internet 的 EOS（互联网阶段）3 个阶段。

4.4.3 EOS 的运作过程

通常 EOS 系统基本上是在零售店的终端利用条码阅读器获取准备采购的商品条码，并在终端机上输入订货材料；利用网络传到批发商的计算机中，批发商开具提货传票，与此同时开出拣货单，实施拣货，然后依据送货传票进行商品发货；送货传票上的资料便成为零售商的应付账款资料及批发商的应收账款资料，并接到应收账款的系统中；零售商对送到的货物进行检验后，便可以陈列、销售。

EOS 的过程叙述可基于网络演进过程（从无网络的传统方式到基于 EDI 的 EOS 和基于 Internet 的 EOS）和根据 EOS 业务过程两大类。

1．基于网络演进的 EOS 的过程

基于网络演进的 EOS 的过程包括传统方式下的 EOS 过程、基于 EDI 的 EOS 过程和基于 Internet 的 EOS 过程。

（1）传统方式下的 EOS 过程

传统方式下的 EOS 是由零售商和供应商组成的系统，采用整体运作方式。零售商的计算机应用系统根据销售情况和库存情况生成订货信息，制作出一张订货单，利用计算机网络传到供应商的计算机系统中；供应商则根据订货单的要求准备货物，开出出库单（发货通知单），将发货通知单通过网络传递到零售商的计算机系统中。交货单的资料便成为零售商的应付账款及供应商的应收账款。

（2）基于 EDI 的 EOS 过程

基于 EDI 的 EOS 过程包括以下主要步骤：

① 零售商根据自己的需求在计算机上制作出订单，并将所有必要的信息以电子传输的格式存储下来，同时产生一份电子订单。

② 将电子订单通过翻译软件转换成 EDI 报文，通过 EDI 系统传送给供应商。此订单实际上是发向供货商的电子信箱的。

③ 供货商使用邮箱接受命令，从 EDI 交换中心自己的信箱中收取全部邮件；供应商在收妥订单后，进行备货处理，并制作发货单。

④ 将发货单通过翻译软件转换成 EDI 报文，通过 EDI 系统传送给零售商。

⑤ 零售商从 EDI 中心自己的信箱中取出发货单后根据发货单上的信息验货、付款。

（3）基于 Internet 的 EOS 过程

零售商在自己的计算机系统上制作出订单，然后以用户方便的方式（E-mail、FTP、Telnet）通过 Internet 发送到供货商的信箱中。供货商从自己的信箱中接受订单，准备供货，并把发货单通过 Internet 发送到零售商的信箱中，零售商按发货单上的信息结账、付款。

2．基于 EOS 的业务的过程

基于 EOS 的业务的过程包括销售订货业务过程、采购订货业务过程和物流作业过程。

（1）销售订货业务过程

销售订货业务过程可将基本的批发、订货过程中的业务往来划分成以下几个步骤：

① 各批发、零售商场或社会网点根据销售情况确定所需货物的品种、数量，按同体系商场根据网络实际情况的补货需求或通过增值网络中心或实时网络系统发送给总公司业务部门；不同体系商场或社会网点通过网络服务中心发出 EOS 订货需求。

② 网络服务中心将收到的补货、订货需求资料发送至总公司业务管理部门，业务管理部门对收到的数据汇总处理后，通过网络服务中心向不同体系的商场或社会网点发送批发订单确认。

③ 不同体系的商场或社会网点从网络服务中心接收到批发订单确认信息。

④ 业务管理部门根据库存情况通过计算机网络或实时网络系统向配送中心发出配送通知。配送中心根据接收到的配送通知安排商品配送，并将配送通知通过计算机网络传送到客户。

⑤ 不同体系的商场或社会网点从服务中心接收到配送中心对批发订单的配送通知。

⑥ 各批发、零售商场、配送中心根据实际网络情况将每天进出货物的情况通过实时网络

系统，报送总公司业务管理部门，让业务部门及时掌握商品库存数量，合理配置库存；根据商品流转情况，合理配备商品结构等工作。

上述 6 个步骤组成了一个基本的电子批发、订货流程，通过这个流程，将某店与同体系商场（某店中非独立核算单位）、不同体系商场（某店中独立核算单位）和社会网点之间的物流、信息流结合在了一起。

（2）采购订货业务过程

采购订货作业流程可以划分成以下几个步骤：

① 业务管理部门根据配送中心商品库存情况，向指定的供货商发出商品采购订单，网络服务中心将总公司业务管理部门发出的采购单发送至指定的供货商处。

② 指定的供货商在收到采购订货单后，根据订单的要求通过网络服务中心对采购订单加以确认。

③ 网络服务中心将供货商发来的采购订单确认发送至业务管理部门，业务管理部门根据供货商发来的采购订单确认，向配送中心发送订货信息，以便配送中心安排检验和仓储空间。

④ 供货商根据采购单的要求，安排发运货物，并在向总公司交运货物之前，通过网络服务中心向配送中心发送交货通知。

⑤ 配送中心根据供货商发来的交货通知安排商品检验并安排仓库、库位或根据配送要求进行备货。

上述 5 个步骤组成了一个基本的采购订货流程，通过这个流程，将某店与供货商之间的物流、信息流结合在一起。

（3）物流作业过程

供货商发运作业过程（物流作业过程）中的业务往来可以划分成以下几个步骤：

① 供货商根据采购合同要求将发货单通过网络服务中心发给配送中心。

② 配送中心对接收到网络服务中心传来的发货单进行综合处理，或要求供货商送货至配送中心或发送至各批发、零售商场。

③ 配送中心将送货要求发送给供货商。

④ 供货商根据收到的送货要求进行综合处理，再根据送货要求将货物送至指定地点。

综上所述的 4 个步骤完成了一个基本的物流作业流程，通过这个流程，将物流与信息流牢牢地结合在一起。配销中心管理系统可根据实际情况，参照对商流、物流、信息流的流程分析，并掌握住资金流，组合成一个完整、强有力的配销管理系统。

4.5 移动支付

4.5.1 移动支付的概念

Internet、无线网络、移动通信技术的完美结合唤来了移动电子商务及移动电子支付（或简称移动支付）。移动电子支付（Mobile Electronic Payment，MEP）是指利用现有的移动电话网络完成有关消费支付、银行转账、账务查询等业务，它是移动通信网络上的一项电子商务服务。它具有方便、安全、快捷不受时间、地点限制等优势，已经成为移动增值业务中的一个亮点。

2002 年 5 月，中国移动通信公司开始在上海、浙江、江苏、广东、福建等地进行小额支付试点，带动并引起了以中国银联为主体金融机构对该业务的极大关注。2003 年起，各地移动通信公司纷纷推出相应的移动支付业务，从年初湖南移动通信公司与中国银联长沙分公司推出的银行账号捆绑的手机支付业务，到同年 9 月份北京移动通信公司推出名为“手机钱包”的手机支付业务，直至到 12 月中旬上海推出出租车上的银行移动 POS 机。

中国联通等公司对移动支付业务寄予了厚望，也与中国银联签订了发展移动支付战略伙伴协议。2002 年 5 月，中国联通在江苏无锡正式推出“小额支付移动解决方案”试验系统，他们利用移动支付的优势从各种新业务中进行努力，移动支付业已逐渐浮出水面，有着广泛的用户基础，已被人们充分信赖、普遍接受。

4.5.2 移动支付潜力与优点

1. 移动支付的潜力

迄今为止，中国业已成为全球最大的移动市场，手机用户总量现已逾 8 亿，银行卡的持有量多达 12 亿张，这是任何一个发达的欧洲国家所望尘莫及的“金矿”。在众多的手机用户当中，同时拥有银行卡的近乎 4 成，即使 8%的手机用户参与移动购物与支付，也是一个大有可为的庞大市场。一旦移动支付普及应用，移动支付的市场潜力将不可估量，会极大地促进移动电子支付及移动电子商务的发展。

2. 移动支付的优点

现代社会效率优先、速度至上，提升交易速度是移动支付的关键因素。移动支付涉及过程简化、操作便捷，方便了消费者，引领着商业领域的深层变革。与传统支付手段相比，移动支付操作简单：只要会发短信就可操作；快速便捷：只需用短信把数据传送到各发卡银行，很快就能能收到处理结果。有了移动支付，用户再也不用到处去找 ATM 机，点击键盘即可轻松完成一笔交易。而且，凭借银行卡和手机 SIM 卡的技术关联，用户还可以用无线或有线 POS 打印消费单据，支付、结余一目了然。

移动支付作为一种崭新的支付方式，具有方便、快捷、安全、低廉等优点，将会有非常大的商业前景，而且将会引领移动电子商务和无线金融的发展。手机付费是移动电子商务发展的一种趋势，它包括手机小额支付和手机钱包两大内容。手机钱包就像银行卡，可以满足大额支付，它是中国移动通信公司的主要数据业务品牌之一，通过把用户银行账户和手机号码进行绑定，用户就可以通过短信息、语音、GPRS 等多种方式对自己的银行账户进行操作，可通过短信等方式获得交易结果和账户变化通知，实现查询、转账、缴费、消费等功能。

总之，移动支付具有操作简单、快速便捷、安全性好、资费低廉、使用范围广泛与可进行二次交易等特点；就目前而言，尚存在着需要换卡与不能一卡通用的欠缺。

4.5.3 移动支付普及的关键

人们最根深蒂固的消费习惯是一手交钱一手交货。电子支付完全是一种虚拟交易方式，对于那些习惯于传统交易方式的消费者来说，采用移动支付购物，一开始必然会感到心里不踏实。要消除用户对移动支付的担心，关键在于技术上加强安全防范，尽可能地消除网上支付的一切漏洞，获得广大移动支付用户的认同。eNet 硅谷动力公司就网民是否使用联通和银联的移动支付业务展开调查，结果显示：33.23%的网民会使用这项服务，并表示完全信赖这项技术；16.15%

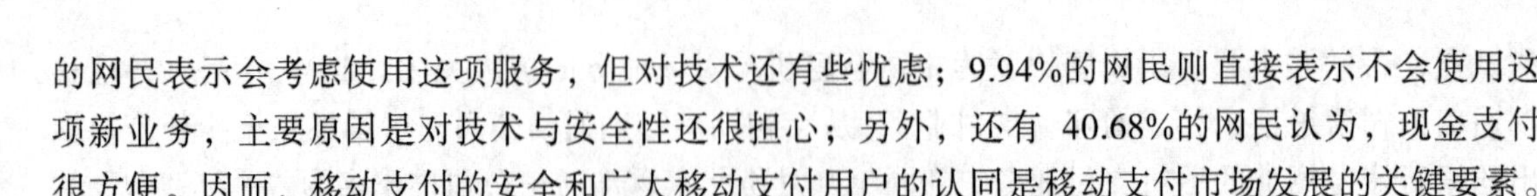

的网民表示会考虑使用这项服务，但对技术还有些忧虑；9.94%的网民则直接表示不会使用这项新业务，主要原因是对技术与安全性还很担心；另外，还有 40.68%的网民认为，现金支付很方便。因而，移动支付的安全和广大移动支付用户的认同是移动支付市场发展的关键要素。

只要移动支付在信用安全、手续费用、快捷程度、市场认同，以及和零售企业方的合作问题得到有效的解决，消费者在传统购物时使用手机支付这一新方式的可能性就会很大。移动支付具有现金支付和信用卡（银行卡）支付的各种优势，通过国内、国外移动支付的广泛实践，移动支付必将成为人们购物支付方式中的一种时尚，发展应用于世。

4.5.4 移动支付的交易过程

就消费者购买行为而言：移动支付符合市场发展规律和现代人生活方式的一种未来趋势。从移动支付工作原理来看，移动支付系统主要涉及 3 方面：消费者、商家及无线运营商。移动支付具体交易过程如下：

① 消费者通过互联网络进入消费者前台系统选择商品，将购买指令发送到商家管理系统，商家管理系统将购买指令发送到无线运营商综合管理系统。

② 无线运营商综合管理系统将确认购买信息指令发送到消费者前台消费系统或消费者手机上请求确认，如果没有得到确认信息，则拒绝交易。

③ 消费者通过消费者前台消费系统或手机将确认购买指令发送到商家管理系统。

④ 商家管理系统将消费者确认购买指令转交给无线运营商综合管理系统，请求缴费操作。无线运营商综合管理系统缴费后，告知商家管理系统可以交付产品或服务，并保留交易记录。

⑤ 商家管理系统交付产品或服务，并保留交易记录。

⑥ 将交易明细写入消费者前台消费系统，以便消费者查询。

4.5.5 移动支付业务的应用

目前，国内外移动通信运营商均早已推出手机小额支付服务，移动支付业务已广泛应用于社会的方方面面。

在英国的赫尔市，爱立信公司开发的手机支付服务允许汽车驾驶人使用手机支付停车费。用户把汽车停在停车场之后，即可用手机接通收费系统。用户可以与应用语音识别技术的计算机对话，也可以用手机发一条短信，用户只需说明停车的位置、注册的号码和需要购买的停车时间即可，负责收取停车费的计算机将把这些资料登记下来，实施移动收费。

在芬兰南部城市科特卡，客户通过芬兰的“移动支付系统”，使用手机支付货款简单易行。客户只须向研制这一系统的公司开一个移动账户，即可通过手机将有关付款数额和付款时间的文字信息发送到商家的户头上履行付款手续。如果客户将手机遗失，可通过发送文字信息或打电话给这家公司终止自己的移动账号。

瑞典的 Paybox 公司在德国、瑞典、奥地利和西班牙等几个国家成功推出了手机支付系统之后，又在英国推出这种无线支付系统。Paybox 无线支付以手机为工具，取代了传统的信用卡。使用该服务的用户，只要到服务商那里进行注册取得账号，在购买商品或需要支付某项服务费时，直接向商家提供手机号码即可。

此外，在美国的旧金山、澳大利亚的悉尼，消费者可用手机拨号买饮料；在瑞典，手机用户可在自动售货机上买汽水；在日本，观众可以通过手机预订电影票；在诺基亚总部，雇员可用手机付账喝咖啡……

在国内，中国移动通信公司较早地开展了手机支付业务的试点。例如，中国移动通信公司与 51CP（中彩通网站）合作，尝试推出世界杯手机投注足球彩票业务；深圳移动通信公司与深圳福利彩票发行中心合作建设了手机投注系统，开通了深圳风采手机投注业务；浙江移动通信公司在嘉兴地区试行开通小额支付业务，提供网上支付、话费充值、自动售货机等服务；广东移动通信公司、福建移动通信公司和江苏移动通信公司也搭建了本省的小额支付平台，提供足球彩票和福利彩票投注等服务。网络公司尤其支持移动支付，在搜狐网站，可用手机点歌；在新浪网站，可用手机购买邮箱；在其他商业网站，还可用手机支付视频点播、网络游戏、旅游导读等。支持移动支付的银行有招商银行、中国银行、建设银行、交通银行、中信银行、福建兴业银行等。

4.6 网上银行案例

毋庸置疑，Internet 将改变未来金融市场的运作方式，电子商务促进着网上银行的发展，既给银行金融业带来了新的生机，也使网上客户获得了可观的实惠。

4.6.1 中国银行介绍

中国银行（http://www.bank-of-chian.com），全称中国银行股份有限公司。中国银行业务覆盖传统商业银行、投资银行和保险业务领域，并在全球范围内为个人客户和公司客户提供全面和优质的金融服务。中国银行是全球第 15 大银行，从 1996 年起建立自己的网站、投入网上银行的专项开发，1998 年 3 月 6 日，中国银行的第一笔 Internet 上电子交易获得成功，某客户通过中国银行的网上银行服务，从中国银行的网上商家购买了 10 小时的上网机时。从主页（见图 4-14）中可以看到网站提供关于中行、公司金融服务、个人金融服务、银行卡服务、电子银行服务、中行信息、投资者关系、金融数据等功能。图 4-15 所示为中国银行个人网上银行界面。

中国银行以其稳健的经营、雄厚的实力、成熟的产品和丰富的经验深得广大客户信赖，打造了卓越的品牌，与客户建立了长期稳固的合作关系。中国银行主营商业银行业务，包括公司、零售和金融机构等业务。公司业务在基于银行的核心信贷产品之上，致力于为客户提供个性化、创新的金融服务。零售业务主要针对个人客户的金融需求，提供基于银行卡之上的全套服务。而金融机构业务则是为全球其他银行、证券公司和保险公司提供诸如国际汇兑、资金清算、同业拆借和托管等全面服务。在多年的发展历程中，中国银行曾创造了中国银行业的许多第一，所创新和研发的一系列金融产品与服务均开创历史之先河，在业界享有盛誉。目前，在外汇存贷款、国际结算、外汇资金和贸易融资等领域仍居领先地位。根据 2003 年英国《银行家》按核心资本排名，中国银行列全球第 15 位，居中国银行业首位，是中国资本最为雄厚的银行。中国银行网络机构覆盖全球 24 个国家和地区，其中境内机构共计 11 609 个，境外机构共计 549 个，是目前我国国际化程度最高的商业银行。截至 2012 年底，中国银行拥有海外机构 613 家。

图 4-14　中国银行主页

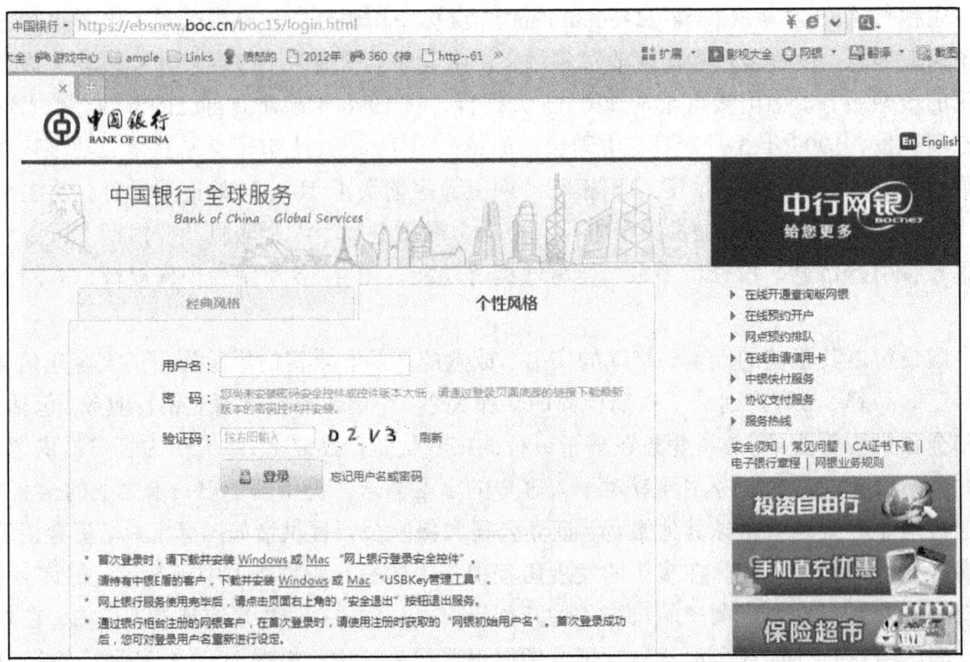

图 4-15　中国银行个人网上银行

中国银行有近百年辉煌而悠久的历史，在中国金融史上扮演了十分重要的角色。1994 年，随着金融体制改革的深化，中国银行成为国有商业银行，与其他三家国有商业银行一道成为国家金融业的支柱。1994 年和 1995 年，中国银行先后成为我国香港、澳门地区的发钞银行。

为提高竞争优势，中国银行从 2000 年初开始围绕建立良好的公司治理机制采取了一系列的改革。2001 年，中国银行成功重组了香港中银集团，将 10 家成员银行合并成立当地注册的“中国银行（香港）有限公司”。2002 年 4 月，重组后的中国银行（香港）有限公司在香港联交所成功上市。

中国银行于 2003 年被国务院确定为国有独资商业银行股份制改造试点银行，围绕“资本充足、内控严密、运营安全、服务和效益良好、具有国际竞争力的现代化股份制商业银行”的目标，进一步完善符合现代企业制度要求的公司治理机制，稳步推进国有商业银行的股份制改造工作。

2004 年 4 月 14 日，中国银行在与国际同业和国内同业的激烈竞争中，凭借雄厚的实力和优良的服务，脱颖而出，作为我国银行业的优秀代表携手北京 2008 年奥运会，成为北京奥运会唯一的银行合作伙伴。

2004 年 8 月 26 日，中国银行股份有限公司成立，标志着中国银行的历史翻开了崭新的篇章，启动了新的航程。

中国银行多年来的信誉和业绩，得到了来自业界、客户和权威第三方的广泛认可。曾先后 9 次被《欧洲货币》评选为“中国最佳银行”；连续 15 年进入《财富》杂志评选的世界 500 强企业；在全球新兴市场 250 大银行按所有者权益进行的排名中名列第一，在亚洲《银行家》杂志 300 大银行按所有者权益排名第二，是中国资本最雄厚的商业银行。同时，先后被《欧洲货币》和《资产》评为“中国最佳银行”和“中国最佳国内商业银行”；被美国《环球金融》杂志评为“2002 年中国最佳贸易融资银行”及“中国最佳外汇银行”；《远东经济评论》评为“中国地区产品服务十强企业”；中银香港重组上市后，先后荣获《投资者关系》“最佳 IPO 投资者关系奖”和《亚洲金融》“最佳交易、最佳私有化奖”等多个重要奖项。中国银行将承秉“以客户为中心，以市场为导向，强化公司治理，追求卓越效益，创建国际一流大银行”的宗旨，依托其雄厚的实力、遍布全球的分支机构、成熟的产品和丰富的经验，为客户提供全方位、高品质的银行服务。

4.6.2 中国银行网上服务

中国银行网上银行依托先进的 Internet 技术和覆盖全球的分支机构，在实现网上银行与银行后台业务系统自动联机处理的基础上，为用户提供安全、稳定、便捷、全面、实时、高效、全天候的财务管理、资金管理和现金管理服务，如图 4-16 所示。

中国银行通过“汇划即时通”“集团理财”“银企对接”“对公账户查询”“报关即时通”“境外账户管理”“代发工资”等产品，为用户提供资金汇划、批量委托、授权模式定制、到账时间查询、E-mail 付款通知、预约付款、定向支付、期货保证金出入金支付、交易数据下载；本外币账户实时余额、当日交易、历史余额、历史交易查询；集团内部资金集中管理、统一对外付款、代发工资、代理报销；网上支付通关税费、异地报关；境外账户实时余额、实时交易、历史余额、历史交易信息查询及下载、境外转账支付；客户留言互动、个性化页面定制等服务。

图 4-16　中国银行网上银行

1．服务品种

① 账户查询：用户可通过 Internet 随时随地查询、下载其在境内、境外中国银行分支机构的本外币账户实时余额、当日交易、历史余额、历史交易、网银汇入汇款等信息，及时掌握公司财务状况和资金流向，为全球财务集中管理和资金调度提供决策依据，以最大限度提高资金利用效率，节约资金成本。

② 汇划即时通：用户可通过批量委托、授权模式定制、全程跟踪转账交易状态、到账时间查询、实时 E-mail 付款通知、预约付款、定向支付、交易数据下载；客户留言互动、个性化页面定制、定期提醒密码更新等服务，为用户提供了安全、方便、快捷的资金汇划和支付结算服务，轻松实现客户内部资金的集中管理、灵活调度、高效运作和实时监控。

③ 报关即时通：中国银行与海关总署联合开发，用于进出口企业缴纳海关税费的"中国电子口岸"网上支付系统。用户只须在电子口岸查询税费通知并确认支付，即可通过中国银行企业网上银行与海关业务系统的连接自动完成缴纳税费，顺利通关。同时，用户还可以享受税费通知查询、指定缴款单位、分级授权审批、异地支付、银行代取税费单、银行代核单、退款自动返息、相关法规查询等服务，使通关过程化繁为简，轻松通畅。

④ 定向账户支付：在为用户提供授权模式定制、操作权限严格控制、全程跟踪转账交易状态、到账时间查询、实时 E-mail 付款通知、预约付款、交易数据下载、客户留言互动、定期提醒密码更新、个性化页面定制等服务的基础上，用户可自主对收款人信息进行严格的管理和限定，以严格控制资金流向，实现方便、快捷、高效的定向资金汇划，提高资金流动的安全性，全面配合企业财务内控制度。收款人还可凭此向付款人提交回款指令，待付款人授权后即可实现快速收款，加速资金回流。

⑤ 期货 e 支付："期货 e 支付"是中国银行企业网上银行为期货交易所及其会员期货经纪

公司专门搭建的安全、快捷、高效的期货保证金结算服务网络平台。借助"期货 e 支付"，由经纪公司向交易所提交 "出金"指令，由交易所审核和授权后完成保证金划转过程。通过"汇划即时通"和"对公账户查询"等一揽子服务方案，满足商品交易所与经纪公司、期货公司总部与内部营业部之间快捷的资金调拨要求。

⑥ 境外账户管理：跨国集团可以远程掌控境外公司在中国银行境外分支机构开立账户的实时余额、当日交易、历史余额、历史交易信息，同时提供境外账户资金汇划、批量委托、授权模式定制、预约付款、客户留言互动、个性化页面定制等服务，方便地实现境外账户资金在全球范围内的管理与调度，为跨国集团提供财务集中管理、统一决策的依据和手段。

⑦ 代发工资/代理报销：用户只要在中国银行开立基本账户，即可通过批量委托、授权模式定制、预约支付等服务实现资金从企业基本账户向员工在中国银行开立的信用卡、借记卡的划转，轻松实现网上发放工资、员工报销等服务，减少现金保有量和交易量，满足用户远程异地发工资的需求。

⑧ 集团理财：集团总公司或其财务公司可通过理财服务，轻松实现集团内部账户信息查询及汇总、主动归集下属公司资金、统一对外支付款项、定制自动归集时间和金额、定时自动补足下属公司备款、限定资金体内流动、集团内外付款分权限控制，并可通过内部资金往来管理为集团公司建立资金池，同时分别核算每个下属公司资金往来，便于集团公司进行账户信息即时汇总、余额自动调控、收支两条线管理、集团内部资金贡献度统计，真正实现集团账户"统一管理、分别核算"，为集团客户提供全面、快捷、安全、高效的网上现金管理增值服务。

⑨ 银企对接：通过中国银行企业网上银行系统与企业财务软件系统或 ERP 系统的无缝对接，用户无须访问中国银行企业网上银行，即可通过公司财务系统实时查询即时余额、当日交易、历史余额、历史交易、网银汇入汇款信息；只要在财务系统完成转账和支付的审批流转，即可加密发送到银行完成资金划转、支付结算、定向支付、发放工资、员工报销、主动收款、预约付款，并可轻松实现付款结果查询、到账时间查询、电子化的业务对账和收款人管理。

2. 网上银行的优点

中国银行企业网上银行具有如下优点：

① 基于中国银行的海内外机构网点优势，成功实现了全国以至全球范围资金汇划的实时自动联机处理和全球企业本、外币账户余额、交易信息的实时、历史查询。

② 定位于企业财务管理平台的技术开发和流程设计，通过近两年的多次业务系统升级改造，不断满足集团企业的财务管理、资金集中和现金管理需求。

③ 首家获得国际资深审计机构安全审计的网上银行，网上银行安全、稳定运行和风险规避是中行企业网上银行建设的首要原则，两年里 3 次安全系统升级改造使网银整体安全机制、CA 身份认证、数字签名和数据传输安全始终在同行业内领先。

④ 操作页面个性化定制、E-Mail 自动通知付/收款信息，实时查询款项是否到账，以及到账的具体日期与时间，强大、灵活、全面配合企业财务管理的授权控制机制。

⑤ 通过网银渠道和相关产品组合，为集团企业客户实现集团现金管理方案和资金集中管理需求。

进行网上交易的用户，首先必须拥有中国银行的信用卡，然后进入网上银行服务申请流程页面，在网上填写网上银行服务申请表，中国银行的管理机构在检测其合法性后以电子邮件形式通知客户到中国银行某分行信用卡部办理确认手续，获取电子安全证书。具体步骤如下：

① 企业客户同意并遵守《中国银行企业网上银行章程》，并向其所在地的开户行提出企业网银服务申请。

② 初审合格后，用户填写申请表格等申请资料，并与中国银行签订有关服务协议。

③ 服务批准后，中国银行 CA 中心向用户发放电子安全证书。

④ 电子安全证书安装完毕后，用户即可选择页面右上角的“登录企业网上银行”，随即就可开始使用中国银行为用户提供的企业网上银行服务。进入商家站选购商品，将订单交给网上银行，由银行通知商家进行网上商务、实施网上销售与购买。

小　结

本章叙述了电子货币、电子支付及特点、电子支付模式、电子支付系统、在线支付、电子支付工具、电子现金支付形式、信用卡支付形式、电子支票支付形式、电子钱包支付形式、智能卡支付形式、网上银行及其功能、网上银行的框架结构、网上银行的运营模式、网上银行的交易流程、网上银行的支付网关、网上银行的安全、电子订货系统、移动支付与网上银行案例等内容。

习　题

一、填空题

1. 电子货币包括电子现金、________、电子支票等。

2. 电子支付系指以________为基础，以商用电子化机具和各类交易卡为媒介，以________为手段，以电子数据形式存储在银行的计算机系统中，并通过计算机网络系统以电子信息传递形式实现流通和支付。

3. SET 使用电子信封的方式更换密钥。方法是由发送方自动生成专用密钥，用它加密明文，再将生成的________一起用公钥密钥的手段加密传出去。收信人用公钥方法解密后，得到专用密钥，进而解密。

4. 在线电子支付是电子商务的关键环节，也是电子商务得以顺利发展的基础条件，它是在________基础上发展起来的。

5. 目前，电子支付工具有________、信用卡、电子钱包、________、智能卡、电子支票、________及电话卡等。

6. 信用卡是银行或金融公司发行的，授权持卡人可在指定的商场进行记账消费的________。

7. 光卡不仅具有某些磁卡和 IC 卡无法获得的良好特性，还可将磁条、________集成在同一张卡中形成复合卡，与原来的磁卡、IC 卡________，功能更加完善。

二、判断题

1. 电子货币是随着电子交易的发展而产生的，基于传统货币的理念，但它是一种较传统

货币（金属货币、纸币及各种票据等）更为方便、快捷的电子支付工具。（　　）

2. 为防止伪造、复制、非法使用，电子货币采用了信息加密、数字签名，数字时间戳、防火墙等安全防范措施。（　　）

3. 信用卡信息的传递方法有两种：一种是通过电话、传真等非网上手段；另一种是通过计算机传送，但没有安全措施。信用卡信息的合法性检查是在商家与银行之间进行的。（　　）

4. 电子现金持有方式有两种：在线存储和离线下载。（　　）

5. IC 卡是在卡内安装存储芯片的一种卡，按卡内存储芯片的不同，可分为存储器卡、逻辑加密卡和智能卡 3 种。（　　）

6. 电子钱包是电子商务活动中消费者购物常用的一种支付工具，它是大额购物或购买小商品时常用到的新式钱包。（　　）

7. 网上银行是指利用因特网（Internet）技术，并通过因特网或其他公用电信网络与客户连接，向客户提供全方位银行服务。（　　）

8. 网上银行的运营模式包括零售型、批发型和批发、零售型 3 种模式。（　　）

三、简答与实验

1. 简述电子货币的优点与特征。
2. 试述 SET 交易支付流程与 SET 支付的特点。
3. 简述电子现金的优点。
4. 简述信用卡的特点与信用卡的工作过程。
5. 简述电子支票的特点。
6. 简述电子支票的交易过程与网上银行的基本功能。
7. 简述网上银行的交易流程。
8. 简述 EOS 及其发展过程与移动支付的交易过程。
9. 完成浏览中国银行网站（http://www.bank-of-chian.com）的实验，了解其功能与 CA 证书的获取过程。
10. 完成访问美国安全第一网上银行（http://www.sfnb.com/）的实验，了解网上支付业务流程与相关服务。
11. 完成访问招商银行（http://www.cmbchina.com）站点的实验，了解网上支付业务流程。
12. 完成访问花旗银行（http://www.citibank.com）站点的实验，了解相关服务。
13. 完成访问建设银行 www.ccb.om.cn（http:// www.ccb.om.cn）站点的实验，了解网上银行的功能与网上支付业务。

第 5 章 网络营销

本章提要

网络营销是企业整体营销战略的一个组成部分，建立在互联网络基础之上，借助于网络特性来实现一定营销目标的一种营销手段，只有认清它的产生、含义、特点，制定适合企业发展的网络营销策略，利用网络广告、搜索引擎等营销技术进行网络营销的活动，才能在运作中发挥出网络营销的功能和优势。

5.1 网络营销概念

伴随着现代信息技术特别是网络技术的应用和发展，互联网络与营销活动迅速结合，网络营销应运而生。网络营销是营销与网络的完美结合，是营销活动和科学技术之间关系发展的必然结果。

网络营销的产生与发展是科技进步、人们消费观念变化和商业竞争日益激烈等综合因素所促成的。

5.1.1 网络营销的产生

在互联网络高速发展的今天，网络不仅仅是一种工具，而且已经成为人们生活、工作中密不可分的伙伴，为此利用网络进行商务活动的网络营销应运而生。网络营销的产生有其特定的基础，综合来看，它是由科学技术的发展、消费者价值观念的变革和商业竞争等因素促成的。

1. 技术基础——现代电子技术和通信技术的应用与发展

20 世纪 90 年代初，网络技术得以广泛应用与发展，互联网络所支持的传送文字、图片及音频视频与网络技术对各个行业产生了重要的影响，在一定程度上改变了人们生活、工作、学习的方式，也极大地改变了人类社会信息交流的方式和商业运作的模式。互联网络的出现与飞速发展，以及带来的现实和潜在效益，促使企业积极利用新技术变革企业经营理念、经营组织、经营方式和营销方法，网络技术为企业实施网络营销奠定了坚实的技术基础。

2. 观念基础——消费者价值观变革

当今企业正面临前所未有的激烈竞争，市场正由卖方垄断向买方垄断演变，消费者主导的营销时代已经来临。面对更为纷繁复杂的商品和品牌，消费者心理与以往相比呈现出新的特点和趋势：首先，个性化消费正在回归，心理上的认同感已成为消费者做出购买产品或服务决策的先决条件，消费者不仅要自主选择产品或服务，而且更加希望拥有最符合自己需求的个性化产品；其次，现代社会不确定性因素的增加和人类追求心理稳定和平衡的欲望，促使消费者主动性逐渐增强，消费者主动通过各种可能途径获取和商品有关的信息并进行比较分析；第三，由于新生事物不断涌现，消费者心理转换速度趋向与社会同步，消费行为表现为经常更换产品或品牌，消费者忠诚度下降，产品生命周期不断缩短。这些变化客观上促使企业必须采用新的更有效的营销方式来维持和发展顾客，而网络营销的实时性、交互性正适合了企业的需要。

3．现实基础——日益激烈的商业竞争

随着市场竞争日益激烈，为了在竞争中占据优势，各企业都想方设法吸引顾客。一些传统营销手段即使在一段时间内吸引顾客，却也难以长久使企业赢利增加。经营者迫切需要营销变革，以尽可能降低商品从生产到销售整个供应链上所占用的成本和费用比例，缩短运作周期。网络营销使产品成本和价格降低成为可能，使经营规模不受场地限制，便于采集客户信息，等等，这些都使企业经营成本费用降低，运作周期变短，从根本上增加了企业的竞争优势。由此可见，在网络技术发展的推动下，在消费者观念变化的引导下，在商业竞争的刺激下网络营销应运而生。

5.1.2　网络营销的含义

与许多新兴学科一样，“网络营销”同样也没有一个公认的、完善的定义。广义地说，凡是以互联网络为主要手段进行的、为达到一定营销目标的营销活动，都可称之为网络营销。也就是说，网络营销贯穿于企业开展网上经营的整个过程，从信息发布、信息收集，到开展网上交易为主的电子商务阶段，网络营销一直都是一项重要内容。

对于网络营销的认识，一些学者或网络营销从业人员对网络营销的研究和理解往往侧重某些不同的方面：有些人偏重网络本身的技术实现手段，有些人注重网站的推广技巧，也有些人将网络营销等同于网上直销，还有一些人把新兴的电子商务企业的网上销售模式也归入网络营销的范畴。

网络营销的本质是营销。这是因为网络营销无非是通过各种手段，引导商品或服务从生产者转移到消费者的过程。一种商品或服务从设计生产到实现消费是一个包括信息传递与沟通、商品与货币价值交换的复杂过程。在这个过程中，存在着种种时间与空间、意识与技术上的障碍。通过网络营销，可以排除这些障碍，使得企业生产的产品顺利到达消费者手中，从而实现竞争优势，增加企业效益。

为了理解网络营销的全貌，有必要为网络营销下一个比较合理的定义。从“营销”的角度出发，将网络营销定义为：网络营销是企业整体营销战略的一个组成部分，是建立在互联网络基础之上、借助于网络特性来实现一定营销目标的一种营销手段。

据此定义，可以得出下列认识：

1．网络营销不是网上销售

网上销售是网络营销发展到一定阶段而产生的结果；网络营销是为实现网上销售目的而进行的一项基本活动，但网络营销本身并不等于网上销售。

这可以从两个方面来说明：

① 因为网络营销的效果可能表现在多个方面，例如企业品牌价值的提升、加强与客户之间的沟通。作为一种对外发布信息的工具，网络营销活动并不一定能实现网上直接销售的目的，但是，很可能有利于增加总的销售。

② 网上销售的推广手段也不仅仅靠网络营销，往往还要采取许多传统的方式，如传统媒体广告、发行新闻、印发宣传册等。

2. 网络营销不仅限于网上

这样说也许有些费解，不在网上怎么叫网络营销?因为网络营销的效果可能表现在多个方面，例如企业品牌价值的提升、加强与客户之间的沟通、作为一种对外发布信息的工具，所以网络营销活动并不一定能实现网上直接销售的目的，但是，很可能有利于增加总的销售；网上销售的推广手段也不仅仅靠网络营销，往往还要采取许多传统的方式，如传统媒体广告、发布新闻、印发宣传册等。

3. 网络营销建立在传统营销理论基础之上

因为网络营销是企业整体营销战略的一个组成部分，网络营销活动不可能脱离一般营销环境而独立存在，网络营销理论是传统营销理论在互联网络环境中的应用和发展。

5.1.3 网络营销的特点

随着信息产业的快速发展，以 Internet 为传播媒介的网络营销成为当今最热门的营销推广方式。与传统推广方式相比，网络营销具有独特的、十分鲜明的优势，是实施现代营销战略的重要部分。随着网络用户的迅速增加，覆盖的受众面越来越广，网络营销的影响力也越来越大，使得网络营销呈现出以下特点：

① 跨时空性：互联网络的连通性和开放性，决定了网络营销跨国性、全球性，超越了时间与空间的限制。此前，任何一种营销理念和营销方式，都是在一定的范围内去寻找目标客户。而网络营销是在一种无国界、无时间约束、开放的全球范围内去寻找目标客户。市场的广域性、文化的差异性、交易的安全性、价格的变动性、需求的多样性、信息价值的不同增值性及网上顾客的可选择性。

② 交互性：传统的市场营销是单向式的。以广告为例，电视、报纸、广播、路牌都是通过单向信息吸引受众的视觉、听觉，试图将有关信息强加给受众。而在网络营销中，消费者通过互联网络可以查看商品图像，查询商品信息资料，从而实现供需双方的互动与沟通，同时还可以进行产品测试及消费者满意度调查等活动。互联网络为产品联合设计、商品信息发布及各项技术服务提供最佳工具。“消费者是上帝”在网络营销中将得到充分体现。互联网络环境中的交互性如图 5-1 所示。

③ 个性化：传统营销只能对现有产品开展营销活动，而网络营销还可以为消费者实施“定制营销”，满足其个性化需求。消费者可在网上得到某种商品的全部信息，还可以参与生产厂家的产品制作过程，因此，既可以使消费者个人满意度大大提高，又能使消费者在更大范围内选择需要产品。这种一对一的、理性的、消费者主导的、非强迫性的、循序渐进式的、低成本的营销方式，不仅避免了推销员强势推销的干扰，还可以通过网上互动交谈，与消费者建立长期良好的关系。图 5-2 所示为互联网络环境中的个性化服务。

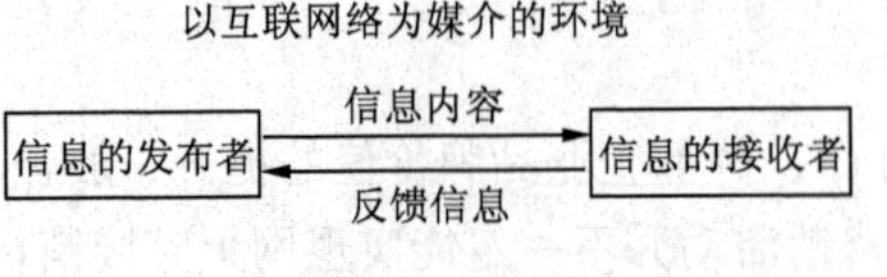

图 5-1 互联网络环境中的交互性

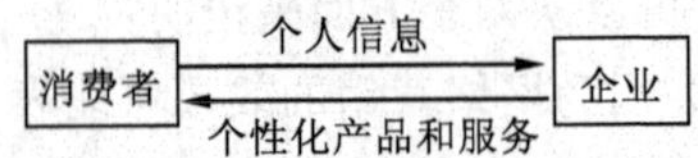

图 5-2 互联网络环境中的个性化服务

④ 经济性：网络营销制作周期短，即使在较短的周期进行投放，也可以根据客户的需求很快完成制作，而传统广告制作成本高，投放周期固定。利用网络营销方式一方面可以减少印制与邮递成本，可以无店面销售，免交租金，节约水电与人工成本；另一方面可以减少多次交换带来的损耗。

⑤ 整合性：互联网络上的营销从商品信息宣传、收款到售后服务一气呵成，是一种全程的营销渠道。另一方面，在网络营销过程中，公司可以对多种资源进行整合，对多种营销手段和营销方法进行整合；将有形资产和无形资产的交叉运作和交叉延伸进行整合。这种整合的复杂性、多样性、包容性，变动性和增值性，也是对传统市场营销理念的重大突破和重要发展。

⑥ 超前性：互联网络是一种功能极其强大的营销工具，它同时兼具渠道、促销、电子交易、互动顾客服务，以及市场信息分析与提供的多种功能。它所具备的一对一营销能力，符合定制营销与直接营销的未来趋势。

⑦ 多媒体：网络营销是多维的，它能将文字、图像和声音有机地组合在一起，传递多感官的信息，让顾客如身临其境般感受商品或服务。使得为达成交易而展现的信息能以多种形式存在和交换，可以充分发挥营销人员的创造性和能动性。这种图、文、声、像相结合的广告形式，能大大增强网络营销的实效。同时，网络营销还能进行完善的统计，可以跟踪和衡量营销效果。

⑧ 高效性：计算机可存储大量的信息，供消费者查询，可传送的信息数量与精确度远超过其他媒体，并能因应市场需求，及时更新产品或调整价格，因此能及时有效了解并满足顾客的需求。

⑨ 成长性：随着互联网络用户的快速增长并遍及全球，使用者多属年轻、中产阶级、高教育水准人群，由于这部分群体购买力强，而且具有很强的市场影响力，因此是一项极具开发潜力的市场渠道。

5.1.4 网络营销的功能

网络营销的功能很多，主要具有八大功能：

1. 信息搜索功能

信息的搜索功能是网络营销进击能力的一种反映。在网络营销中，将利用多种搜索方法，主动地、积极地获取有用的信息和商机；将主动地进行价格比较；将主动地了解对手的竞争态势；将主动地通过搜索获取商业情报，进行决策研究。搜索功能已成为营销主体能动性的一种表现，一种提升网络经营能力的进击手段和竞争手段。

随着信息搜索功能由单一向集群化、智能化的发展，以及向定向邮件搜索技术的延伸，网络搜索的商业价值得到了进一步的扩展和发挥，寻找网上营销目标将成为一件易事。

2. 信息发布功能

发布信息是网络营销的主要方法之一，也是网络营销的又一种基本职能：无论哪种营销方式，都要将一定的信息传递给目标人群。但是，网络营销所具有的强大的信息发布功能，是古往今来任何一种营销方式所无法比拟的。

网络营销可以把信息发布到全球任何一个地点，既可以实现信息的广泛覆盖，又可以形成地毯式的信息发布链；既可以创造信息的轰动效应，又可以发布隐含力，都是最佳的。在网络营销中，网上信息发布以后，可以能动地进行跟踪，也可以进行再交流和再沟通。因此，信息发布的效果明显。

3. 商情调查功能

网络营销中的商情调查具有重要的商业价值。对市场和商情的准确把握，是网络营销中一种不可或缺的方法和手段，是现代商战中对市场态势和竞争对手情况的一种电子侦察。

在激烈的市场竞争条件下，主动地了解商情、研究趋势、分析顾客心理、窥探竞争对手动态是确定竞争战略的基础和前提。在线调查或者电子询问调查表等方式，不仅省去了大量的人力、物力，而且可以在线生成网上市场调研的分析报告、趋势分析图表和综合调查报告。其效率之高、成本之低、节奏之快、范围之大，都是以往其他任何调查形式所做不到的。这就为广大商家提供了一种市场的快速反应能力，为企业的科学决策奠定了坚实的基础。

4. 销售渠道开拓功能

网络具有极强的进击力和穿透力；传统经济时代的经济壁垒、地区封锁、人为屏障、交通阻隔、资金限制、语言障碍、信息封闭等，都阻挡不住网络营销信息的传播和扩散。新技术的诱惑力，新产品的展示力，文图并茂、声像俱显的昭示力，网上路演的亲和力，地毯式发布和爆炸式增长的覆盖力，将整合为一种综合的信息进击能力，能快速地打通封闭的坚冰，疏通种种渠道，打开进击的路线，实现和完成市场的开拓使命。

这种快速、这种坚定、这种神奇、这种态势、这种生动是任何媒体、任何其他手段所无法比拟的。

5. 品牌价值扩展和延伸功能

美国广告专家莱利·莱特预言：未来的营销是品牌的战争，拥有市场比拥有工厂更重要，拥有市场的唯一办法，就是拥有占据市场主导地位的品牌。

Internet 的出现，不仅给品牌带来了新的生机和活力，而且推动和促进了品牌的拓展和扩散。实践证明：Internet 不仅拥有品牌、承认品牌，而且在重塑品牌形象、提升品牌的核心竞争力、订造品牌资产方面，具有其他媒体不可替代的效果和作用。

6. 特色服务功能

网络营销具有和提供的不是一般的服务功能，而是一种特色服务功能，其服务的内涵和外延都得到了扩展和延伸。

顾客不仅可以获得形式最简单的 FAQ(常见问题解答)、邮件列表，以及 BBS、聊天室等各种即时信息服务，还可以获取在线收听、收视、订购、交款等选择性服务，无假日的紧急需要服务，信息跟踪、信息定制到智能化的信息转移服务，手机接听服务及网上选购，送货到家的上门服务，等等。这种服务及服务之后的跟踪延伸，不仅极大地提高了顾客的满意度，使以顾客为中心的原则得以实现，而且使客户成为了商家的一种重要的战略资源。

7. 顾客关系管理功能

客户关系管理，源于以客户为小心的管理思想，是一种旨在改善企业与客户之间关系的新型管理模式，是网络营销取得成效的必要条件，是企业重要的战略资源。

在传统的经济模式下，由于认识不足或自身条件的局限，企业在管理客户资源方面存在着较为严重的缺陷。针对上述情况，在网络营销中，通过客户关系管理，将客户资源管理、销售管理、市场管理、服务管理、决策管理融合于一体，将原本疏于管理、各自为战的销售、市场、售前和售后服务与业务统筹协调起来，既可以跟踪订单，帮助企业有序地监控订单的执行过程；

规范销售行为，了解新、老客户的需求，提高客户资源的整体价值；又可以避免销售隔阂，帮助企业调整营销策略。收集、整理、分析客户反馈信息，全面提升企业的核心竞争能力。客户关系管理系统还具有强大的统计分析功能，可以为我们提供“决策建议书”，以避免决策失误，为企业带来可观的经济效益。

8．经济效益增值功能

网络营销会极大地提高营销者的获利能力，使营销主体提高或获取增值效益；这种增值效益的获得，不仅由于网络营销效率的提高、营销成本的下降、商业机会的增多，更由于在网络营销中，新信息量的累加会使原有信息量的价值实现增值或提升其价值。

5.1.5 网络营销常用工具和方法

网络营销职能的实现需要通过一种或多种网络营销手段，常用的网络营销方法除了搜索引擎注册之外，还有关键词搜索、网络广告、交换链接、信息发布、整合营销、邮件列表、许可 E-mail 营销、个性化营销、会员制营销、病毒性营销等。下面简要介绍几种常用的网络营销方法。

1．搜索引擎营销

所谓搜索引擎营销（Search Engine Marketing，SEM），就是根据用户使用搜索引擎的方式，利用用户检索信息的机会尽可能将营销信息传递给目标用户。

（1）搜索引擎营销原理

搜索引擎营销得以实现的基本过程：企业将信息发布在网站上成为以网页形式存在的信息源；搜索引擎将网站／网页信息收录到索引数据库；用户利用关键词进行检索（对于分类目录则是逐级目录查询）；检索结果中罗列相关的索引信息及其链接 URL；用户根据对检索结果的判断选择有兴趣的信息并单击 URL 进入信息源所在网页。这样便完成了企业从发布信息到用户获取信息的整个过程，这个过程也说明了搜索引擎营销的基本原理。

近年来搜索引擎营销的应用更为普及，其效果也获得广泛认可，已成为中小企业网站推广的首要方法。

（2）关键词广告

关键词广告是付费搜索引擎营销的一种形式，也可称为搜索引擎广告、付费搜索引擎关键词广告等，自 2002 年之后是网络广告中市场增长最快的网络广告模式。google 的关键词广告（AdWords)是最有影响力的付费搜索引擎营销方法之一。

关键词广告的基本形式：当用户利用某一关键词进行检索时，在检索结果页面会出现与该关键词相关的广告内容。由于关键词广告具有较高的定位，其效果比一般网络广告形式要好，因而获得快速发展。

不同的搜索引擎对关键词广告信息的处理方式不同，有的付费关键词检索结果出现在搜索结果列表最前面（如常见的降价排名广告），也有的出现在搜索结果页面的专用位置（如 google 的关键词广告 AdWords 出现在搜索结果页面的右方，左侧仍然是免费的自然搜索结果）。

（3）搜索引擎关键词广告的优势

① 关键词广告有助于提升公司网络知名度。搜索引擎具有绝对领先的网络商业流量，搜索引擎关键词营销是网络营销中最重要的部分之一。网站在搜索引擎网站中的排名直接影响企业网络的知名度。

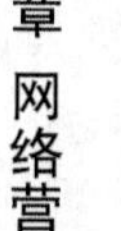

② 关键词广告有更好的针对性和目标性。只有当网民使用了企业购买的关键词时，企业相关信息才会出现在搜索结果页面的显著位置，而使用这些关键词的浏览者往往是对这些信息感兴趣的人，因此，关键词广告具有很强的针对性和目的性。

③ 关键词广告有较为明确的效果。关键词广告一旦投放，关键词的选择和排名直接影响到企业知名度的网络排名和网站流量，效果较为迅速和直接，短期见效不是不可能。

④ 关键词广告成本较低，容易控制成本预算。点击付费广告的特点是展示免费，点击付费，关键词的选择和广告预算随时变化，自由掌控。

⑤ 关键词广告具有良好的投资回报率，相对于报纸、杂志、电视等传统媒体动辄上万的广告投入，搜索引擎广告更经济，具有良好的投资回报率。

【小资料】　美联航空——优化关键词选取，达成机票销量翻番增长

美国联合航空公司（United Airlines）在2007年第一季度期间，充分利用搜索营销手段，在消费者形成机票购买决策前就与之充分互动，将消费者最想预先知晓的机票信息做最有效的传达，在广告预算没有增长的情况下，搜索营销产生的销售业绩增长超过两倍。

美联航空通过调研获知，有65%的消费者在做出旅行决定前，会进行至少3次的搜索，有29%的消费者会进行5次以上的搜索。用户关注的信息主要体现在3个层面：价格、服务和关于航空公司的详细信息。因此，针对这3个层面的信息，分别对关键词的选择及结果的呈现方式做了优化，使消费者在决策前知晓相关的信息，从而带动了机票销量的增加。

美联航空的案例告诉我们，搜索营销能够告知客户在购买周期内关注的细节是什么，而如何把握这些细节，如能在营销活动中提升与客户的信息传达能力，并且时刻优化这些信息的呈现，让市场营销人员和用户保持互动循环，就能对销售产生实际的促进意义。

（资料来源：中国电子商务研究中心．搜索研究——名企搜索引擎营销案例之美联航空，2012年9月6日）

2．许可E-mail营销

电子邮件是最常用的网络服务，同时由于网络广告等网络营销方式的效果日益下降，一些咨询机构和分析人士认为，E-mail营销将成为网络营销的主流形式。一般来说，通过电子邮件的方式向用户发送产品服务信息及其他促销信息都属于E-mail营销的范畴。但从发送电子邮件是否首先得到用户许可来区分，可以将E-mail营销分为许可营销和未经许可的垃圾邮件。真正意义上的E-mail是指许可营销，E-mail不是发送垃圾邮件。垃圾邮件不仅不符合网上商业伦理，对用户造成极大的伤害，同时也违反有关的法律法规，对整个互联网络都造成很大伤害。这里需要对许可营销和垃圾邮件给予必要的说明。

根据《E-mail营销》（冯英健著，机械工业出版社，2003年6月版）的定义，E-mail营销是在用户事先许可的前提下，通过电子邮件的方式向目标用户传递有价值信息的一种网络营销手段。E-mail营销有3个基本因素：基于用户许可、通过电子邮件传递信息、信息对用户是有价值的。3个因素缺少一个，都不能称为有效的E-mail。

开展E-mail营销需要一定的基础条件，需要解决3个基本问题：向哪些用户发送电子邮件，发送什么内容的电子邮件，如何发送这些邮件。这3个基本问题可以进一步归纳为E-mail营销的三大基础。

开展E-mail营销的过程，也就是将有关营销信息通过电子邮件的方式传递给用户的过程，一般要经历以下 5 个主要步骤：

① 制订 E-mail 营销计划，分析目前所拥有的 E-mail 营销资源，如果公司本身拥有用户的 E-mail 地址资源，首先应利用内部资源。

② 决定是否利用外部列表投放 E-mail 广告，并且要选择合适的外部列表服务商。

③ 针对内部和外部邮件列表分别设计邮件内容。

④ 根据计划向潜在用户发送电子邮件信息。

⑤ 对 E-mail 营销活动的效果进行分析总结。

因此，真正意义上的 E-mail 营销也就是许可 E-mail 营销（简称“许可营销”）。基于用户许可的 E-mail 营销与滥发邮件（spam）不同，许可营销比传统的推广方式或未经许可的 E-mail 营销具有明显的优势，比如可以减少广告对用户的滋扰、增加潜在客户定位的准确度、增强与客户的关系、提高品牌忠诚度等。

3．网络社区营销

网络社区是网上特有的一种虚拟社会，社区主要通过把具有共同兴趣的访问者集中到一个虚拟空间，达到成员相互沟通的目的。网络社区是用户常用的服务之一，由于有众多用户的参与，因而已不仅仅具备交流的功能，实际上也成为一种网络营销场所。网络社区是指包括 BBS／论坛、公告栏、群组讨论、在线聊天、交友、个人空间、无线增值服务等形式在内的网上交流空间，同一主题的网络社区集中了具有共同兴趣的访问者。社区是互联网络特有的一种虚拟平台，网络社区可以通过其平台特色，将分散的目标客户和受众精准地聚合在一起，达到用户之间相互沟通的目的。由于大量用户的参与，社区不但具备交流的功能，更重要的是，社区逐渐成为网络营销的场所。网络社区营销是以网络社区为平台，针对社区用户积极的参与性、开放的资源分享性以及网民之间频繁的互动性，借助线上/线下活动、事件讨论、话题引导等方式展开的营销行为。

（1）网络社区的形式

① 电子公告板（BBS）：虚拟网络社区的主要形式，大量的信息交流都是通过 BBS 完成的，会员通过张贴信息或者回复信息达到互相沟通的目的。有些简易的社区甚至只有一个 BBS 系统。

② 聊天室（Chat Room）：在线会员可以实时交流，对某些话题有共同兴趣的网友通常可以利用聊天室进行深入交流。

③ 讨论组（Discussion Group）：如果一组成员需要对某些话题进行交流，通过基于电子邮件的讨论组会觉得非常方便，而且有利于形成大社区中的专业小组。

论坛和聊天室是网络社区中最主要的两种表现形式，在网络营销中有着独到的应用。网络社区可以增进和访问者或客户之间的关系，也可能直接促进网上销售。

（2）网络社区的作用

① 可以与访问者直接沟通，容易得到访问者的信任。如果网站是商业性的，可以了解客户对产品或服务的意见，访问者很可能通过和你的交流而成为真正的客户，因为人们更愿意从了解的商店或公司购买产品；如果是学术性的站点，则可以方便地了解同行的观点，收集有用的信息，并有可能给自己带来启发。

② 为参加讨论或聊天，人们愿意重复访问你的网站，因为那里是和他志趣相投者聚会的场所，除了相互介绍各自的观点之外，一些有争议的问题也可以在此进行讨论。

③ 作为一种顾客服务的工具，利用 BBS 或聊天室等形式在线回答顾客的问题。作为实时

顾客服务工具，聊天室的作用已经得到用户认可。

④ 可以与那些没有建立自己社区的网站合作，允许使用自己的论坛和聊天室。当然，那些网站必须为进入你的社区建立链接和介绍，这种免费宣传机会很有价值。

⑤ 建立了论坛或聊天室之后，可以在相关的分类目录或搜索引擎登记，有利于更多人发现你的网站，也可以与同类的社区建立互惠链接。

⑥ 方便进行在线调查。无论是进行市场调研，还是对某些热点问题进行调查，在线调查都是一种高效廉价的手段。在主页或相关网页设置一个在线调查表是通常的做法，然而对多数访问者来说，由于占用额外的时间，大都不愿参与调查，即使提供某种奖励措施，参与的人数可能仍然不多。如果充分利用论坛和聊天室的功能，主动、热情地邀请访问者或会员参与调查，参与者的比例一定会大幅增加。同时，通过收集 BBS 上顾客的留言也可以了解到一些关于产品和服务的反馈意见。

4．网络口碑营销

进入 2008 年以后，包括论坛、博客、交友等在内的社区成为业界新的关注焦点和投资热点。主要原因在于，社区作为网络互动平台，其开放性、互通性吸引了大量网民的使用；而社区用户产生的内容也成为社区平台的核心资源之一，同时社区用户广泛和积极的参与性也凸显网络社区较高的营销价值。

网络口碑营销作为一种基于社区的新营销模式，自 2005 年产生以来，经过近几年的用户和市场培养，逐渐受到广告主的认可，越来越多的企业开始尝试在社区平台上借助口碑营销进行企业产品、服务和品牌的推广。艾瑞调查显示，2008 年网络口碑营销进入快速发展期，其市场规模已突破 1 亿。

（1）相关概念

① 网络口碑（Internet Word of Mouth，IWOM）：网民通过论坛（BBS）、博客、社交和视频分享等互动网络平台，与其他网民分享关于企业、产品和服务的各种多媒体信息。这些信息众口相传，最终形成针对企业产品、服务和品牌等各方面的口碑效应，从而对企业品牌形象、影响力、产品销售等多方面造成一定影响。

② 网络口碑营销：企业通过对自身产品和用户需求的分析挖掘，在网络社区平台上借助多种营销方式，在加强用户体验的基础上，提高用户分享良性体验的积极性，从而在用户中形成众口相传的口碑效应，达到促进企业品牌形象提升及产品销售增加的目的。

③ 社区关注度：指研究对象（企业、品牌和产品等）在网络社区中被谈及的帖子和博文数量。

（2）网络口碑营销优势

艾瑞咨询认为，口碑营销是以优秀的产品质量为保证，以用户的真实、良性体验为出发而展开的营销行为。对用户而言，企业为他们提供了更多的体验机会，以及在此基础上的发言权。随着新定制时代的到来，用户可借此根据自己的需求，影响企业的产品生产、运营策略，从而使企业产品、服务更好地满足自身需求。

对广告主而言，网络口碑营销主要在以下几个方面更具吸引力。

① 病毒式传播，影响更迅疾、更广泛：网络社区事件的传播具有爆发迅速的特点，能够在很短时间内聚集大量的关注；同时由于社区用户参与性和分享性都比较高，社区热点事件往往能够借助各种渠道和方式得以大范围传播。网络口碑营销通过借助用户、网民之间的众口相

传，以网络社区为主要传播平台，因此具有短时间、大范围、快速传播的爆发性特征。

② 用户细分，营销目标精准：由于社区用户习惯于根据自身爱好等集聚成大小不同的群体，各群体都有核心的关注点和消费倾向，因此借助话题、事件、主题活动等方式进行的营销更具针对性。

③ 高投入产出比：网络口碑营销传播的主要平台是社区类媒体，主要媒介是用户，主要方式是众口相传，因此与传统广告形式相比，无须大量的广告投入；相反，可借助用户评价的病毒式扩散获得更大的影响力。

④ 达成企业和用户之间真正互动：传统广告形式只是将产品推给用户使用，之后用户的使用体验缺少相关反馈机制和渠道。口碑营销的传播内容就是用户的评价，企业通过口碑营销一方面建立自己的正面影响力，同时可以建立起实施监测用户体验、及时反馈有效信息的机制，对企业明晰用户、市场需求变化，及时调整企业战略有着深远的意义。

5．病毒性营销

病毒性营销并非真的以传播病毒的方式开展营销，而是通过用户的口碑宣传网络，信息像病毒一样传播和扩散，利用快速复制的方式传向数以千计、数以百万计的受众。病毒性营销已经成为网络营销最为独特的手段，被越来越多的网站成功利用。病毒性营销不仅是一种实用的网站推广方法，也反映了一种充分利用各种资源传递信息的网络营销思想。

【小资料】　　　　　　　　　可口可乐病毒性营销案例

2008年3月25日，可口可乐公司推出了火炬在线传递，这个活动堪称经典的病毒性营销案例。

如果你争取到了火炬在线传递的资格，将获得“火炬大使”的称号，头像处将出现一枚未点亮的图标，之后就可以向你的一个好友发送邀请。如果10分钟内可以成功邀请其他用户参加活动，你的图标将被成功点亮，同时将获取“可口可乐”火炬在线传递活动专属QQ皮肤的使用权——火炬在线传递活动的QQ面板皮肤。而这个好友就可以继续邀请下一个好友进行火炬在线传递，依此类推。

网民们以成为在线火炬传递手为荣，“病毒式”的链式反应一发不可收拾，“犹如滔滔江水，绵延不绝”。这个活动在短短50天之内就“拉拢”了5 000万人（5 116 923人）参与其中。平均起来，每秒钟就有12万多人参与。一个多月的时间内，在大家不知不觉中，身边很多朋友的QQ上都多了一个火红的圣火图标（同时包含可口可乐的元素）。

（资料来源：杨雪．江苏商论——实施病毒营销的若干问题分析：由在线火炬传递活动引发的思考，2012年9月6日）

病毒性营销是一种常用的网络营销方法，常用于进行网站推广、品牌推广等。病毒性营销利用的是用户口碑传播的原理，在互联网络上，这种“口碑传播”更为方便，可以像病毒一样迅速蔓延，因此病毒性营销成为一种高效的信息传播方式。而且，由于这种传播是用户之间自发进行的，因此几乎是不需要费用的网络营销手段。

病毒性营销是一种营销思想和策略，并没有什么固定模式。对于一些小企业或小型网站来说，病毒性营销不一定要很大规模，力争在小范围内获得有效传播是完全可以做得到的。很多病毒性营销的创意适合于小企业，比如提供一篇有价值的文章、一部电子书、一张优惠券、一个祝福卡、一则幽默故事、一个免费下载的游戏程序等，只要能恰到好处地在其中表达出自己

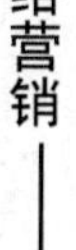

希望传播的信息，就可以在一定程度上发挥病毒性营销的作用。

6. 博客营销

博客营销是利用博客这种网络应用形式开展网络营销的工具。公司、企业或者个人利用博客这种网络交互性平台，发布并更新企业、公司或个人的相关概况及信息，密切关注并及时回复平台上客户对于企业或个人的相关疑问及咨询，并通过较强的博客平台帮助企业或公司零成本获得搜索引擎的较前排位，以达到宣传目的。博客营销的特点包括目标更为精确、较低的营销成本、广告的交互性。

（1）博客营销的常见形式

不同行业、不同规模企业采用的博客营销模式不尽相同，事实上博客营销可以有多种不同的模式。从目前企业博客的应用状况来看，企业博客营销有下列 6 种常见形式：企业网站博客频道模式、第三方 BSP 公开平台模式、建立在第三方企业博客平台上的博客营销模式、个人独立博客网站模式、博客营销外包模式、博客广告模式。

【小资料】 五粮液葡萄酒博客营销

中国酒业大王五粮液集团全资子公司——五粮液葡萄酒有限责任公司与国内最大的跨平台博客传播网络 BOLAA 网携手合作，通过该平台在博客红酒爱好者中组织了一次大规模的红酒新产品体验主题活动。利用互联网新媒体对其红酒新产品进行大规模市场推广，这是传统名牌酒类企业利用互联网渠道进行的一次重要的营销突破。活动开展后短短几天，报名参加体验活动的人数就突破了 6 000 多人，最终五粮液葡萄酒公司在其中挑选了来自全国各地的 500 名知名的博客红酒爱好者参加了此次活动，分别寄送了其新产品国邑干红以供博客品尝。博客们体验新产品后，纷纷在其博客上发表了对五粮液国邑干红的口味感受和评价，迅速在博客圈内引发了一股关于五粮液国邑干红的评价热潮，得到了业界的普遍关注。五粮液国邑公司通过此次活动受益匪浅，不仅产品品质得到大家的认可，品牌得到了大幅度提升，而且还实实在在地促进了产品销售，许多参加活动的博客表示五粮液新产品确实口感不错，以后他们自己也会去购买五粮液国邑干红。

据五粮液国邑酒业公司相关负责人王晓军介绍，此次活动是五粮液国邑干红通过互联网传递企业品牌及产品特性的一次重要尝试，希望通过博客体验的方式找到打开网络营销的突破口。随着 2006 年博客在中国的蓬勃发展，一些目光敏锐的商家注意到了隐藏在博客中的巨大营销商机，他们不再拘泥于长期沿袭的传统广告，而是开始把新产品信息直接投放到定向准确的终端消费者中间，其中博客的消费特性更是与红酒产品的受众定位非常吻合，因此五粮液国邑酒业公司计划利用 BOLAA 网跨平台的博客渠道优势，对博客中的红酒爱好者组织一次新产品体验活动，即由部分消费者实际品尝体验五粮液国邑干红后，以博客的方式描述自己切身感受和中肯意见，或围绕红酒文化开展系列的讨论，并进一步在同类属性的博友中大范围传播，逐步吸引红酒爱好者加入五粮液红酒博友联盟圈子，以达到宣传产品和培养忠实用户的效果。

体验经济概念创始者、《体验经济——工作是剧院，业务是剧目》作者 James Gilmore 习惯"把体验视为一种独特的经济提供物将会开启未来经济增长的钥匙"。谈到这次营销的探索，五粮液国邑酒业公司相关负责人表示，"与 BOLAA 网的合作是五粮液国邑品牌在市场营销的一次全新尝试。关于博客体验，我们希望大家在体验五粮液国邑干红后能真实地表达感受，无论大家肯定还是提出意见，对我们进一步改善产品质量都是有益的。"

此次博客体验的是五粮液国邑系列干红葡萄酒，该产品是从生产葡萄酒历史最为悠久、品质最为世界推崇的欧洲国家直接进口优质原酒灌装生产而成，届时博客享受到的将是100%纯粹欧洲的葡萄酒。五粮液葡萄酒公司负责人认为，通过让博客真实品尝国邑干红葡萄酒，不仅能在第一时间获得用户体验的第一手资料，而且通过博客体验进行的口碑传播，更能使红酒品牌得到广泛的传播，激发消费者的购买欲望，培育忠实用户群体，博客体验不失为一种十分有效的营销方式。获得国邑干红葡萄酒的博客纷纷表示这样的体验方式很好，不仅可以优先免费获得最新产品的体验机会，而且整个主题活动和产品本身具备的文化韵味可以更好地唤起人们心中的情感记录，很能让人产生共鸣。

（资料来源：吴德望．企业改革与管理——博客在葡萄酒营销中的应用，2012年9月6日）

（2）博客营销的优势

① 细分程度高，广告定向准确。博客是个人网上出版物，拥有其个性化的分类属性，因而每个博客都有其不同的受众群体，其读者也往往是一群特定的人，细分的程度远远超过了其他形式的媒体。而细分程度越高，广告的定向性就越准。

② 互动传播性强，信任程度高，口碑效应好。博客在广告营销环节中同时扮演了两个角色，既是媒体又是人，既是广播式的传播渠道又是受众群体，能够很好地把媒体传播和人际传播结合起来，通过博客与博客之间的网状联系扩散，放大传播效应。

每个博客都拥有一个相同兴趣爱好的博客圈子，而且在这个圈子内部的博客之间的相互影响力很大，可信程度相对较高，朋友之间互动传播性也非常强，因此可创造的口碑效应和品牌价值非常大。虽然单个博客的流量绝对值不一定很大，但是受众群明确，针对性非常强，单位受众的广告价值自然就比较高，所能创造的品牌价值远非传统方式的广告所能比拟。

③ 影响力大，引导网络舆论潮流。博客正在成为网民们的“意见领袖”，引导着网民舆论潮流，他们所发表的评价和意见会在极短时间内在互联网上迅速传播，对企业品牌造成巨大影响。

④ 大大降低传播成本。博客营销的成本由于主要仅集中于教育和刺激小部分传播样本人群中，因此成本比面对大众人群的其他广告形式要低得多，且结果也往往能事半功倍。

如果企业在营销产品的过程中巧妙地利用口碑的作用，必定会达到很多常规广告所不能达到的效果。例如，博客规模赢利和传统行业营销方式创新，都是现下社会热点议题之一，因而广告客户通过博客口碑营销不仅可以获得显著的广告效果，而且还会因大胆利用互联网新媒体进行营销创新而吸引更大范围的社会人群、营销业界的高度关注，引发各大媒体的热点报道，这种广告效果必将远远大于单纯的广告投入。

⑤ 有利于长远利益和培育忠实用户。运用博客口碑营销策略，激励早期采用者向他人推荐产品，劝服他人购买产品。最后，随着满意顾客的增多会出现更多的“信息播种机”“意见领袖”，企业赢得良好的口碑，长远利益也就得到保证。

⑥ 博客的网络营销价值体现。大量增加了企业网站或产品说明的链接数量，新增了搜索引擎信息收录量，直接带来潜在用户的可能性迅速增大，且方便以更低的成本对用户进行行为研究，让营销人员从被动的媒体依赖转向自主发布信息。使传播在相当长的时间里得以继续不间断延展，而不仅仅局限于当期的传播主题活动。

7．其他

除了以上介绍的外，网络资源合作、网络会员制营销也是经常使用的网络营销方法。

（1）网站资源合作

每个企业网站均可以拥有自己的资源，这种资源可以表现为一定的访问量、注册用户信息、有价值的内容和功能、网络广告空间等，利用网站的资源与合作伙伴进行合作，实现资源共享，共同扩大收益。网站之间的资源合作是互相推广的一种重要方法，其中常见的形式有互换链接、互换广告、内容共享、用户资源共享、合作伙伴注册等。无论哪种形式的合作，其基本思想都是一样的，即通过共享各自的营销资源达到共同发展的目的。

（2）网络会员制营销

网络会员制营销的英文是 Affiliate Program，国内也有文章翻译为其他名词，如“联署网络营销”“会员制计划”等。

最初的网络会员制营销是拓展网上销售渠道的一种方式，主要适用于有一定实力和品牌知名度的电子商务公司。会员制营销已经被证实为电子商务网站的有效营销手段，网络会员制营销已经成为电子商务网站重要的收入来源之一。在应用范围上，也不仅仅局限于网上零售，在域名注册、网上拍卖、内容销售、网络广告等多个领域都普遍采用。在美国，现在实施了会员制计划的企业数量众多，几乎已经覆盖了所有行业。2000 年底前后，国内部分网站开始应用网络会员制营销方法；到 2003 年，网络会员制营销才真正开始在国内大型网络公司广泛应用，不仅受到大型电子商务网站的重视，也扩展到其他网络服务领域，如百度搜索联盟、竞价广告联盟、关键词广告联盟、263 邮件联盟等。例如，Google Adsense（基于内容定位的关键词广告）利用网络会员制模式拓展广告空间，将关键词广告投放在内容相关的加盟会员网站上。eBay（易趣）的创业联盟则是一种新型高效的多网站广告投放方式，即同一个广告主同时在众多加盟网站上投放广告，根据用户通过加盟网站广告浏览后的某种效果支付费用，这样为广告主投放和管理网络广告提供了极大的便利。

但由于对网络会员制营销模式还缺乏足够的认识，因此在实际操作中还存在一些问题。尤其在 2003 年上半年，以“短信联盟”为代表的网络会员制营销模式几乎到了过热和失控的状态，最终这种短信联盟被有关部门取缔。而在其他正常的业务领域，网络会员制营销模式更多地表现为效果不如预期的理想。

5.2 发现市场空隙，明确市场定位

商品经济的发展，竞争日趋激烈，企业想让顾客在浩如烟海的产品中找到自己的产品、购买自己的产品，得有一定的特色，要与竞争者的产品有所差别，培养顾客的忠诚度。可以预测，随着电子商务的发展，网络营销的关键之一在于发现市场空隙，明确市场定位。

5.2.1 发现市场空隙

商业创意的第三个来源是市场空隙。许多新产品出现，就是因为消费者需要但无法在特定地方买到或市场根本不存在。这种情况部分是由于大型零售商导致的，如沃尔玛、好市多公司。它们主要靠价格竞争，向主流消费者提供最普遍的物品。尽管这种方式允许大型零售商获取规模经济，但它留下许多市场空隙。这也是服装专卖店、专门商店存在的原因，这些企业愿意销售那些大型零售商不能大批量销售的商品。

市场的产品空隙，意味着潜在可行的商业机会。例如，2000 年，提斯·瑟沃罗意识到，

市场上没有专门为女性制作的吉他。为了填补这个空隙，她创建了戴西摇滚吉他公司（Daisy Rock guitars），专门为女性生产吉他乐器。戴西摇滚吉他时髦漂亮，拥有女性似的名字（例如，苹果粉、彩虹光、红珍珠），体现适合女性体格与手掌纤小的设计特征。林荫服装公司(Shade Clothing)是填补市场空隙的绝好例子，作为一家比较新的网上商店，它为女性设计、销售既时尚又不招摇的服装。

当人们无法找到所需的产品或服务而变得沮丧，并意识到其他人深有同感时，市场空隙就会被识别出来。这种情况在洛纳·凯特勒（Lorna Ketler）与巴布·威尔金斯（BarbWilkins）创业时就发挥了作用，他们因没法找到合适的特号时髦衣服而感觉郁闷。因此，他们创建了无畏商店（Bodacious），专门销售时髦有趣的合身特号衣服。凯特勒与威尔金斯的经历表明，通过填补特定顾客群的市场空隙，商业创意会令人瞩目。威尔金斯回忆起获得的成功：当你承担了风险并获得回报，而且人们每天都在谈论你的时候，这太有意义了。我们多次听到人们在店里发出惊呼声。他们发出惊呼，是因为找到合适的衣服而无比高兴。有位女士买到一条合适的牛仔裤，一小时后她打电话给我说，“裤子太合身了，在家都能穿”。

有时，人们的身材会发生很大变化，比如得病或生育小孩，许多情绪因素牵涉在里面。如果能买到合适的衣服，就可以帮助人们获得良好的自我感觉。

产生新创意的相关技巧是选取一种现存的产品或服务，然后瞄准一个完全不同的目标市场而创造出新的产品品种。这种办法实质上包含了创造市场空隙并填补空隙。流行帽游戏公司（PopCap Games）就是这方面的例子，它创造出电子游戏业中被称为“随意游戏”的新品种。这类游戏随意而轻松，也不眩目或充满激动情节，适合那些忙碌一天想要放松的人们。现在，公司90%的顾客是25岁以上的女性玩家，这完全不同于主流游戏制造商关注的青年男性市场。

新企业必须谨慎对待的事情是，如果企业宣称利用环境趋势解决问题或填补市场空隙，那么就必须交付所做的承诺。如果最初用户发现新创企业名不符实，他们会很快抛弃它。

5.2.2 市场定位依据

市场定位的主要任务就是在市场上，新创企业及产品与竞争者有所不同，充分突出新企业及产品在市场上的新颖性、显著性、差别化的特征。有些人认为很难，其实并不一定很难，只要创业者认真努力，就一定能够成功地在市场上确定自己存在的价值、展示特色与风采，受到顾客（消费者）的认可与青睐。一般而言，创业者应该注意以下四方面：

1. 产品实体差异化

产品实体差异化的关注重点是产品实际上的、看得见的、可感觉到的差别，这是顾客理解和认同定位诉求的基石，但出发点依然是顾客的心理需要。当突出产品实体的某种特色时，这种特色是从顾客的心理出发的，要切入顾客的心中，打动顾客的心。产品差异化具体包括：产品特征、性能、结构、耐用性、易修复性、质量、式样及产品设计。其中，产品的特征是公司产品差异化极具竞争力的工具。

要注意的是产品差异化不是市场细分。市场细分化的着眼点是要针对不同顾客的需求特点开发出不同的产品；而产品差异化的着眼点则是已经存在的产品，使它的某种特征与竞争者的同类产品有明显的区别。

广州宝洁公司洗发剂的定位是比较成功的，“海飞丝”洗发液突出其去头屑的特征，“飘柔”

洗发液强调洗后头发的飘逸柔顺，而“潘婷”洗发液则强调对头发的护理和保养，企业产品分别抓住了有头屑的、长发的、短发的女性的理。

2. 服务差异化

服务差异化是“附加产品”的差别化。除了对有形产品进行差别化外，企业还可以对服务进行差别化。当产品实体难以进行差异化时，竞争成功的关键往往取决于服务的优劣。“小天鹅”洗衣机维修服务的“一、二、三、四、五”原则，使“小天鹅”洗衣机在众多的品牌中脱颖而出，深入消费者心中。

服务是软性的，在这方面做好是不太容易的，好与坏的标准也较难确定，但企业可从送货服务、顾客培训服务、安装服务、咨询服务、修理服务等几个方面寻求与竞争者的差异，而这种差异又是消费者十分关注的。

3. 形象差异化

在市场上，当实体产品以及附加产品都相似时，企业可树立独特的形象，以显示与竞争者产品的不同。例如，都是纯净水，“娃哈哈”纯净水以情感人，一句“我的眼里只有你”的口号，深深打动消费者的心。而农夫山泉强调“有点甜”。这时由于公司或品牌的不同，消费者也会做出不同的反应。因为品牌可以形成不同的“个性”，以供消费者选择。

消费者之所以对某个品牌感兴趣，是由于每个人都有突显自己个性的心理需要。当某种品牌正好切合自己的个性特点时，顾客通常就会把这种品牌的商品买下来，并向别人显示，以表现其个性。

形象不可能一夜之间在公众心目中形成，也不可能凭借一种媒体就可以塑造。设计鲜明的产品形象，需要摸透消费者心理，并需要创造力和艰苦的工作。

4. 人员差异化

人员差异化对服务性企业尤为重要。企业可以通过雇用、培训出比竞争对手更优秀的员工，来赢得强大的竞争优势。例如，麦当劳的员工都十分礼貌，IBM 的员工技术水平很高，迪斯尼公司的员工态度都非常乐观热情。正是依靠这些具有不同特点的优秀员工，这些公司在顾客的心中留下了深刻的印象。

人员差异化可从几个方面进行：员工的能力、言行举止、可信度、可靠性、敏捷性与可交流性等。但要注意的是，员工的总体表现是员工个体表现的总和，特别是与顾客直接接触的员工，只要有个别人表现不佳，就有可能使全体员工乃至整个公司蒙受恶名。

5.2.3 市场定位四原则

各个企业经营的产品不同，面对的顾客也不同，所处的竞争环境也不同，因而市场定位原则也不同。总的来讲，市场定位所依据的原则有以下 4 点：

1. 根据产品特点定位

构成产品内在特色的许多因素都可以作为市场定位所依据的原则。例如，所含成分、材料、质量、价格等。“七喜”汽水的定位是“非可乐”，强调它是不含咖啡因的饮料，与可乐类饮料不同。“泰宁诺”止痛药的定位是“非阿司匹林的止痛药”，显示药物成分与以往的止痛药有本质的差异。

2．根据用途定位

为老产品找到一种新用途，是为该产品创造新的市场定位的好方法。我国曾有一家生产“曲奇饼干”的厂家最初将其产品定位为家庭休闲食品，后来又发现不少顾客购买是为了馈赠，又将之定位为礼品。

3．根据顾客利益定位

产品提供给顾客的利益是顾客最能切实体验到的，也可以用作定位的依据。例如，世界上各大汽车巨头的定位也各有特色，劳斯莱斯车豪华气派，丰田车物美价廉，沃尔沃则结实耐用。

4．根据顾客类型定位

企业常常试图将其产品指向某一类特定的使用者，以便根据这些顾客的看法塑造恰当的形象。美国米勒啤酒公司曾将其原来唯一的品牌“高生”啤酒定位于“啤酒中的香槟”，吸引了许多不常饮用啤酒的高收入妇女。后来发现，占 30%的狂饮者大约消费了啤酒销量的 80%。于是，该公司在广告中展示石油工人钻井成功后狂欢的镜头，还有年轻人在沙滩上冲刺后开怀畅饮的镜头，塑造了一个“精力充沛的形象”。在广告中提出“有空就喝米勒”，从而成功占领啤酒狂饮者市场达 10 年之久。

事实上，许多企业进行市场定位的原则往往不止一个，而是多个原则同时使用。因为要体现企业及其产品的形象，市场定位必须是多维度的、多侧面的。

5.2.4 市场定位策略的选择和执行

1．应推广多少差异化特点

该特点是指到底是推广一种差异特点还是多种差异特点。许多营销者主张向目标市场仅推广一种利益，即各个品牌应挑选出一个属性，并极力称誉它是该种属性的“第一”。因为购买者一般会记得“第一”的信息，尤其是在今天这个信息过度沟通的社会。因为人们的心智，由于动物心理学中的铭印作用，这种动物生命早期即起作用的学习机制，往往对于最早的、第一的事物最容易铭记在心。因此，第一个人、第一座山、第一家盘踞在顾客心目中的企业，都是难于驱逐出去的。

“第一”定位可以宣传推广的主要有“质量最好”“服务最佳”“价格最低”“价值最高”和“技术最先进”等。如果企业反复强调上述之一的定位，并且确确实实地向购买者提供了这种最好的属性，那么该定位就可能最为人所熟知，并令人们时常想起这个定位。

当然，并不是所有的人都认为单一利益定位总是最好的方法，企业也可搞双重利益定位，甚至可搞三重利益定位。

当然，随着企业对其品牌宣传的增多，他们将冒失去信任和定位不够明确的危险。因此，企业通常必须避免 4 种主要的定位失误：

（1）过度的定位

即有些品牌言过其实地鼓吹自己的功效或提供的功能，购买者可能很难相信该品牌在产品特点、功效或制作上像所宣称的那样。

（2）混乱的定位

即有的企业对其品牌所作的诉求过多，且变动过于频繁，致使购买者对其品牌只有一个混乱的印象，很难令人弄清该产品的主要特点。

（3）过宽的定位

有些产品定位过宽，不能突出产品的差异性，很难使该产品在顾客心目中树立明显的、独特的形象。

（4）过窄的定位

有的产品本来可以适应范围更广的顾客需要，并成为他们钟爱的牌号。但由于定位过窄，只着重宣传适于其中某部分人的需要而忽视其他对此钟爱的顾客，结果痛失良机，失掉了一大批可成为该品牌忠诚者的顾客。

2. 应推广哪些差异化特点

虽然市场定位的核心是要使企业的产品与竞争者的产品有区别，但并不是所有的品牌差异化都是有意义和值得推广的。因此，企业必须仔细选择令自己与竞争者有显著区别的差异化特点。

一般来说，值得塑造和推广的差异化应达到下列标准：

① 重要性：这种差异化应向目标购买者提供价值较高的利益。

② 独特性：这种差异化是竞争者没有提供的，或企业能以更独特的方式提供。

③ 优越性：这种差异化是优于顾客可从中得到相同利益的其他方法。

④ 沟通性：这种差异化是易于向购买者通报，并能让购买者肉眼看得见的。

⑤ 优先性：这种差异化是竞争者不容易模仿的。

⑥ 承担性：这种差异化是购买者在支付能力上能承担得起的。

⑦ 赢利性：企业能有利可得地将这种差异化引入市场。

在实际工作中，有些企业推出的差异化往往与上述某些要求不相符。例如，现些宾馆，常常喜欢在广告中大力吹嘘其是全世界或全地区最豪华或最大的宾馆，其实这种差异化对许多游客来说并不重要。恰恰相反，这一差异化往往还会赶跑一些游客。又如，国电话电报公司最先推出的可显示图像的电话机之所以大遭失败，就是因为其价格过高，广大社会公众认为没有必要为看到通话对方而花那样大的成本。

总之，在推广哪些差异化特点问题上，首先要考虑所欲推出的差异化特点是否有实际意义，值不值得推广。至于在考虑应推广哪些具体的差异化特点时，则应考虑自己有哪些优于竞争者的差异化特点值得推广，值得树立其形象。其具体的作法是：企业必须将和竞争优势相关的5种属性与主要的竞争者做比较，即在技术、成本、质量和服务这4项中，挑选自己的名次与竞争者的名次，互做比较，然后通盘考虑，看有哪些值得推出的差异化特点。

3. 如何宣传企业的定位

一旦企业选择了一个市场位置后，就必须采取有力的步骤来向目标顾客宣传这一预期的定位。企业的所有市场营销组合工作都应支持这一定位策略，如果企业决定将某种产品定位为最优质量和最优服务的产品，首先就必须将这种定位传达给目标市场，并制订相应的市场营销因素组合计划，拟出实现定位策略的战术性行动细节。因此，一个执行“高质量定位”的企业，知道自己必须制造出高质量的产品，制订较高的价格，通过高质量的经销商来分销产品，并在高质量的媒体上做广告。企业还必须招聘和培训更多的服务人员，选择在服务方面有良好声誉的零售商，并精心撰写能传播优越服务信息的推销和广告词句，这是树立持久的、令人相信的高质量、高服务定位的唯一途径。

这里应指出，企业提出一个好的定位策略远比执行这个策略要容易得多。因为要发展一种定位或改变一种定位是需要旷日持久努力的。相反，花费多年时间发展起来的定位可能会很快毁于一旦。因此，当企业建立起一种理想的定位后，就必须通过持久的业绩和不断的沟通来维持这一定位，必须密切监控并随时间的推移而修正这一定位，以适应市场需求和竞争者策略的变化。但企业也必须避免过急的转变，以免顾客困惑。正确的做法是，产品的定位必须随着经常变化的市场营销环境而逐渐加以演变。

5.3 创业企业网络营销的现实问题

在电子商务的背景下，创业企业网络营销所要面临的问题主要指以下两方面：创业企业的营销问题和网络营销面临的问题。

5.3.1 创业企业的营销问题

尽管新企业必须处理很多营销问题，但对新企业早期成功至关重要的有2个问题：销售利益而非产品特征、创建品牌。缺乏对其中任何一个问题的关注，都会破坏企业的营销活动，因为这会向企业的目标顾客传递混乱的信息。

1. 销售利益而非产品特征

很多创业者会犯这样一个错误：将企业的产品或服务定位于产品特征而非产品提供的利益。关注产品特征（如技术特征）的市场定位或营销战略，通常不如那些关注产品实际利益的定位或营销战略更有效。看看某个移动电话制造商的宣言，“我们的移动电话存储器容量非常大，足以储存100个电话号码”。储存100个电话号码的能力，是一种特征而不是一种利益。这个移动电话制造商更好的表达方式应该是“我们的移动电话可以储存 100 个电话号码，让您随时可以查询亲人和朋友的号码”。这种陈述关注顾客得到的利益，告诉顾客购买这种产品会如何改进他的生活。

麦当劳发起过一个非常成功的广告活动，包括一句朗朗上口的广告语，“今天您应该在麦当劳休息一下”。麦当劳本来可以强调店内的清洁和服务速度，但这都属于特征。相反，它通过关注在麦当劳就餐的最大利益（不用做饭）来与人们达成共鸣。尽管在当今社会不是很明显，但麦当劳开始使用这个标语时，不用在家做饭就是一个非常大的优势。这种思路可以应用于任何产品或服务。

2. 创建品牌

品牌（Brand）是人们将其与某个企业联系在一起的、正面或负面属性的集合。属性可能是积极的，如可信赖性、创新性、可靠性或易于操作性。属性也可能是消极的，如廉价、不可靠或难以操作。企业通过品牌创造的顾客忠诚，是最有价值的资产。新奇士果农公司（Sunkist Growers）的CEO支持这种观点，他说，“橘子本来是橘子，但橘子碰巧是新奇士品牌的，结果就不同了，因为80%的顾客都知道并信任这个品牌”。通过将其品牌贴在橘子上，新奇士果农公司对顾客做出“橘子是卫生和新鲜”的承诺。最重要的是，新奇士果农公司不能违背这个诺言。一些企业通过品牌管理（Brand Management）项目来监测顾客对品牌的忠诚，或者保护品牌在顾客心目中的形象和价值。这意味着如果新奇士果农公司发现有些橘子不新鲜，就必须立刻采取措施纠正问题。

表 5-1 列出了人们思考品牌含义的不同方式。表中表达的所有观点都是类似的，但他们说明了公司品牌多方面的本质。

表 5-1 思考品牌含义的不同方式

品牌的含义	品牌的含义
品牌是一种承诺	品牌是一种对绩效的期望
品牌是一种保证	品牌是一种资格的表现
品牌是一种担保	品牌是信任和低风险的标记
品牌是一种声誉	品牌是企业和顾客之间的合作
品牌是一种没有写出来的保证	

新企业必须从无到有创建品牌，这开始于选择企业名称。有效品牌化的关键之处在于为企业创造某种有冲击力的特性以吸引目标市场。例如，西南航空公司创造了一个表现有趣好玩的品牌，这与其目标市场形成了很好的匹配：人们旅行的目的是快乐而非商务。类似地，星巴克创造了一个表示温暖和好客的品牌，鼓励人们逗留并购买其他产品。企业最终想让顾客对其形成很强的认同感，从而将自己看作“西南航空旅行者”或“星巴克咖啡品尝者”。然而，除非顾客认为企业在为顾客创造价值方面不同于竞争对手，否则他们不会这样做。

那么，新企业该如何创建品牌？在哲学层面，企业必须对顾客的生活有意义。它必须创造价值——顾客乐于购买的东西。想象一下一位购买飞机票的父亲，有了这些机票，他就可以带3 个孩子在圣诞节去看望孩子的祖父。如果西南航空公司以每张票低于竞争对手 75 美元的价格将他们送达目的地，那么西南航空公司对这位父亲的生活是有实际意义的。同样，如果一个十几岁的孩子喜欢与伙伴们玩约翰马顿美式足球(John Madden football)并总想得到最新版的游戏，那么游戏制造商就对他的生活具有实际意义。对顾客生活有意义的企业代表着某种利益，不管是低价、乐趣、质量、友谊、可靠性，还是其他一些东西，这种意义在顾客和企业之间创造了一种契约。

在实践层面上，品牌是通过很多技术来创建的，包括广告、公共关系、赞助、支持社会事业和良好绩效。企业名称、标志语、网站设计，甚至信笺上方的印刷文字，都是品牌的一部分。对于新企业，特别是那些打算向其他企业销售产品的新企业，迅速拥有一个完美的形象至关重要，这样在与潜在客户打交道时就有了可信度。

多数专家反对过分依靠广告建立企业形象。一个更为有效的方法是利用口头宣传、媒体和独创性来创造关于企业的积极口碑。创造口碑意味着创造顾客意识及其对企业和供给品的预期。这个过程在企业将其概念展示给潜在购买者或产业专家进行可行性分析时，就已经开始了。除非想对行动保密（为了保护专有技术或先行者优势），企业一般都希望人们开始谈论自己及其激动人心的新产品或服务。对于电影制片企业来说，这是显而易见的，如果顾客讨论他们喜欢看的电影，就会鼓励其他人也来看电影。此外，报纸、杂志和行业刊物总是寻找有趣的公司故事。如果杂志或行业刊物对新企业的产品或服务进行有力的报道，那么企业所得到的利益是很难通过广告获取的。

过多关注产品的特征和利益，是创业者在吸引媒体注意时常犯的错误。当创业者谈论他们的产品相对于竞争对手如何优秀时，记者通常会持怀疑态度。记者感兴趣的是新企业创立的故事，或关注新企业某些与众不同的事情。

最后，强有力的品牌可能是企业最重要的资产，52%的消费者认为，值得信赖的知名品牌是购买某个产品的原因。因此，品牌允许企业给产品定高价，并与其形象相一致。成功的品牌能将企业的市场价值提高 50%～75%。如果企业被另一个企业兼并或收购，或者企业进行首次公开上市，这种价值增值非常重要。品牌权益（Brand Equity）是描述与品牌紧密联系并能提高企业价值的资产与负债集合。企业必须要理解品牌权益以及如何利用它创造价值。

5.3.2　网络营销面临的问题

互联网未来最大的潜在优势可能是直接网上销售，并于网上提供产品价目表以供选购。如果产品价格和供应有所变化，这些价目表也很容易相应地变化，避免了打印价目表并邮寄给客户而产生的巨大费用。

虽然网络营销对于公司而言有许多优势，但仍有两个问题需要注意，即目标接受者有限和客户反对变化。就第一个问题而言，互联网虽然流行但普及范围有限。尽管互联网的应用与发展很快，互联网用户人口统计也可以真实地反映出整个社会，但公司仍然要谨慎地加以对待，而不能在众多营销方式中过分依赖它。就第二个问题而言，要记住改变行为模式是艰难而耗时的。

网络营销必然导致行为方式的改变，这就要求企业懂得如何使客户在进行网上购物时感到放心。一个简单的解决办法就是为客户详细地讲解网上购物的流程，但这会比较花时间。此外，企业还应评价诸如担保、保证金或其他减少消费者潜在风险的方法。

5.4　创业企业营销的关键点（5P 理论）

一旦企业确定了目标市场、在市场上建立了定位并创建了品牌，就要开始计划营销组合的细节。企业的营销组合（Marketing Mix）指一组可控的战术性营销工具集，被用来在目标市场上产生企业预期的反应。多数营销人员将营销组合分为 5 类：产品（Product）、价格（Price）、促销（Promotion）、渠道（Place）、分销（Distribution）。由于很明显的原因，这 5 类一般被统称为 5P。

企业销售和分销产品的方式会显著影响企业的营销计划，这种影响意味着企业必须做出的第一个决策就是销售产品或服务的整体方案。即使企业很相似，营销组合也可能会有很大差异，这要视企业做生意的方式而定。例如，一个软件企业可以通过网站或零售店直接销售产品，也可以授权某个企业以本企业品牌名称来进行销售。计划直接向大众销售产品的新企业所建立的促销计划，会明显不同于计划授权其他企业销售本企业产品的企业。企业的营销计划应与其商业模式和整体商业计划相一致。

5.4.1　产品策略

产品策略中的一个核心步骤就是产品的定位，这个定位包括市场定位和品牌定位。市场定位关系到目标消费者的选择，品牌定位比较复杂，企业给消费者利益保障的承诺是一个品牌定位的衡量。如果没有理解品牌承诺，就很难知道应该怎样进行品牌定位。

企业可以在网上销售商品、服务或广告，采取某种电子商务模式来获取收入。企业可以在在线市场创建新的品牌，也可以依然销售离线市场正在销售的某些产品，或者对现有产品进行一些改进。很显然，前期的市场分析意味着，企业可以有多种选择。如果企业仅仅在网上提供线下的品牌，则只需要解决销售方式差异化所带来的问题。例如，显示在计算机屏幕上的颜色与印刷品上的颜色是不同的。很多精明的企业利用信息技术来改变它们在网上提供的产品的方式。例如，戴尔公司可以在瞬间按照客户的要求定制个性化的产品，客户只要在网上配置自己所希望的计算机，数据库就会提供一张反馈表，上面有最新的计算机配置信息和价格信息。

另外，品牌是市场竞争的最终归宿，也是市场竞争的最高境界。从任何一个行业的发展规律可以看出，总是有几个主导品牌控制着市场的局势。例如，饮料业的可口可乐、百事可乐；快餐业的麦当劳、肯德基；日用品行业的宝洁；彩电业的康佳、长虹、TCL 等。对于品牌，大卫"奥格尔维说，"任何一个傻瓜都会做成一笔生意，然而，创造一个品牌却需要天才、信誉和毅力。"创造一个品牌绝不是简单的事情，需要付出长期艰苦的努力。

网络品牌资产并不仅仅代表了股票市值或者被并购的价格筹码，而是代表了品牌的有效识别、顾客价值、社会意义等众多的因素。探讨网络品牌资产的意义即在于深入挖掘网络品牌的核心价值，以促使更多深具品牌价值的网络品牌的打造和产生。网络品牌资产由一系列要素构成，这些要素分别以各自的方式影响着网络品牌价值。这些要素包括网络品牌忠诚度、网络品牌价值、网络品牌认知度、网络品牌影响力、网络品牌联想等。

1．网络品牌忠诚度

一个品牌对企业的价值很大程度上是由其支配的客户忠诚度创造的，一个品牌从某种程度上代表了一组忠诚的顾客。当对一个将要出售或购并的品牌进行估价时，忠诚度是一个关键的考虑因素。因为高忠诚度的消费者，能够产生可预知的销售额和利润。另外，忠诚度还意味着品牌对客户的价值，并对营销成本的影响巨大，因为维系老顾客比吸引新顾客的成本低得多。因此，将品牌忠诚度列为品牌资产构成要素，将有助于创造和提高品牌资产价值。网络品牌忠诚度可以通过品牌网站客户回访率、客户重复购买率等指标衡量。

2．网络品牌价值

网络品牌的价值是构成网络品牌资产的核心，它代表了企业网络品牌的终极目标。例如，Google 的理想是"整合全球网络资源为全球网民服务"，耐克满足了追求第一、不断挑战的生活态度，迪斯尼则传播着快乐、童真的价值观。品牌的价值是比较复杂的概念，也是难以量化的指标。在实际操作中，网络品牌价值可以通过测评与消费者生活的关联性、消费者对网络品牌的价值评价和价值认可度、消费者生活对特定品牌的依赖程度、网络品牌的获利能力等指标进行衡量。

3．网络品牌认知度

消费者对品牌的认知程度在很大程度上影响着其购买和选择。可以说认知度是建立网络品牌识别的最终策略和目的，它代表了消费者对品牌总体质量感受和在品质认知上的整体印象和体验。将网络品牌的认知度作为品牌资产因素将有助于构建与消费者高度互动的网络品牌。当消费者对品牌的认知度提高时，消费者对品牌的感知会大大改善。网络品牌认知度可通过目标客户对网络品牌的认知程度、已有客户中有购买行为的客户所占的比率等指标来衡量。

4．网络品牌影响力

品牌影响力从某种程度上反映了品牌的市场份额，或者代表了品牌在某一市场中的知名度。消费者对品牌的了解和接触，会产生品牌的熟悉感。心理学研究表明，认知本身几乎可引起对所有事物更为积极的感受，无论这个事物是音乐、人、语言文字或品牌。消费者做品牌选择时，甚至在决策购买行为时，了解和熟悉的品牌就会占优势。使消费者识别和再现品牌，建立品牌影响力可以极大地增加品牌资产。但是，简单地再现、认知和熟悉只是建立品牌知名度挑战的一部分，不足以成为品牌建设战略。最强大的品牌不是为实现普遍的知名度，而是为实现战略知名度而战。网络品牌影响力可以通过品牌网站的浏览量、网站访问者中目标客户的比率等指标来衡量。

5．网络品牌联想

网络品牌联想代表了网络品牌的基础识别，是构成网络品牌资产的重要部分。主要组成因素包括品牌网络名称、网络地址、网络形象设计、品牌网络行为识别等因素，代表了消费者认知、识别、记忆某品牌的能力。它的价值可以通过其注册商标或专利等无形资产的价值体现出来，也可以通过有关品牌识别的调查或监测指标获得客观评价。

从上述内容可以看出，网络品牌同传统的品牌一样，代表了一系列资产。因此，网络品牌资产的管理就应包括创造并增加资产的投资。网络品牌资产的每个构成因素都以不同的形式影响并创造价值。为有效地管理这些资产，同时为网络品牌建设活动制定可靠消费的决策，认知网络品牌资产每个构成要素的作用很有必要。网络品牌资产同时为消费者和企业创造价值。网络品牌名称和品牌 URL 是网上消费者识别品牌的关键要素，对于网络品牌的塑造至关重要。

5.4.2 定价策略

定价策略，是市场营销组合中一个十分关键的组成部分。价格通常是影响交易成败的重要因素，同时又是市场营销组合中最难以确定的因素。企业定价的目标是促进销售，获取利润。这要求企业既要考虑成本的补偿，又要考虑消费者对价格的接受能力，从而使定价策略具有买卖双方双向决策的特征。此外，价格还是市场营销组合中最灵活的因素，它可以对市场做出灵敏的反映。

在网络销售环境下，企业应该判断在线产品价格与离线产品价格的差异。要做到这一点，企业需要了解通过在线渠道进行产品分拣和配送会发生哪些成本，不要考虑竞争性因素和市场因素。

1．低价策略

根据有关学者的统计调查，消费者选择网上购物，一方面是因为网上购物比较方便，另一方面是因为从网上可以获取更多的产品信息，从而以最优惠的价格购买商品。因此，低价策略是网络营销定价中除了免费定价外，对消费者最具吸引力的企业定价方式。

（1）企业实施低价策略的成本原因

从企业内部说，企业产品的生产成本总的是呈下降趋势，而且成本下降趋势越来越快。在网络营销战略中，可以从降低营销及相关业务管理成本费用和降低销售成本费用两个方面分析网络营销对企业成本的控制和节约。

（2）低价策略的种类

通过互联网，企业可以节省大量的成本费用，这为企业在网络营销中实施低价策略提供了成本依据。从目前来看，常见的低价策略主要有以下几种：

① 直接低价定价策略：由于企业在定价时大多采用成本加利润（有时甚至是零利润）的方法，因此这种定价在公开价格时就比同类产品要低。它一般是制造业企业在网上进行随销时采用的定价方式，如 Dell 公司计算机定价比同性能的其他公司产品低 10%～15%。

② 折扣策略：它是在原价基础上进行折扣来定价的。这种定价方式可以让顾客直接了解产品的降价幅度以促进顾客的购买。这类价格策略主要用在一些网上商店，它一般按照市面上的流行

价格进行折扣定价。例如，Amazon 的图书价格一般都要进行折扣，而且折扣价格达到 3~5 折。

③ 网上促销定价策略：由于网上的消费者面很广而且具有很大的购买能力，许多企业为打开网上销售局面和推广新产品，采用临时促销定价策略。促销定价除了前面提到的折扣策略外，比较常用的是有奖销售和附带赠品销售。这种策略常常在企业为拓展网上市场，但产品价格又不具有竞争优势时被企业所采用。

（3）实施低价策略时企业应注意的问题

首先，由于互联网是从免费共享资源发展而来的，因此用户一般认为网上商品比从一般渠道购买商品要便宜，在网上不宜销售那些顾客对价格敏感而企业又难以降价的产品；其次，在网上公布价格时要注意区分消费对象，一般要区分一般消费者、零售商、批发商、合作伙伴，分别提供不同的价格信息发布渠道，否则可能因低价策略混乱导致营销渠道混乱；第三，网上发布价格时要注意比较同类站点公布的价格，因为消费者可以通过搜索功能很容易在网上找到最便宜的商品，否则价格信息公布将起到反作用。

2．定制定价策略

按照顾客需求进行定制生产是网络时代满足顾客个性化需求的基本形式。定制化生产根据顾客对象可以分为以下两类：

一类是面对工业组织市场的定制生产，这部分市场属于供应商与订货商的协作问题，如波音公司在设计和生产新型飞机时，要求其供应商按照其飞机总体设计标准和成本要求组织生产。这类属于工业组织市场的定制生产，主要通过产业价值链，从下游企业向上游企业提出需求和成本控制要求，上游企业通过与下游企业进行协作设计、开发并生产满足下游企业需要的零配件产品。

另一类是由于消费者的个性化需求差异性大，加上消费者的需求量又少，因此企业实行定制生产必须在管理、供应、生产和配送各个环节上，都必须适应这种小批量、多式样、多规格和多品种的生产和销售变化。为适应这种变化，现在企业在管理土大多采用 ERP（Enterprise Resource Planning，企业资源计划系统）来实现自动化、数字化管理，在生产上采用 CIMS（Computer Integrated Manufacturing System，计算机集成制造系统），在供应和配送上采用 SCM（Supply Chain Management，供应链管理）。

定制定价策略是在企业能实行定制生产的基础上，利用网络技术和辅助设计软件，帮助消费者选择配置或者自行设计能满足自己需求的个性化产品，同时承担自己愿意付出的价格成本。Dell 公司的用户可以通过其网页了解本型号产品的基本配置和基本功能，根据实际需要和在能承担的价格内，配置出自己最满意的产品，使消费者能够一次性买到自己中意的产品。在上面配置计算机的同时，消费者也相应地选择了自己认为价格合适的产品，因此对产品价格有比较透明的认识，增加了企业在消费者面前的信用。目前这种允许消费者定制定价订货的尝试还只是初步阶段，消费者只能在有限的范围内进行挑选，还不能完全要求企业满足自己所有的个性化需求。

3．使用定价策略

传统交易关系中，产品买卖是完全产权式的，顾客购买产品后即拥有对产品的完全产权。但随着经济的发展，人民生活水平的提高，人们对产品的需求越来越多，而且产品的使用周期也越来越短，许多产品购买后使用几次就不再使用，非常浪费，因此制约许多顾客对这些产品的需求。为改变这种情况，可以在网上采用类似租赁的按使用次数定价的方式。

所谓使用定价，就是顾客通过互联网注册后可以直接使用某公司的产品，顾客只需要根据使用次数进行付费，而不需要将产品完全购买。这一方面减少了企业为完全出售产品而进行的不必要的太量的生产和包装浪费，同时还可以吸引过去那些有顾虑的顾客使用产品，扩大市场份额。顾客每次只是根据使用次数付款，节省了购买产品、安装产品、处置产品的麻烦，还可以节省不必要的开销。

采用按使用次数定价，一般要考虑产品是否适合通过互联网传输，是否可以实现远程调用。目前，比较适合的产品有软件、音乐、电影等产品。对于软件，如我国的用友软件公司推出网络财务软件，用户在网上注册后在网上直接处理账务，而无须购买软件和担心软件的升级、维护等非常麻烦的事情；对于音乐产品，也可以通过网上下载或使用专用软件点播；对于电影产品，则可以通过现在的视频点播系统来实现远程点播，无须购买影带。另外，采用按次数定价对互联网的带宽提出了很高的要求，因为许多信息都要通过互联网进行传输，如互联网带宽不够将影响数据传输，势必会影响顾客租赁使用和观看。

4. 拍卖竞价策略

网上拍卖是目前发展比较快的领域，经济学认为市场要想形成最合理的价格，拍卖竞价是最合理的方式。网上拍卖由消费者通过互联网轮流公开竞价，在规定时间内价高者赢得。目前，国外比较有名的拍卖站点是 http：//www. ebay. com，它允许商品公开在网上拍卖，拍卖竞价者只需要在网上进行登记即可，拍卖方只需要将拍卖品的相关信息提交给 eBay 公司，经公司审查合格后即可上网拍卖。根据供需关系，网上拍卖竞价方式有以下几种：

（1）竞价拍卖

最大量的是 C to C 的交易，包括二手货、收藏品，也可以是普通商品以拍卖方式进行出售。如 HP 公司也将公司的一些库存积压产品放到网上拍卖。

（2）竞价拍买

竞价拍买是竞价拍卖的反向过程，消费者提出一个价格范围，求购某一商品，由商家出价，出价可以是公开的或隐蔽的，消费者将与出价最低或最接近的商家成交。

（3）集体议价

在互联网出现以前，这一种方式在国外主要是多个零售商结合起来，向批发商（或生产商）以数量换价格的方式。互联网出现后，使得普通的消费者能使用这种方式购买商品。这种由消费者集体议价的交易方式，是美国著名的 Priceline 公司(http://www. priceline. com)最先提出。在国内，雅宝已经率先将这一全新的模式引入了自己的网站。上面几种价格策略是企业在利用网络营销拓展市场时可以考虑的几种比较有效的策略，并不是所有的产品和服务都可以采用上述定价方法的，企业应根据产品的特性和网上市场发展的状况来决定定价策略的选择。不管采用何种策略，企业的定价策略应与其他策略配合，以保证企业总体营销策略的实施。

5.4.3 促销策略

促销是指企业将产品特征向目标市场传达所采取的活动，其最终目的在于说服人们购买产品。尽管促销活动的种类较多，但大多数新企业资源有限，因此在选择欲使用的促销活动之前必须仔细研究促销活动。下面介绍创业者促销企业最常用的活动。

1. 广告

广告（Advertising）使人们知道某种产品和服务，并希望说服人们购买。广告的主要目的包括：提高顾客的产品意识；解释产品的比较利益；创造产品和某种生活方式之间的联系。

做广告的步骤如图 5-3 所示。一般来说，如果广告是协调的营销活动的一个组成部分，那么对新企业最为有效。例如，打印机广告可能会显示产品的利益并引导读者去网站获取更多信息。如果浏览者填写一份信息注册表（询问他的名字、地址和电话号码），网站可能会提供优惠券或其他激励。接下来，企业就可以对信息注册表上收集到的名字用电话方式进行销售。一些企业还通过雇佣名人来为自己的产品做宣传，尽管这种方法非常昂贵并且只适用于特定企业，但确实在给企业带来好名声方面非常有效。

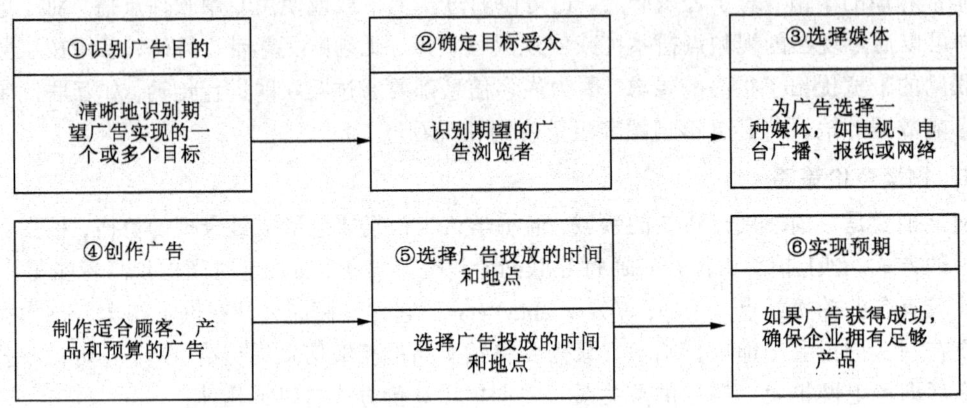

图 5-3　做广告的步骤

在互联网时代，网络广告的优势不言而喻，目前网上有 Banner（旗帜）、Button（按钮）、文字链接、调查等形式。对于企业来说，怎么能获得最大的收益，取决于多种因素，如广告商的选择，设计是否吸引人，企业本身的站点质量等，都是要考虑的因素。但对于我国来说，目前网络广告尚处于萌芽状态，一些发布广告的商家反映，网络广告并没有给其带来应有收效。如不久前，上海有家报纸报道，某网上百货店营业一月，访问人数逾万，而接受订单仅 50 多份。这里面原因固然复杂，但广告制作水平不高，发布方法欠妥也是其重要因素之一。因此，要提高网络广告效果，必须提高广告制作的技术水平，掌握好发布要诀，专家建议可以从以下几个途径人手。

（1）确定目标顾客

要了解企业的产品是面向哪一类顾客，以便因地制宜在适合的网站发表广告。例如，如果老年用品要发表广告，而他的广告做在适合青年人的网站上，其效果可想而知。对媒体的选择要看企业的广告目的、策略，有针对性地选择对口的媒体。如果选择恰当，可以收到事半功倍的成效。

（2）选择合适的广告网站

在人流量不同的网站做广告，效果完全不同。高人流量的网站使企业获得所需效果的时间大大缩短，从而为企业赢得了时间。当然，人流量大的网站收费也会高，企业也可以尽可能选择收费相对低廉的网站以减少费用的支出，投入和所得的收益也是成正比的，关键是以企业要达到的目的而定。

（3）网页上方比下方效果好

统计表明，许多访客不愿意通过拖动滚动条来获取内容，因而放在网页上方和网页下方的广告所能获得的点击率是不同的。放在网页上方的广告点击率通常可达到 3.5%～5%。

（4）广告面积越大越好

通常网络广告的标准大小有 568×60 像素、150×68 像素和 88×31 像素等 3 种常用规格。显而易见，一个大的广告图形更容易吸引用户的注意。当然，不同大小的横幅价格也会不同。

（5）勤换图片并适当运用动画图片

研究表明，当同一个图片设置一段时间以后，点击率开始下降。而当更换图片以后，点击率又会增加。所以，保持新鲜感是吸引访客的一个好办法。同时，统计资料表明动画图片的吸引力比静止画面高 3 倍。但是，如果动画图片应用不当则会引起相反的效果，如过于花哨或文件过大影响下载速度。所以，通常广告商会限制图片的大小。

（6）新广告靠近网站最主要内容

通常综合网站都会有 WHAT'S NEW 或者发布网站自身新闻的位置，这往往是一个网站中最吸引人的部分，因此广告如果放在这个位置附近会吸引更多人的注意。

2. 公共关系

增强人们的产品意识，成本效率最佳的一种方式是公共关系。公共关系（Public Relation）指建立和维持企业公众形象的活动。公共关系与广告的主要区别在于公共关系不用直接付费。企业公共关系的成本在于建立与记者及其他人的关系网络，并努力吸引这些人谈论或撰写一些对公司及产品有利的东西。

有很多适合公共关系定义的技能，包括：

（1）新闻稿

新闻稿是企业散发给新闻界传播的公告。当发生一些积极事件时，如推出新产品或雇用了新总裁，企业一般会发布新闻稿。

（2）媒体报道

多数情况下，新企业都努力寻求媒体报道，只要它是正面报道。媒体报道包括在印刷媒体（如报纸和杂志）或广播媒体（如无线电或电视）上提及企业。

（3）产业杂志或期刊的文章

企业非常喜欢这种方式，因为它的读者群就是那些已经对新创企业参与的产业非常感兴趣的人。

（4）博客

中文“博客”一词，源于英文单词 Blog 和 Blogger。Blog 是 Weblog 的简称；Weblog 其实是 Web 和 Log 的组合词。Web 指 World Wide Web；Log 的原义是“航海日志”，后指任何类型的流水记录。合起来，Weblog 可以简称为“网络日志”。

（5）记者招待会

记者招待会是企业对受邀媒体现场发布新信息。企业可能会召开新闻发布会，以宣布突破性的新产品或服务创新。

（6）每月简讯

很多企业通过发行月刊或季刊性质的剪报与顾客保持联系。这些剪报应该包括企业产品的更新，还要包括更加一般性的让顾客感兴趣的信息。此外，企业应该避免分发仅是对自己产品进行吹嘘的剪报。

（7）市民、社会和社区参与

企业经常要求员工参与市民俱乐部及其活动，如行业协会和扶轮社(Rotary Club)等，这样可以创造正面的组织形象。

许多新创企业对公共关系的重视程度甚于广告，主要原因在于公共关系成本较低而且有助于建立企业可信度。赖斯（Al Ries）和他的女儿罗拉·赖斯（Laura Ries）合写的《广告的陨落与公关的兴起》（*The Fall of Advertising and the Rise of PR*）一书认为，在发布新产品时，最好先启动公共关系而不是广告，因为人们把广告看作企业渴望销售产品的自私性表达。根据这两位作者的观点，广告的效果应该大打折扣。相对而言，公共关系允许企业通过第三方（如报纸和杂志）来讲述自己的故事。如果 *Inc.* 杂志或《商业周刊》（*Business Week*）之类的杂志发表一篇关于企业新产品的积极评论，消费者很可能认为这种产品至少值得一试。两位作者认为，由于杂志在企业中没有既得利益，因此没有理由夸张事实或对企业产品的实用性和价值撒谎。

新企业可以通过很多方法引起媒体的注意。一种方法是准备宣传资料袋（Press Kit），里面装有企业的背景信息和最近取得成就的清单。这种资料袋一般分发给记者，而且可以在线获得。另外一种方法是参加产业商贸展览会或其他活动。商贸展览会（Trade Show）是展示或演示特定产业产品或服务的活动。媒体记者通常会参加商贸展览会以获得最新的产业新闻。例如，消费电子产品最大的贸易展会是每年 1 月份在拉斯维加斯举行的国际消费电子展（CES）。很多企业等到召开国际消费电子展时，才宣布它们最激动人心的产品，这样做很大程度上是因为展览会上有大量渴望有趣新闻故事的媒体观众。

3. 其他与促销相关的活动

（1）网上折价促销

折价亦称打折、折扣，是网络中最常用的一种促销方式。因为目前网民在网络购物的热情远低于商场超市等传统购物场所，因此网上商品的价格一般都要比用传统方式销售时低，以吸引人们购买。由于网上销售商品不能给人全面、直观的印象，也不可试用、触摸，再加上配送成本和付款方式的复杂性，造成网上购物和订货的积极性不高：幅度比较大的折扣，可以促使消费者进行网上购物的尝试并且做出购买决定。

（2）网上变相折价促销

变相折价促销是指在不提高或稍微增加价格的前提下，提高产品或服务的品质数量，较大幅度地增加产品或服务的附加值，让消费者感到物有所值，因为网上直接价格折扣容易造成消费者对品质的怀疑，所以利用增加商品附加值的促销方法会更容易获得消费者的信任。

（3）网上赠品促销

赠品促销目前在网上的应用不算太多。一般情况下，在新产品推出试用、产品更新、对抗竞争品牌、开辟新市场的情况下利用赠品促销可以达到比较好的促销效果。

（4）网上抽奖促销

抽奖促销是网上应用较广泛的促销形式之一，是大部分网站乐意采用的促销方式。抽奖促销是以一个人或数人获得超出参加活动成本的奖品为手段进行商品或服务的促销；网上抽奖活动主要附加于调查、产品销售、扩大用户群、庆典、推广某项活动等。消费者或访问者通过填写问卷、注册、购买产品或参加网上活动等方式获得抽奖机会。

（5）积分促销

积分促销在网络上的应用比传统营销方式要简单和容易操作；网上积分活动很容易通过编

程和数据库等来实现，并且结果可信度很高，操作起来相对较为简便。积分促销一般设置价值较高的奖品，消费者通过多次购买或多次参加某项活动来增加积分以获得奖品。

积分促销可以增加上网者访问网站和参加某项活动的次数，增加上网者对网站的忠诚度，提高活动的知名度等。

（6）网上联合促销

由不同商家联合进行的促销活动称为联合促销。联合促销的产品或服务可以起到一定的优势互补、互相提升自身价值等效应。如果应用得当，联合促销可起到相当好的促销效果：如网络公司可以和传统商家联合，以提供在网络上无法实现的服务；网上销售汽车和润滑油公司联合等。

以上几种是网络促销活动中的比较常见又较重要的方式，其他节假日的促销、事件促销等都可以从以上几种促销方式中进行综合应用；想要使促销活动达到良好的效果，必须事先进行市场分析、竞争对于分析，以及网络上活动实施的可行性分析，且与整体营销计划结合，有创意地组织实施促销活动，使促销活动新奇、富有销售力和影响力。

5.4.4 渠道（分销）策略

分销渠道是指商品通过交换从厂商转移到消费者手中所经过的路线。在互联网上，这条转移路线正在逐步缩短。分销渠道涉及的是商品实体和商品所有权从生产向消费转移的整个过程。在这个过程中，起点为生产者出售商品，终点为消费者或用户购买商品，位于起点和终点之间的为中间环节，中间环节包括参与从起点到终点之间商品流通活动的个人和机构。互联网的出现发生了两个变化：第一个变化是这些中间环节不断减少，第二个变化是这些中间环节的流通速度不断加快。

网络营销中，互联网本身就是一个渠道，很多企业利用互联网递送产品，或者利用互联网提高供应链成员的工作效率。与传统的渠道相比，互联网提供了一种能力，它让很多公司跳过传统销售渠道的中间商，直接把一些产品销售给顾客。即使在 B2B 市场中，很多公司也可以通过互联网开展销售活动，在互联网上的营销活动能大幅度地降低营销成本、增加营销效果。同时，分销渠道也可以作为信息传递的途径，对企业广泛、及时、准确地收集市场情报和有关商品销售、消费的反馈信息起着重要的作用。

另一方面，在互联网上存在众多的电子商务代理企业，比如 eBay 公司和阿里巴巴公司。它们把买卖双方撮合在一起开展交易，从中收取中介费。借助这些平台也可以扩展一条网络销售的渠道。更深一步，成熟的信息系统可以帮助人们花费在很少成本的条件下管理众多的个人销售代理，这些代理可以拓宽销售范围和延伸销售触角。

1. 网上配送联盟

互联网的出现使动态联盟的出现成为现实，例如“8858”借助于“连邦”软件的配送体系完成自己的配送，动态联盟可以通过优势互补，营造集成增效的效果，在纵深两方面强化营销渠道的竞争能力。可以说营销渠道本身就是一种战略的联盟。供应商的服务从产品研发开始，通过对营销渠道的全面支持，最终到达消费者，并以获得消费者的认同为宗旨；营销渠道商的服务要同时面对供应商和消费者，对于供应商要提供市场信息和消费者反馈，以确保消费者的最大满意度；达使得服务链变得更加稳固，供应商、渠道商和消费者之间的亲和度大大增强。

2. 虚拟店销渠道

在企业网站上设立虚拟店铺，通过三维多媒体设计，形成网上优良的购物环境，并可进行各种新奇的、个性化的店面布置以吸引更多的消费者进入虚拟商店购物。虚拟橱窗可 25 小时营业，服务全球消费者，并可设虚拟售货员或网上导购员回答专业性问题，这一优势是一般商店所不能比拟的。

3．网络渠道

（1）会员网络

网络营销中一个最重要的渠道就是会员网络。会员网络是在企业建立虚拟组织的基础上形成的网络团体。通过会员制，促进消费者相互间的联系和交流，以及消费者与企业的联系和交流，培养消费者对企业的忠诚，并把消费者融入企业的整个营销过程中，使会员网络的每一个成员都能互惠互利，共同发展。

（2）分销网络

根据企业提供的产品和服务的不同，分销渠道也不一样。如果企业提供的是信息产品，企业就可以直接在网上进行销售，需要较少的分销商，甚至不需要分销商。如果企业提供的是有形产品，企业就需要分销商。企业要想达到较大规模的营销，就要有较大规模的分销渠道，建立大范围的分销网络。

（3）快递网络

对于提供有形产品的企业，要把产品及时送到消费者手中，就需要通过快递公司的送货网络来实现。规模大、效率高的快递公司建立的全国甚至全球范围的快递网络，是企业开展网络营销的重要条件。

（4）服务网络

如果企业提供的是无形服务，企业可以直接通过因特网实现服务功能。如果企业提供的是有形服务，则需要对消费者进行现场服务，企业就需要建立服务网络，为不同区域的消费者提供及时的服务。企业可以自己建立服务网络，也可以通过专业性服务公司的网络实现顾客服务目的。

（5）生产网络

为了实现及时供货及降低生产、运输等成本，企业要在一些目标市场区域建立生产中心或配送中心，形成企业的生产网络，并同供应商的供货网络及快递公司的送货网络相结合。企业在进行网络营销中，根据消费者的订货情况，通过因特网和企业内部网对生产网络、供货网络和送货网络进行最优组合调度，可以把低成本、高速度的网络营销方式发挥到极限。

网络分销渠道使传统的分销渠道在商品流通过程中所创造的时间、地点和所有权 3 种效用得到进一步加强，但是企业在营销过程中不能仅仅盯住销售渠道策略，更应该着重考虑为消费者购买商品提供方便。

小　结

随着电子商务的发展，新创企业的网络营销的关键之一在于发现市场空隙，明确市场定位。所谓市场的产品空隙，意味着潜在可行的商业机会。知道如何发现空隙，在此基础上选择新创企业的市场定位策略并执行，才能充分突出新企业及产品在市场上的新颖性、显著性、差别化的特征。

新创企业必须处理很多营销问题，其中至关重要的是企业应销售利益而非产品特征和创建品牌。与此同时，网络营销对于电子商务创业企业而言有许多优势，但也有两个问题需要注意，即目标接受者有限和客户反对变化。

新创企业确定了目标市场、在市场上建立了定位并创建了品牌，就要开始计划营销组合的细节。新创企业在进行网络营销组合时，将其划分为5类：产品、价格、促销、渠道分销。

习　题

一、填空题

1. 凡是以________为主要手段进行的、为达到一定营销目标的营销活动，都可称之为网络营销。也就是说，网络营销贯穿于企业开展网上经营的整个过程，从________、________，到开展网上交易为主的电子商务阶段，网络营销一直都是一项重要内容。

2. 网络营销的功能包括________、________、________。

3. 企业在网络营销中实施低价策略提供了成本依据。从目前来看，常见的低价策略主要有________、________、________。

4. 广告（Advertising）使人们知道某种产品和服务，并希望说服人们购买。广告的主要目的包括________；________；创造产品和某种生活方式之间的联系。

二、判断题

1. 网络营销是以互联网络为媒体，以新的方式、方法和理念实施营销活动，更有效促成个人和组织交易活动的实现。（　）

2. 网络营销是以互联网络为媒体，以常规营销的方式、方法和理念实施营销活动，以促成个人和组织交易活动的实现。（　）

3. 网络营销就是利用Internet等电子手段进行的营销活动。（　）

4. 网络营销就是在网上宣传本企业的产品。（　）

5. 网上商店能每天24小时，每周7天随时随地提供全球性营销服务，这是由于网络营销具有跨时空特点。（　）

6. 网络具有传统渠道和媒体所不具备的独特的特点：信息交流自由开放。（　）

7. 营销中的一些主要内容是网上市场调查、网上消费者行为分析、网络营销策略制定。（　）

三、简答与实验

1. 网络营销有哪些特点？

2. 对企业而言，为什么最重要的是销售利益而非产品特征？

3. 识别并简单描述企业营销组合的5个要素。

4. 实验：选择一种或多种商品放在网上，然后通过本章所学知识进行网络销售。

第 6 章

电子商务物流

本章提要

电子商务物流就是在电子商务的条件下，依靠计算机技术、互联网技术、电子商务技术及信息技术等所进行的物流（活动），包括虚拟商品（或服务）的网络传送和实体商品（或服务）的物理传送。电子商务交易中，除了少数商品和服务可以通过网络直接传输完成配送之外，绝大部分实体商品都必须通过传统的物理方式传输。

6.1 物流管理

物流管理（Logistics Management）是指在社会在生产过程中，根据物质资料实体流动的规律，应用管理的基本原理和科学方法，对物流活动进行计划、组织、指挥、协调、控制和监督，使各项物流活动实现最佳的协调与配合，以降低物流成本，提高物流效率和经济效益。现代物流管理是建立在系统论、信息论和控制论的基础上的。

6.1.1 物流的定义

物流最早起源于20世纪30年代的美国，愿意为“实物分配”（Physical Distribution，PD），“物”代表物资资料，“流”表示物资资料在空间中的移动。从20世纪50年代末至今，由于各国的经济环境不同，其物流发展进程也有差异。

物流的定义各国说法不一致，美国物流管理协会（Council of Logistics Management, CLM）认为：“物流是高效低成本地将原材料、成品、在制品等由始发地向消费地进行存储和流动，并对与之相关的信息流进行规划、实施与控制，用来满足用户需求的过程。”这一定义将原材料、在制品、产成品的概念改为广义的货物和服务的同时，从环境保护的立场，还包括了使用过的材料和废气物的回收等。我国于2001年颁布的《物流术语》中物流的定义为：“物流是指物品从供应地向接收地的实体流动过程。根据实际需要，将运输、存储、装卸搬运、包装、流通加工、配送、信息处理等基本功能实施有机结合。”

6.1.2　电子商务与物流的关系

电子商务是 20 世纪信息化、网络化的产物，由于其日新月异的发展，已广泛引起了人们的注意。电子商务中的任何一笔交易，都包含着以下几种基本的“流”，即信息流、商流、资金流和物流。翻开近年来有关电子商务论著发现这样一种现象，人们十分强调电子商务中信息流和资金流的电子化、网络化，而忽视了物流的电子化过程。但随着电子商务的进一步推广与应用，物流的重要性对电子商务活动的影响日益明显。而我国作为一个发展中国家，物流业起步晚、水平低，在引进电子商务时，并不具备能够支持电子商务活动的现代化物流水平，所以，在引入时，一定要注意配备相应的支持技术——现代化的物流模式，否则电子商务活动难以推广。

1. 物流对电子商务的影响

物流是商务系统的重要组成部分，电子商务的快速发展同样依赖于物流体系的高效。物流作为商务过程中的重要环节，担负着原材料提供商与产品生产之间，以及商家与顾客之间的实物配送服务，高效的物流体系是使电子商务优势得以充分发挥的保证。物流对电子商务的影响有以下几点：

（1）物流是电子商务系统的组成部分

电子商务系统由电子商务实体、电子市场、交易事务和信息流、商流、资金流、物流等基本要素构成。电子商务中的任何一笔交易，都包含着几种基本的“流”。物流，作为四流中最为特殊的一种，是指物质实体（商品或服务）的流动过程，具体指包装、运输、储存、装卸搬运、流通加工、配送等各种活动。在电子商务中，除了少数商品和服务，如各种电子出版物、信息咨询服务、有价信息软件等，可以直接通过网络传输的方式进行配送外，绝大多数商品和服务的物流需要经过由实物方式进行传输。

（2）现代物流是电子商务的执行保证

电子商务极大地改变了人们的交易方式。虽然电子商务将成为企业决胜未来市场的重要工具，但是如果没有现代物流体系作为电子商务的支点，恐怕电子商务也很难发展下去。电子商务是信息传送保证，物流是执行保证。没有物流，“电子商务只能是一张空头支票”。

（3）物流对电子商务的促进作用。

电子商务在经历了 1998—2000 年的泡沫期后，在近几年迎来了一个快速稳定的发展期，这在很大程度上得益于现代物流的发展。

① 物流对 B2C 模式发展的促进作用。企业对消费者的业务（Business to Consumer, B2C）又称“直接市场销售”，这种交易过程没有商业谈判，交易双方不进行报盘、还盘等活动。电子商务的目标和优势就在于便利、快速和低价格，如果把高物流费用追加到产品成本上，电子商务的优势就要大打折扣。为降低流通费用，一些网上商店在各地成立分公司和配送中心，消费者完成网上交易后，由用户所在地的配送中心将货物运送到用户手里。这种方法可以降低流通费用，提高流通速度。

② 物流对 B2B 模式发展的促进作用。电子商务的另一种重要模式是企业与企业之间的网上交易（Business to Business, B2B），它主要通过 EDI（电子数据交换）进行。企业—企业之间的交易往往是异地（甚至是异国）进行的，双方需通过 EDI 进行商业谈判，达成协议后，一方发货，另一方通知银行付款。如果有第三方物流公司利用多种运输工具，互相配合，联合运输，不仅能够提供一票到底和“门到门”的服务，使交易双方省心、省事，真正实现“一手交钱，一手交货”，而且可以实现物流合理化，大大减少货物周转环节，降低物流费用。对于 B2B 电

子商务交易模式，物流成本在商品交易成本中占很大比重，因此，通过发展现代物流业来降低物流成本，已经成为B2B电子商务交易模式取得更大发展的关键因素。

2. 电子商务对物流的影响

电子商务正在快速发展，它将导致一场深刻的革命，并且把物流业提升到一个前所未有的高度。电子商务的飞速发展对物流及其管理带来了极大的影响，使其适应电子商务的要求。电子商务对物流的影响有以下几点：

（1）电子商务促进物流服务的社会化和多功能化

在电子商务条件下，在网上订购、网上支付实现后，最关键的问题就是物流配送，如果完全依靠自己的力量完成肯定是力不从心。为了更好地满足客户的需求，电子商务要求物流提供给企业全方位的服务，既包括仓储、运输服务，还包括配货、分发和各种客户需要的配套服务。社会化的物流通常把物流的各个环节作为一个完整的系统进行统筹协调、合理规划，为电子商务业提供全面化和功能多样化的物流服务。

（2）电子商务促进增值性物流服务的发展。

电子商务需要的不是普通的运输和仓储服务，它需要的是物流服务，而且是增值性的物流服务。增值性的物流服务包括：给客户带来便利性的服务；能够加快反应速度的服务；能够降低成本的服务；可以延伸服务并将供应链集成在一起。

（3）电子商务促进物流管理的信息化。

在电子商务下，物流的运作是以信息为中心的，信息不仅决定了物流的运动方向，也决定着物流的运作方式。在实际运作过程中，通过网络上的信息传递，可以有效地实现对物流实施控制，实现物流的合理化。同时，电子商务时代，经济全球化越加明显，跨时空的交易需求和网络全球化、通信技术的支持，可使物流在全球范围内实施整体的实时控制。

6.1.3 电子商务物流管理的内容

物流管理（Logistics Management）是指在生产过程中，根据物质资料实体流动的规律，应用管理的基本原理和科学方法，对物流活动进行计划、组织、指挥、协调、控制和监督，使各项物流活动实现最佳的协调与配合，以降低物流成本，提高物流效率和经济效益。现代物流管理是建立在系统论、信息论和控制论的基础上的。

电子商务下的物流管理，目前的各种资料和书籍中并无明确的定义和解释。一般认为，电子商务下的物流管理，指的是在电子商务过程中，使用各种现代化手段和工具，对发生的物流活动进行网络化、电子化管理以降低成本和提高效益的过程。电子商务环境下的物流管理的内容包括：电子商务物流系统的管理、电子商务物流业务过程的管理、电子商务物流技术的管理和电子商务物流成本的管理，如图6-1所示。

1. 电子商务物流系统的管理

电子商务物流系统的管理是指在实现电子商务特定的时间和空间范围内，由需要位移的商品（或物资）、包装设备、装卸搬运机械、运输工具、仓储设施、人员和通信联系设施等若干相互制约的动态要素所构成的具有特定功能的有机整体。其目的是实现电子商务过程中的商品（或物资）的空间效益和时间效益，在保证商品满足供给和需求的前提下，实现各种物流环节的合理衔接，并取得最佳经济效益。随着电子商务交易过程中实物流的流动过程，拥有畅通的信息流把相应的采购、运输、仓储、配送等作业活动联系起来，使之协调一致，是提高电子商务物流系统整体运作效率的必要途径。

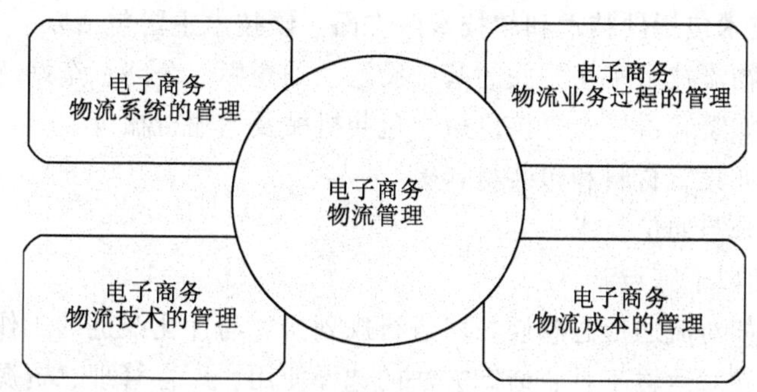

图 6–1　电子商务物流管理

电子商务物流系统的配送流程如图 6–2 所示。

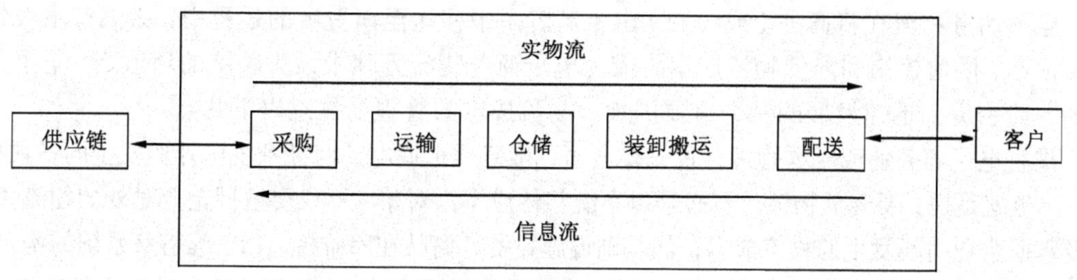

图 6–2　配送的一般流程

（1）确保电子商务企业的正常运转

内容有：满足顾客的订货要求，不缺货；将商品在适当的交货期内准确地向客户配送；适当配置仓库和配送中心的位置；实现运输、装卸和仓储自动化；确保信息畅通。

（2）降低物流成本和费用

对于电子商务企业来说，物流费用在成本中占有相当大的比重。物流系统合理化可以提高物流作业效率，减少运输费用和仓储包装费用，从而达到降低成本的目的。

（3）压缩库存

库存控制是物流系统合理化的重要内容，库存控制的目的是通过各种方法使电子商务企业在满足客户需求的前提下把库存控制在合理范围内。

2．电子商务物流业务过程的管理

电子商务物流业务过程，其内容包括：

① 物流计划管理：包括物流远景计划、年度计划，季、月、旬生产计划。

② 物流业务活动管理：包括物流采购、物流运输、物流仓储、物流装卸与搬运、物流加工与包装、物流配送等活动的管理。物流管理需要把各种物流活动有机、协调地联系起来，使之尽可能达到同步运行。

③ 物流质量管理：包括物流服务质量、商品质量保证管理、物流工作质量管理、物流工程质量管理等方面的内容。

④ 物流经济活动的管理：包括物流成本管理、物流费用分析、物流成果预测等内容。

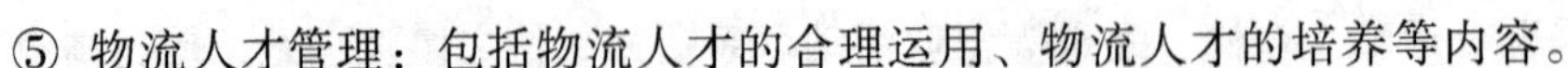
⑤ 物流人才管理：包括物流人才的合理运用、物流人才的培养等内容。

3．电子商务物流技术的管理

电子商务物流技术包括硬技术和软技术两方面。硬技术主要包括以下 4 点：

① 与电子商务物流技术密切相关的基础设施，如仓库、公路、车站、港口及机场等。

② 机械技术，如装卸机械、分拣机械、包装机械及运输机械等。

③ 材料技术，如集装材料和包装材料等。

④ 物流信息系统与通信技术。

软技术主要包括以下三点：

① 规划技术，如对流通形态和硬技术进行规划研究与优化改进的工作。

② 运用技术，如对运输工具、装卸方法的选择使用，库存管理、资源与劳务调配等。

③ 评价技术，如成本控制与核算、系统绩效评价等。

4．电子商务物流成本的管理

电子商务物流在将商品（或物资）由生产者手中移送至消费者的过程中，必然产生大量的物流成本，因此控制和降低物流成本将成为电子商务物流管理中最为关键的环节之一，也是电子商务能否得到迅速发展的一个重要因素。物流成本的管理要注意以下几点：

进行电子商务物流成本管理，首先要全面、准确地把握电子商务系统内外所发生的各项物流成本。也就是说，要降低物流成本必须以系统整体成本为对象。不仅要把握企业对外的物流成本，更要掌握企业内部发生的物流成本，如基础设施投资、商品在库维持、EDI 等信息系统的构筑等。

在努力削减物流成本的同时，还应当注意不能因为降低物流成本而影响对用户的物流服务质量水平。特别是电子商务活动的特点之一是多频度、定时进货的要求极为普遍，这就要求物流配送中心或部门能应对这一特点，及时地配送发货。为此，物流企业可能需要进行物流配送中心或据点等设施的投资，显然，如果仅为削减物流成本而节省这种投资，就会影响电子商务系统对顾客的物流服务质量。

6.1.4 电子商务环境下物流管理的升级

电子商务的优势要在经济活动中得到体现，必须建立一个有别于传统仓储、运输模式的现代物流管理系统，需要对原有的物流要素进行升级。企业在建立电子商务系统的工作中，就需要把物流管理涉及的仓储、采购、运输、企业物流标准等要素与电子商务系统实现和谐对接，物流系统不能脱离电子商务环境单独建设。企业物流管理工作的针对面除了采购、仓储、配送等具体的作业环节，着力点应该摆在促进高效、低成本的运营模式的建立上。由于企业在电子商务建设的实施中投资巨大，首先应该把重点摆在物流管理的升级上，只有建立了符合需要的物流系统才能保证企业的后续经营效益。

针对不同类型的经济实体，电子商务环境下物流管理的升级侧重点又有所不同。例如，生产制造企业物流管理的重点在于如何及时准确地获得下游客户的销售、库存信息，并在此基础上合理安排自身的采购生产计划。如果生产企业与下游客户之间实行“供应商管理库存”策略，那么还需要重点提高自身物流服务人员的服务水平、工作态度等“物流软要素”。而商贸流通企业物流管理的重点应该摆在配载效率的提高、物流成本的合理诊断并持续降低、向上游供应商提供及时准确的物流信息、建立合理的作业流程等方面。由于电子商务的投资巨大，物流管理成功升级的前提是对企业进行合理的物流诊断，判断出企业急需改进的物流问题，滚动投资、分步实施以实现逐步优化。

随着国门的进一步打开，越来越多的世界性商贸巨头进入中国内地，在未来几年内，电子商务必然越来越深入人们的生活，在经济交易中扮演更重要的角色，这就需要国内的企业把握形势加快物流管理服务水平的升级提高，才能在未来的电子商务竞争中处于不败之地。

【相关链接】　　海尔的“一流三网”同步模式

海尔物流管理的“一流三网”充分体现了电子商务物流的特征：“一流”是以订单信息流为中心；“三网”分别是全球供应链资源网络、全球用户资源网络和计算机信息网络。“三网”同步运动，为订单信息流的增值提供支持。海尔物流的“一流三网”的同步模式可以实现4个目标：

1．为订单而采购，消灭库存。

在海尔，仓库不再是储存物资的水库，而是一条流动的河，河中流动的是按单采购来生产所必需的物资，从报本上消除了呆滞物资、消灭了库存。目前，海尔集团每个月平均接到6 000多个销售订单，这些订单的定制产品品种达7 000多个，需要采购的物料品种达15万多种。海尔物流整合以来，呆滞物资降低73.8%，仓库面积减少50%，库存资金减少67%。海尔国际物流中心货区面积7 200 m^2，但它的吞吐量却相当于30万平方米的普通平面仓库。海尔物流中心只有6个叉车司机，而一般仓库完成这样的工作量至少需要上百人。

2．双赢，赢得全球供应链网络

海尔通过整合内部资源，优化外部资源使供应商由原来的2 336家优化至978家，国际化供应商的比例却上升了20%，建立了强大的全球供应链网络，爱默生、巴斯夫等世界500强企业都成为海尔的供应商，有力保障了海尔产品的质量和交货期。不仅如此，更有一批国际化大公司以高科技和新技术参与到海尔产品的前端设计中，目前可以参与产品开发的供应商比例已高达32.5%。

3．3个JIT，实现同步流程

由于物流技术和计算机信息管理的支持，海尔物流通过3个JIT，即JIT采购、JIT配送和JIT分拨物流来实现同步流程。目前通过海尔的BBP采购平台，所有的供应商均在网上接受订单，并通过网上查询计划与库存，及时补货；货物入库后，物流部门可根据次日的生产计划利用ERP信息系统进行配料，同时根据系统管理4小时送料到工位；生产部门按照B2B、B2C订单的需求完成订单以后，满足用户个性化需求的定制产品通过海尔全球配送网络送达用户手中。目前，海尔在中心城市实现8小时配送到位，区域内24小时配送到位，全国4天内到位。

4．计算机网络打通企业内外部链接

在企业外部，海尔CRM（客户关系）和BBP电子商务平台的应用架起了于全球用户资源网，全球供应链资源网沟通的桥梁，实现了与用户的零距离。目前，海尔60%的订单采用由网上下达，使采购周期由原来的平均6天降低到3天；网上支付已达到总支付额的20%。在企业内部，计算机自动控制的各种先进物流设备不但降低了人工成本、提高了劳动效率，还直接提升了物流过程的精细化水平，达到质量零缺陷的目的。计算机管理系统搭建了海尔集团内部的信息高速公路，能将电子商务平台上获得的信息迅速转化为企业内部信息，以信息代替库存，达到零营运资本的目的。

（资料来源：百度文库教育专区．生产企业物流解决方案，2012年8月1日）

6.2 物流方式的选择

物流方式的选择是企业对配送所采取的基本战略和方法。根据我国的配送管理与实践，目前电子商务配送模式有：自营配送模式、共同配送模式、互用配送模式和第三方配送模式。

6.2.1 物流配送的基本内涵

物流配送是企业根据用户需求，以最有效的方式在配送中心或其他配送地点备货，并将货物送交用户的一种经济活动。

1．物流配送的含义

物流配送是现代流通业的一种经营方式。物流指物品从供应地向接收地实体流动的过程。在物的流动过程中，根据实际需要，包括运输、储存、装卸、包装、流通加工、配送、信息处理等基本功能活动。配送指在经济合理区域范围内，根据客户要求，对物品进行拣选、加工、包装、分割、组配等作用，并按时送达指定地点的物流活动。物流与配送关系紧密，在具体活动中往往交结在一起，因此人们习惯把物流配送连在一起表述。在现代物流实用词典中，物流配送是指共同化的服务模式，该模式包括物流资源利用共同化、物流设施与设备利用共同化、物流管理共同化等。

2．配送的功能要素及一般流程

（1）备货

备货是配送的准备工作或基础工作，备货工作包括筹集货源、订货或购货、集货、进货及有关的质量检查、结算、交接等。配送的优势主要是可以集中用户的需求进行一定规模的备货。备货是决定配送成败的初期工作，如果备货成本太高，会大大降低配送的效益。

（2）储存

配送中的储存有储备及暂存两种形态。配送储备是按一定时期的配送经营要求，形成的对配送的资源保证。这种类型的储备数量较大，储备结构也较完善，视货源及到货情况，可以有计划地确定周转储备、保险储备结构及数量。配送的储备保证有时在配送中心附近单独设库解决及一种储存形态是暂存，是具体执行日配送时，按分拣配货要求，在理货场地所做的少量储存准备。由于总体储存效益取决于储存总量，所以，这部分暂存数量只会对工作方便与否造成影响，而不会影响储存的总效益，因而在数量上控制并不严格。另一种形式的暂存，即是分拣、配货之后，形成的发送货物的暂存，这个暂存主要是调节配货与送货的节奏，暂存时间不长。

（3）分拣及配货

这是配送不同于其他物流形式的有特点的功能要素，也是配送成败的一项重要支持性工作。分拣及配货是完善送货、支持送货的准备性工作，是不同配送企业在送货时进行竞争和提高自身经济效益的必然延伸，因此，也可以说是送货向高级形式发展的必然要求。有了分拣及配货就会大大提高送货服务水平，所以，分拣及配货是决定整个配送系统水平的关键要素。

（4）配装

在单个用户配送数量不能达到车辆的有效载运负荷时，就存在如何集中不同用户的配送货物，进行搭配装载以充分利用运能、运力的问题，这就需要配装。与一般送货不同之处在于，通过配装送货可以大大提高送货水平及降低送货成本，因此，配装是配送系统中有现代特点的功能要素，也是现代配送不同于已往送货的重要区别。

（5）配送运输

配送运输属于运输中的末端运输、支线运输，与一般运输形态的主要区别在于：配送运输是较短距离、较小规模、额度较高的运输形式，一般使用汽车作为运输工具。与干线运输的另一个区别是，配送运输的路线选择是一般干线运输所没有的，干线运输的干线是唯一的运输线，而配送运输由于配送用户多，一般城市交通路线又较复杂。因此，如何组合成最佳路线，如何使配装和路线有效搭配等，是配送运输的特点，也是难度较大的工作。

（6）送达服务

配好的货物运输到用户还不算配送工作的完结，这是因为送达货和用户接货往往还会出现不协调，使配送前功尽弃。因此，要圆满地实现运到之货的移交，并有效地、方便地处理相关手续并完成结算，还应讲究卸货地点、卸货方式等。送达服务也是配送独具的特殊性。

（7）配送加工

在配送中，配送加工这一功能要素不具有普遍性，但是往往是有重要作用的功能要素。主要原因是通过配送加工，可以大大提高用户的满意程度。配送加工是流通加工的一种，但配送加工有它不同于一般流通加工的特点，即配送加工一般只取决于用户要求，其加工的目的较为单一。配送的一般流程比较规范，但并不是所有的配送都按下述流程进行。不同产品的配送可能有独特之处，如燃料油配送就不存在配货、分放、配装工序，水泥及木材配送又多出了一些流通加工的过程，而流通加工又可能在不同环节出现。

图 6-3 所示为配送的一般流程。

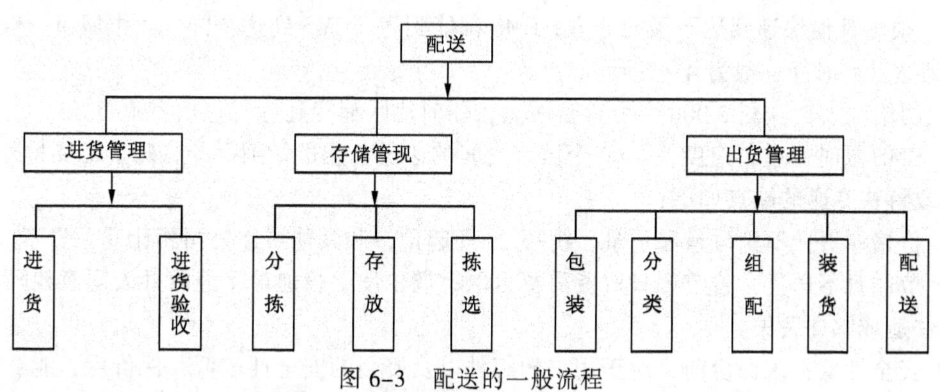

图 6-3　配送的一般流程

6.2.2　我国网店的类型和主要的物流配送方式

企业进行电子商务时，使用何种配送模式主要取决于以下几个因素：配送的重要性、企业的配送能力、市场规模与地理范围、保证的服务及配送成本等。

1. 我国网店的类型

近些年来，经营网店已经成为许多年轻人生活中重要的一部分，一些办公室的白领在闲暇时开个网店，既能增加收入，又使生活更加充实。综合淘宝、易趣、拍拍等大型的网络商城，网店类型主要有以下 3 种形式：第一种是企业型网店，这种网店是由加工厂或者分销商直接相连的网店，一般做的是批发的生意；第二种是实体型网店，这种网店一般有实体店铺，因此店主可以将实体与网络相结合，互补互助；第三种是单一型网店，这类网店的店主一般是无业人员或办公室人员的兼职，商品库存量比较少。

2．网店常用的物流配送方式

（1）邮局平邮。

此类收费规则实行分区计费方式。每件包裹资费 = 包裹每公斤资费×包裹重量/600 g+挂号费（￥3.00）+保价费+其他费用。

说明：①重量以 500 g 为单位，产品重量不满 500 g 的，按 500 g 计费。②挂号费每件 3 元。③保价费问题。允许不保，由客户自愿选择，保价费一般为订单产品价值的 1%，最低为 1 元，若客户选择不保价，则保价费为 0 元。

（2）同城快递

同城快递指在同一个城市内发快递，其特点是：根据同城快递邮件的时限及当前市场情况，它的要求较之其他快递邮件的要求要高得多，主要是快捷、安全、灵活、高效。因此，完成整个运行操作需要一种高效、低廉的传递模式，以适应市场需求。

（3）邮政快递

EMS 即 Express Mail Service，邮政特快专递服务。它是由万国邮联管理的国际邮件快递服务，是中国邮政提供的一种快递服务，主要是采取空运方式，提高递送速度。根据地区远近，到达时间分别为 1～8 天不等。此类业务在海关、航空等部门均享有优先处理权，它以高速度、高质量为用户传递国际、国内紧急信函、文件资料、金融票据、商品货样等各类物品和文件资料。

邮政特快专递的优点如下：

① 范围广：EMS 拥有首屈一指的航空和陆路运输网络，可以说是目前国内覆盖范围最广的快递，很多其他快递到达不了的地方，EMS 都能到达。EMS 到达全国各大中城市一般为 3～5 天，到达县乡时间一般为 4～7 天。

② 网络强大：全国 2 000 多个自营网点，任何地区都能到达（包括乡镇）。

③ EMS 限时速递，速度快：60 个城市之间的速递，能送货到手，特殊情况要另外加价。

邮政特快专递的缺点如下：

① 价格昂贵：不论数量和重量，统一 20 元起价，和其他快递公司相比几乎贵了一倍。

② 节假日不送货：若节假日取货需要自取；偶尔发生投递员不经收件人同意找陌生人代签收邮件造成邮件丢失。

③ 安全性低：未保价前，对于用户的邮件以及资金的安全性较低，保价后，能够提供最好的安全保障；邮政拒绝当场开箱验货，若确认需要验货，必须要在投递部或分公司监控器拍摄下进行开箱验货（理由是保证在地物品的安全）。

（4）普通快递

普通快递是指快递公司通过铁路、公路和空运等交通工具，对客户货物进行快速投递。快递的特点是点到点，快速方便。近年来，中国快运速递产业发展迅速，目前已经在中国东部地区形成了以沿海大城市为中心的四大区域性快运速递圈。这四大快运速递圈又以滚动式、递进式的扇面辐射，带动中部和西部地区快递业务的发展。部分大城市和特大城市已经成为区域性快运速递产业发展中心，而且全国范围内形成了以基本交通运输干线为基础的若干快运速递通道，使中国快运快递业呈现点-轴-面的网络化系统。

（5）物流快运

物流快运一般基于大件的货物或者比较多的货物，主要特点是基本上按体积和重量计算价格，若需要快运公司托运货物，快运公司会问你是什么货，轻货还是重货，保险基本上是千分之三，但是保丢不保损。价格相对比较便宜，但是缺点是运输比较慢。另外，此种配送方式需要发货人去物流公司发货，一般不上门取货，若上门取货，则要另外加钱。对于买家，东西到了目的地也要自己到物流公司取货，要送货上门，必须加钱。

6.2.3 网店物流配送方案的选择

目前，市场上网店配送的方式有很多，主要有分别运用自营物流模式与社会物流模式；或采取两者兼有的混合物流模式；或选择专业第三方物流公司、邮政 EMS、普通快递等各种物流力量协助配送。由于不同的网店具有不同的物流基础，它们的发展战略和核心竞争能力也不同。因此，网店要树立现代物流配送优势，完成整个销售的流程，必须合理选择物流配送模式。

1．企业型网店物流配送方案

企业开设的网店有一定的物流配送优势，在一定程度上可以分享企业现有的物流资源。企业一般都有自己的物流方案，有合作的第三方物流，而企业的网店也多以批发为主。因此，该类型的网店可以改造原有的销售网络，将企业网店的物流配送加入其中，形成规范有序的物流配送系统。由于企业本身具有强劲的网络优势，也有能力整合原有的销售网络，整合后的销售网络涉及产品的运输、采购、仓储等环节，因此可以很好地利用自身物流并为网店服务。

2．实体型网店物流配送方案

实体型网店一般是指既有实体店铺，又有网店。但实体店铺一般是零售的销售模式，而没有物流基础。这样的网店在经营中的立足点往往是以店铺实体建立的网店，可以在商品信息加工处理、网络营销、客户关系管理等方面创建网店店面的核心竞争力。一方面利用网店在商品品种、营业时间、信息服务方面发挥优势；另一方面，用传统实体店发挥在销售网点和实物库存上的优势。这种网店的物流配送方案主要选择借助其他社会物流资源建立自己的配送系统，或建立物流战略联盟。这样，传统实体店发挥在销售网点和实物库存上的优势，网店负责商品信息传播和对顾客实现个性化的网络营销。实体型网店的优势在于两者可以互补，客户可以在网上选择商品，然后选择同城快递的方式，或是自取的方式。有实体做后盾，一般客户对商品的质量比较相信，而且实体店也可以依靠网店来提高人气。这种类型的网店有两种配送方案可以选择：如果是同城的客户，可以选择同城快递，或者上门自取。如果是外地客户，可以选择普通快递公司或 EMS。EMS 价格偏高，在普通快递不能到达时可以选择。

3．单一网店物流配送模式的选择

单一网店又称虚拟型网店，一般没有自己的库存，实现了真正从“为库存而采购”向“为订单而采购”的转变，库存成本大大降低。虚拟型网店因为没有实体或是企业支持，一般都是个人创业，规模和投入相对较小，因此在选择配送方式时不仅要考虑价格还要考虑服务。这种网店多以选择普通快递为主，平邮为辅。现在很多网店为了提高运送速度，一般不发平邮，但笔者认为，有些不是很急要的商品，或是保质期相对较长、客户又不想多付邮费的商品，可以选择普通平邮。平邮一般 5 元即可，而快递最少也要 8 元以上，同城的除外。总之，不论是企业型网店、实体型网店还是单一型网店，要降低运输费用，实现网店和顾客利益最大化，物流

配送方式的选择是永远需要研究的问题。网店配送不能绝对地依赖传统邮政系统，而要根据实际网店类型不断开发新的配送途径。根据自身经营现状和策略入手，选择自营物流或从服务质量、运输费用等多方面考察合作伙伴，建立快捷而经济的物流系统，进而发展为供应链，充分利用网上、网下资源，逐步实现规模效益。

6.3 与物流公司的合作

电子商务离不开物流，物流是电子商务的重要组成部分。但电子商务网站的人谈论物流时，用的多是指责和抱怨的口气，把物流配送称为发展电子商务的三大“瓶颈”之一；物流配送的人也谈电子商务，考虑的则多是如何应对挑战和市场机遇的问题。双方都在苦苦探索相互结合的途径和切入点。

6.3.1 电子商务时代，两类企业实现合作的必要性

电子商务是在开放网络上进行的企业之间或企业与消费者之间的商业贸易。与传统商务相比，电子商务减少了中间环节，缩短了周期，降低了成本，提高了经营效率与服务质量，使企业能更有效地参与竞争。

1．两类企业均有合作愿望

其一，从电子商务企业角度来看，电子商务企业的优势在于企业上网推销商品，消费者在网上搜寻所需商品，大大缩小了二者在时间和空间上的距离，减少了很多商业中间环节。对于无形商品和服务产品的销售，如计算机软件、娱乐产品消费、订票、付款、信息服务等，供需双方可以在网上直接实现交易，而对于有形商品的电子订货和付款，能跨越时空的电子商务必须由不能跨越时空的物流运输来实现货物的送达过程。这类活动仍需要传统的邮政服务或商业送货服务系统加以配套。电子商务中的货物送达“多品种、小批量、多批次、短周期”的特点也要求支撑电子商务公司运作的物流配送系统不仅要拥有大的配送网络，而且在完成配送服务的同时，要保证配送系统高效、低成本地运作。这是一项专业性很强的工作，公司必须聘请专业人员对系统的配送细节进行精心设计。从电子商务企业方面来看，有与物流企业实现合作的必要性。其二，从物流企业角度来看，我国一些有实力的运输、仓储、货代、信息企业和生产、销售企业的物流部门在利用运输资产的基础上，扩展运输功能，逐步实现向提供包装、配送、订货等多种服务的物流服务公司转变。它们从帮助用户经营运输做起，逐步扩大到配送和物流服务。在这个发展过程中，运输企业不断充实自己，完善自己，它们进入用户的供应链，从提供单一的服务项目，成长为能够提供部分或全部物流服务的、专业的“第三方物流”。在电子商务时代下，它们需要借助信息技术，迅速低成本地获得电子商务优势，提升企业核心竞争力，获得企业战略性优势。它们希望开辟物流第二空间（即虚拟物流、电子物流），把握电子商务带来的巨大商机。

2．资源互补性决定了合作的必要性

一般来说，电子商务企业拥有资金、信息技术、人才等方面的资源优势，而物流企业则在商务经验、配送、支付等方面拥有优势，两类企业具有很强的资源互补性。电子商务网站若想构建自己的配送网，不仅需要大量资金，而且建设周期长，还有重复建设，必然导致资源浪费。同时，我国的交通运输系统、铁路运输系统、航空运输系统、外贸运输系统、商业

运输系统、物资运输系统等发展得比较成熟。电子商务企业完全可以采用合作、合营、租赁等多种形式，利用现有第三方物流来降低成本。同样的道理也适用于物流企业。电子商务企业与物流企业应立足本行业，双方采取合作与联盟，达到优势互补、资源共享。

6.3.2 两类企业合作中待解决的问题

目前，电子商务企业与物流企业的合作，基本上是实行这样一种模式：即信息查询、交易在网上进行，电子商务企业通过Internet，利用信息网络、电子商务等手段向社会、企业及个人提供新闻、行业动态、企业目录、供求检索等信息服务；而诸如运输、储存、配送、包装、装卸搬运、流通加工等物流业务则由物流公司来做。各种要素的整合由电子商务企业完成：包括代为选择物流企业、物流方式和运输手段，代付运费及保管提单，代为结算货款、提供信息查询功能等，而物流企业只从事保管、分拣、加工、配送、运输工作。这种合作模式中亟待解决的问题如下：

1．物流企业方面亟待解决的问题

我国物流企业由于长期受计划经济影响，造成体制僵化、缺乏活力、物流体系发育不完善，尤其是物流配送环节严重不足。大致归纳如下：经营规模小，网络配送体系不合理；服务功能少，高素质人才少，企业竞争力不强；现代物流技术应用不足，自动化程度低；缺乏企业信息化管理体系，这一点是最关键的。从实际情况来看，没有物流，电子商务将寸步难行，只会是空中楼阁。电子商务盼望中国具备与电子商务同步配送能力的物流企业尽快出现，期待中国物流体系快点成熟，而现在能较好适应电子商务需求的综合物流商实在太少。

2．电子商务企业方面亟待解决的问题

① 网络规模问题：物流配送成本的降低是以一定的配送规模为前提的，而目前真正在线实现的交易量，即实际产生的运货需要量是远远不够的。

② 信用和安全问题：主要包括授权合法性、不抵赖性、信息保密性、身份真实性及信息完整性等。

3．两者合作上的信息交换及信息管理问题

电子商务活动要求电子商务企业将需求订单等信息传递给物流企业，而物流企业又需要方便买方和电子商务企业进行订单信息跟踪查询。这就涉及两企业间的信息交换问题，要保证交易软件与物流软件的技术合作。电子商务活动的动态性要求企业对变化的环境迅速作出反应，这就不可避免地要求信息的全面性、及时性和准确性，而实际信息管理中，则普遍存在企业不愿与他人共享敏感信息的问题。

4．成本核算

由于目前受电子交易规模小和物流配送效率低的影响，物流成本居高不下，这些高出的成本显然不应加于消费者，也不应由哪个企业单方面来承担。应如何在两企业间进行成本核算是个问题。

5．标准化、规范化问题

由于目前我国物流行业服务规范性差，电子商务企业运作也不够成熟，电子数据交换也缺乏一个统一标准。如何对电子商务的各操作过程进行规范，制定统一标准的问题有待解决。

6．结算系统的合作

由于买者、卖者、电子商务企业和物流企业各有自己的结算银行，这就引出了银行间结算

流程的统一和规范问题。还有付款方式涉及赊销、延期付款、货到付款、信用证、银行划账信用卡付款等多种付款方式，就两企业和银行结算系统之间的合作问题还需要进一步探讨。

7. 人员素质问题

尽管物流企业人员素质近年来已提高不少，但与从事电子商务的人相比，仍然存在一定距离。现阶段，我国从事物流业的人多对电子商务知之甚少，电子商务企业人员也存在不太了解物流的问题。目前，我国尤其缺少既懂电子商务，又熟悉物流业务的综合人才。

6.3.3 关于两类企业合作的几点建议

电子商务企业与物流企业实现合作虽然存在不少困难和障碍，但以发展的眼光来看，二者必然结合的趋势是十分明显的。而两者的合作问题是一个涉及电子商务企业、物流企业、银行、政府等相关部门的复杂系统工程。我们应采取政府支持、企业参与、各方面积极配合分步骤、有规划、有重点地逐一加以解决，下面给出几点建议：

① 政府部门应尽快改革物质流通体制，对物流企业实现战略性重组，积极培植综合物流商的成长，通过联合、兼并、重组有重点组建具备国际竞争力的物流集团，同时应为企业发展创造良好的法律和制度环境：制定一些电子商务法律以解决电子商务上发生的各种纠纷，防止诈骗等案件的发生；制定相关的电子支付制度、电子商务相关标准化、规范化条款；政策上，建立电子商务风险投资基金，放宽高科技企业的上市条件等。

② 物流企业应创新观念，苦练内功，建立现代企业制度，实现投资主体多元化；完善物流接点，积极建设区域性的物流配送中心，构建完善配送网络；应用和推广条形码、EDI、GPS、GIS、RF 等现代物流技术；通过 DDN 专线或 PSTN 等方式实现各中心的连接，建设企业内部的 Intranet 网络，加速现代化、信息化、网络化建设，尽快实现从传统物流企业向现代物流企业转变，缩短与电子商务的信息距离，眼下尤为重要的是解决好电子物流配送的问题。

③ 电子商务企业在网上交易时应采取身份验证、防火墙隔离、数字签名及认证等多种方式来保证安全问题解决；要重视信用的评估考察来减少风险；积极完善电子支付体系；进行数据仓库、联机分析处理和数据挖掘领域的研究工作并解决客户关系管理等问题。

④ 电子商务企业可以通过与多家物流公司合作来解决完善配送网络体系的问题，同样物流公司也可通过与多家电子商务企业合作来解决在线交易量不足的问题。

⑤ 在成本核算上，两企业间应平等协商解决。

⑥ 虽然鼓励分工，更强调协作。两类企业的利益拴在一起，不是竞争对手，而是以各自的长处相结合而形成的，对双方都有利的伙伴关系。两类企业实现合作时，应完善供应链协调制度，建立协议，开放沟通渠道，并使信息共享，强调合作和持续改进，以分享供应链管理的风险和收益。

⑦ 重视电子商务和物流综合人才的培养。要在高等院校中开设物流和电子商务课程，同时着手对两类企业的经营管理者进行培训。表 6-1 所示为选择物流公司的十大标准。

表 6-1 选择物流公司合作的十大标准

标　准	说　明
企业规模与品牌	公司的员工、营业额、服务网点数字，在业内的口碑、形象
企业的资质	是否有经过官方正规的资质认证，获得 AAAA 级物流企业，诚信物流企业、航空金牌代理认证等

标　　准	说　　明
专业化程度	是否拥有专业的物流人才，专业的操作流程，专业的服务程序等
网络及分布	全国自营的营业网点分布是否合理、密集度高，能给客户带来最直接的便利
增值服务	是否提供各种附加服务，如保价运输、代收货款、包装、上门接货、送货上门、签收回单等。解决客户的后顾之忧
运作质量	是否拥有严格的运作质量标准，对破损率、丢失率、签单返回率、发车（到货）准点率等有严格的指标把控。保障客户的货物安全
时效与安全	是否能够做到准时发车、准时到达、准时配送
服务质量	销售人员、服务人员是否有较高的服务意识、专业的服务形象、积极的服务态度等
网络信息化	信息技术是实现高效管理的工具，是否具有较强的运营保障系统、条形码标识、办公自动化、物流信息同步化等
性价比	物流公司所提供的物流服务的质量跟其运输价格的比值是否对等。不能单从价格选择，更要看其同时所提供的增值服务与反馈的满意程度是否符合高等级物流公司的要求

6.3.4　国内物流公司现状

电子商务的快速发展为快递企业带来了市场空间。据统计，网上购物的物品中，75%的交易商品要通过实物递送，2009年电子商务带动的邮递包裹达到6亿件。网上购物渐热，正在成为百姓购物的新方式，这为电子商务和快递业务的协同发展带来了新机遇。目前，国内大约有6万家快递公司，国有代表公司如邮政EMS，民营代表公司如申通、顺丰、圆通、韵达、中通、天天、中诚、汇通等。

申通、圆通、韵达等快递公司的网点全都覆盖北京、上海、西藏等34个地区，但是对于相对偏远的西部北部城市，如新疆、西藏、内蒙古等地，多数的快递公司只到省会城市，如乌鲁木齐、呼和浩特等，而且价格较高。而EMS在偏远的城市优势比较明显，只要有邮局的地方EMS都可到达。在速度方面，相对来说，申通、圆通、韵达的速度相差不大，顺丰的速度更快一些，EMS速度较慢，但是被大多数网民认为是最放心的快递。

本土民营快递企业目前主要有3个类型：提供高端服务的顺丰速运、联邦快递，他们在"网购"快递市场份额为5%左右；提供中端服务的邮政E邮宝、宅急送、全一快递，市场份额为6%左右；另外就是提供经济型服务的申通快递、韵达快运、圆通速递、天天快递、汇通快运等，网购市场份额为85%左右。

邮政EMS和国内民营快递角逐的市场格局正在形成，虽然市场占有率第一的仍然是EMS，但是在电子商务物流市场70%的份额被数量众多的民营快递企业占据。而在民营快递方面，也形成了"三足鼎立"的格局：北有宅急送，东有申通快递，南有顺丰速运。三家公司的成立时间均在1993—1994年间，迅速扩大的市场给他们带来了巨大的发展空间。其中，比较有特点的是顺丰速运，以深港货运起家，至今已成为注册资本1250万美元、年营业额超过20亿元的民营快递"巨头"。

国有快递邮政EMS在全国的网点比较多，覆盖范围比较广。采用EMS具有方便、快捷等特点，但是服务收费偏高，与民营物流相比，高出的费用部分由企业或商家负担，因此其经营利润会大大降低；如果由消费者承担，则对于小件商品，消费者也难以接受。其次，EMS很难保证消费者在期望的时间内将商品送到。2009年，重庆邮政EMS资费调整，每单的最低费用比民营快递还要低，据世界工厂网数据研究中心预测，物流行业的竞争将更加激烈。

方兴未艾的网络购物市场已经成为快递行业新的业务增长点。但是，民营快递由于服务产品单一，导致同质化竞争，结果是价格战，客户得不到很好的服务，导致快递企业的不良发展。其中，天天快递由于各网点质量参差不齐，管理难度较高，已在2006年3月份被海航洽购，另外，顺丰速运参股顺风航空，圆通快递开始采取逐步并购。据世界工厂网数据研究中心预测，快递企业将进入整合期。

6.4 商品包装策划

包装是物流的起点，包装的合理化和现代化是物流的合理化、现代化的组成部分与基础。包装设计在商品流通中的地位十分重要，也就是说，包装设计者应该以商品促销者的态度来工作，只有包装优秀的产品更能吸引人。

6.4.1 电子商务与包装

包装企业的生产及商务活动与电子商务的紧密融合成为未来包装工业的主要发展方向之一，两者的相互融合，将从根本上改变传统包装企业的经营方式。

1. 电子商务的现状

20 世纪 90 年代以来，网络信息技术的迅猛发展对人类生活方式产生了巨大影响，网络购物作为新的商品交易流通方式，日益普及到百姓生活，作为新兴事物与传统商业流通必然发生机制与结构上的矛盾，同时也刺激了相应行业的发展与变革，如网络银行账户应用水平与安全性的改善，国内各大银行均开展网络银行业务并不断利用新型保密技术；物流行业的发展，国内快递公司数量已突破600家；网络购物的交易量更是飞速增长，从B2B（商业机构对商业机构）、B2C（商业机构对消费者）到C2C（消费者对消费者）等网络商务模式日益发展，相应的国内外企业易趣、淘宝、阿里巴巴等不断成熟壮大。在网络购物特别是 B2B、C2C 模式中，常用的单品交易运输模式、购物模式对产品的包装的抗震抗压强度、尺寸、防潮、防伪等标准有了新的需求。

2. 包装概念

在网上购物中，顾客不能接触产品，也不能在计算机空间中仔细地观察包装。因此，网上包装如何说服顾客？互联网是具有高度自我选择的环境，需要不同于传统思维的包装设计战略，以获得更大的电子商务市场份额。但是，如果包装用在电子商务中，又会怎样？它在屏幕上发挥的作用会和它在货架上发挥的作用一样好吗？对于电子商务而言，这些问题是非常重要的，因为网上包装介绍不仅能提高访问者的数量，而且还能增加电子商务购买者的数量。表6-2所示为商品包装的组合要素。

表 6-2 包装的组合要素

商标或品牌	包装中最重要的构成要素，应在包装整体上占据突出位置
颜色	包装中最具刺激销售作用的构成要素，突出商品特性的色调组合，不仅能够加强品牌特征，而且对顾客有强烈的感召力
形状	适宜的包装形状有利于储运和陈列，也有利于产品销售
材料	材料既影响成本，又影响市场竞争力
图案以及标签内容	图案在包装中如同广告中的画面，其重要性、不可或缺性不言而喻。在标签上一般都印有包装内容和产品所包含的主要成分、品牌标志、产品质量等级、产品厂家、生产日期和有效期、使用方法

为了将包装从实物转向虚拟，理解实物包装的功能是必要的。欧盟对包装定义是："由任何种类的任何材料制成的产品，用于从原材料到加工成品之间的产品密封、保护、配送和介绍。"实物包装的基本要求包括密封、保护、保存、传达信息、处理和贮藏以及方便使用。包装是指对某一品牌商品设计并制作容器或包扎物的一系列活动。

6.4.2 电子商务商品包装要求

包装标准是指为了保障物品在储存、运输和销售中的安全和科学管理的需要，以包装的有关事项为对象所制定的标准。

1. 网络商务中单品运输流通对产品包装的要求

目前，网络商务所涉及的产品门类几乎和社会商业门类相同，电子产品、生活用具、文化用品等门类应有尽有，涉及的产品极其丰富，类型复杂。

在传统产品包装设计中，对于商品流通环境的衡量一般包括：

① 物理因素：即冲击振动和堆码静压等。

② 生物化学因素：温度、湿度、雨水、辐射、有害气体、微生物等。

③ 人为因素：野蛮装卸和假冒偷换等在设计时就要考虑包装件在上述流通环境下所采取的措施。

传统包装设计的上述要求，一般是针对不同规模的、较有针对性的整体运输而言，基本不考虑单品包装。而网络商务中常用单品运输的流通模式中，国内常用的 EMS（国家邮政快递服务）及其他快递服务公司、物流公司等，在法律和相关管理上，非特殊情况并不承担物品因挤压、震动、潮湿等运输环境因素所造成的不能明确责任的损失。因此，网络商务流通中对于单品包装的要求相对较高，尤其物品本身易碎、易震损、易变形、易污染等类型产品，必须在单品包装机构中达到较高运输要求。

在设计中对外包装基本要求提高强度、密封、抗震、抗压等技术指标。而且单品运输易磨损外包装表面，因此应在产品或应用包装（如液体产品的瓶体、固体产品外壳等）外设有内包装，此时包装应设计良好外观，避免降低产品视觉层次。专门针对网络商务的产品最外层包装更应以运输、环保、应用为主，注重视觉效果主要是内包装。应用于网络商务的产品包装，在考虑运输方式中，应注意包装形状与尺寸问题，以降低流通成本，促进产品网络营销。

2. 网络商务流通的包装防伪要求

随着防伪技术的发展和用户包装防伪要求的日益高涨，防伪包装成为包装企业和包装使用者谈论得越来越多的话题。市场需求刺激了包装防伪的技术进步，也使包装制作企业不断开发新产品，并积极与专业防伪企业联合，满足企业包装个性化的要求。防伪方法包括防伪标签、防揭封条/封口、激光全息薄膜封装内容物防伪等方式方法。

企业把防伪与防伪包装作为商品不可缺少的一部分，传统防伪方式在网络商务中由于消费者购物前无法近距离观察、试用商品实物，部分产品不宜全封闭，随着生产技术普及，容易被仿造、假冒。因而新的网络防伪方式悄然兴起，如上海东根控股有限公司旗下的东根利使防伪咨询社率先提出以技术手段解决网上购物诚信问题，公司开发的网络防伪系统，应用隔离二次在线图形内容核对方法保证数据库安全的管理模式，目前虽尚未普及应用，但与网络商务平台易良好结合的特性，为网络商务防伪创造了新的技术出路。

3. 电子商务包装特殊要求

对于电子商务这种新的流通组织形式，包装除了应具有通常的一些功能外，还需要满足一些额外的要求：

① 包装要带有足够的信息，使消费者能够轻松地在屏幕上鉴别商品。

② 包装上商品品牌应醒目，便于积极区分商品，同时也满足了销售者的利益。

③ 为方便配送，应增强包装强度及可跟踪性（在包装上印上特殊的条码或装上电子芯片），并减小包装容积。

④ 为方便自动堆码，包装规格应符合模数化要求。

⑤ 采用特殊的运输包装（价格便宜、可多次使用、便于携带、易于清洗等）。

如果电子商务这种新的流通组织形式想具有更高的经济性，那么它需要一种效率更高的供应链。例如，可以从中央仓库直接订购商品，而不用通过常规零售商店。

6.4.3 电子商务包装的设计策略

网络产品在最终到消费者手中时是不能裸露的，这就需要包装。而良好的包装只有同科学的包装决策结合起来，才能发挥应有的作用。可供企业选择的包装策略主要有以下5种，如表6-3所示。

表6-3 包 装 策 略

类似包装策略	企业所有的产品在包装上有明显的共同特征，易于消费者识记，同时可以节约成本，利于企业整体形象的塑造和新产品的销售
等级包装策略	企业产品包装因质量等级而有所区别，如精品精包，低档简包，以适应不同需求层次的消费者的购买心理，有利于全面扩大销售
分类包装策略	根据消费者购买目的和用途不同，对同一产品进行不同的包装。该策略适应了不同需求层次的消费者的购买心理，有利于全面扩大销售
分类包装策略	根据消费者购买目的和用途的不同，对同一产品进行不同的包装。该策略适应了消费者的购买心理，但增加了成本费用
配套包装策略	企业将有几种有关的产品组合在同一包装物内。该策略能节约交易时间，便于消费者购买，有利于扩大产品销售

包装设计的目的是让顾客购买。因此，我们可以得出以下结论：

① 人们在网上购买时需要与在商店购物的体验相匹配。人们一般不喜欢没有介绍的产品，这种产品不能帮助他们将有形的购物体验转化为一种无形的世界。

② 人们更喜欢在购买前触摸产品。视觉形象至少可为实际产品提供某种程度的补偿。因此，人们更喜欢为有网上包装介绍的产品付钱。

根据以上论述可以明确，网上包装设计的原则是强化包装的某些功能：

① 沟通功能：帮助顾客容易地确认产品和准确地做决定。

② 提供信息功能：为顾客提供充分的信息，在网上为顾客强化品牌认定。

③ 交互功能：吸引顾客的注意力和唤起顾客的产品好奇心。

④ 刺激功能：刺激顾客的购买冲动和有效地进行网上推销。

创造一种情境来测试能强烈影响不同参与度顾客的不同信息。首先，说服高参与度顾客改变他们原来的想法是不易的，但是他们可能被频繁发布的网上包装介绍说服。其次，改进的网上包装介绍能激发对网上产品的购买冲动。尽管这对定量研究来说是很小的样本量，但它在帮助收集大众网民对网上包装的普遍看法还是有价值的。

互联网在改变现有网上和网下交易的惯例方面有许多潜力。现实世界的专家需要考虑吸引网上顾客更有效和更具包容性的方法，也需要研究现实世界和虚拟世界之间的差异。交互计算机媒介的文字不仅会提高网上包装的生产力，而且有利于更有效地发展虚拟世界。

【相关链接】　　　　亚马逊——“无忧包装”

伴随线上购物的日益普及，愈来愈多的消费者开始抱怨商品的包装，这些最初为实体零售商所设计的包装方案既不环保，拆开更是非常困难，以至于引发了亚马逊首席执行官贝佐斯所谓的“包装狂怒”。目前，亚马逊正在寻找方法来改变这一局面，《纽约时报》记者克利福德(STEPHANIE CLIFFORD)撰文介绍了亚马逊的“无忧包装”策略，以及这一策略推行当中所遇到的问题和前景。以下为克利福德的评论文章原文：

走进贺灵顿（Doug Herrington）在亚马逊的办公室，你一时间会觉得他是个非常不善于拆开商品包装的人，因为在屋子里，你可以看到飞利浦 Norelco 剃须刀、咖啡豆，甚至还有一瓶汰渍，一切包装都原封未动。不过，这位亚马逊的消费品副总裁其实是在试图说明自己的观点：在典型的在线购物行为当中，“你总会遇到大量的包装，而且也必须为了拆开这些包装去做大量的工作”。在过去大约两年的时间当中，亚马逊一直在努力游说制造厂商，希望后者接受所谓“无忧包装”的理念，不要使用各种塑料硬壳和布满小气泡的塑料垫料。事实上，亚马逊的很多消费者投诉都和这些包装有关。

然而，人们现在还是不能无忧。目前，在亚马逊所销售的数以百万计的商品当中，只有大约 600 种采纳了这一理念。至于其他的在线零售商，例如沃尔玛和 Target 的在线部门，则根本对新包装毫无兴趣，哪怕制造商提供这样的选择，他们也无动于衷。“人们之所以不愿意做出改变，很大程度上其实都是惯性使然。”非营利环保机构健康、环境与司法中心的科技部门主管莱斯特(Stephen Lester)分析道，“当你已经确立一种方式来做你的生意，做出任何改变都意味着投入额外的金钱和时间。”在传统零售商那里，老派的包装仍然是很受欢迎的，因为这有助于防止偷窃行为的发生。可是在线世界，显然没有这样的需求，而替代包装对于消费者就有了很大的吸引力，而且实际上，对于包装行业而言，开发新的替代包装其实并不费事。替代包装手段对保护环境也很有利，因为材料使用的通常都是再生和可再生的纸板，而不是塑胶和金属，生产起来更为迅速，成本也更低。

现在亚马逊仍然在努力，希望能够有更多的制造商签字加入进来，他们的措施之一就是将消费者对老派包装怒火冲天的投诉邮件直接发给制造商。和使用传统手段包装的商品相比，无忧包装使得亚马逊网站收到的相关负面评价平均减少了 73%之多。

策略变化的意义在飞利浦身上得到了非常明显的体现。这家电子产品巨头看到亚马逊提供的反馈之后，改换了自己的 Essence 电动牙刷包装。飞利浦口腔保健的资深消费者营销经理张(Stephen Cheung)承认：“问题有时候也未必一定在于产品本身，拆开包装的体验也很重要——要是你不得不借助刀剪，那就光火了。”飞利浦联系自己的提供商 AllpakTrojan，询问对方是否能够提供新的包装方案。AllpakTrojan 的销售经理胡佛(Dave Hoover)解释道，由于通常情况下，制造商常常都是选择不同的提供商来分别提供包装用的塑料和纸板，“哪怕你还没有做出任何事实的改变，在设计过程当中，你就已经损失了一点效率”。

不过，在新的计划之下，AllpakTrojan 可以使用单一材质，而且他们可以用一部机器使整个包装一次成型，而不必像传统的包装方法那样，诉诸两道到三道的工序。胡佛评论道：“从设计到结束，它都可谓是最高效率。”三周时间之内，AllpakTrojan 就设计出了新的包装，而且经受了从不同高度落下，以及振动台的检验，一切都没有问题。传统的牙刷包装都使用纸板做背，印刷花哨，再覆以硬塑料的外壳，而这种新包装却非常简洁。胡佛表示：“它的价格要低很多。”新包装在环保方面的好处是显而易见的：它使用的原料明显减少，而且纸板都是可再生的。飞利浦方面表示，他们非常乐于看到这些变化，而且他们正在考虑改变其他产品的包装。该公司还表示，他们正在推动其他在线零售商接受自己的这种新包装，但是反响似乎并不怎么热烈。飞利浦发言人詹尼斯特(Shannon Jenest)介绍称，公司非常乐于进行相关讨论。“他们随时愿意沟通，我想我们应该可能会继续增加在亚马逊采用无忧包装的产品种类，当然我们也希望了解其他合作伙伴的情况。”

环境专家认为，对无忧包装理念反应的迟缓原因主要有两个：在制造商方面，为实体零售店和在线零售店提供不同包装的产品会让他们的工作更加复杂，而在线零售商方面，大家彼此也缺乏协调与合作。“当前最大的障碍之一就在于，必须要说服制造商相信这样做是值得的，销售两种不同包装的同样产品是可以推动销量的。”非营利研究机构 GreenBlue 旗下的可持续包装联合会主管约翰逊（Anne Johnson）解释道，零售商并没有制定统一的标准，“只有统一的标准才能解决所有问题，因此现在我们什么问题都解决不了”。

亚马逊是 2008 年 11 月开始推广无忧包装策略的，其主旨就是为了安抚公司首席执行官贝佐斯(Jeffrey P. Bezos)所称的“包装愤怒”。硬塑料外壳的包装的确会使得商品摆放在店面时更加醒目，而且也可以帮助防止盗窃，但是在开启时也让人很是头疼。显然，这两个好处亚马逊都享受不到，倒是坏处经常引发消费者的抱怨。哪怕只是咖啡豆这样的东西，亚马逊的消费者得到的也是和普通零售商那里一样的包装。于是，亚马逊决定和制造商合作，设计新的纸板包装，让消费者不必借助工具就可以顺利拆开。

虽然也有过一些小小的波折，但是整体而言，亚马逊的这一策略转变受到了广泛欢迎。除飞利浦之外，宝丽来和宝洁也接受了亚马逊的劝告，Duracell、Bounty 和汰渍等品牌也引入了自己的无忧包装。

Duracell 最近就在亚马逊推出了 28 节装的无忧包装电池，公司营销经理雅各布斯(Bob Jacobs)称，这些新商品获得了亚马逊买家非常广泛的赞誉。雅各布斯还介绍说，他们已经可以向所有的在线零售商提供这种 28 节装的新产品，但是至少目前，沃尔玛和 Target 的网站还是只有传统的塑料包装的产品出售。Target 表示，他们目前并没有类似的包装计划，但是他们的确在和一些供货商沟通，寻找更加有利于电子商务开展的选择。沃尔玛方面则表示，他们正在研究送货箱的体积，试图尽可能降低对环境的消极影响。“这是一个漂亮的双赢选择。”亚马逊全球协同副总裁肖拉伯拉(Nadia Shouraboura)表示，“我们并没有想过一周之间创造奇迹，但是我们相信，假以时日，事情总会发生的。”

（资料来源：中国证券网. 亚马逊无忧包装策略，2012 年 8 月 1 日）

小　结

随着知识经济的发展和信息高速公路的建设，电子商务活动正在迅速地渗透到每一个行业领域。在电子商务改变着传统产业结构的同时，物流业也不可避免地受到影响。时至今日，电子商务与物流的关系愈加紧密。

现在许多商业企业和生产企业面对日趋激烈的市场竞争，不得不将主要精力放在自己的核心业务上，而将运输、仓储等相关业务环节交给更专业的物流企业进行操作，以求节约和高效，因此与物流公司的合作也是愈加紧密；同时，物流企业为提高服务质量，也在不断拓宽业务范围，提高配套服务。物流公司的包装更是一个关键的环节，物流的包装策略等方面的问题也是一个值得研究的方面。电子商务环境下的物流管理与包装策略在不断的发展，这是一个需要特别研究的领域。

习　　题

一、填空题

1. 电子商务通过 Internet 进行商务运作，涵盖了网上调查、________、网上广告，商务洽谈、________、网上贸易、网上支付、________、售后服务等诸多商务活动，涉及生产、流通、分配、交换和消费等环节的所有电子信息化处理活动。

2. 国际标准化组织（ISO）有关电子商务的定义：电子商务是企业之间、企业与________信息内容与需求交换的一种通用术语。

3. 电子商务与电子商业的区别：电子商务与电子商业相比具有更广泛的________。

4. 1996 年________，联合国贸易委员会通过《电子商务示范法》，明确电子商务法律的及其在具体贸易领域里的具体运用。

5. 电子商务具有________、覆盖面广、使用便捷、________、功能全面、服务个性化、________、系统安全性特点。

6. 电子商务交易过程中都包含着 4 种基本的“流”：信息流、商流、________与物流。

7. 电子商务包括交易前、________与交易后 3 个阶段。

二、判断题

1. 电子商务是利用网络实现所有商务活动业务流程的电子化，不仅包括了电子交易的面向外部的业务流程，还包括了企业内部的业务流程。（　　）

2. 电子商务是企业与企业之间、企业与消费者之间，以及企业内部的一种管理链，它贯穿于企业行为的全过程。（　　）

3. 1999 年 2 月 19 日，世界第一个电子商务标准问世。（　　）

4. 2000 年 5 月间，北京、上海、天津、重庆城市电子商务方案通过专家评审，付诸实施。（　　）

5. 实现 MEB 的技术包括以无线应用协议、移动 IP、蓝牙技术、通用分组无线业务与移动定位系统。（　　）

三、简答题

1. 简述电子商务与物流之间的关系。

2. 简述电子商务物流管理的概念及内容。

3. 分析我国网店的主要类型及其主要物流配送方式。

4. 试分析企业与物流公司合作存在的问题。

5. 简述物流包装策略有哪些。

第 7 章

ShopEx 电子商务平台应用

本章提要

通过 ShopEx 电子商务平台应用，了解该平台的安装与网店的建设，配置网店的功能模块及网店主题的设置，以及该平台后台管理的综合应用。

7.1 全新的电子商务平台

7.1.1 项目规划

要过母亲节了，大学生丁丁想给妈妈一个惊喜。因为平时他一直是住校的，这次周末回家时他想送给妈妈一个漂亮的手提包。可是平时学业繁重的他哪有这么多时间逛街呢？没关系，网上商城一直是丁丁的好去处，这次他决心从网上找一件最合心意的礼物。最后，他选择了“心意网”。

7.1.2 项目计划书

- 项目一：网站用户的注册。
- 项目二：网上购物体验。
- 项目三：商品的质量评价及客户留言。

7.1.3 项目执行

项目一 网站用户的注册

用户名	cbdyma	密码	123456
电子邮箱	cbdyma@126.com	姓名	丁丁
性别	男	出生日期	1990 年 1 月 1 日
地区	上海市虹口区	联系地址	江湾镇
邮编	200431	移动电话	1301119461
固定电话	021-56601234	安全问题	我是谁
回答	丁丁	QQ	1769485

注册用户的操作步骤如下：

① 登录“心意网”，单击页面右上侧的“免费注册”按钮，如图 7-1 所示。

设为首页 | 加入收藏 | 联系我们 | 关于我们
订购热线
400-820-5365
购物车中有0件商品
去结账
商品分类
商品品牌
首页
品牌专区
兑换赠品
捆绑促销
会员中心
客户留言
友情链接
帮助中心
搜索商品
高级搜索
热门关键词：韩版女装 | 运动休闲 | 可爱包包
您好！[请登录] [免费注册]

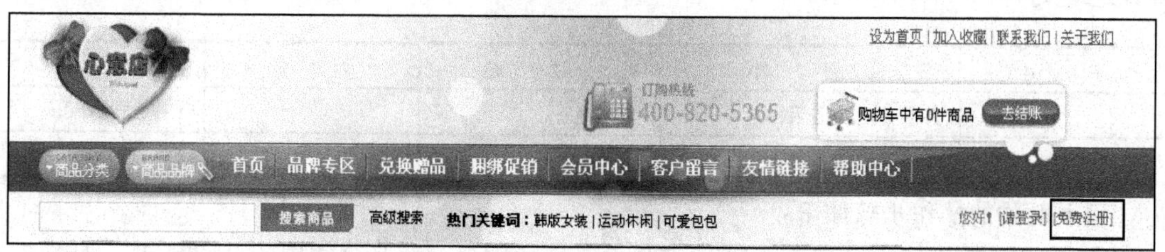

图 7-1　用户注册

② 在弹出的“用户注册”页面填写相关信息，如图 7-2 所示。

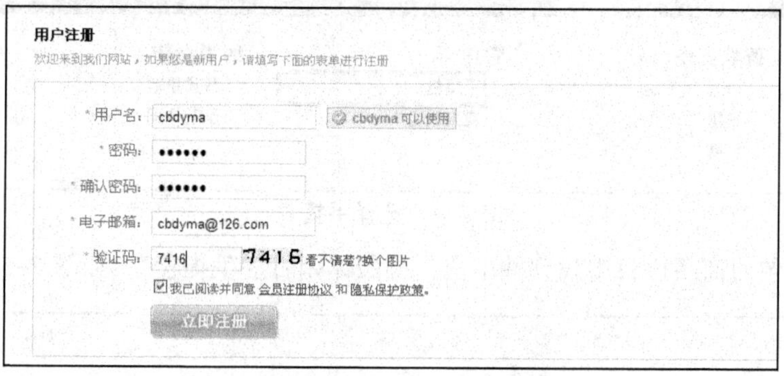
用户注册
欢迎来到我们网站，如果您是新用户，请填写下面的表单进行注册
*用户名：cbdyma
cbdyma 可以使用
*密码：••••••
*确认密码：••••••
*电子邮箱：cbdyma@126.com
*验证码：7416
7416 看不清楚?换个图片
我已阅读并同意 会员注册协议 和 隐私保护政策。
立即注册

图 7-2　用户注册界面

③ 单击“立即注册”按钮，继续填写相关信息，如图 7-3 所示。

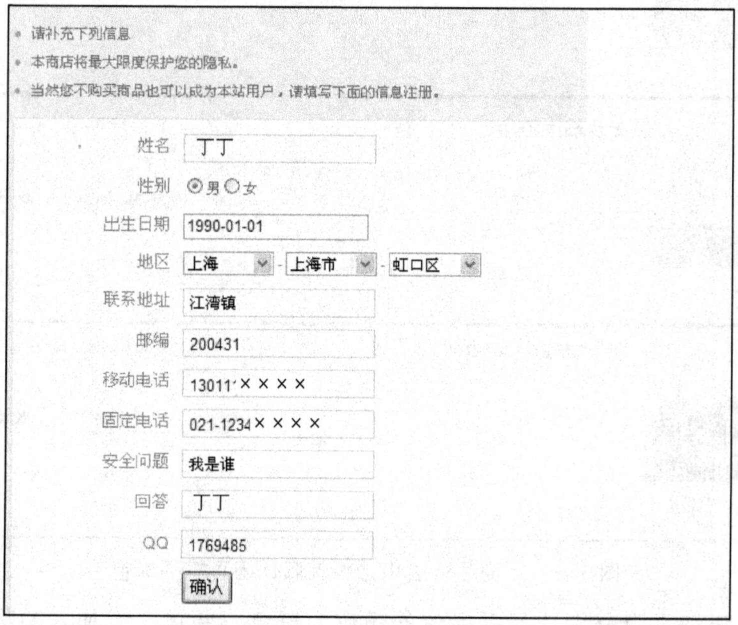
请补充下列信息
本商店将最大限度保护您的隐私。
当然您不购买商品也可以成为本站用户，请填写下面的信息注册。
姓名 丁丁
性别 男 女
出生日期 1990-01-01
地区 上海 - 上海市 - 虹口区
联系地址 江湾镇
邮编 200431
移动电话 13011××××
固定电话 021-1234××××
安全问题 我是谁
回答 丁丁
QQ 1769485
确认

图 7-3　填写详细信息

④ 单击“确认”按钮，完成注册。

项目二 网上购物体验

序　　号	品　　名	颜　　色	尺　　码	数　　量
1	韩版休闲百搭手提包	橙色		1
2	英格兰风情高跟秀气鱼嘴单鞋	米黄色	37	1

网上购物的操作步骤如下：

① 购买“韩版休闲百搭手提包”，在页面导航栏中找到商品分类中的“手提包”，如图 7-4 所示。

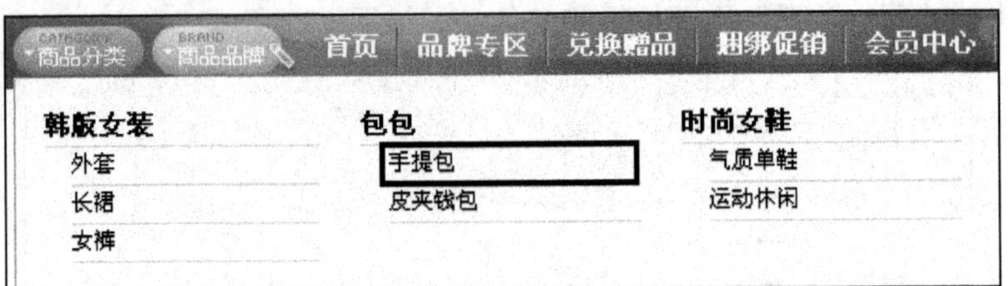

图 7-4　选择手提包

② 在手提包的商品栏目中找到并单击“韩版休闲百搭手提包”，如图 7-5 所示。

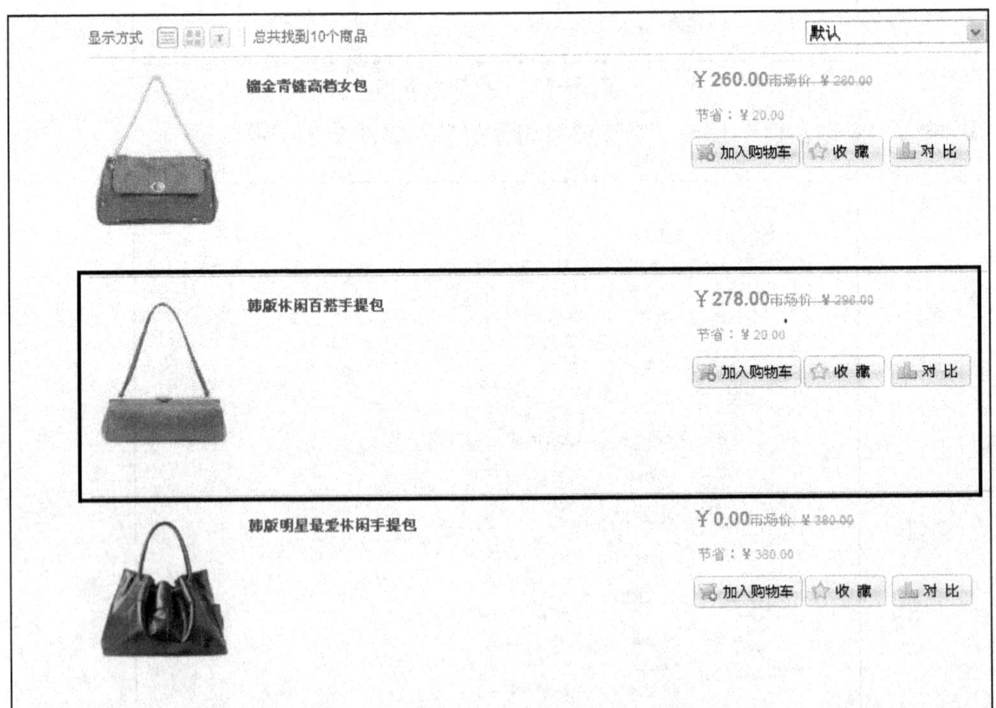

图 7-5　在商品列表中选择韩版休闲百搭手提包

③ 在商品详细页面分别选择手提包的颜色为橙色，并单击“加入购物车”按钮，如图 7-6 所示。

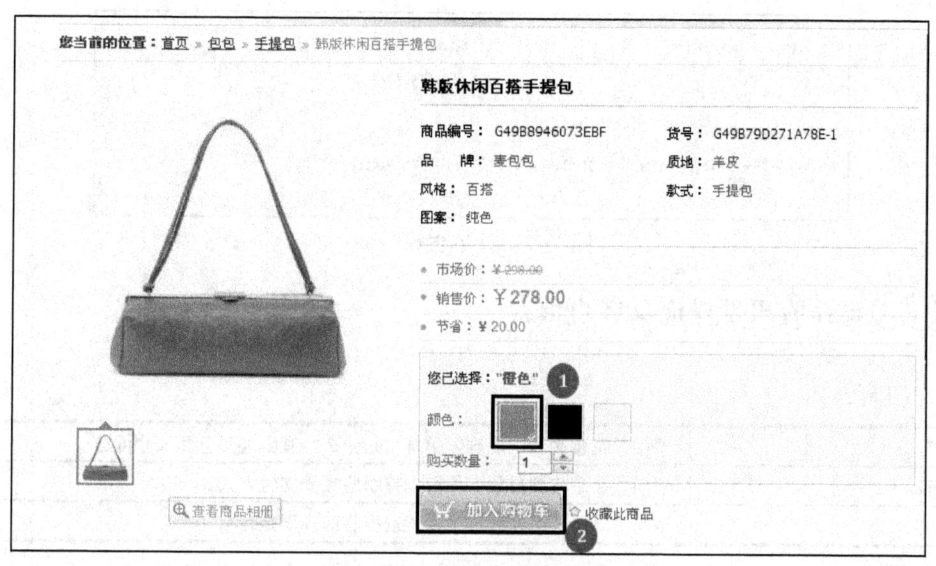

图 7-6　将商品加入购物车

④ 在购物车页面单击“去结账”按钮，如图 7-7 所示。

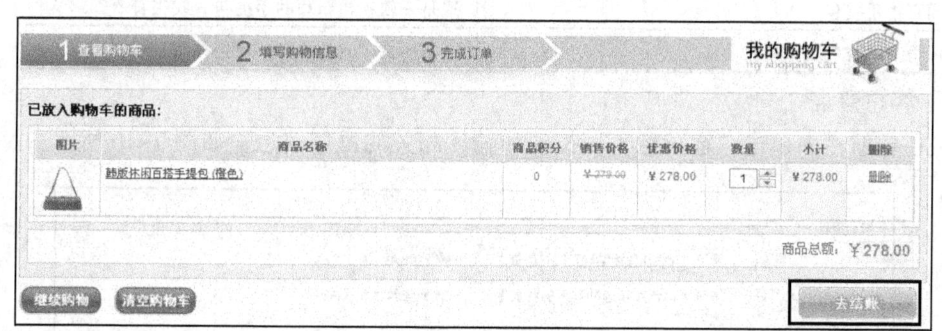

图 7-7　点击“去结账”按钮

⑤ 确定商品的配送方式为“顺风快递”，支付方式为“货到付款”。然后，单击“确认无误，下订单”按钮，如图 7-8 所示。

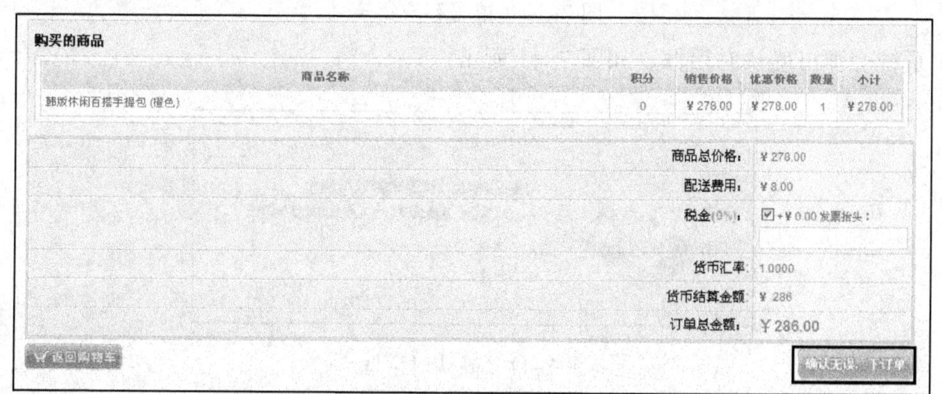

图 7-8　确认下订单

⑥ 订单生成后系统会弹出相关订单号的对话框，如图 7-9 所示。

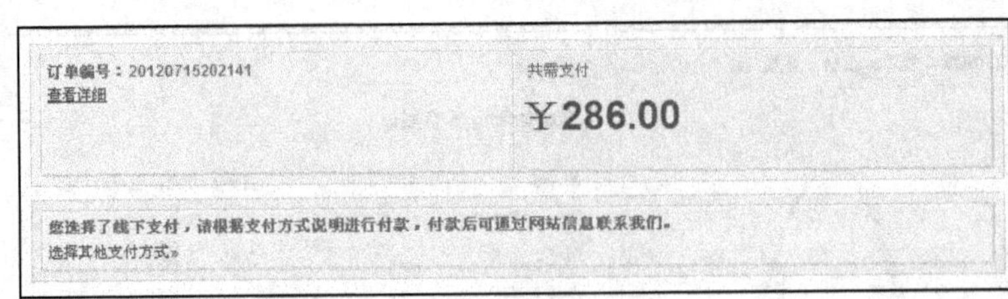

图 7–9　订单生成页面

项目三 商品的质量评价及客户留言

客户留言：

顾客提问	请问“花色高邦运动鞋”的材质是什么？有哪些颜色和尺寸可选
顾客提问	请问什么是货到付款？你们支持哪些在线支付方式
顾客提问	请问下单后什么时候能发货？退换货的规则是什么

商品评级：

品名	评级
韩版休闲百搭手提包	这是一款款式新颖的手提包，我很喜欢
英格兰风情高跟秀气鱼嘴单鞋	这是一款时尚的单鞋，值得拥有

（1）客户留言

① 在导航栏中单击“客户留言”按钮，输入相关的留言信息，如图 7–10 所示。

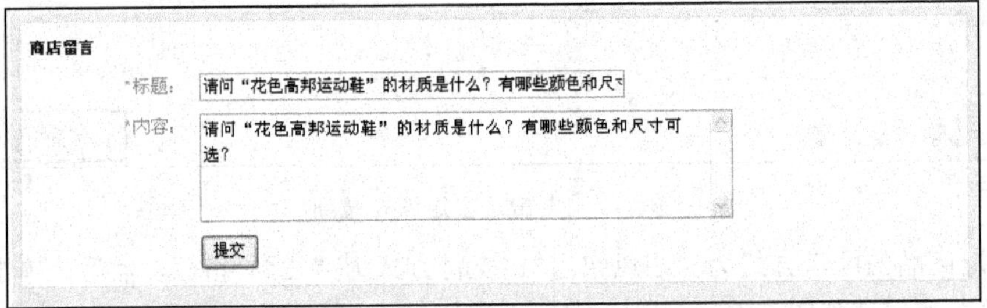

图 7–10　填写客户留言

② 系统会弹出确认对话框，如图 7–11 所示。

图 7–11　确认对话框

（2）商品评级：

在商品页中找到需要评级的商品“韩版休闲百搭手提包”的详细页，在商品评论栏目中进行评论，如图 7-12 所示。

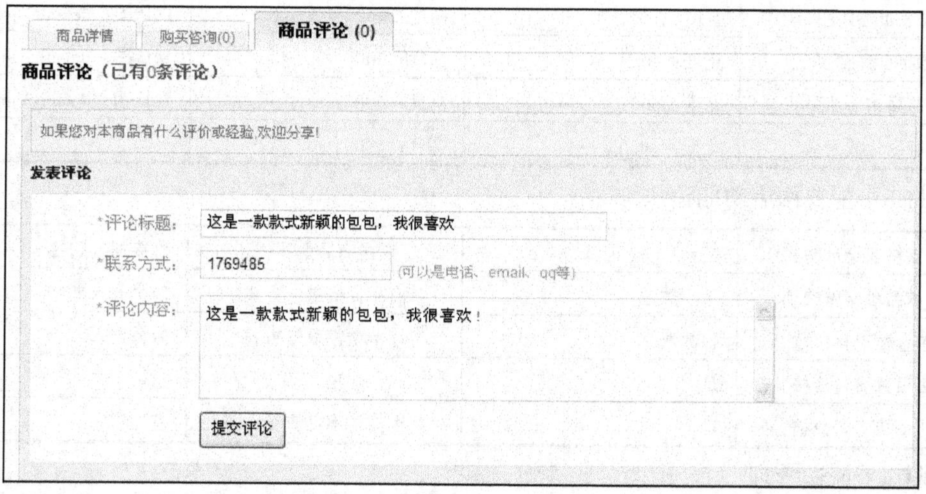

商品详情　购买咨询(0)　**商品评论 (0)**

商品评论（已有0条评论）

如果您对本商品有什么评价或经验,欢迎分享!

发表评论

*评论标题：这是一款款式新颖的包包，我很喜欢

*联系方式：1769485（可以是电话、email、qq等）

*评论内容：这是一款款式新颖的包包，我很喜欢！

提交评论

图 7-12　提交评论

7.2　网店初始化

7.2.1　项目规划

在小明的鼓励和帮助下，丁丁暗自下定决心一定要开创一个属于自己的网上商城。他连网店的名字都想好了，叫“心意网”。意思是要把最好的精美商品推销给网友，一份诚挚的心意就一定能换来“上帝”的青睐！于是他写了一份计划书要利用 ShopEx 电子商务平台在网上开店。

7.2.2　项目计划书

- 项目一：网店初始化设置。
- 项目二：商店购物显示设置。

7.2.3　项目执行

项目一　网店初始化设置

请按照以下信息申请和配置网店：

素材 1：网店开设申请

网店名称	飞翔天空	商店网址	v.fly80.com
商店 Logo	logo.gif		
网站所有人	洪伟	所属行业	玩具/模型
联系人	洪伟	固定电话	021-6536××× ×
手机	1360165××××	电子邮箱	hongwei197900@live.com
QQ	24088××××	淘宝旺旺	wl@msn.com
地址	××市××路 22 号	邮编	200125

素材 2：配置网店布局

列表页缩略图	宽度：150	高度：160	默认图：default1.jpg
商品页详细图	宽度：300	高度：300	默认图：default2.jpg
商品相册图	宽度：600	高度：600	默认图：default3.jpg
开启图片放大镜	宽度： 430	高度：600	

素材 3：配置网店功能模块

是否支持非会员购物	是	顾客点击商品购买按钮后	直接加入购物车
前台商品价格精确到	无小数位	商品价格进位方式	四舍五入
订单金额取整位数	整数取整	订单金额取整方式	四舍五入
是否设置含税价格	是	税率	7%
优化商店运营数据	是	是否支持商品直接购买	是

素材 4：配送管理

类型	货到付款	重量设置	首重重量 500 g
支持物流保价	费率 1%	保价设置	最低保价费:10 元
地区费用类型:	统一设置	首重费用	10 元
续重费用	2 元		

素材 5：配置支付方式支付宝支付

支持交易货币	人民币	合作者身份(parterID)	
交易安全校验码(key)		支付手续费设置	使用标准双接口、担保交易接口、即时到账交易接口
按比例收费		费率	7%

开设网店

（1）网店开设申请：

① 登录 ShopEx 后台管理，如图 7-13 所示。

图 7-13　登录 ShopEx 后台

② 单击“商店配置”按钮，如图 7-14 所示。

图 7-14　商店配置

③ 单击工具栏中的“基本设置”，并按题意完成信息的输入，如图 7-15 所示。

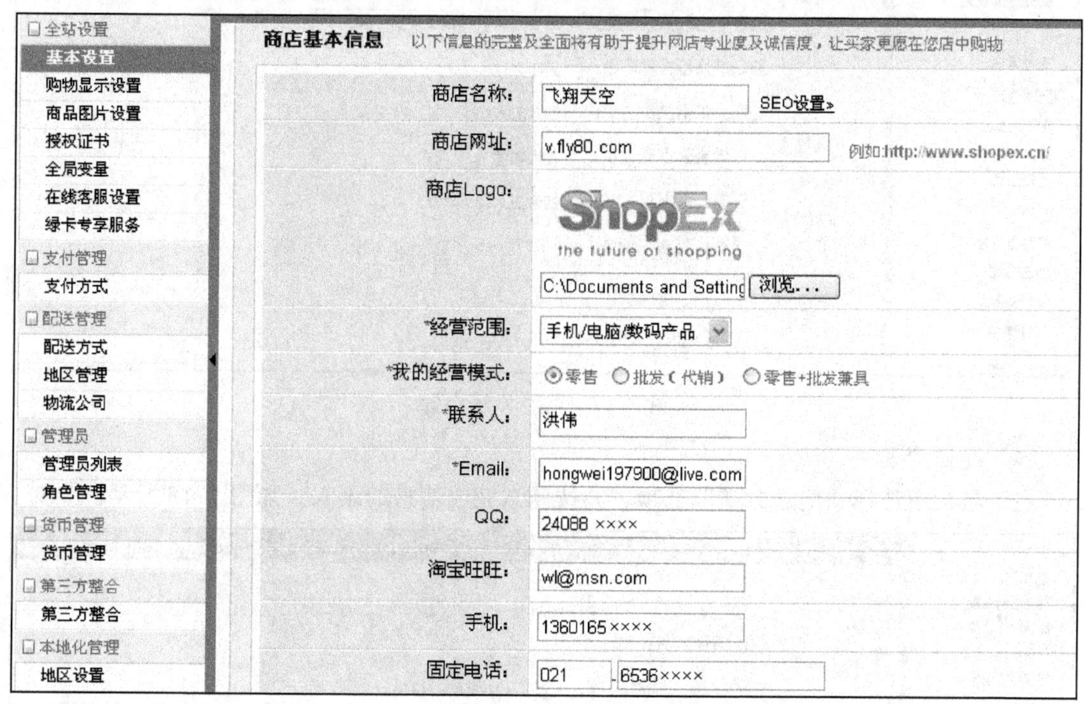

图 7-15　基本设置

（2）配置网店布局

在工具栏中选择“商品图片设置”选项，并按题意完成信息的录入，如图 7-16 所示。

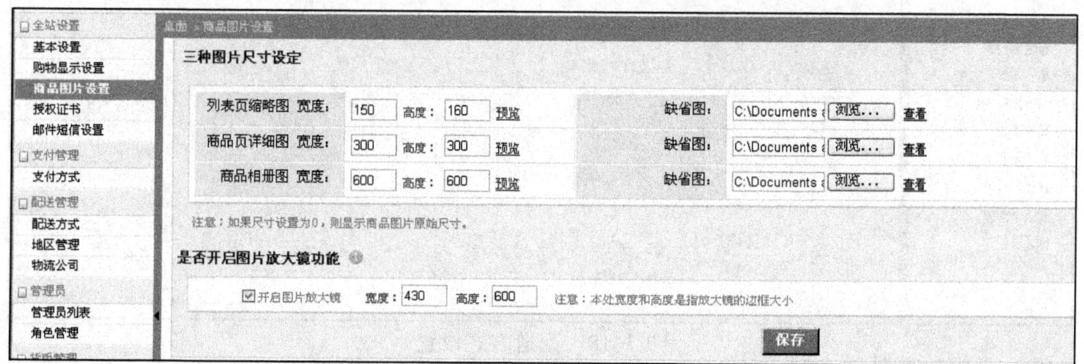

图 7-16　商品图片设置

（3）配置网店功能模块

在工具栏中选择“购物显示设置”选项，并按题意完成信息的录入，如图 7-17 所示。

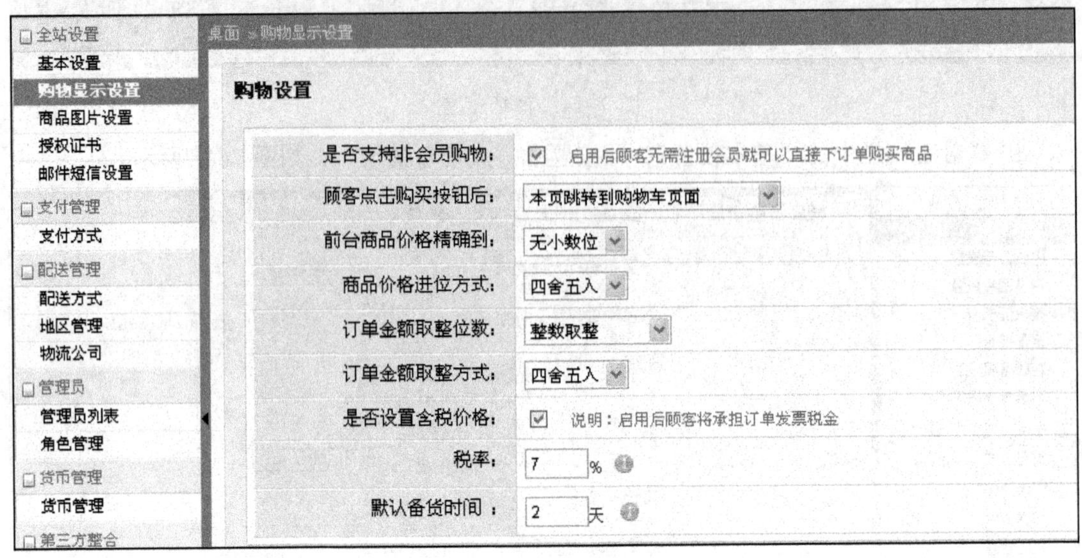

图 7-17 购物显示设置

（4）配送管理

在工具栏中选择“配送方式”选项，并按题意完成信息的录入，如图 7-18 所示。

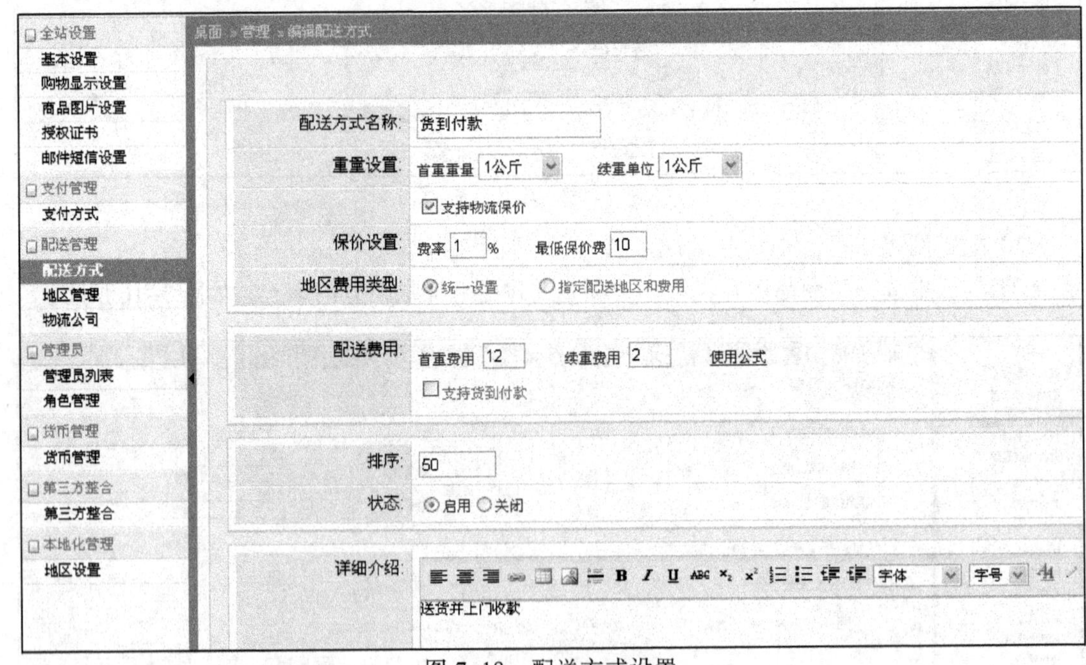

图 7-18 配送方式设置

（5）配置支付方式

在工具栏中选择“支付方式”选项，并按题意完成信息的录入，如图 7-19 所示。

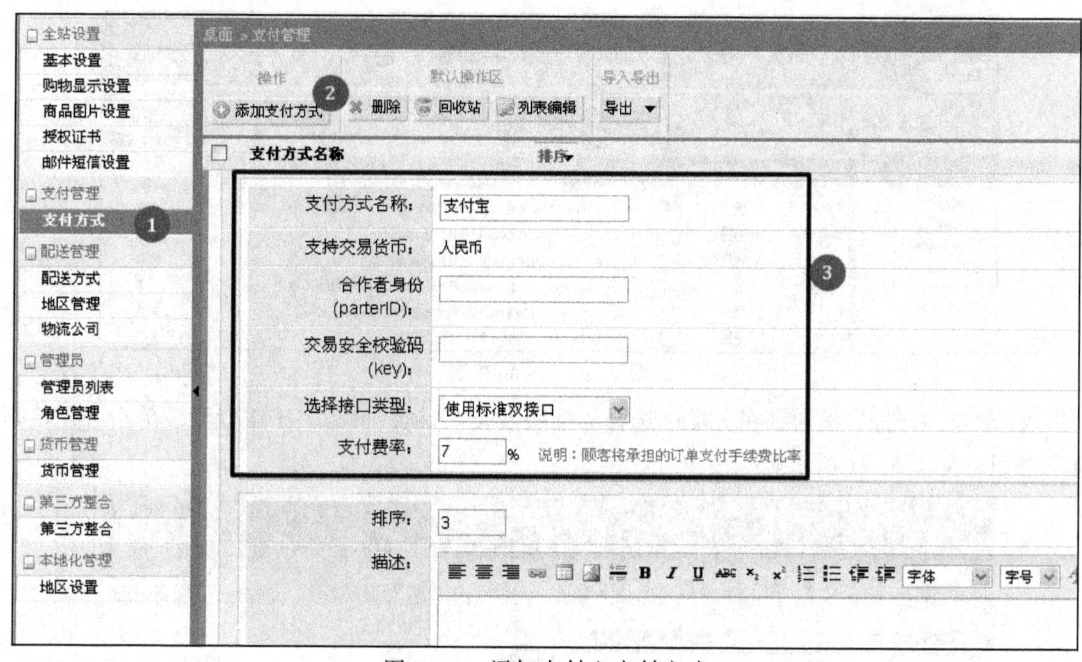

图 7-19　添加支付宝支付方式

项目二 商店购物显示设置

1．网络信息收集整理

① 在网店商品中筛选出符合要求的商品统计商品种类数量：

分类	韩版女装	价格	大于 170

② 将现有的商品导出为 xls 格式的文件，保存到（D:\），并命名为“全部商品.xls”。

2．配送方式管理

① 添加一种配送方式。

② 添加一种名为“顺飞物流”的配送方式，并将收费标准按以下规范进行设置：

地区及运费 地区代号	服务地区	运费标准
A	上海、江苏、浙江	首千克 6 元，以后每增加 1 千克运费增加 2 元
B	北京、广东、山东、福建、广西、河南、河北	首千克 8 元，以后每增加 1 千克运费增加 3 元
C	新疆、内蒙古、西藏、海南	首千克 12 元，以后每增加 1 千克运费增加 4 元

操作步骤：

（1）在网店商品中筛选出符合要求的商品，统计商品种类数量

分类	韩版女装	价格	大于 170

① 在“商品”菜单选择“商品分类目录”→“韩版女装”，在右侧窗口会显示韩版女装的相关信息，如图 7-20 所示。

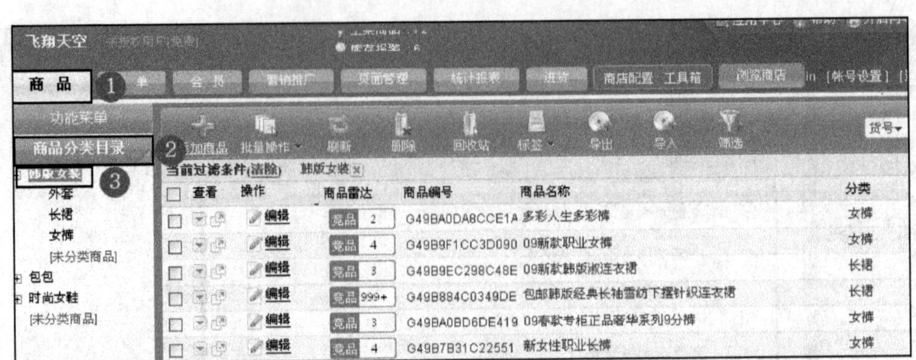

图 7-20　商品查询

② 单击“筛选”按钮，在分类中选择“韩版女装”，销售价为大于 170 元。单击“开始筛选”按钮，如图 7-21 所示。

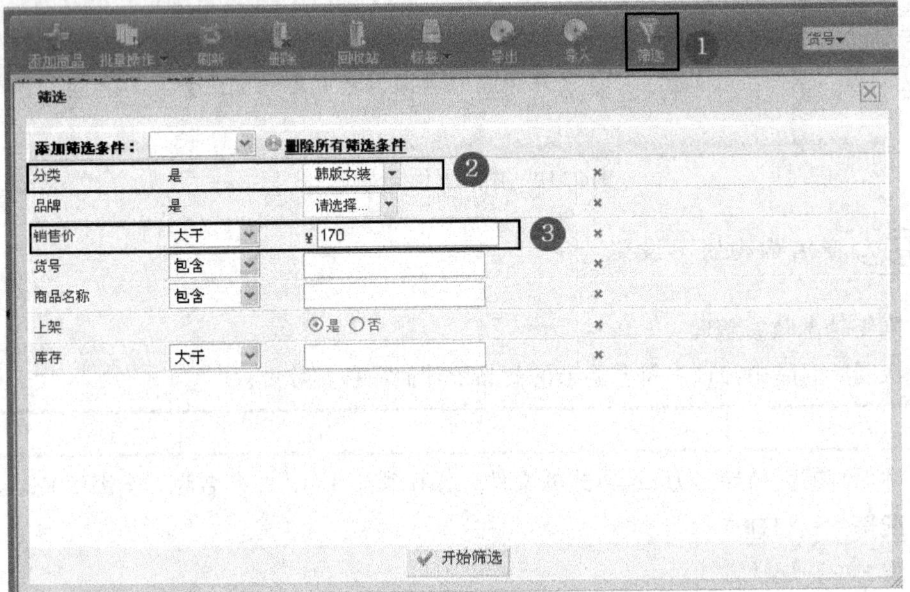

图 7-21　筛选 170 元以上的韩版女装

③ 在弹出的窗口中一共有 7 条记录符合条件，如图 7-22 所示。

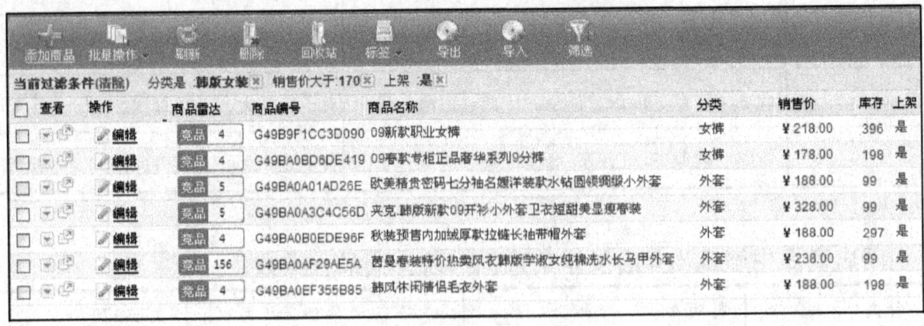

图 7-22　筛选结果

（2）导出并命名商品

将现有的商品导出为 xls 格式的文件，保存到（D:\），并命名为“全部商品.xls”。

① 单击“商品”菜单右侧窗口中的“查看”按钮，单击“点此选定全部的 73 条记录”，如图 7-23 所示。

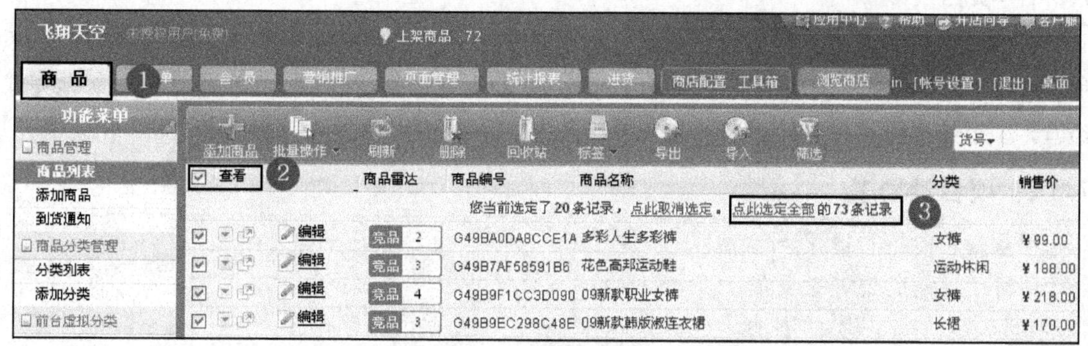

图 7-23　查看所有商品

② 单击“导出”按钮，选择“xls-Excel 文件”，如图 7-24 所示。

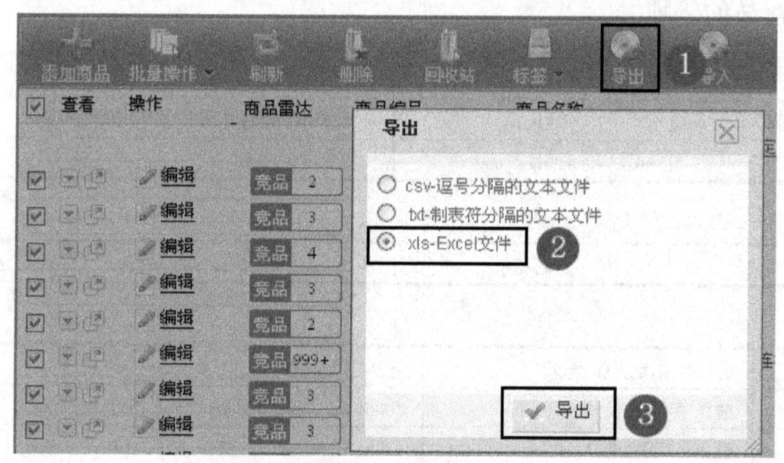

图 7-24　单击“导出”按钮

③ 系统会弹出文件下载对话框，如图 7-25 所示。

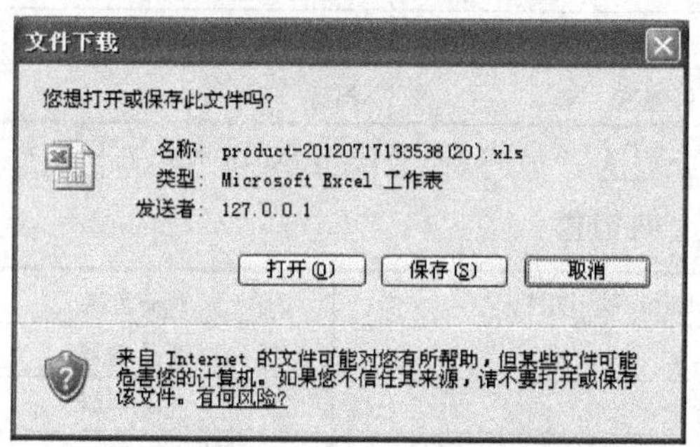

图 7-25　文件下载对话框

④ 将文件保存到（D:\），并命名为“全部商品.xls”。

7.3 商 品 管 理

7.3.1 项目规划

在学习了以上相关的商品标价及陈列的知识以后，丁丁要开始结合 ShopEx 来完成商品添加、品牌管理等操作。网店的商品是经营的灵魂，只有有序地管理和添加商品才能更好地完成经营。丁丁特意写了一份计划书来完成学习任务。

7.3.2 项目计划书

- 项目一：商品的管理。
- 项目二：网店公告的发布。
- 项目三：虚拟分类的添加。

7.3.3 项目执行

项目一 商品的管理

添加商品品牌（数码相机）：

商品品牌	AIGO	排序	2
网址	http://sucha.aigo.com/	logo	aigo

添加商品类型：

商品类型	数码相机	关联品牌	AIGO

扩展属性：

属性名	前台列表页表现类型	选择项可选值
上市时间	选择项-下拉筛选	2005 年、2006 年、2007 年、2008 年、2009 年
显示屏尺寸	选择项-下拉筛选	1.8 及以下、2、2、2.5、2.7、2.8、3.3 以上
数码像素	选择项-渐进式筛选	800、1000、1200、1500、1800
存储介质	输入项-不可搜索	SD 卡、CD 卡、SM 卡
电池类型	选择项-下拉筛选	AA 电池、BB 电池、CC 电池
售后服务	选择项-下拉筛选	全国联保,全市联保
成色	输入项-不可搜索	全新

添加商品分类：一级分类为“数码”；二级分类为“数码相机”

发布商品，并将商品上架销售：

商品名称	AIGO S1500 数码相机	商品分类	数码->数码相机
商品品牌	AIGO	商品编号	CM009
商品价格	1560 元	成本价格	1250 元
上市时间	2009 年	显示屏尺寸	2.7
像素	1000 万	光学变焦	12 倍
存储介质	SD 卡	电池类型	AA 电池
售后服务	全国联保	成色	全新

（1）添加商品品牌

① 打开网店后台，在“商品”菜单中选择“添加品牌”，系统会弹出相应对话框，如图 7-26 所示。

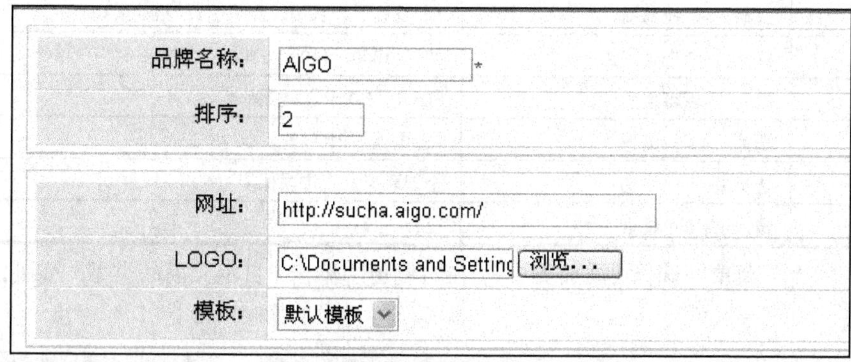

图 7-26　添加品牌

② 单击“保存”按钮，添加完毕。前台品牌专区如图 7-27 所示。

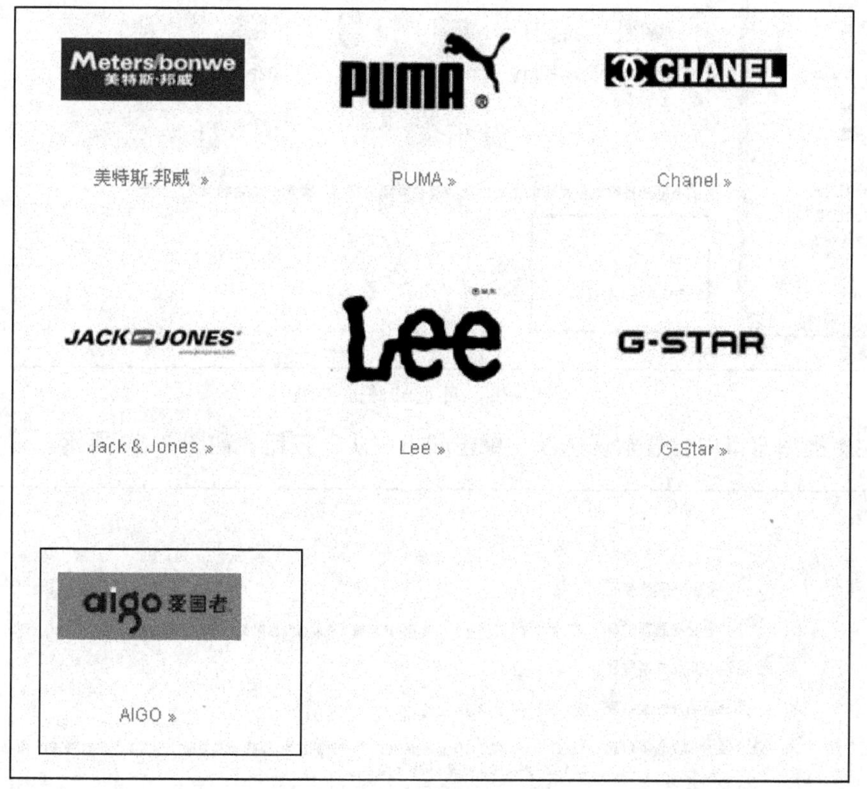

图 7-27　品牌添加后的效果

（2）添加商品类型

商品类型	数码相机	关联品牌	AIGO

扩展属性：

属性名	前台列表页表现类型	选择项可选值
上市时间	选择项-下拉筛选	2005 年、2006 年、2007 年、2008 年、2009 年
显示屏尺寸	选择项-下拉筛选	1.8 及以下、2、2、2.5、2.7、2.8、3.3 以上
数码像素	选择项-渐进式筛选	800、1000、1200、1500、1800
存储介质	输入项-不可搜索	SD 卡、CD 卡、SM 卡
电池类型	选择项-下拉筛选	AA 电池、BB 电池、CC 电池
售后服务	选择项-下拉筛选	全国联保、全市联保
成色	输入项-不可搜索	全新

① 在“商品”菜单中选择“添加类型”，在右侧窗中单击“自定义商品类型”按钮，如图 7-28 所示。

图 7-28　自定义商品类型

② 在新类型窗口中设置默认选项，单击“下一步”按钮，如图 7-29 所示。

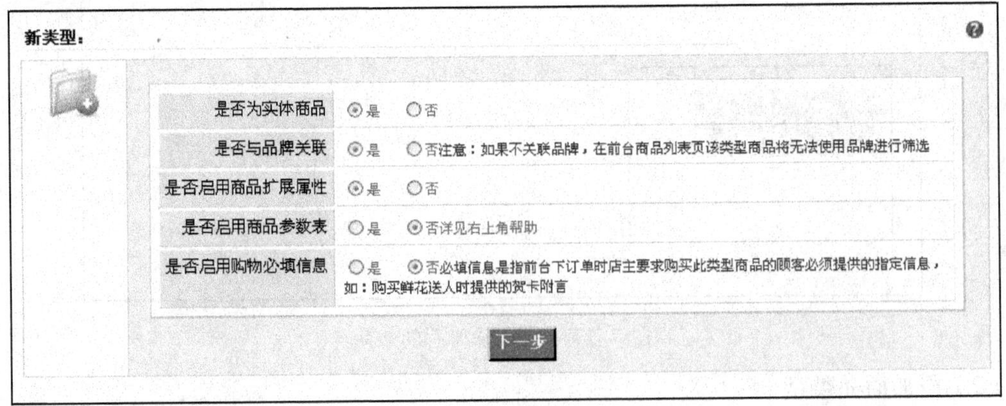

图 7-29　设置默认选项

③ 确定类型名称及关联品牌，如图 7-30 所示。

图 7–30　商品类型的新建

④ 单击“扩展属性”选项卡，按题意分别添加数码相机的扩展属性，如图 7–31 所示。

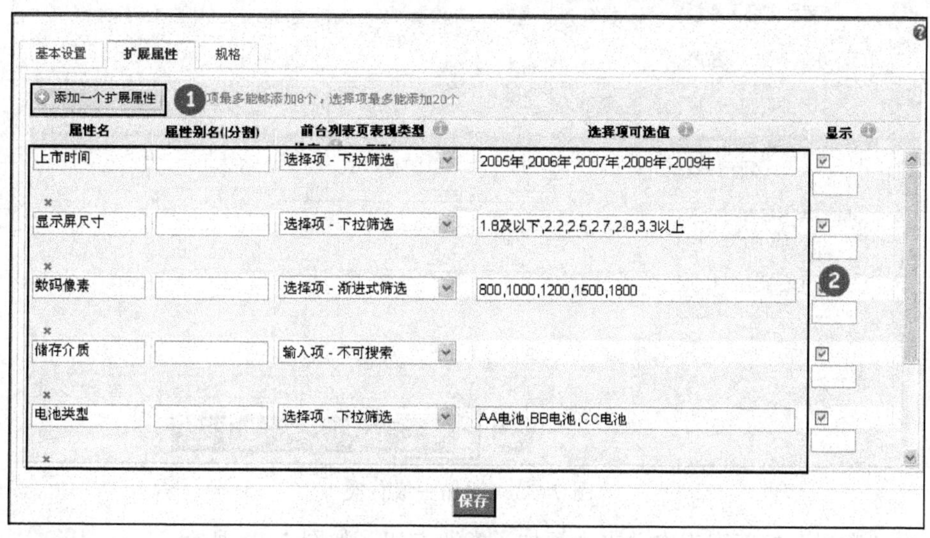

图 7–31　添加扩展属性

（3）添加商品分类：

一级分类为“数码”；二级分类为“数码相机”。

① 在“商品”菜单中选择“分类列表”，在右侧窗口中单击“添加分类”按钮，如图 7–32 所示。

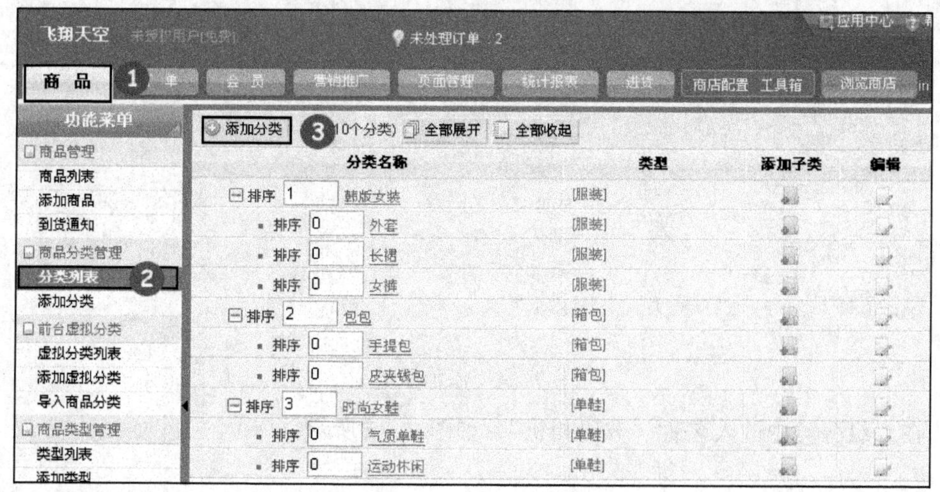

图 7–32　添加分类

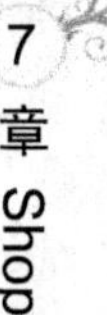

② 在弹出的窗口中输入分类名称，并确定商品类型为“数码相机”。单击“保存”按钮，如图 7–33 所示。

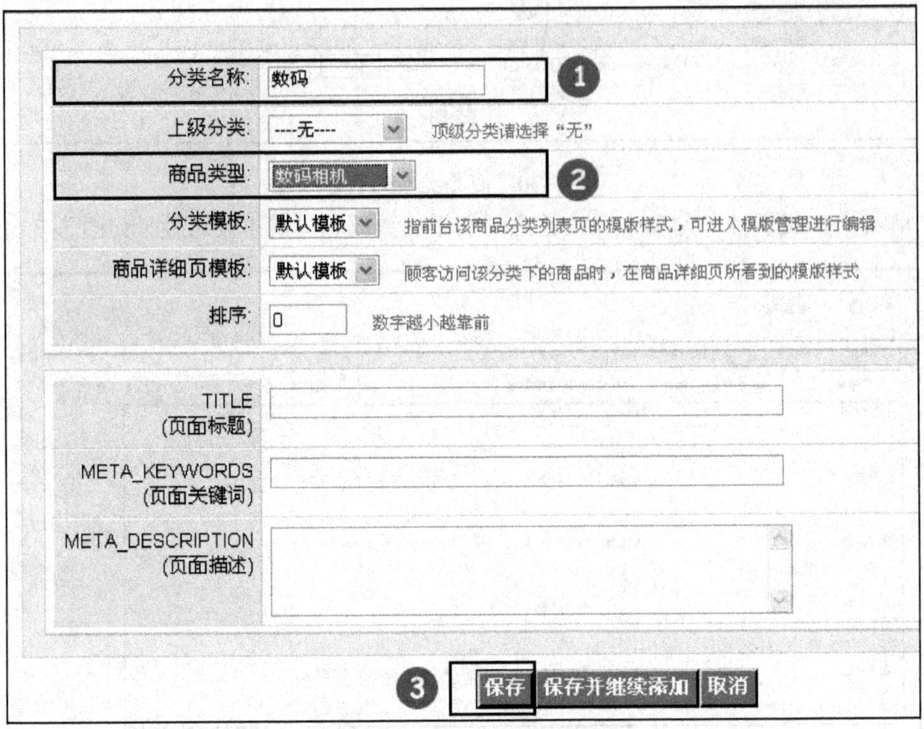

图 7–33　添加一级分类

③ 在“数码”的新列表中单击“添加子类”按钮，如图 7–34 所示。

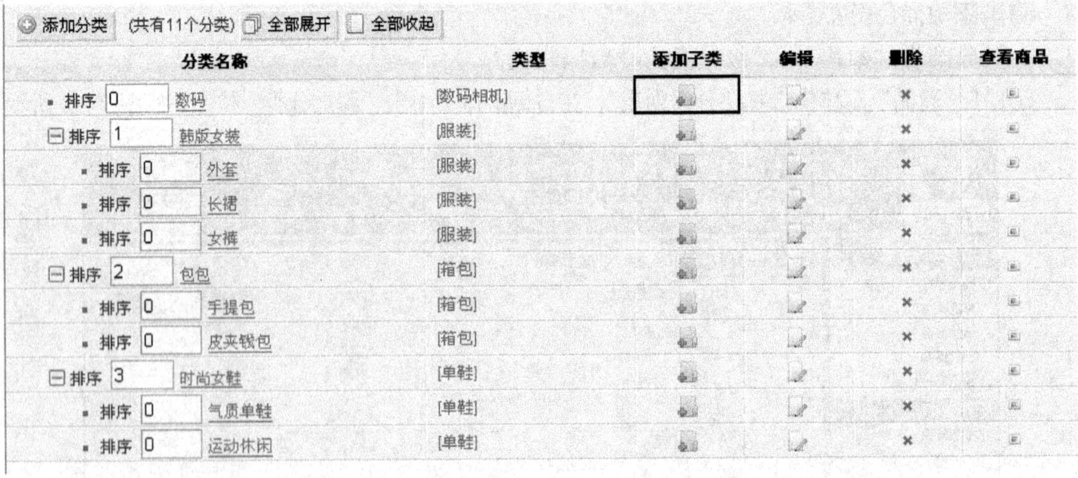

图 7–34　添加子类

④ 在二级分类中输入名称“数码相机”，如图 7–35 所示。

分类名称：数码相机

上级分类：数码　顶级分类请选择“无”

商品类型：数码相机

分类模板：默认模板　指前台该商品分类列表页的模版样式，可进入模版管理进行编辑

商品详细页模板：默认模板　顾客访问该分类下的商品时，在商品详细页所看到的模版样式

排序：0　数字越小越靠前

TITLE（页面标题）

META_KEYWORDS（页面关键词）

META_DESCRIPTION（页面描述）

保存　保存并继续添加　取消

图 7-35　添加二级分类

⑤ 添加完毕以后，前台的目录添加效果如图 7-36 所示。

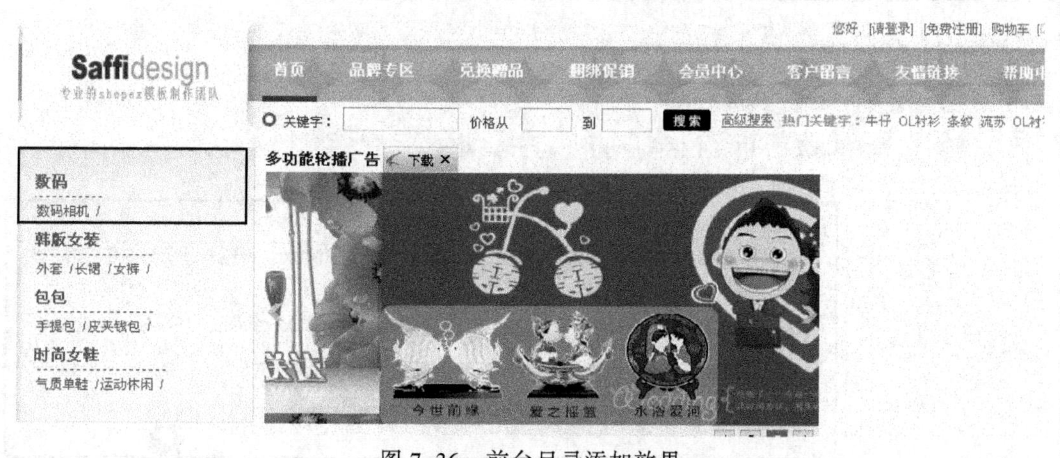

图 7-36　前台目录添加效果

项目二 网店公告的发布

发布一个网店公告，要求如下：

栏目	最新公告	标题	最新会员积分规则
内容：	1、购买本店商品都可以获得积分，积分比率为购物金额的 100%，即购买 100 元的商品可获得 100 个积分。 2、购物金额若非整数，购物积分取整数部分发放，即购买 100.5 元商品，将获得 100 个积分。 3、若会员在支付时使用优惠券，本店将只针对实际支付金额发放积分。 4、成功支付订单后，积分将自动打入会员的积分账户。		

操作步骤如下：

① 在“页面管理”菜单中选择“文章管理”，如图 7–37 所示。

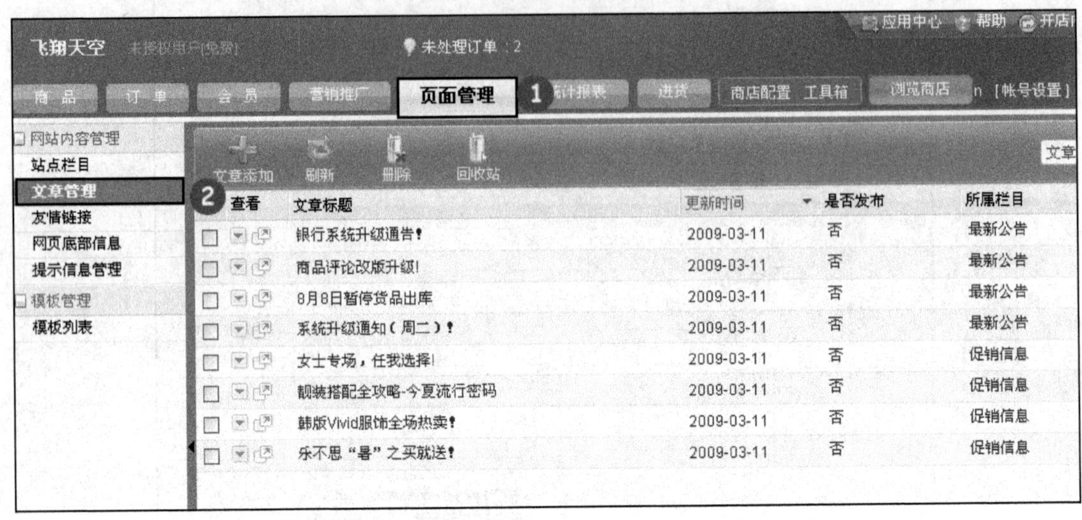

图 7–37 文章管理页面

② 分别输入栏目标题及相关内容，并单击“提交”按钮，如图 7–38 所示。

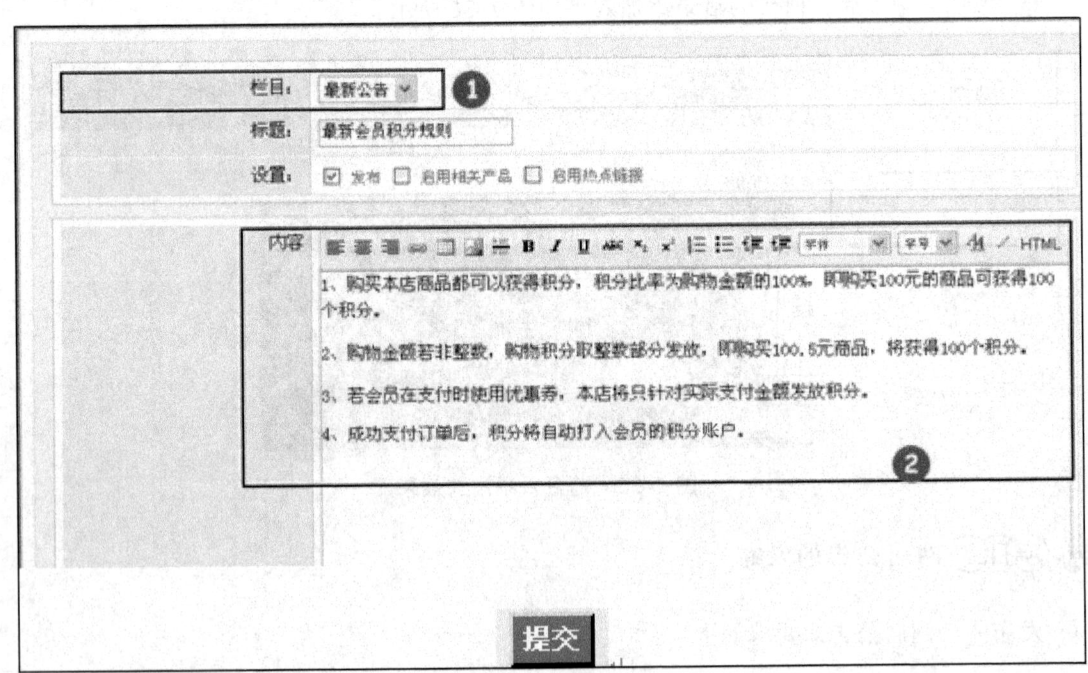

图 7–38 添加文章

③ 添加文章后在前台显示效果，如图 7–39 所示。

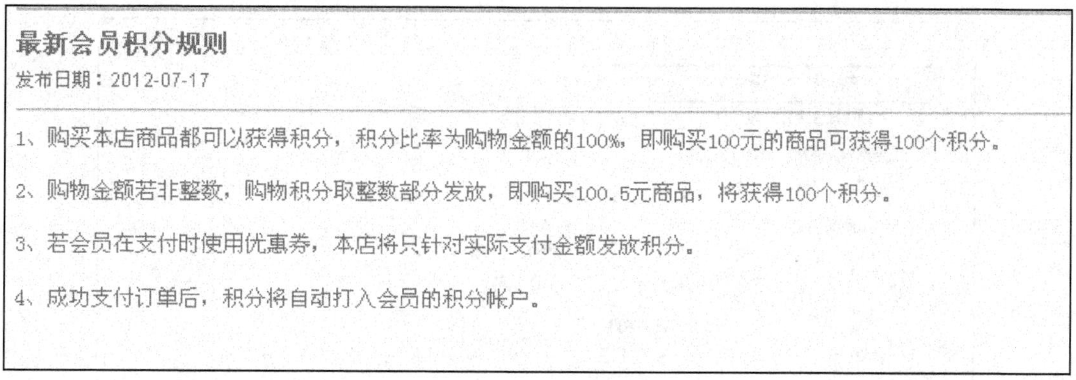

最新会员积分规则

发布日期：2012-07-17

1、购买本店商品都可以获得积分，积分比率为购物金额的100%，即购买100元的商品可获得100个积分。

2、购物金额若非整数，购物积分取整数部分发放，即购买100.5元商品，将获得100个积分。

3、若会员在支付时使用优惠券，本店将只针对实际支付金额发放积分。

4、成功支付订单后，积分将自动打入会员的积分帐户。

图 7-39　前台文章的显示

项目三　虚拟分类的添加

（1）添加虚拟分类

分类名称	价格区间	2	适用
子分类	50 元以下	1	所用商品
子分类	50～100 元	2	所用商品
子分类	100～150 元	3	所用商品
子分类	150～200 元	4	所用商品
子分类	200～250 元	5	所用商品
子分类	250 元以上	6	所用商品

（2）在首页显示此版块

① 在“商品”菜单中选择“添加虚拟分类”按钮，如图 7-40 所示。

图 7-40　添加虚拟分类

② 输入分类名称，单击“保存”按钮，如图 7-41 所示。

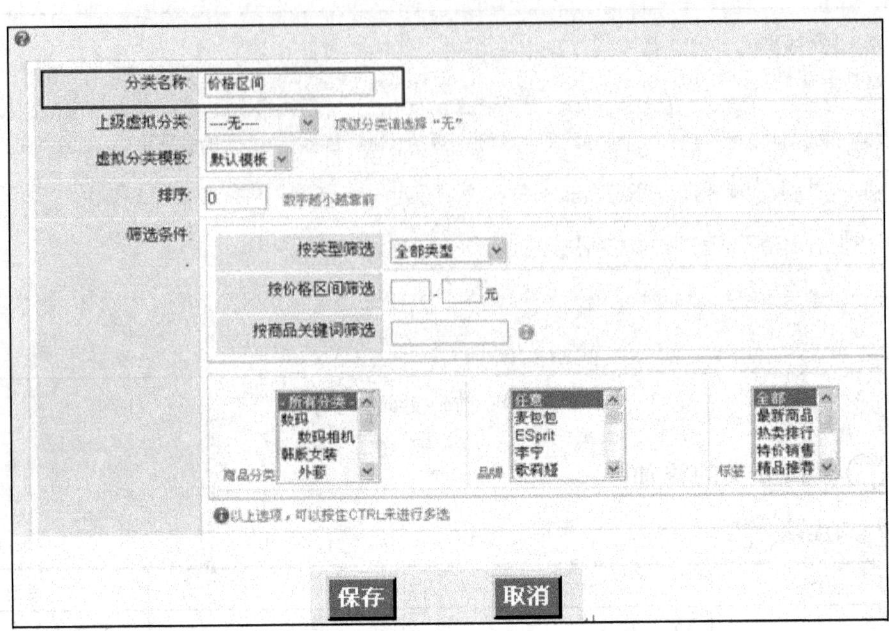

图 7-41　添加一级虚拟分类

③ 在“价格区间”的栏目中添加子类，如图 7-42 所示。

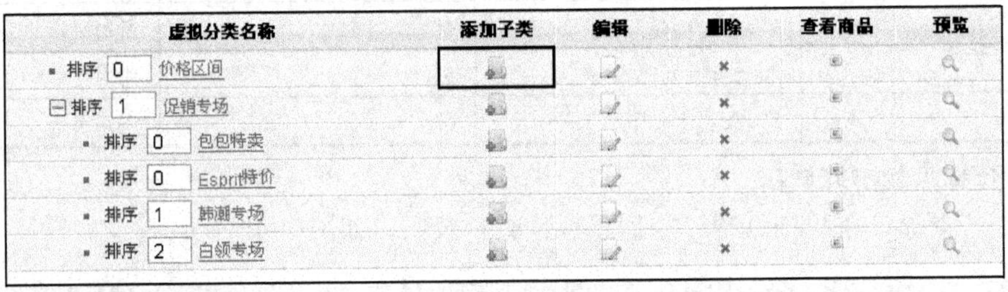

虚拟分类名称	添加子类	编辑	删除	查看商品	预览
▪ 排序 0 价格区间			×		
⊟ 排序 1 促销专场			×		
▪ 排序 0 包包特卖			×		
▪ 排序 0 Esprit特价			×		
▪ 排序 1 韩潮专场			×		
▪ 排序 2 白领专场			×		

图 7-42　添加二级虚拟分类

④ 分别添加二级分类及价格区间，单击“保存”按钮，如图 7-43 所示。

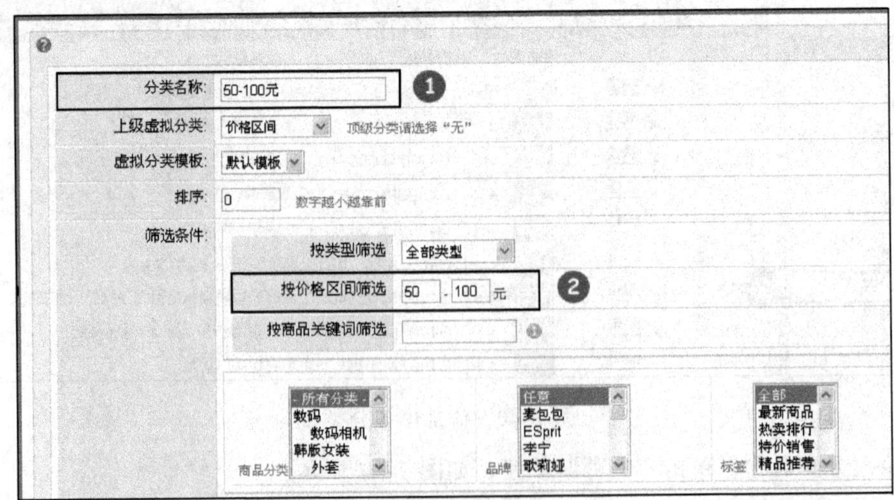

图 7-43　添加二级分类及价格区间

⑤ 按题意分别添加其他二级虚拟分类，如图 7-44 所示。

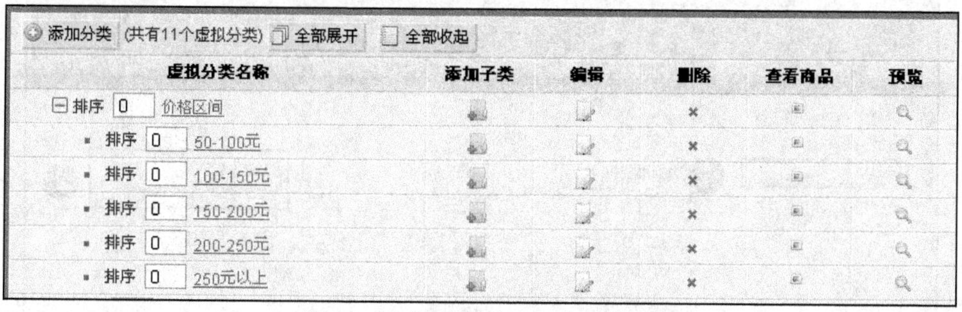

添加分类 (共有11个虚拟分类) 全部展开 全部收起

虚拟分类名称	添加子类	编辑	删除	查看商品	预览
⊟ 排序 0 价格区间			×		
▪ 排序 0 50-100元			×		
▪ 排序 0 100-150元			×		
▪ 排序 0 150-200元			×		
▪ 排序 0 200-250元			×		
▪ 排序 0 250元以上			×		

图 7-44　添加其他二级虚拟分类

（3）在首页显示此版块

① 在“页面管理”菜单中选择“模板管理”，在右侧弹出的窗口中单击“编辑模板”按钮，如图 7-45 所示。

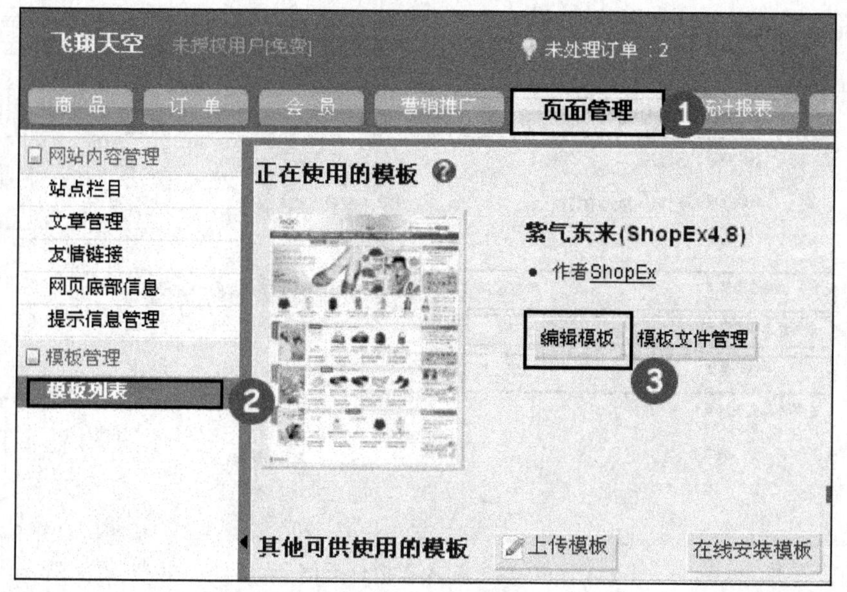

图 7-45　编辑模板

② 在新窗口中，单击首页的“可视编辑”按钮，如图 7-46 所示。

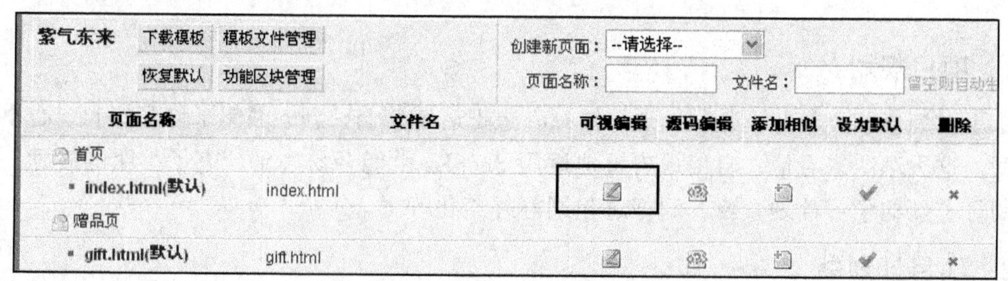

图 7-46　首页可视编辑

③ 单击“添加版块”按钮，弹出增加版块窗口。在“商品相关”栏目中选择“前台虚拟分类”，如图 7-47 所示。

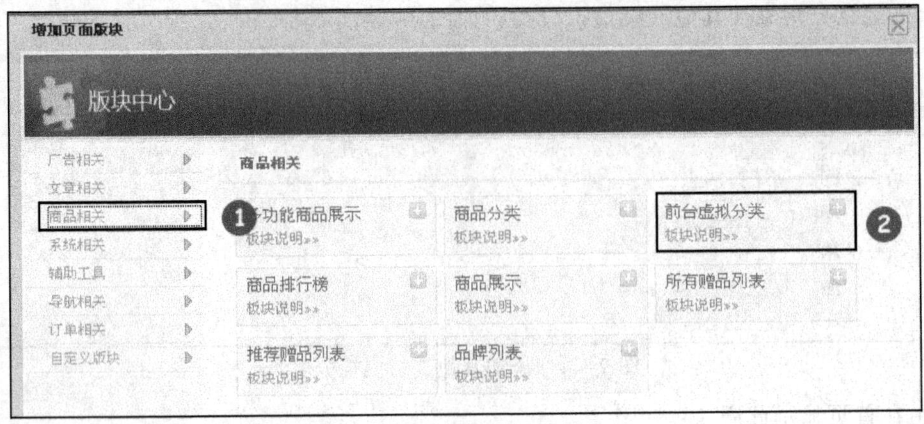

图 7-47　添加虚拟分类

④ 按题意分别输入虚拟分类的相关信息，如图 7-48 所示。

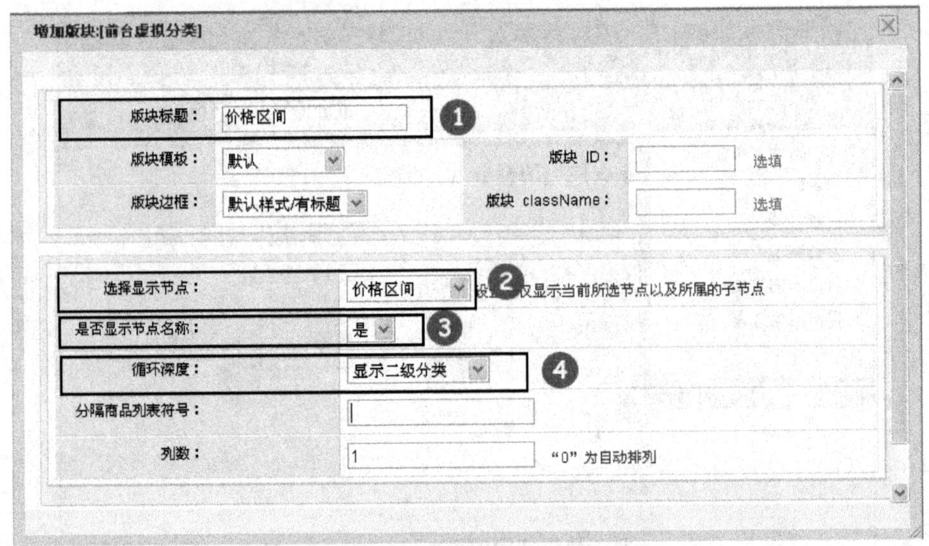

图 7-48　输入虚拟分类信息

7.4　模板与页面管理

7.4.1　项目规划

丁丁对装修和美学并不是很精通，他一心想把店铺装修一新，翻阅了许多资料，心里还是没有底。这天小明来看他，自信地告诉他运用 ShopEx 就能轻易办到。有了小明的鼓励，他们一起制订了新的学习计划，要一起把进包网好好美化一下。

7.4.2　项目计划书

- 项目一：模板管理
- 项目二：网站内容管理

7.4.3　项目执行

模板管理

① 将在线模板“我的凡客”安装到系统模板中。

② 使用“依品光鲜(ShopEx4.8)”模板，并进行以下调整：

调整 1	删除首页导航栏下的大幅图片版块
调整 2	在以上删除的位置添加“广告相关–多功能轮播广告”版块并保存

③ 编辑首页“多功能轮播广告”版块并保存，设置更改如下：

版块标题	多功能轮播广告	广告插件样式	数字按钮
广告宽度	750 px	图片切换样式	水平滚动
数字栏显示方式	图片外侧	颜色	黑色
显示翻页按钮	是	添加图片	Img1.jpg Img2.jpg Img3.jpg Img4.jpg

④ 在首页右上方添加“在线客服版块”。

（1）将在线模板“我的凡客”安装到系统模板中

① 在“页面管理”菜单中选择“模板列表”，如图 7–49 所示。

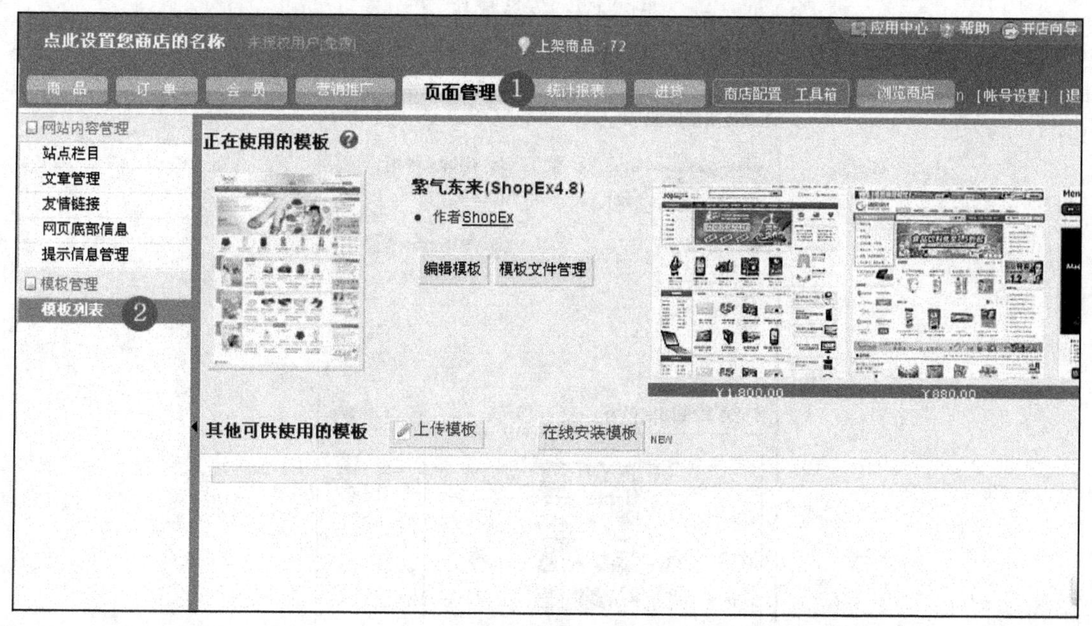

图 7–49　模板设置

② 单击“在线安装模板”按钮，在弹出的对话框中找到“我的凡客”，单击“安装模板”按钮，如图 7–50 所示。

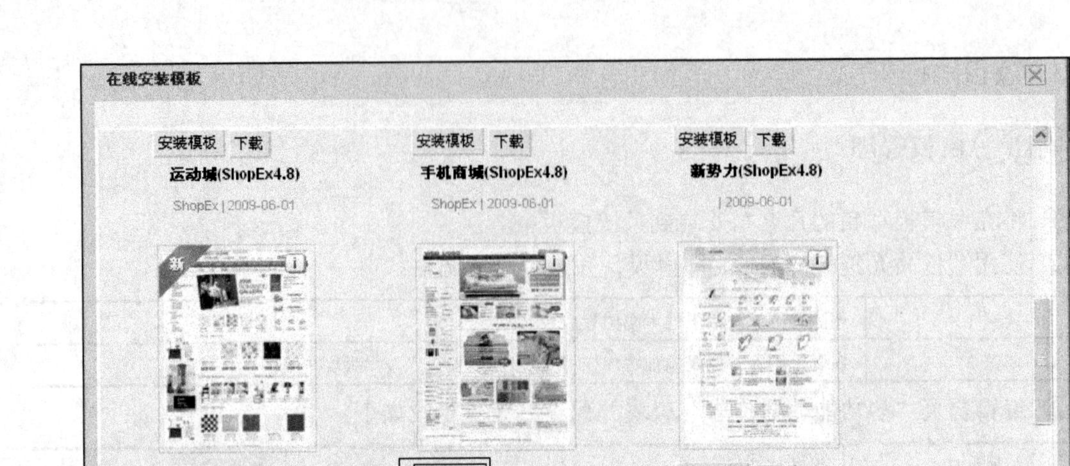

图 7-50　安装模板

③ 安装成功后，系统会弹出成功对话框，如图 7-51 所示。

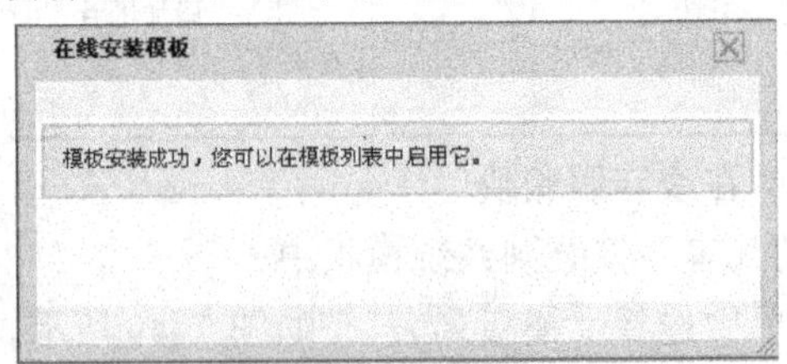

图 7-51　安装成功

④ 在模板列表中成功显示了刚才安装的模板，如图 7-52 所示。

图 7-52　成功安装了模板

（2）使用“依品光鲜(ShopEx4.8)”模板,并进行以下调整

调整 1	删除首页导航栏下的大幅图片版块
调整 2	在以上删除的位置添加“广告相关–多功能轮播广告”版块并保存

① 在“正在使用的模板”中单击“编辑模板”按钮，如图 7–53 所示。

图 7–53 单击“编辑模板”按钮

② 在首页栏目中单击“可视编辑”按钮，如图 7–54 所示。

依品光鲜 下载模板 模板文件管理 恢复默认 功能区块管理

创建新页面：--请选择-- 页面名称： 文件名： 留空则自动生成

页面名称	文件名	可视编辑	源码编辑	添加相似	设为默认	删除
首页						
index.html(默认)	index.html				✔	×
购物车页						
cart.html(默认)	cart.html				✔	×
会员中心页						
member.html(默认)	member.html				✔	×
站点栏目单独页						
page.html(默认)	page.html				✔	×
订单详细页						
order_detail.html(默认)	order_detail.html				✔	×
订单确认页						
order_index.html(默认)	order_index.html				✔	×
默认页						
default.html(默认)	default.html				✔	

图 7–54 可视编辑

③ 系统会弹出首页的可视编辑页面，单击“添加版块”按钮，如图 7–55 所示。

图 7-55　添加版块

④ 在广告相关栏目中选择“广告-多功能轮播广告”，如图 7-56 所示。

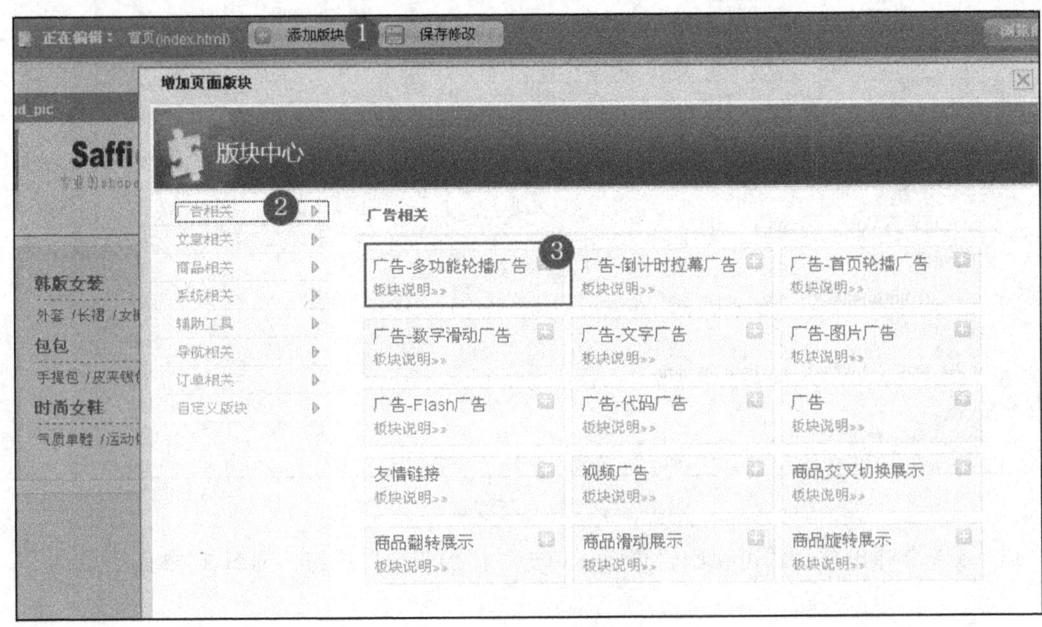

图 7-56　多功能轮播广告

⑤ 在首页中单击“空板块区域”，如图 7-57 所示。

图 7-57　单击“空板块区域”

⑥ 在新窗口中输入轮播广告的相关信息，如图 7-58 所示。

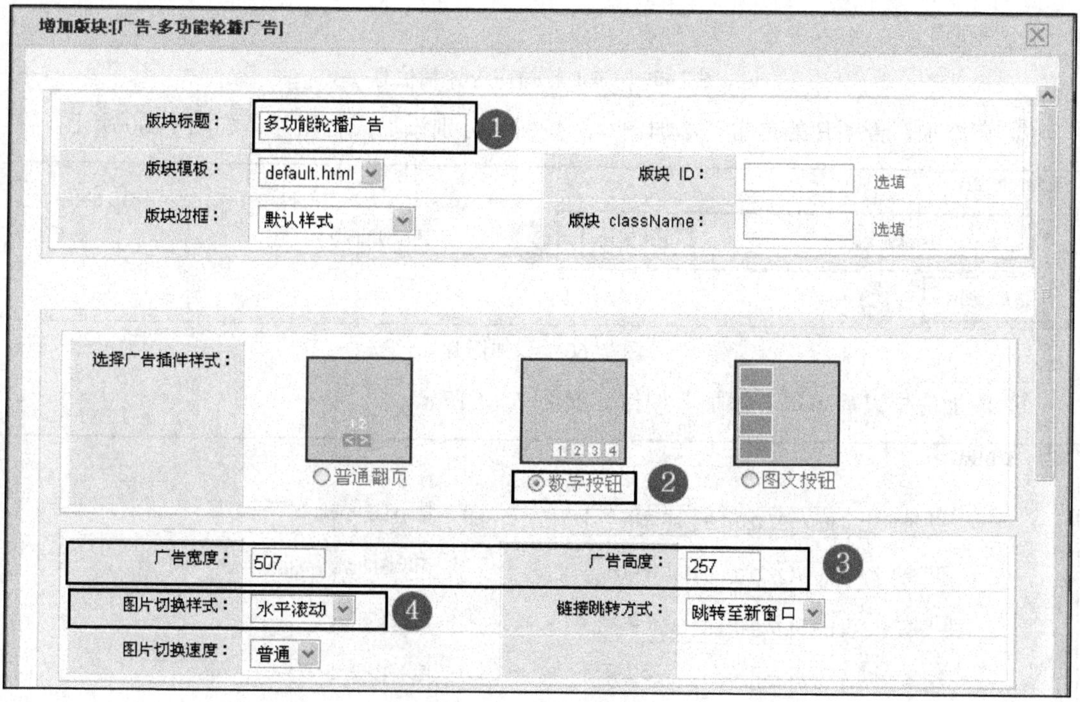

增加版块:[广告-多功能轮播广告]

版块标题：	多功能轮播广告 ①		
版块模板：	default.html	版块 ID：	选填
版块边框：	默认样式	版块 className：	选填

选择广告插件样式： ○普通翻页　◉数字按钮 ②　○图文按钮

广告宽度：	507	广告高度：	257 ③
图片切换样式：	水平滚动 ④	链接跳转方式：	跳转至新窗口
图片切换速度：	普通		

图 7-58　添加轮播广告

⑦ 按题意继续输入轮播广告的相关信息，如图 7-59 所示。

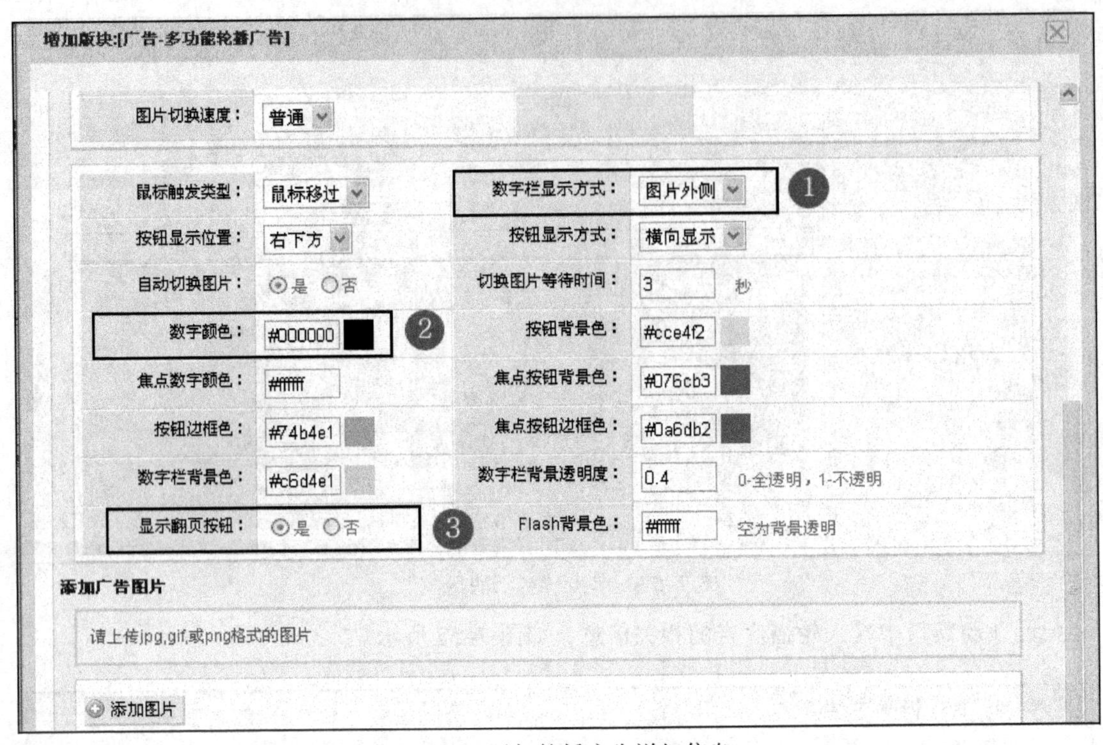

图 7-59　添加轮播广告详细信息

⑧ 在添加广告图片处单击“添加图片”按钮，分别添加广告图片，如图 7-60 所示。

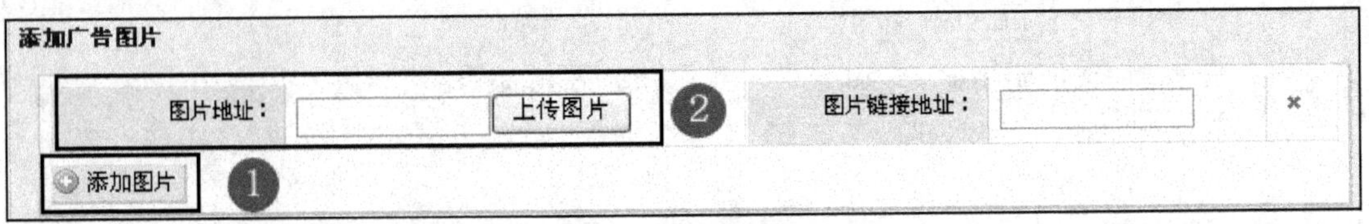

图 7-60　添加图片

⑨ 添加完毕以后单击“添加”按钮，如图 7-61 所示。

添加广告图片
图片地址： http://127.0.0.1:8 上传图片 图片链接地址：
图片地址： http://127.0.0.1:8 上传图片 图片链接地址：
图片地址： http://127.0.0.1:8 上传图片 图片链接地址：
图片地址： http://127.0.0.1:8 上传图片 图片链接地址：
添加图片
添加

图 7-61　点击“添加”按钮

⑩ 添加完毕后前台如图 7-62 所示。

图 7-62　前台显示的多功能轮播广告

项目二　网站内容管理

操作步骤如下：

① 在首页的页面底部添加信息

我们的服务时间	全天 24 小时在线
联系电话	021-12345678

② 在首页的导航栏目中去除“帮助中心”栏目，增加新栏目名为“热销商品”。

③ 在首页底部添加新的友情链接：

链接名称	户外旅行网
图片	huwai.jpg
链接地址	http://www.huwaiwang.com
排序	2

操作步骤如下：

（1）在首页的页面底部添加信息

我们的服务时间	全天 24 小时在线
联系电话	021-12345678

在网店管理后台，依次选择“页面管理”→“网站内容管理”→“网页底部信息”，按题意添加内容，如图 7-63 所示。

（2）在首页的导航栏目中去除“帮助中心”栏目，增加新栏目名为“热销商品”

① 在“页面管理”中选择“站点栏目”，在右侧窗口找到 “帮助中心”选项，单击“ × ”按钮，再单击“保存”按钮，如图 7-64 所示。

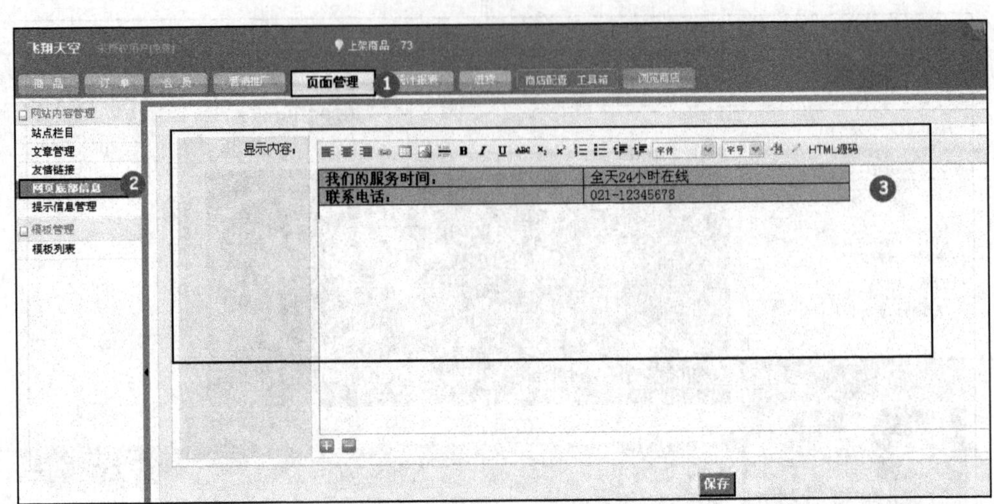

图 7-63　添加页面底部信息

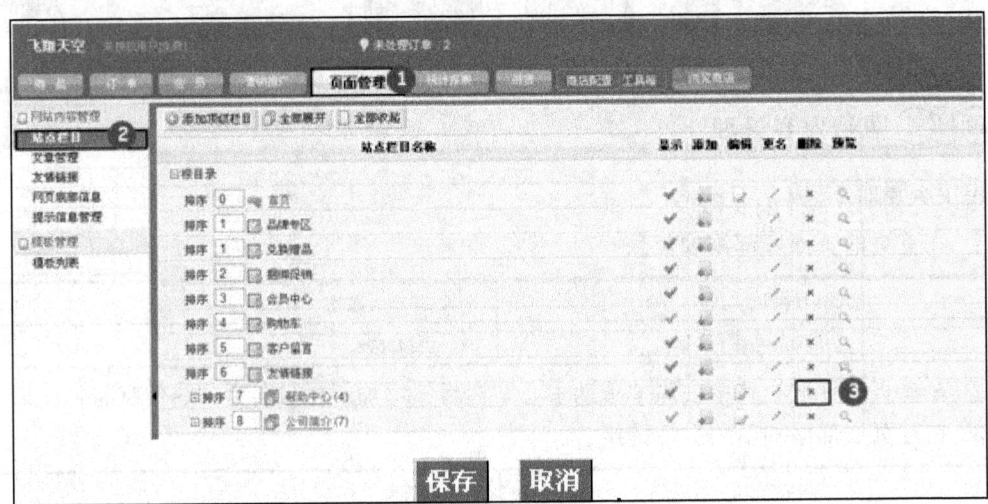

图 7-64　删除“帮助中心”

② 在右侧窗口中单击“添加顶级栏目”按钮，如图 7-65 所示。

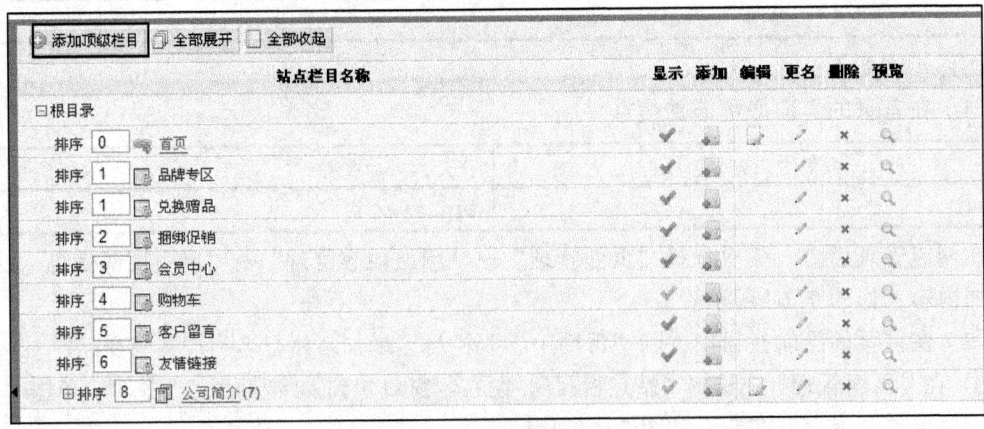

图 7-65　添加顶级栏目

③ 输入栏目标题，单击“添加栏目”按钮，如图 7-66 所示。

图 7-66　输入栏目名称

④ 添加完毕后的前台效果如图 7-67 所示。

图 7-67　前台效果

7.5　营 销 推 广

7.5.1　项目规划

在学习了以上知识以后，小明笑着告诉丁丁，他经营的网店有一大批忠实的客户，其主要原因就是自己的网店有一个完善的促销方案，在不同的时节不断更新。这些功能运用 ShopEx 实现起来是非常简单。

7.5.2　项目计划书

项目一：添加促销活动。

项目二：添加优惠券。

7.5.3　项目执行

项目一 添加促销活动

添加一个促销活动，当顾客购物达到 1 000 元时，顾客可得到 80%折扣。活动名称：“新品促销活动开始了”开始时间 2012 年 5 月 1 日，结束时间 2012 年 9 月 30 日；活动描述为“为了感谢广大消费者的厚爱，我们对新品进行大促销活动，让利给我们广大的消费者。”

添加促销活动的步骤：

① 在“营销推广”菜单中选择“活动列表”，单击“添加活动”按钮，如图 7-68 所示。

图 7–68　添加活动

② 按题意输入促销活动的相关信息，如图 7–69 所示。

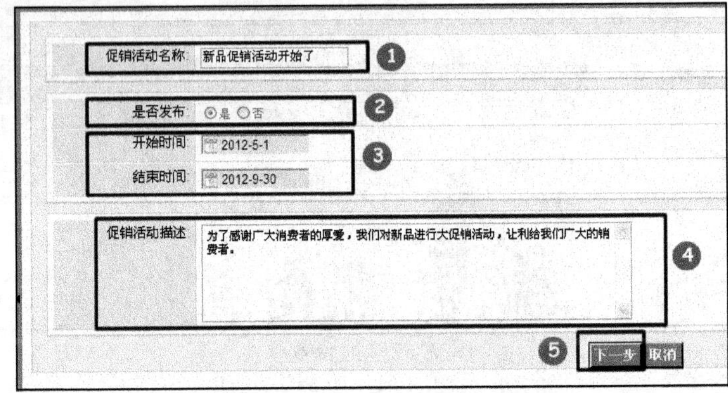

图 7–69　输入促销活动的相关信息

③ 在弹出的新窗口中单击“添加促销规则”按钮，如图 7–70 所示。

图 7–70　单击“促销规则”按钮

④ 选择相应的促销规则，如图 7–71 所示。

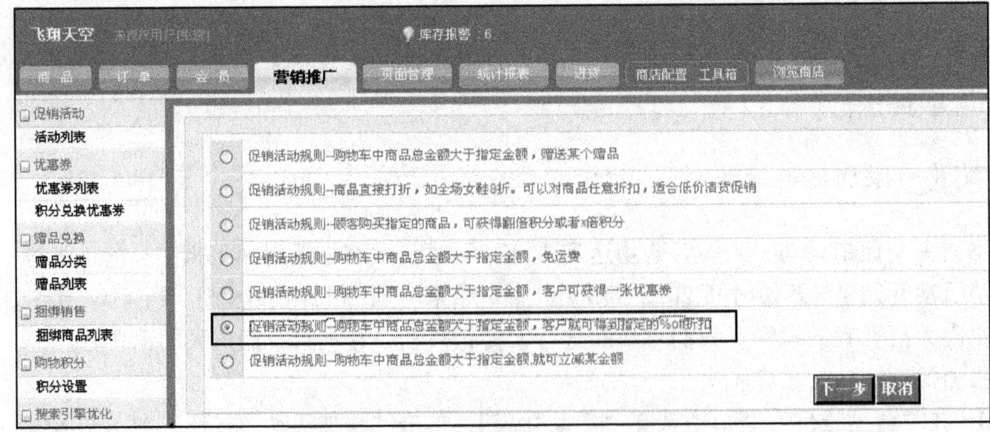

图 7–71　选择相应的促销规则

⑤ 在弹出的新窗口中设置订单优惠条件、允许参加会员等级和折扣项内容，如图 7–72 所示。

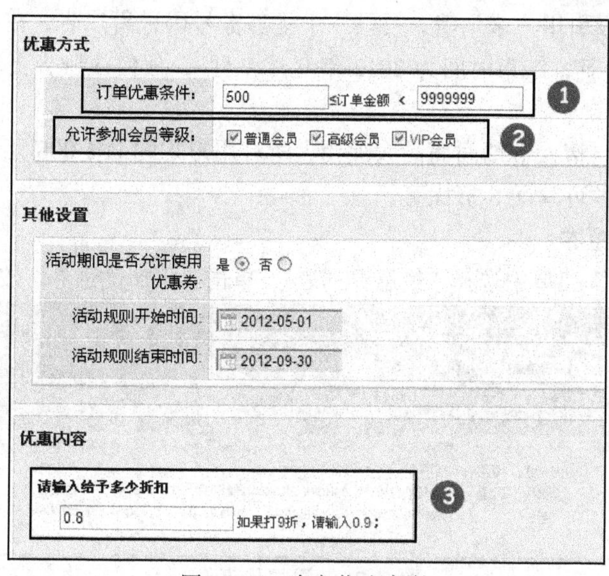

图 7–72　确定优惠条件

⑥ 按题意输入规则描述，单击“下一步”按钮，系统会弹出新窗口。继续点击“下一步”按钮，如图 7–73 所示。

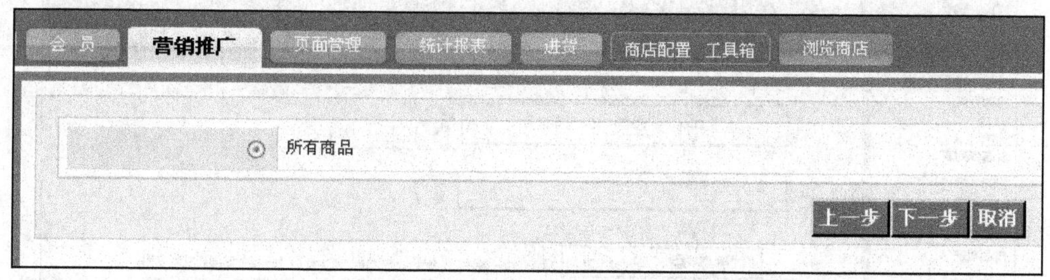

图 7–73　单击“下一步”按钮

⑦ 单击“完成”按钮，完成操作。添加完毕后在前台登录会员后购物满 500 元以上便可得到优惠，如图 7–74 所示。

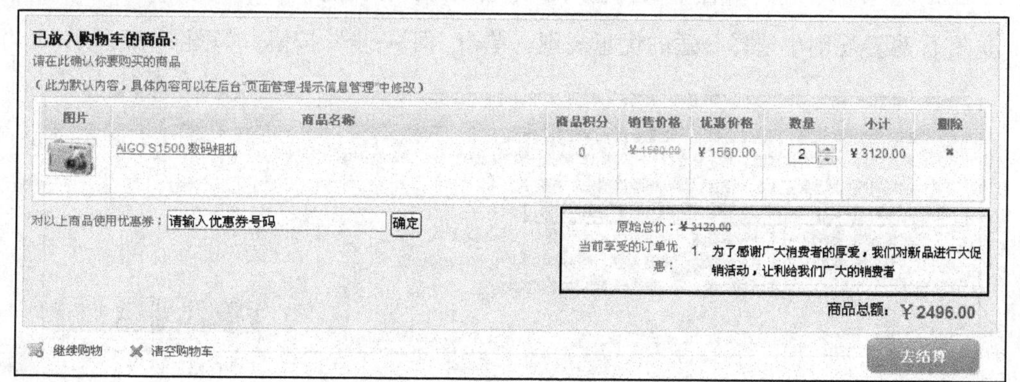

图 7–74　优惠活动在前台的表现

项目二 添加优惠券

商店新开张，为吸引用户来消费，提供一个优惠券号码进行广告，在一定期限内（如开始时间为 2012 年 7 月 1 日，结束时间为 2012 年 9 月 1 日），任何注册会员均可使用此优惠券，购物满 500 元免运费。

添加 B 类优惠券，情人节期间商品大促销，所有用户购物满 1 000 元，可得一张 8 折优惠券，再次购物时凭此券可享受 8 折优惠。

（1）添加 A 类优惠券

① 在“营销推广”菜单中选择“优惠券列表”，单击“添加优惠券”按钮，如图 7–75 所示。

图 7–75 添加优惠券

② 输入 A 类优惠券的相关信息，如图 7–76 所示。

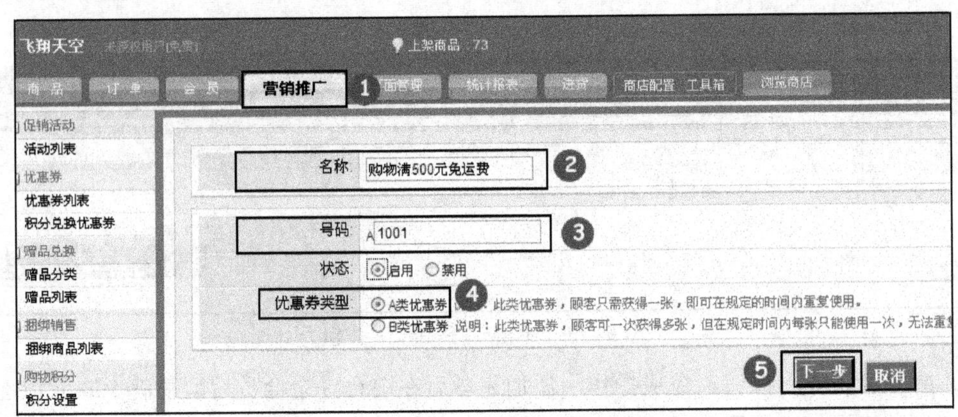

图 7–76 输入 A 类优惠券的相关信息

③ 在优惠券规则中选择合适的优惠规则，单击“下一步”按钮，如图 7–77 所示。

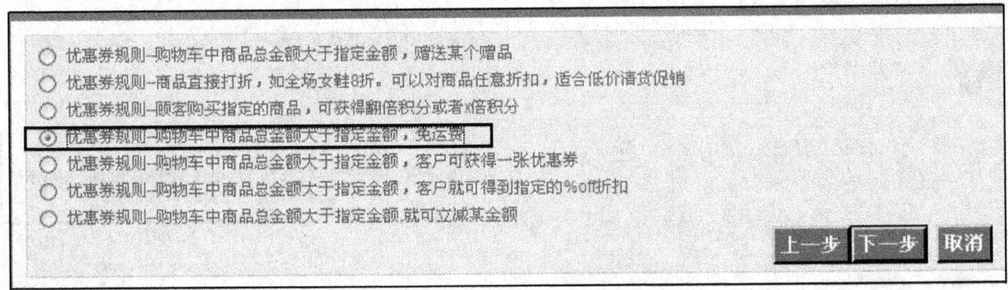

图 7–77 选择优惠规则

④ 确定优惠券的详细信息，单击“确定”按钮，如图 7-78 所示。

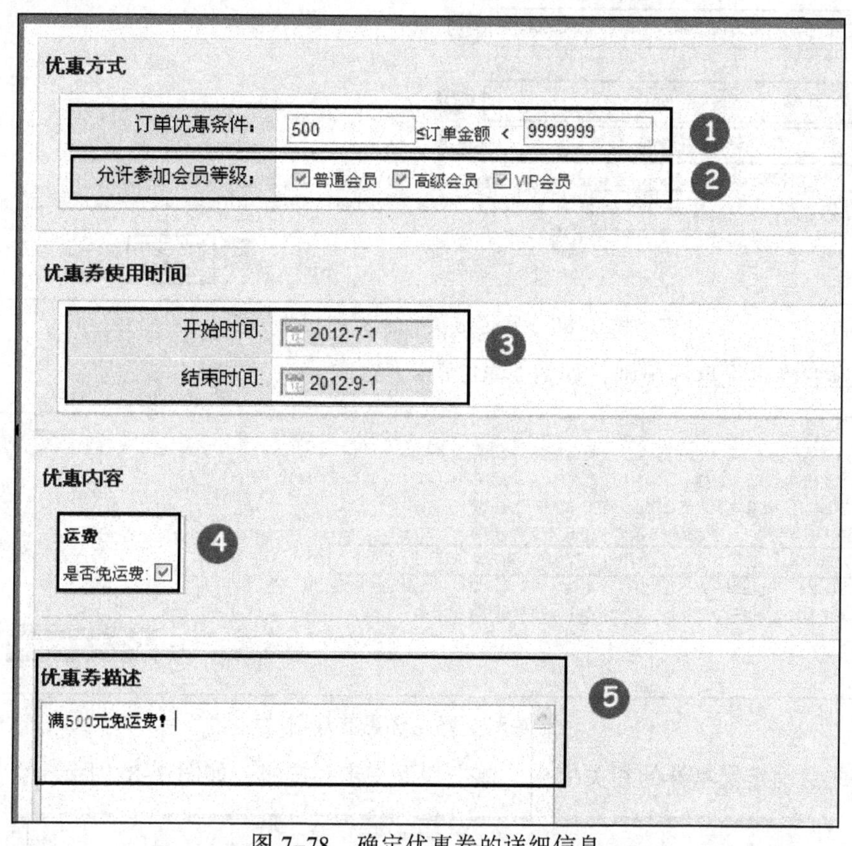

图 7-78　确定优惠券的详细信息

⑤ 添加完毕以后，来到前台登录会员后购物，如图 7-79 所示

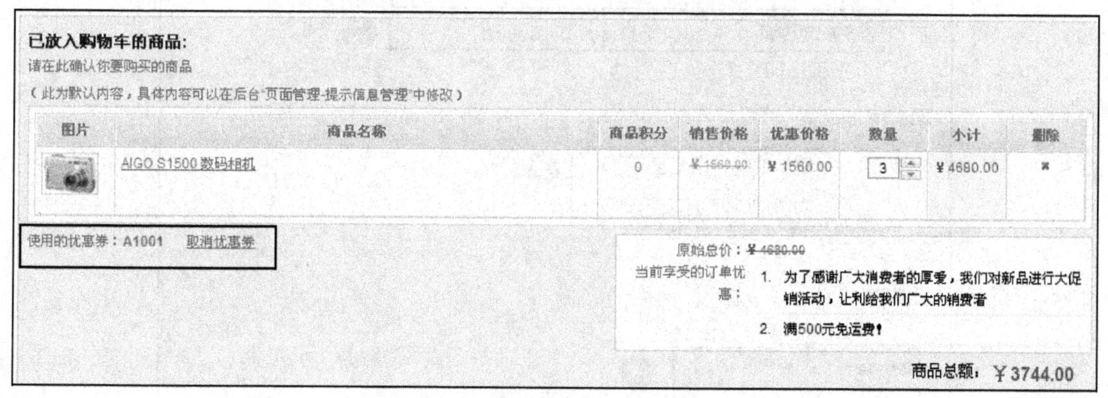

图 7-79　A 类优惠券在前台的表现

（2）添加 B 类优惠券

添加 B 类优惠券，情人节期间商品大促销，所有用户购物满 1000 元，可得一张 8 折优惠券，再次购物时凭此券可享受 8 折优惠。

① 在“营销推广”菜单中选择“优惠券列表”，单击“添加优惠券”按钮。

② 按题意确定 B 类优惠券的相关信息，如图 7-80 所示。

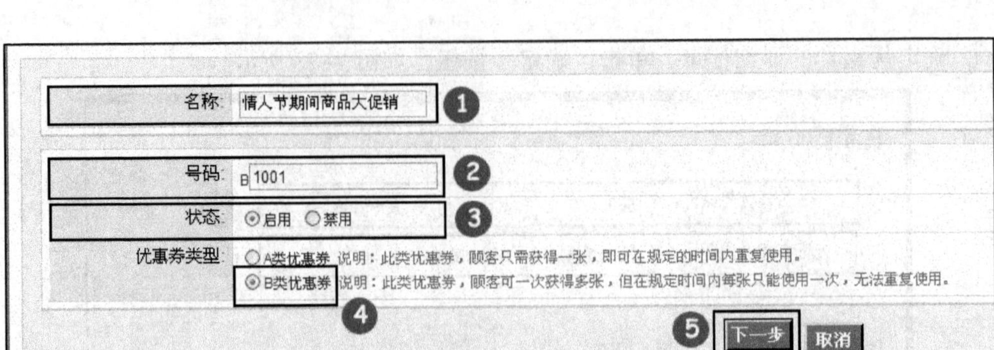

图 7-80 确定 B 类优惠券的相关信息

③ 按题意确定优惠券规则，如图 7-81 所示。

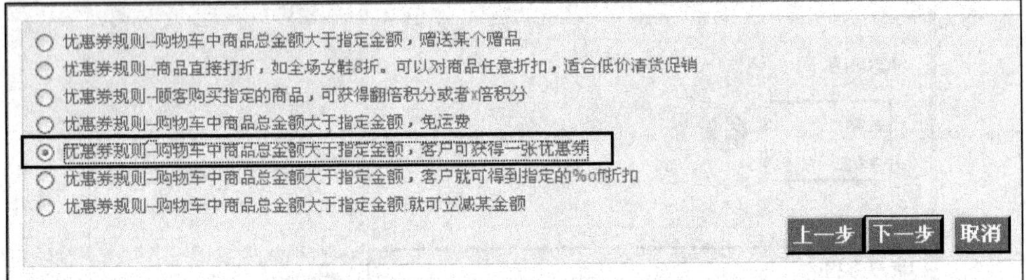

图 7-81 确定优惠券规则

④ 按题意确定优惠券的相关信息，单击“下一步”按钮，如图 7-82 所示。

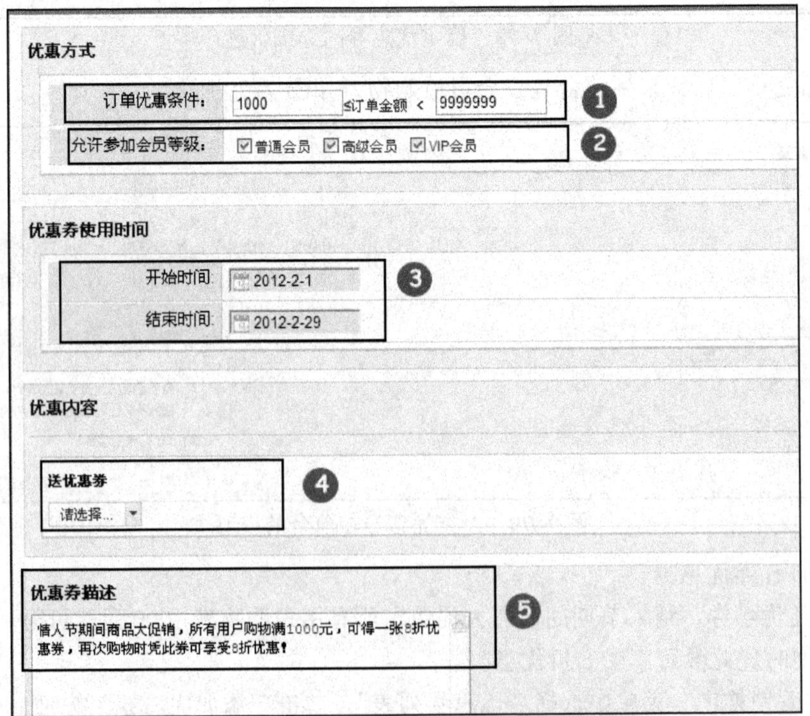

图 7-82 按题意确定优惠券的相关信息

⑤ 按提示单击“下一步”按钮，并确认保存，如图 7-83 所示。

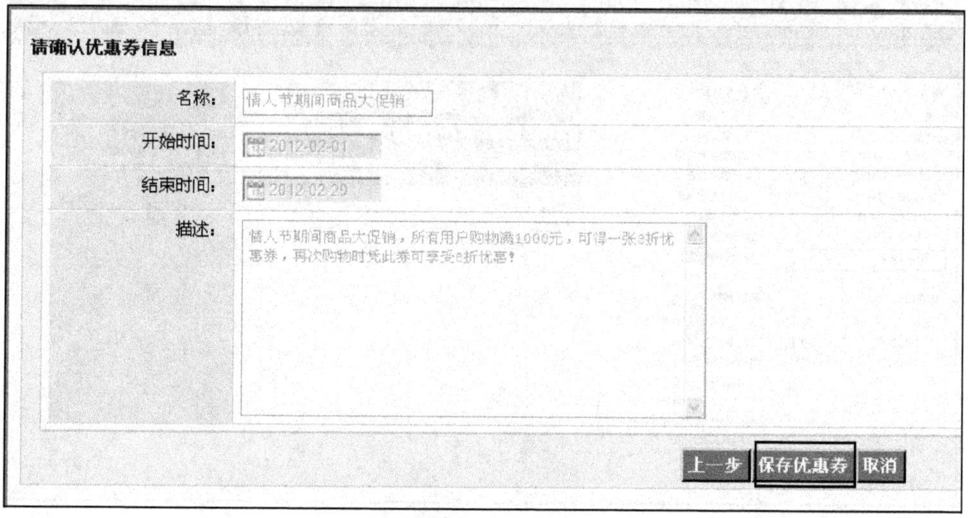

图 7-83　保存优惠券

7.6　会员我的财富

7.6.1　项目规划

在学习了以上客户管理的宝典之后，丁丁要开始行动，进一步深入了解 ShopEx 的客户管理功能。他认真地规划并写了一份任务计划书，决心要更上一层楼。

7.6.2　项目计划书

- 项目一：客户留言设置。
- 项目二：会员短信群发。
- 项目三：设置网站的默认商品评论。

7.6.3　项目执行

项目一 客户留言设置

① 根据网店商品信息回答顾客提出的留言问题，在系统中进行回复，回复内容如下：

顾客提问	请问“花色高邦运动鞋”的材质是什么？有哪些颜色和尺寸可选
客服回答	牛皮的，颜色有红色、黑色、蓝色，尺寸全部齐全

② 根据网店支付方式信息回答顾客提出的问题：

顾客提问	请问什么是货到付款？你们支持哪些在线支付方式
客服回答	款到付款就是收到货时再付款，我们支持支付宝和网银的在线支付方式

客户留言：

① 登录网店后台，页面中显示“商店新留言”处有两条新留言，如图 7-84 所示。

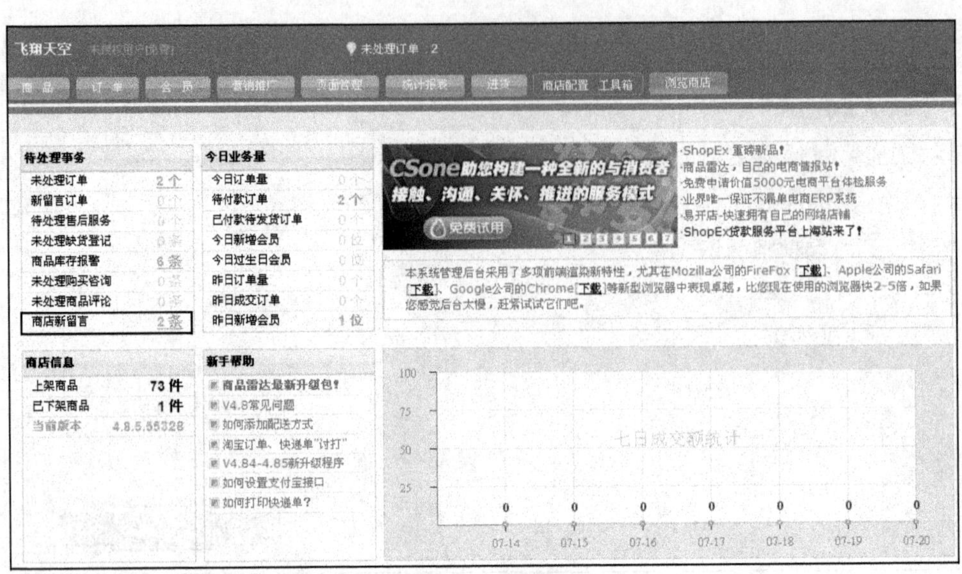

图 7-84　网店后台有两条新留言

② 在新留言列表中单击 按钮，在新窗口打开留言，如图 7-85 所示。

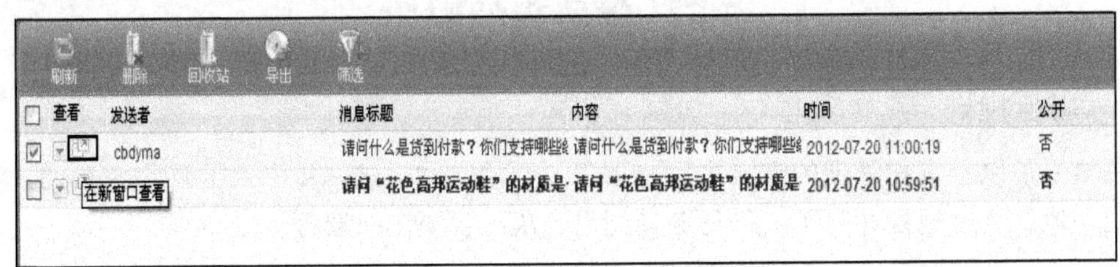

图 7-85　点击新窗口打开按钮

③ 按题意添加回复留言的内容，单击回复按钮，如图 7-86 所示。

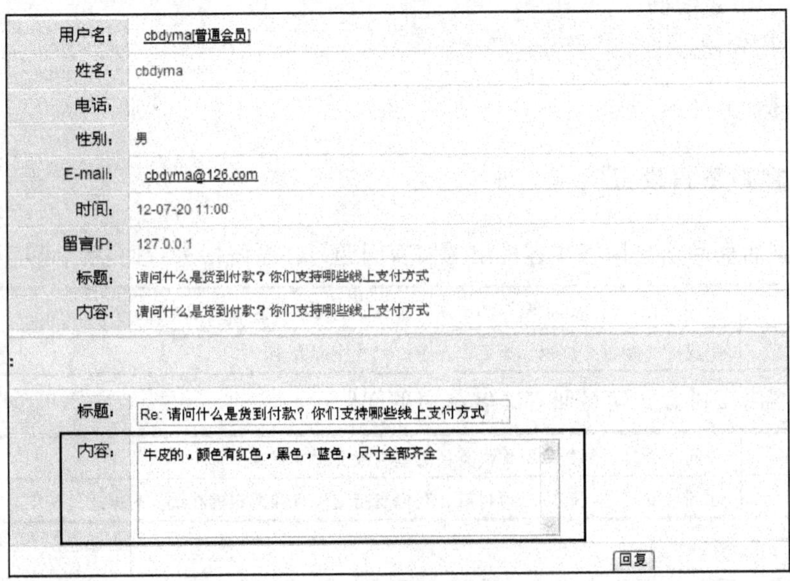

图 7-86 回复留言

④ 同理，回复第二条客户留言。添加完毕后前台效果如图 7-87 所示。

客户留言　　立即发布留言

留言 cbdyma 说：12-07-20 11:00

请问什么是货到付款？你们支持哪些线上支付方式

回复 admin 回复：12-07-20 11:11

款到付款就是你收到货的时候再付款，我们支持支付宝和网银的线上支付方式。

留言 cbdyma 说：12-07-20 10:59

请问"花色高邦运动鞋"的材质是什么？有哪些颜色和尺寸可选？

回复 admin 回复：12-07-20 11:12

牛皮的，颜色有红色，黑色，蓝色，尺寸全部齐全

发布留言

*标题：

*留言内容：

提交

图 7-87　客户留言前台效果

项目二 会员短信群发

① 按照素材编写短信并在目标客户中群发，与银行联合进行促销活动，规则如下：

会员等级	Vip 会员	地区	上海
注册时间	2012-01-01—2012-09-01	数量	前 50 名

② 活动期间招行分期付款 6 期免利息、免手续费。

③ 活动期间刷兴业银行各类卡满 2 000 元送芝士炉，满 5 000 元送厨具 3 件套；分期付款免利息、免手续费。

操作步骤如下：

① 在"会员"菜单中选择"邮件短信设置"，单击"配置"按钮，如图 7-88 所示。

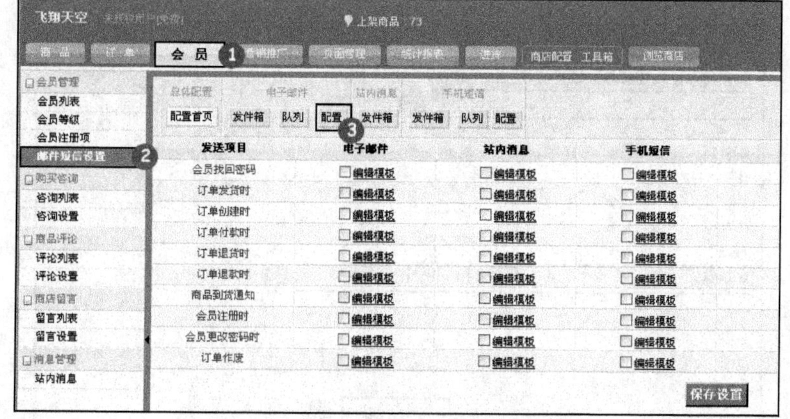

图 7-88　配置邮件短信

② 依次输入管理员的邮件配置信息，如图 7–89 所示。

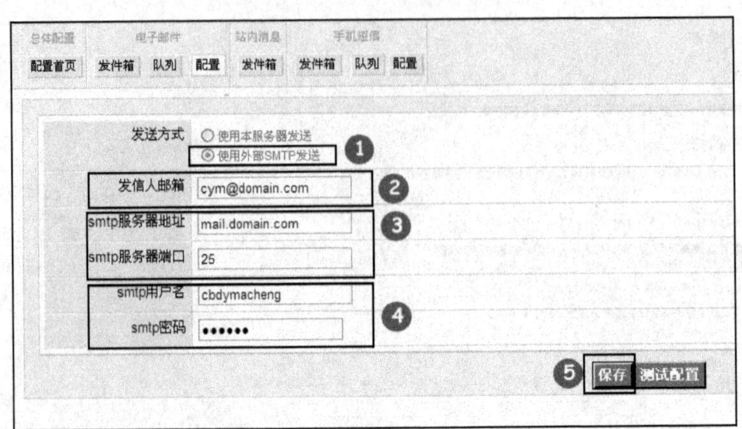

图 7–89　配置管理员的邮件信息

③ 对会员进行筛选：在“会员”菜单中选择“会员列表”，单击“筛选”按钮，如图 7–90 所示。

图 7–90　筛选会员

④ 按题意筛选会员等级为 VIP 会员，确定注册时间后单击“开始筛选”按钮，如图 7–91 所示。

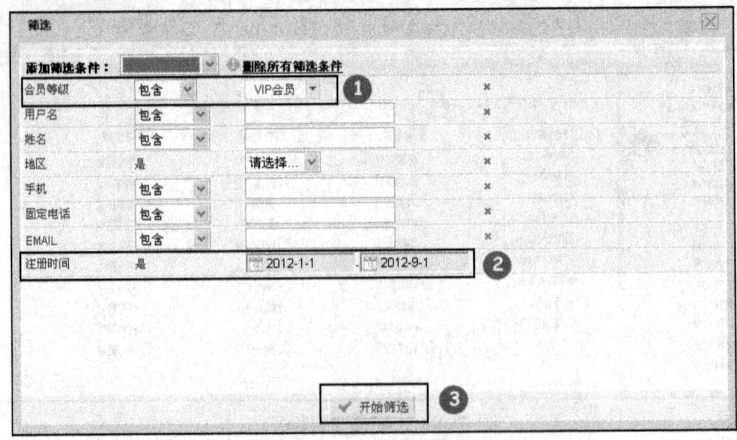

图 7–91　筛选会员

⑤ 选中符合条件的会员，单击“群发”按钮，如图 7-92 所示。

图 7-92　点击群发按钮

⑥ 在“群发”下拉菜单中选择发信息，在弹出的新窗口中输入短信内容，如图 7-93 所示。

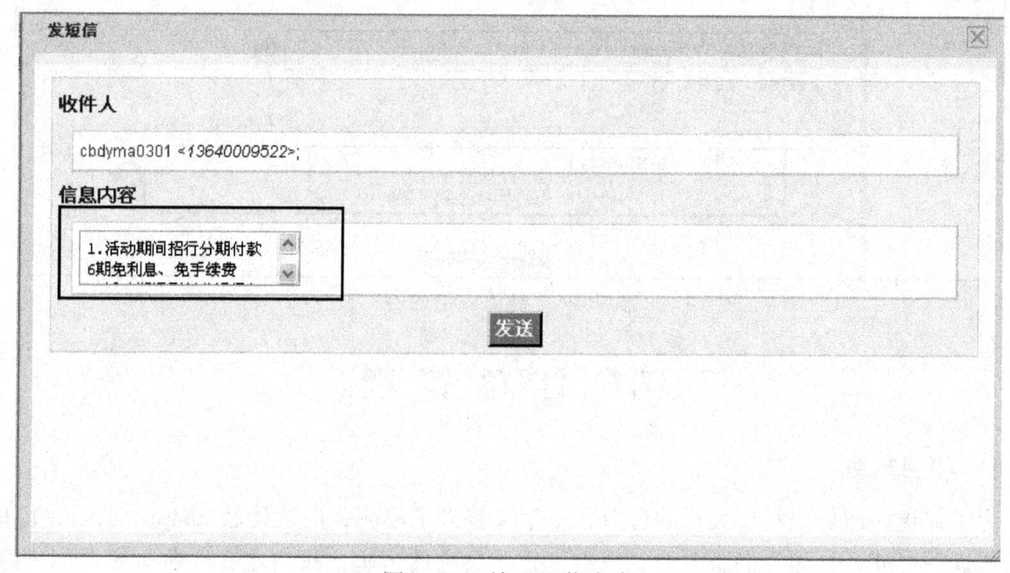

图 7-93　输入短信内容

项目三 设置网站的默认商品评论

商品详细页显示	4
评论/咨询页显示	10
发表评论权限	注册会员可发表评论
无评论时缺省文字	如果您对本品有什么评论或经验，欢迎分享
显示条件	管理员回复后显示

操作步骤如下：

在“会员”菜单中选择“评论设置”并按题意依次输入评论内容，单击“保存”按钮，如图 7-94 所示。

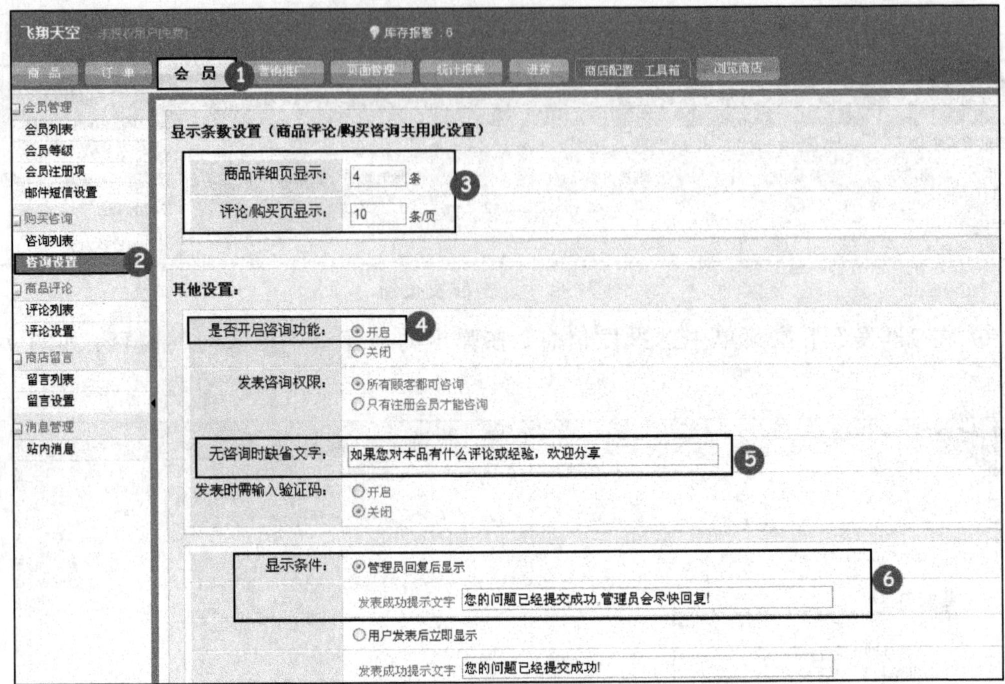

图 7-94　确认评论内容

7.7 订 单 管 理

7.7.1　项目规划

为了能更好地处理每天大量的订单，丁丁又找来了小明，向他请教 ShopEx 的后台订单管理功能。“ShopEx 是为我们服务的，只有真正学会它的精髓，我们才能事半功倍。”小明笑着告诉丁丁，“其实这些事交给 ShopEx 来完成真的太容易了。”于是他们制订了一份新的任务计划书……

7.7.2　项目计划书

- 项目一：订单管理。
- 项目二：售后服务。
- 项目三：打印快递单。

7.7.3　项目执行

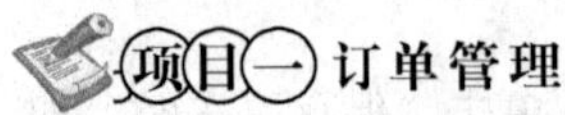

项目一　订单管理

（1）录入和生成订单

订购商品	韩版休闲百搭手提包	商品品牌	卖包包
颜色	黑色	数量	1
价格	￥299.00 元	配送方式	宅急送

续表

发票抬头	上海商派网络科技有限公司	支付方式	货到付款
送货地址	上海市虹桥路 333 号 405 室	收货人	唐磊
联系电话	1388182××××		

操作步骤如下：

① 在“订单”菜单中选择“订单列表”，单击“添加新订单”按钮，如图 7–95 所示。

图 7–95　添加新订单

② 在用户名列表的下拉菜单选择指定的用户，单击“确定”按钮，如图 7–96 所示。

图 7–96　选择指定用户

③ 选择“添加订单商品”，在新窗口中单击“筛选”按钮，如图 7–97 所示。

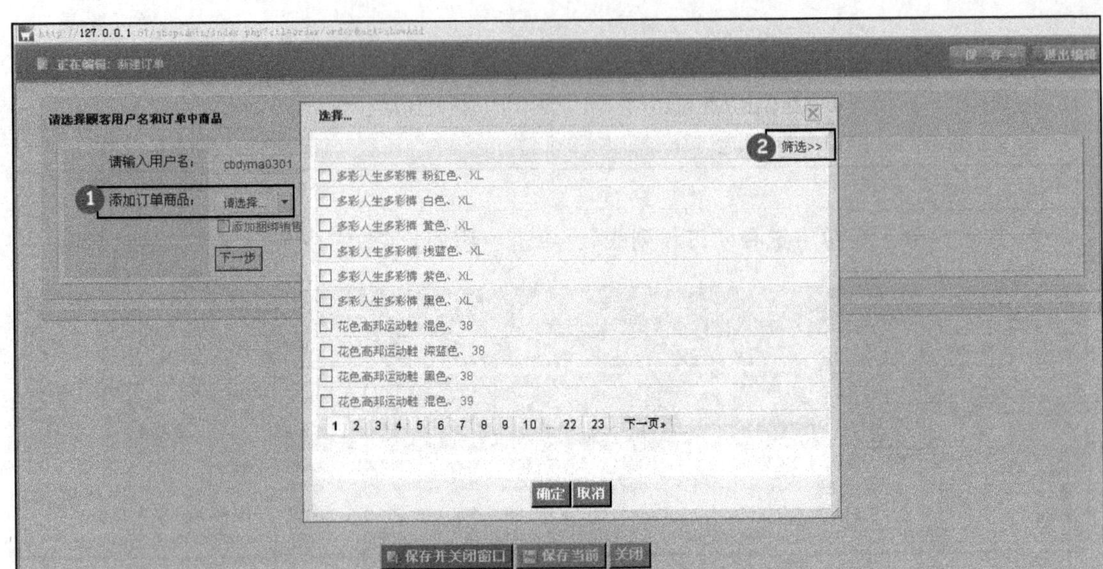

图 7-97　筛选商品

④ 在“货品名称”文本框中输入商品名称，单击“筛选并返回列表”，如图 7-98 所示。

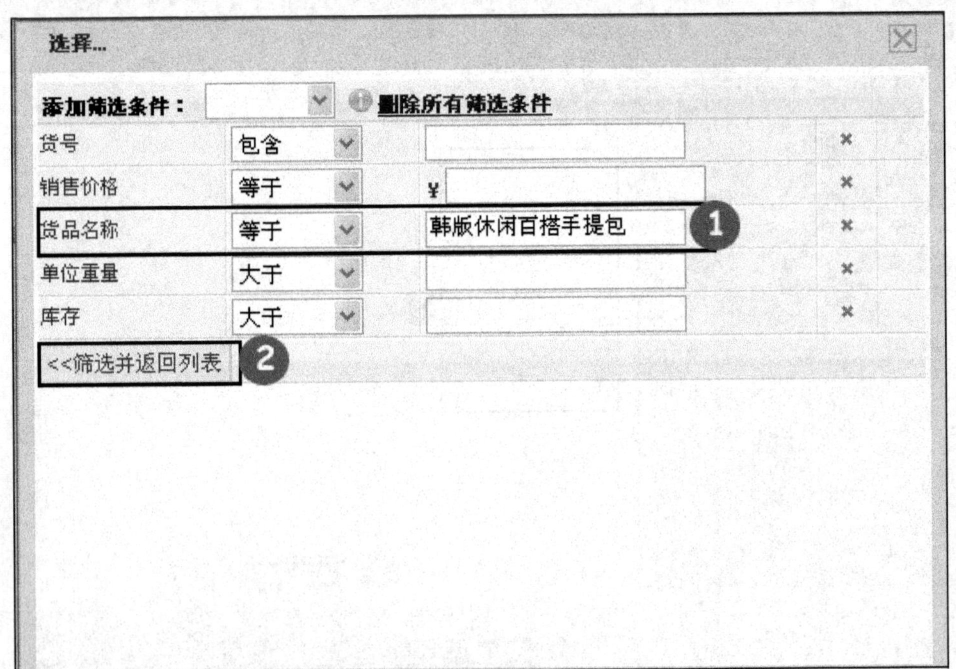

图 7-98　确定商品名称

⑤ 确定商品的颜色，如图 7-99 所示。

⑥ 单击“下一步”按钮，按题意确定订单信息，如图 7-100 所示。

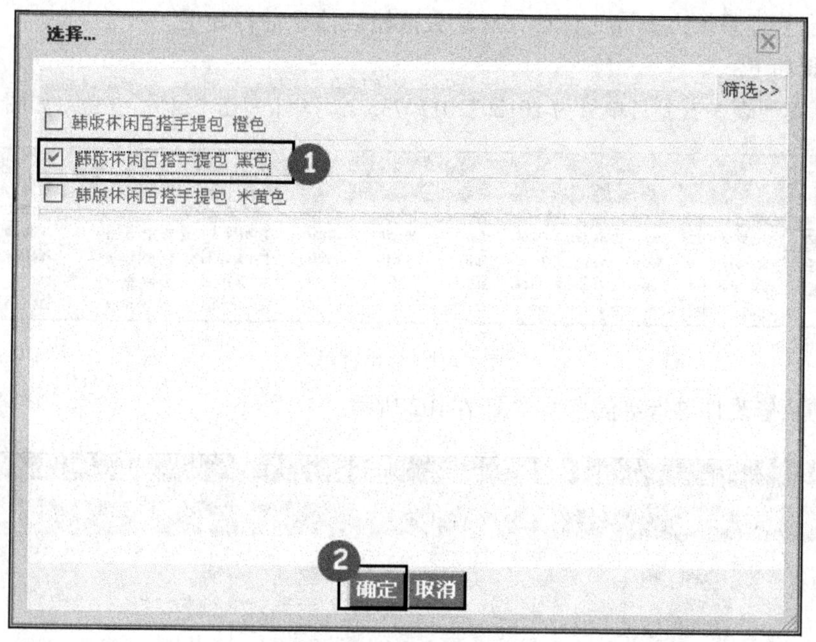

图 7-99　确定商品的颜色

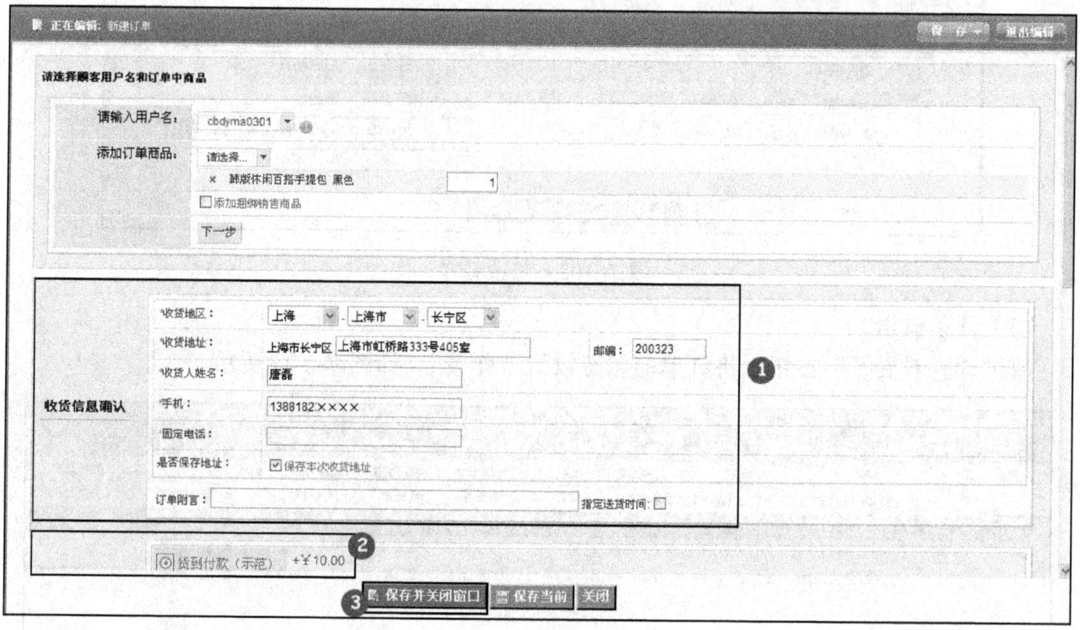

图 7-100　确定订单信息

（2）订单的审核和变更

顾客唐磊的新订单，要求更改收货信息，调整后的信息如下：

订单号	20120720150733		
收货人	刘彭	收货人电话	1360983××××
收货地址	江苏省南通市福州路 68 弄 18 号 401 室		

请在后台管理系统内查询此订单，对缺失或错误信息进行变更。

操作步骤如下：

① 在订单列表中找到订单号为 20120720150733 的订单，单击“编辑”按钮，如图 7-101 所示。

图 7-101 找订单

② 按题意修改订单指定信息，如图 7-102 所示。

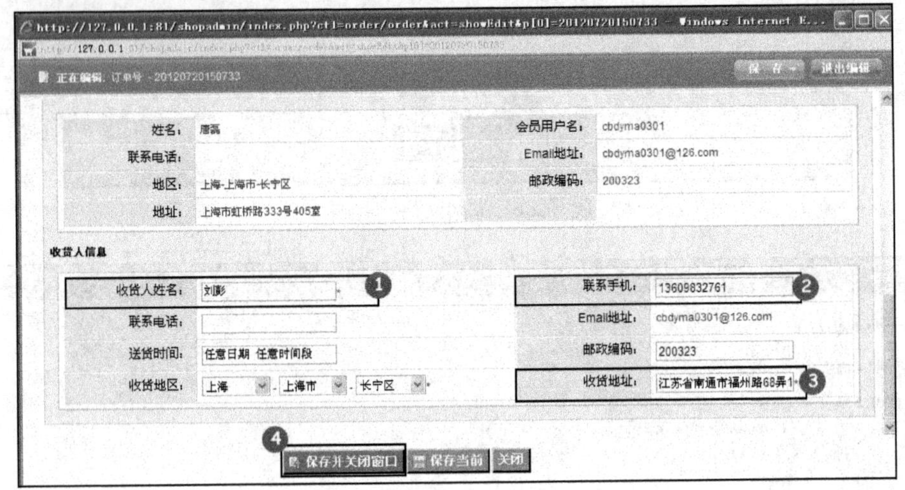

图 7-102 修改订单

（3）订单撤销

单击“查看展开”按钮，将订单的状态设置“作废”，如图 7-103 所示。

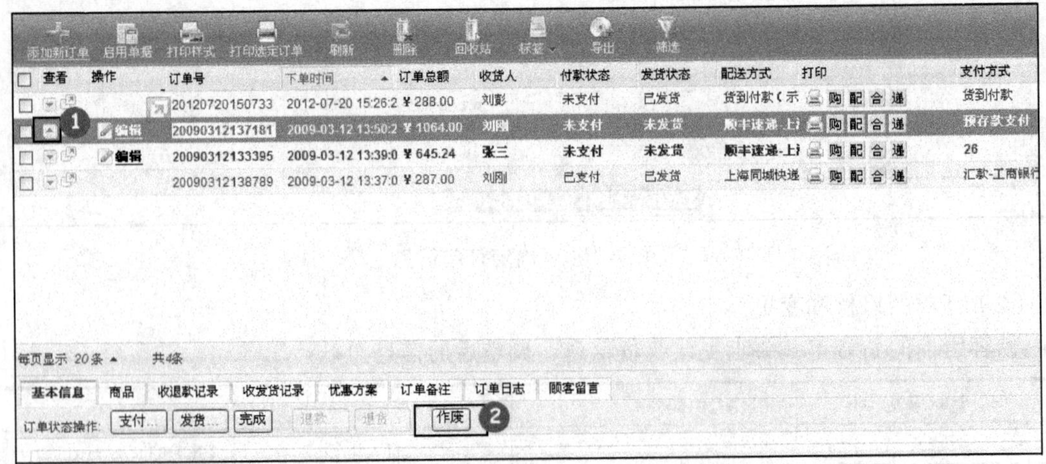

图 7-103 作废订单

（4）订单状态查询

① 请把订单号：20120720150733 的订单状态调整为发货。

② 请把订单号：20090312137181 的订单撤销。

操作步骤如下：

① 在订单列表中单击“展开查看”按钮，然后单击“发货”，如图 7-104 所示。

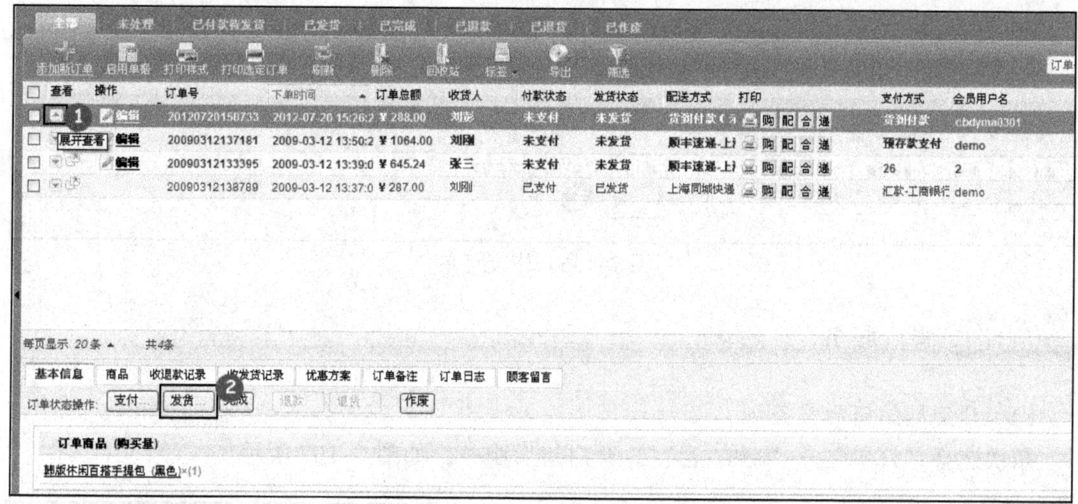

图 7-104　对订单商品进行发货

② 在弹出的新窗口中单击发货按钮，如图 7-105 所示。

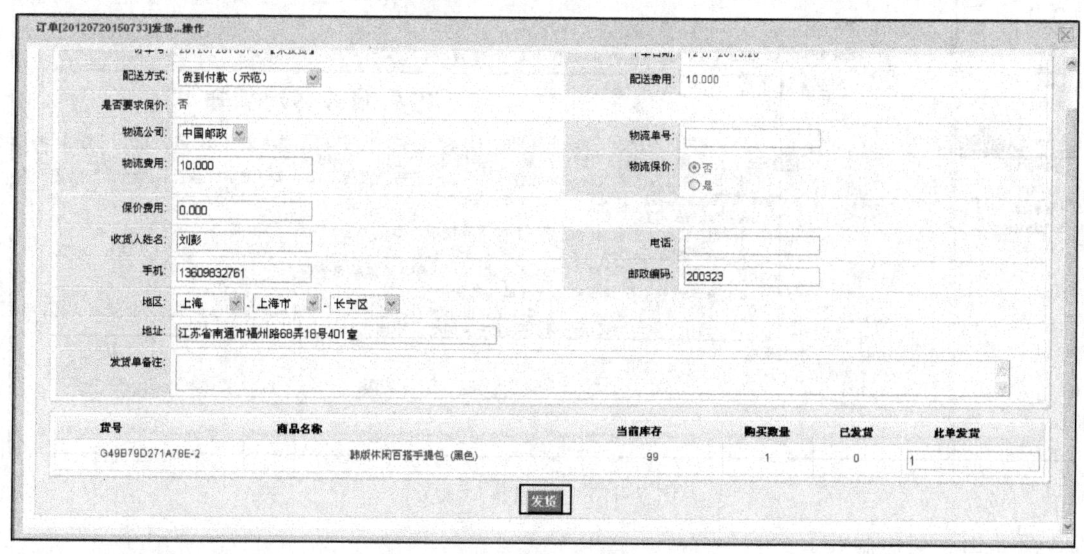

图 7-105　单击“发货”按钮

（5）订单撤销

单击“查看展开”按钮，将订单的状态设置为“作废”，如图 7-106 所示。

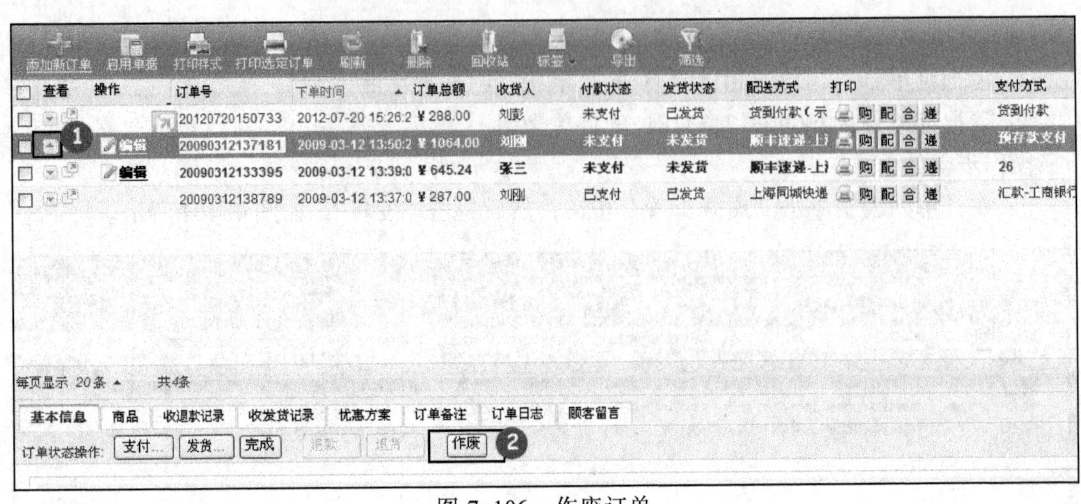

图 7-106 作废订单

项目二 售后服务

（1）开启网站售后服务

依次选择“订单”→“功能配置”，开启售后服务，如图 7-107 所示。

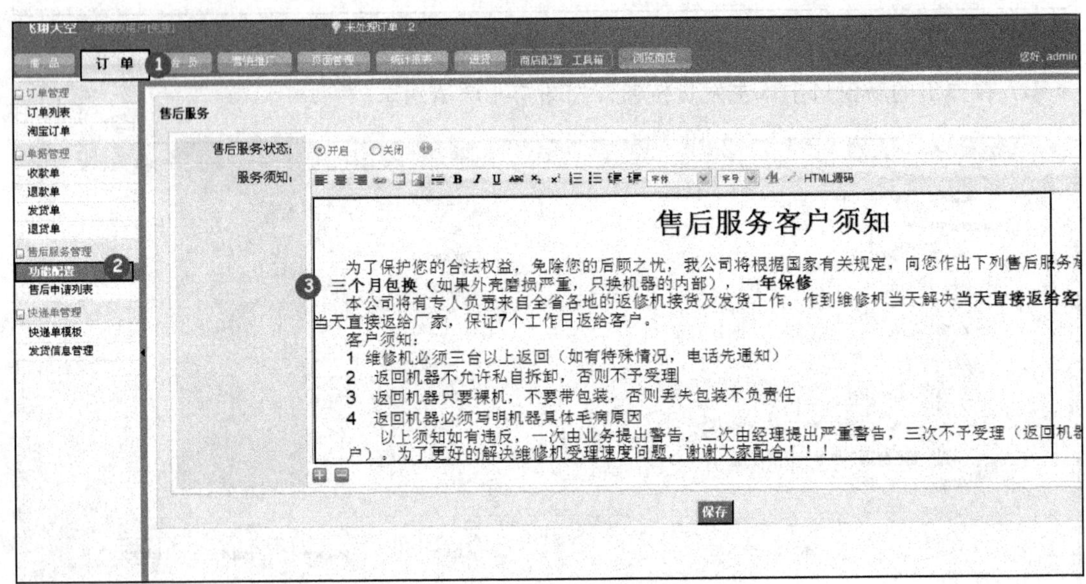

图 7-107 开启售后服务

（2）申请售后服务

① 在网店前台进行会员登录后单击“申请售后服务”，如图 7-108 所示。

站内消息(0)
发送消息
收件箱
草稿箱
发件箱
给管理员发消息
售后服务
申请售后服务

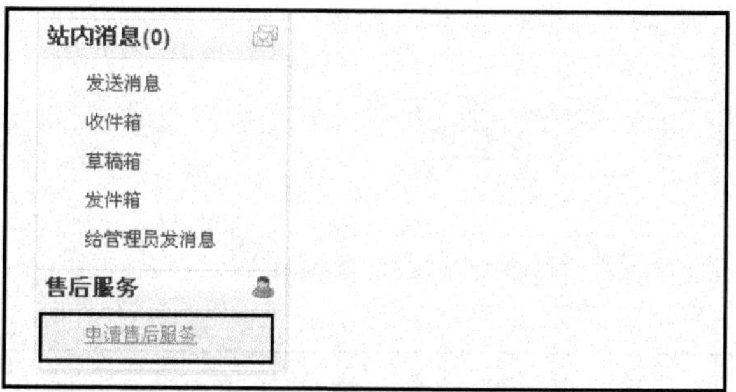

图 7-108　单击“申请售后服务”

② 在阅读客户须知后单击“下一步”按钮，如图 7-109 所示。

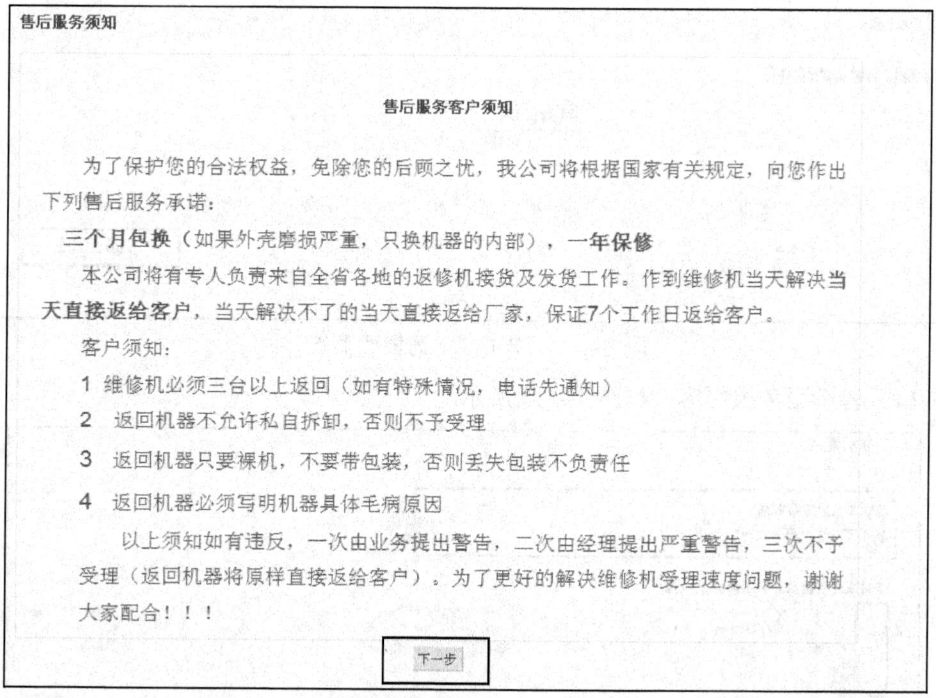

售后服务须知
售后服务客户须知
为了保护您的合法权益，免除您的后顾之忧，我公司将根据国家有关规定，向您作出下列售后服务承诺：
三个月包换（如果外壳磨损严重，只换机器的内部），一年保修
本公司将有专人负责来自全省各地的返修机接货及发货工作。作到维修机当天解决当天直接返给客户，当天解决不了的当天直接返给厂家，保证7个工作日返给客户。
客户须知：
1 维修机必须三台以上返回（如有特殊情况，电话先通知）
2 返回机器不允许私自拆卸，否则不予受理
3 返回机器只要裸机，不要带包装，否则丢失包装不负责任
4 返回机器必须写明机器具体毛病原因
以上须知如有违反，一次由业务提出警告，二次由经理提出严重警告，三次不予受理（返回机器将原样直接返给客户）。为了更好的解决维修机受理速度问题，谢谢大家配合！！！
下一步

图 7-109　阅读售后服务

③ 单击“申请售后服务”按钮，如图 7-110 所示。

售后服务列表
申请售后服务
订单号
售后服务标题
申请时间
处理状态
您还没有提交过售后服务信息，如果您购买的商品需要退换货/维修等服务，您可以“点此申请售后服务”。

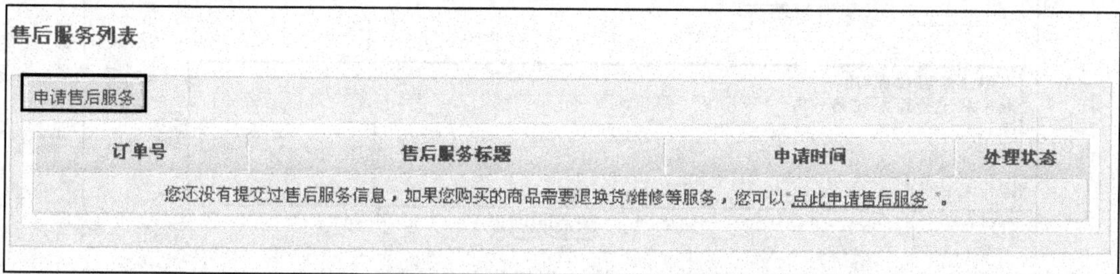

图 7-110　点击“申请售后服务”按钮

④ 在订单搜索中输入订单号，如图 7-111 所示。

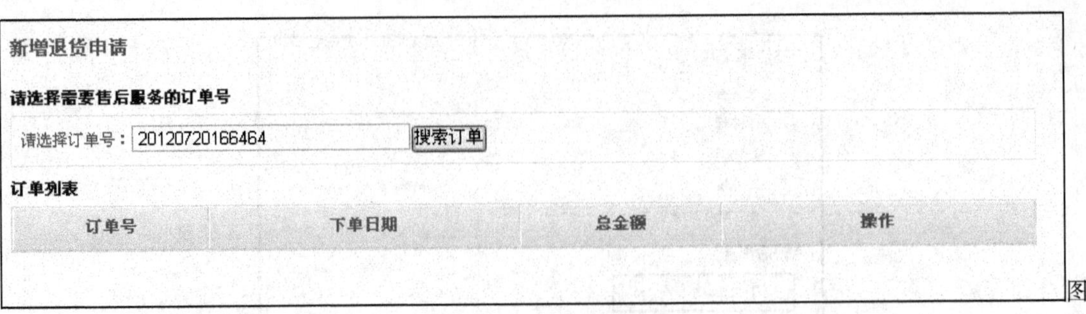

图

图 7–111　输入订单号

⑤ 在订单列表中单击“申请售后服务”，如图 7–112 所示。

图 7–112　单击“申请售后服务”

⑥ 输入售后服务的内容，如图 7–113 所示。

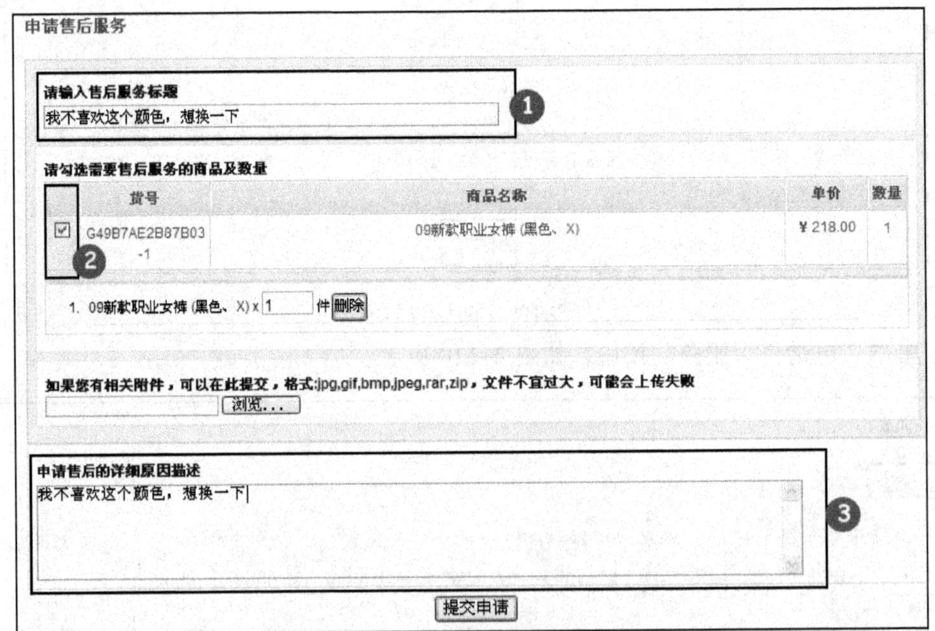

图 7–113　输入售后服务的内容

（3）处理售后服务

① 在“订单”菜单中选择“售后申请列表”，找到指定的订单，单击“展开查看”按钮，

如图 7-114 所示。

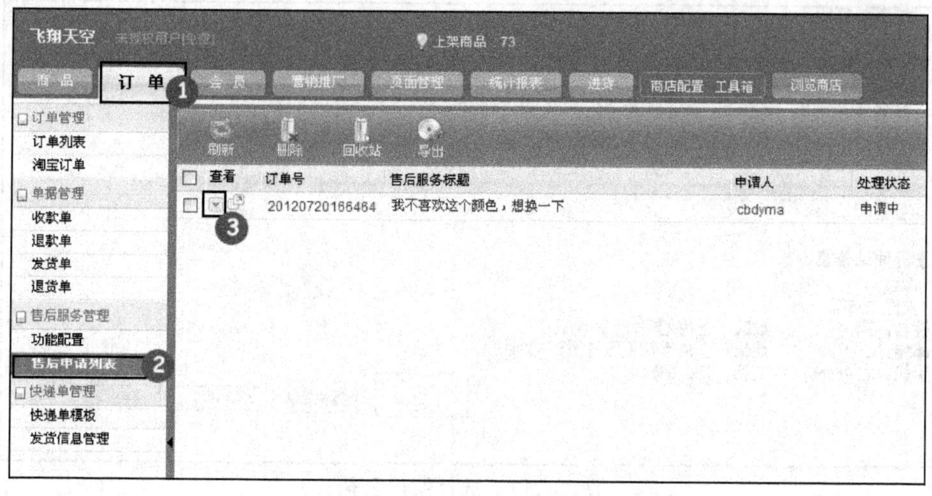

图 7-114　处理售后服务

② 在弹出的窗口中单击“接受申请”按钮，如图 7-115 所示。

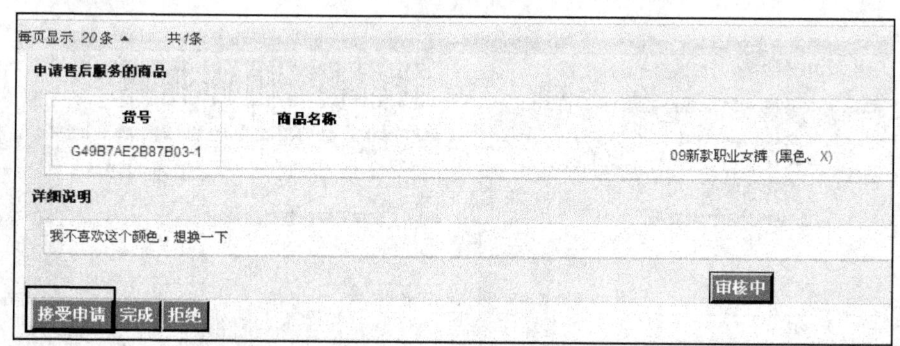

图 7-115　接受申请

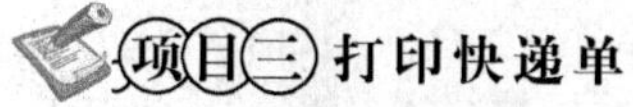项目三 打印快递单

为订单号为 20120720166464 打印快递单：

① 在订单列表中找到指定订单，在打印一栏中单击“递”按钮，如图 7-116 所示。

添加新订单　启用单据　打印样式　打印选定订单　刷新　删除　回收站　标签　导出　筛选

查看	操作	订单号	下单时间	订单总额	收货人	付款状态	发货状态	配送方式	打印	支付方式	会员用户名
		20120720166464	2012-07-20 16:26:4	¥ 228.00	东东	已支付	已发货	货到付款（示	购 配 合 递	货到付款	cbdyma
		20120720162842	2012-07-20 16:04:3	¥ 109.00	东东	未支付	已发货	货到付款（示	购 配 合 递	货到付款	cbdyma
		20120720150733	2012-07-20 15:26:2	¥ 288.00	刘彭	未支付	已发货	货到付款（示	购 配 合 递	货到付款	cbdyma0301
	编辑	20090312137181	2009-03-12 13:50:2	¥ 1064.00	刘刚	未支付	未发货	顺丰速递-上	购 配 合 递	预存款支付	demo
	编辑	20090312133395	2009-03-12 13:39:0	¥ 645.24	张三	未支付	未发货	顺丰速递-上	购 配 合 递	26	2
		20090312138789	2009-03-12 13:37:0	¥ 287.00	刘刚	已支付	已发货	上海同城快递	购 配 合 递	汇款-工商银行	demo

图 7-116　打印快递单

② 在快递单打印窗口中，选择快递公司为 EMS，如图 7-117 所示。

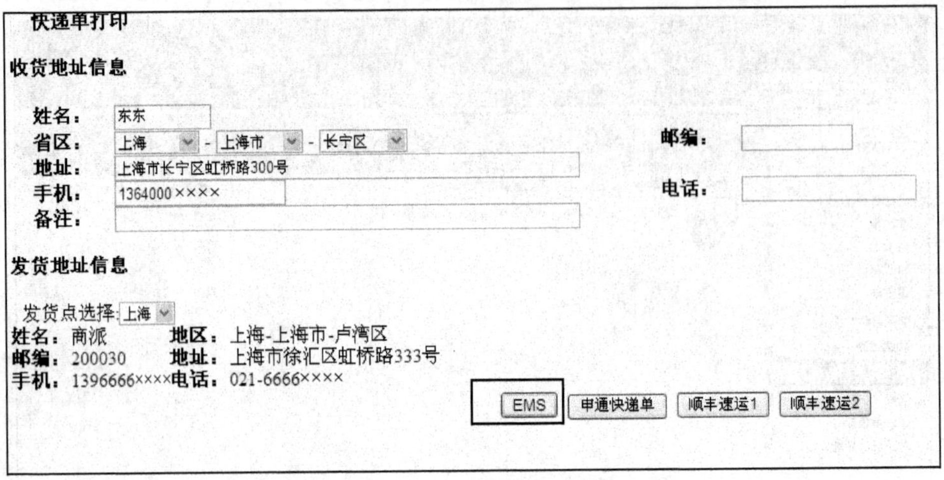

快递单打印
收货地址信息
姓名： 东东
省区： 上海 - 上海市 - 长宁区
邮编：
地址： 上海市长宁区虹桥路300号
手机： 1364000××××
电话：
备注：
发货地址信息
发货点选择： 上海
姓名： 商派
地区： 上海-上海市-卢湾区
邮编： 200030
地址： 上海市徐汇区虹桥路333号
手机： 1396666××××
电话： 021-6666××××
EMS
申通快递单
顺丰速运1
顺丰速运2

图 7-117　选择快递公司

③ 在弹出的新窗口中单击“开始打印”按钮，如图 7-118 所示。

EMS
国内特快专递邮件详情单
全球邮政特快专递
EF348411034CN
商派
021-6666××××
1396666××××
飞翔天空
上海市徐汇区虹桥路333号
200030
东东
1364000××××
上海市长宁区虹桥路300号
长宁区
1
测试内容-物品名称
2012
07
20
EF348411034CN
开始打印

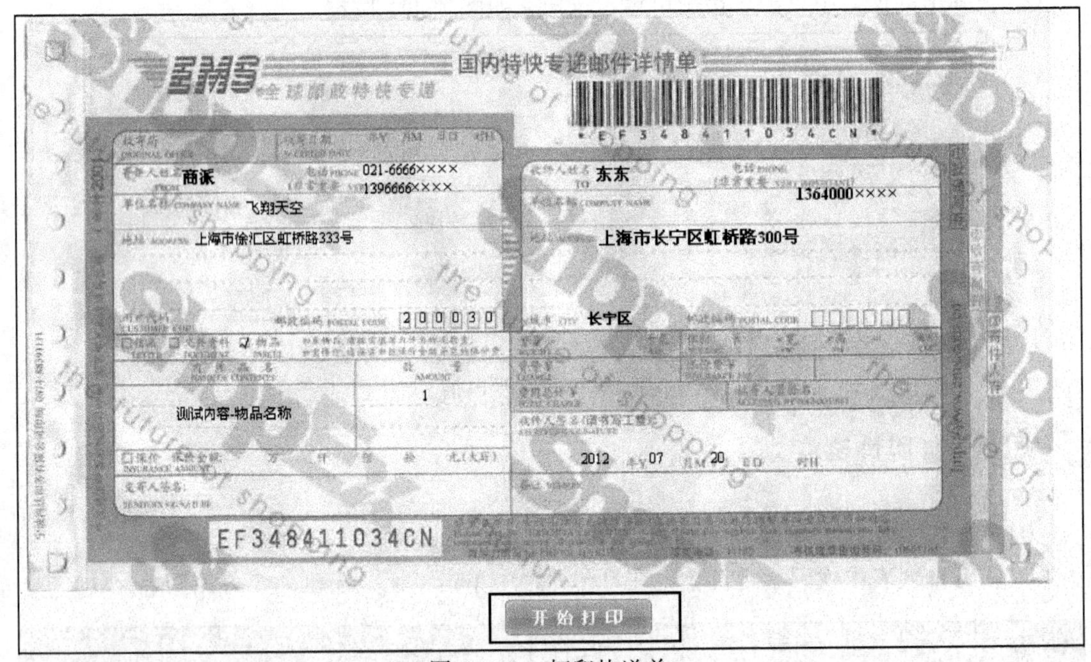

图 7-118　打印快递单

小　结

近年，ShopEx 致力于打造“电子商务生态圈”。到目前为止，ShopEx 已与阿里巴巴、淘宝、支付宝、腾讯、拍拍、财付通、百度、京东商城、亚马逊中国、1 号店、中国移动、中国电信、中国银联、Google、Ebay、Paypal、用友、金蝶、新浪等多家重量级合作伙伴结成战略同盟。ShopEx 在电子商务领域具有强大的品牌影响与商业价值。本章以大学生丁丁在网上开店创业为主线，详细介绍了电子商务的基本原理并配上一个全新的电子商务平台 ShopEx，全真模拟电子商务网店的开设、经营和管理。

习　题

一、单项选择题

1. 建立公司网站（　　）。

A. 是网络营销的前提条件　　B. 对网络广告并不重要

C. 是网络广告唯一手段　　D. 是在局域网环境下

2. 电子商务网站的功能，包括（　　）功能。

A. 电子出版　　B. 商品选购功能　　C. 办公事务管理　　D. 人力资源管理

3. 电子商务网站主要分为（　　）和 B2C 两种。

A. EDI　　B. Intranet　　C. B2B　　D. RFID

4. 电子商务网站主要分为（　　）和 B2B 两种。

A. EDI　　B. Intranet　　C. B2C　　D. RFID

5. 一般进行交易的电子商务网站必须具备（　　）。

A. Web 服务器、域名服务器、数据库服务器和支付网关

B. Web 服务器、域名服务器和商品服务器

C. 域名服务器、商品服务器、企业服务器

D. 前台服务器和后台服务器

6. 一个电子商务应用平台系统的运行，要有（　　）、主机设备，也需要有支持平台软件和应用软件。

A. 杀毒软件　　B. 仓储系统　　C. 网络　　D. 配送系统

7. B2C 网站的网上购物的流程，一般是（　　）。

A. 会员注册→商品搜索选购→下订单→结算金额→选择送货方式→网上支付→购物完成→订单查询

B. 会员注册→商品搜索选购→订单查询→结算金额→选择送货方式→网上支付→购物完成→下订单

C. 会员注册→网上支付→下订单→结算金额→选择送货方式→商品搜索选购→购物完成→订单查询

D. 网上支付→商品搜索选购→下订单→会员注册→选择送货方式→结算金额→购物完成→订单查询

8. B2C 网站的网上购物的后台处理主要流程流程，一般是（　　）。

A. 网上客户订单→订单受理→库存查询→销售单生成→出库确认→发货确认→结账

B. 发货确认→订单受理→库存查询→销售单生成→出库确认→网上客户订单→结账

C. 库存查询→订单受理→网上客户订单→销售单生成→出库确认→发货确认→结账

D. 网上客户订单→订单受理→库存查询→发货确认→出库确认→销售单生成→结账

9. 域名申请注册用户可以在 CNNIC 的网站上直接连机填写域名注册申请表并提交。CNNIC

会对用户提交的申请表进行在线检查，填写完毕后单击（　　）即可。

A．注册　　B．登录　　C．删除　　D．退出

10．在查询框内输入想要查询的域名，单击提交。如果已经被他人注册，将会出现域名、域名注册单位、管理联系人、技术联系人等提示信息。如果没有被他人注册，将会出现“你所查询的信息不存在”的提示信息，这时用户就可以开始（　　）。

A．注册　　B．登录　　C．删除　　D．退出

二、判断题

1．指为了达到一定的目的，按照一定的标志，科学地、系统地将商品分成若干不同类别的过程。（　　）

2．商品分类就是根据一定的目的，为满足某种需要，选择适当的分类标志或特征，将商品集合体科学地、系统地逐次划分为不同的大类、中类、小类、品类或类目、品种、乃至规格、品级、花色等细目的过程。（　　）

3．在商品分类时必须明确拟分类的商品集合所包括的范围。（　　）

4．商品分类是实行外贸管理的前提。（　　）

5．建立商品分类体系的基本方法有两种，一种是点分类法，一种是面分类法。（　　）

6．在商品分类工作中，常是先选定一个主要标志，将商品分成大类，然后再依不同情况，选择适宜的标志将商品依次划分为中类、小类以至细目等，这样形成的互相联系互相制约的整体，就是商品分类体系。（　　）

7．线分类法也称层级分类法，是指将分类对象按所选定的若干分类标志，逐次地分成相应的若干个层级类目，并排列成一个有层次、逐级展开的分类体系。（　　）

8．商品分类时必须明确拟分类的商品集合所包括的范围。（　　）

9．面分类法是指是将拟分类的商品集合总体，根据其本身的属性或特征，分成相互之间没有隶属关系的面，每个面都包含一组类目。（　　）

10．零售企业商品的合理分类，提高了企业管理效率，方便顾客购买。（　　）

三、实验题

用 shopEx 平台建设一个电子商务网店。

第 8 章 Ecstore 电子商务平台应用案例

本章提要

本章详细介绍电子商务的基本原理并配上全新电子商务平台 Ecstore，全真模拟电子商务网店的开设、经营和管理。所有知识点以项目任务展开，通过生动有趣的情景介绍及项目制作。

8.1 购物旅程

8.1.1 项目规划

Ecstore 电子商务平台是继 Shopex 后的一个全新平台。它因为交易平台更简洁、功能更强大赢得了许多用户的青睐。丁丁决心也来体验一下这个全新的购物旅程。

8.1.2 项目计划书

- 项目一：网站用户的注册。
- 项目二：网上购物体验。
- 项目三：商品的质量评价及客户留言。

8.1.3 项目执行

项目一 网站用户的注册

用户名：	cbdyma0814	密码：	123456
电子邮箱：	cbdyma0814@126.com	姓名：	小丸子
性别：	女	出生日期：	1985 年 1 月 1 日
地区：	上海市虹口区	联系地址：	江湾镇
邮编	200431	移动电话：	1301119461
固定电话：	021-5660××× ×		

操作步骤如下：

① 打开“心意网”，在首页右上角单击“免费注册”按钮，如图 8-1 所示。

图 8-1　免费注册

② 按题意输入注册的用户名、密码、电子邮件等信息，单击“注册新用户”按钮，如图 8-2 所示。

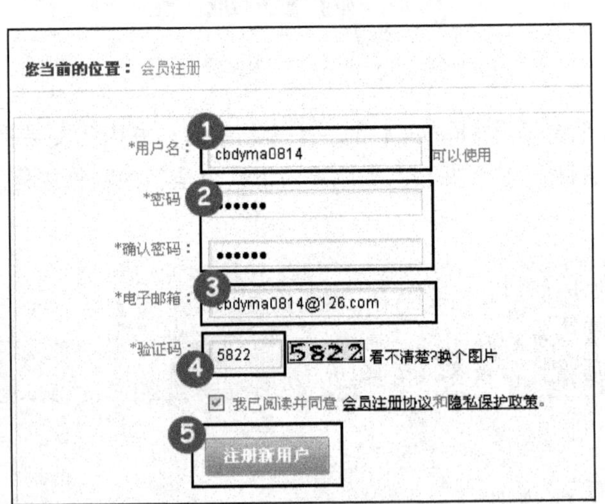

图 8-2　填写用户注册基本信息

③ 注册完毕以后系统会自动来到“会员中心”页面。继续完善用户信息，单击导航栏中的“收货地址”按钮，如图 8-3 所示。

④ 在弹出的新窗口中分别填写收货地址等信息，如图 8-4 所示。

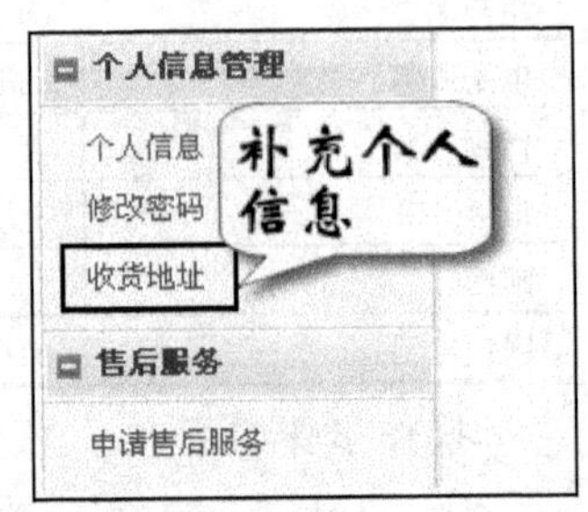

图 8-3　点击“个人信息”

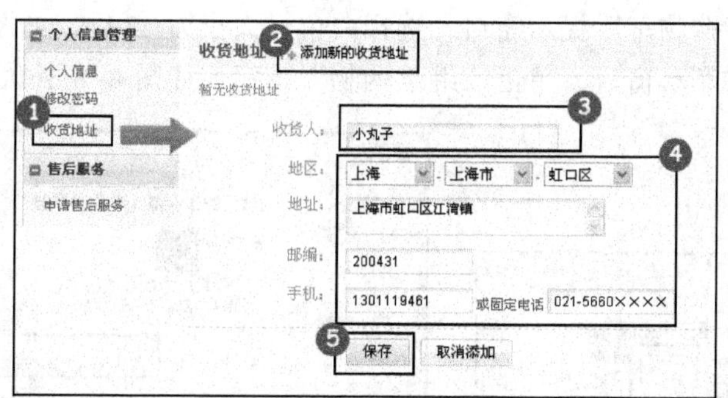

图 8-4　填写收货地址等信息

项目二 网上购物体验

序　　号	品　　名	颜　　色	尺　　码	数　　量
1	可爱糖果卡通人字拖鞋凉鞋	白色	37 码	1
2	水洗白铅笔牛仔裤	深蓝色	L	1

操作步骤如下：

① 在首页的商品分类栏目中选择“女鞋”→“凉鞋”，如图 8-5 所示。

图 8-5　选择凉鞋分类

② 在弹出的凉鞋商品列表中找到指定的商品，单击“加入购物车”按钮，如图 8-6 所示。

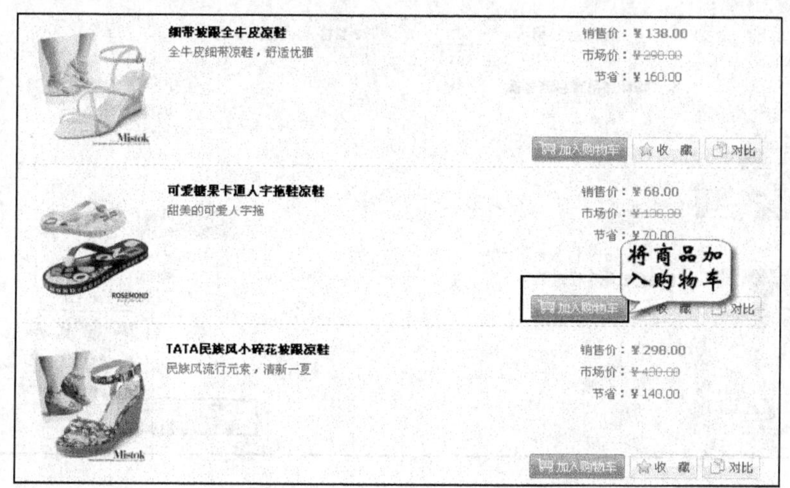

图 8-6　将商品加入购物车

③ 系统会弹出“购物车”提示窗口，选择白色，大小为 37 码，如图 8-7 所示。

④ 系统弹出购物车小窗口，单击“继续购物”按钮，如图 8-8 所示。

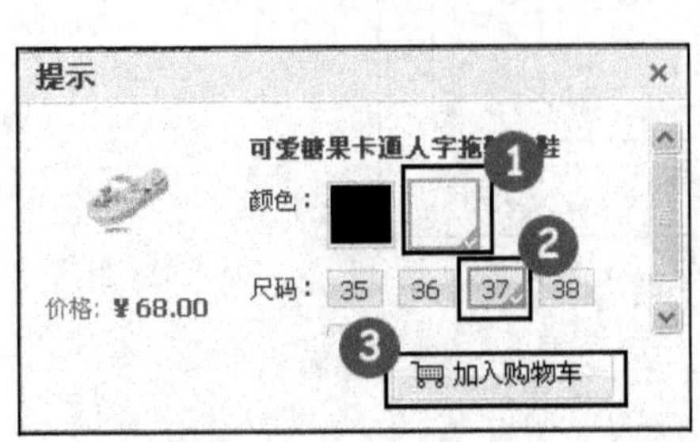

图 8-7　购物车窗口

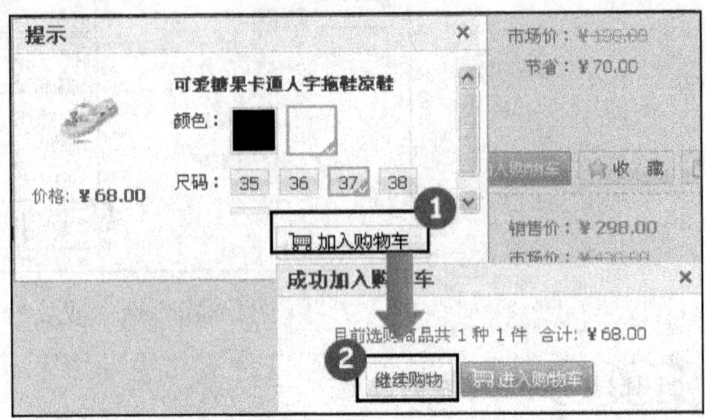

图 8-8　点击“继续购物”按钮

⑤ 在首页的商品分类中找到女裤的分类，如图 8-9 所示。

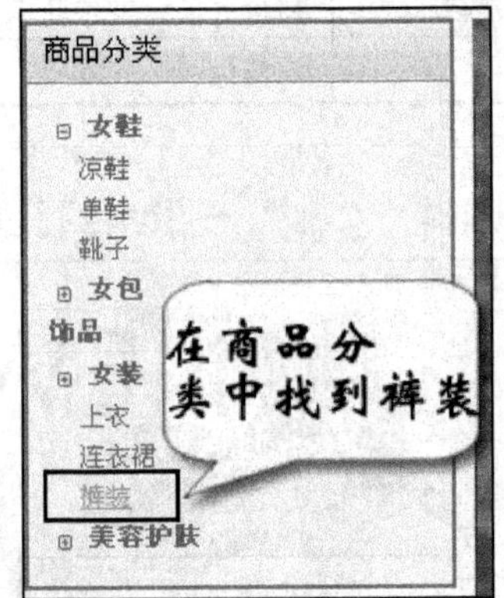

图 8-9　在商品分类中找到女裤

⑥ 找到指定的商品，单击“加入购物车”按钮，如图 8-10 所示。

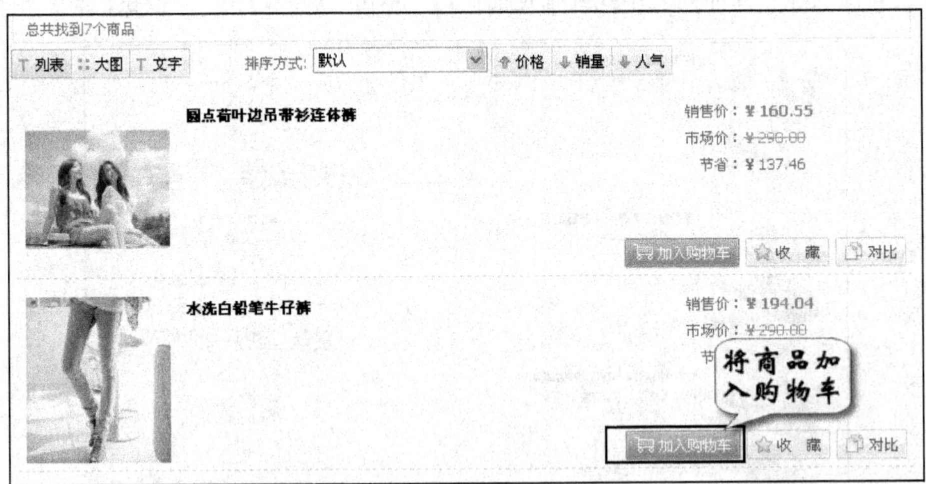

图 8-10　将商品加入购物车

⑦ 按题意选择女裤的颜色和尺寸，然后继续单击“加入购物车”按钮，如图 8-11 所示。

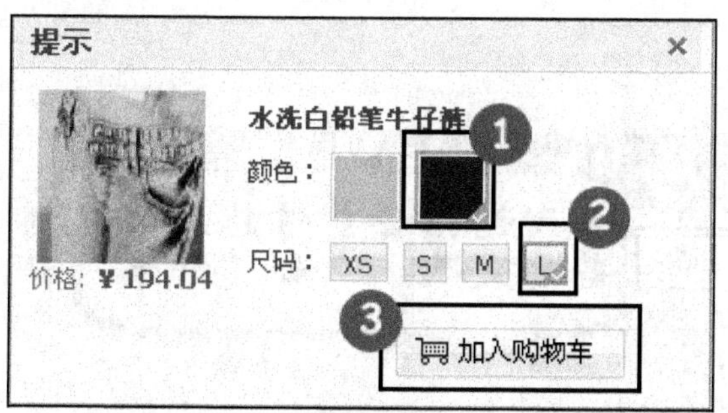

图 8-11　确定商品的基本属性

⑧ 在弹出的新窗口中单击“进入购物车”按钮，如图 8-12 所示。

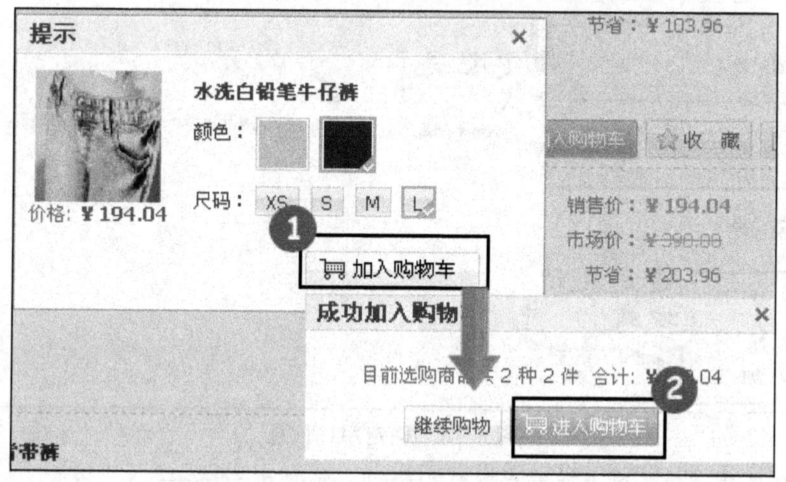

图 8-12　进入购物车

⑨ 在确定商品信息后，单击窗口右下角的“下单结算”按钮，如图 8-13 所示。

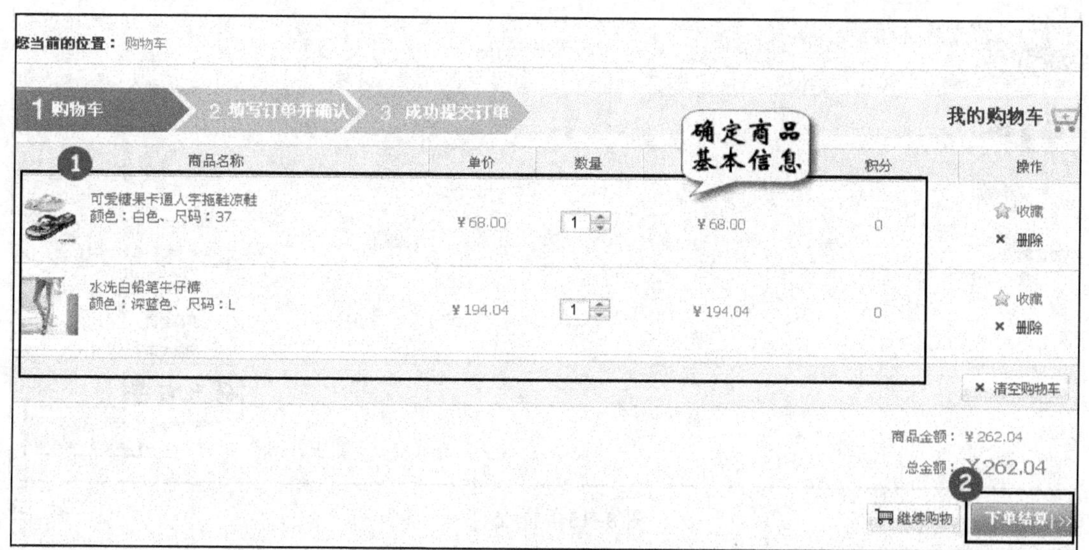

图 8-13　下单结算

⑩ 确定用户信息，配送方式及支付方式，如图 8-14 所示。

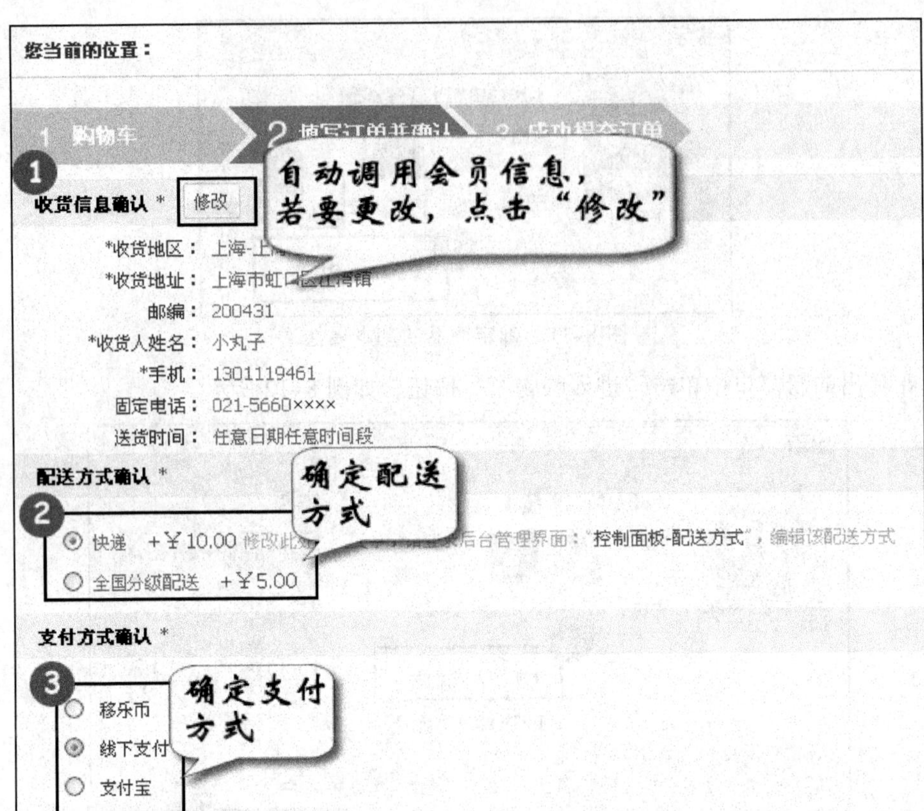

图 8-14　确定用户信息

⑪ 确定商品信息后，单击“提交订单”按钮，如图 8-15 所示。

商品名称	单价	数量	金额小计	积分
可爱糖果卡通人字拖鞋凉鞋 颜色：白色、尺码：37	￥68.00	1	￥68.00	0
水洗白铅笔牛仔裤 颜色：深蓝色、尺码：L	￥194.04	1	￥194.04	0

⊞使用优惠券

结算信息

需要发票 (税金:7%) ☐

商品金额： ￥262.04

配送费用： ￥10.00

￥272.04

提交订单

提交订单

图 8-15　提交订单

⑫ 购物完成，显示订单确定窗口，如图 8-16 所示。

图 8-16　生成订单号

项目三 商品的质量评价及客户留言

客户留言：

顾客提问：	请问“可爱糖果卡通人字拖鞋凉鞋”的材质是什么？有哪些颜色和尺寸可选？
顾客提问：	请问什么是货到付款？你们支持哪些线上支付方式
顾客提问：	请问下单后什么时候能发货？你们退换货的规则是什么？

操作步骤如下：

① 在首页导航栏窗口中选择“更多”→“客户留言”，如图 8-17 所示。

图 8-17　选择客户留言

② 按题意输入留言的标题及内容，如图 8-18 所示。

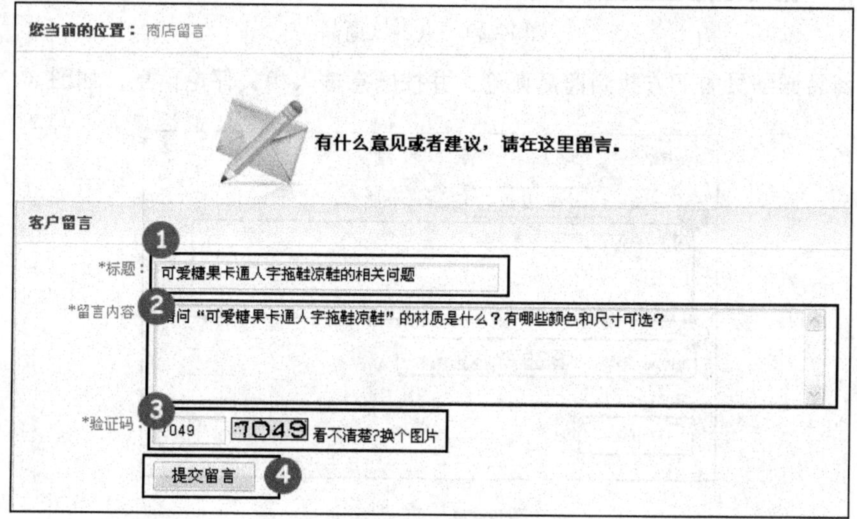

图 8-18　填写留言信息

③ 同理完成其他两条留言的操作。

商品评级：

品　　名	评　　级	星　　级
可爱糖果卡通人字拖鞋凉鞋	这是一款款式新颖的凉鞋，我很喜欢	五星
水洗白铅笔牛仔裤	这是一款时尚的牛仔裤，我们值得拥有！	四星

操作步骤如下：

① 在首页的搜索栏中输入商品的名称“可爱糖果卡通人字拖鞋凉鞋”，如图 8-19 所示。

图 8-19　搜索商品

② 系统立刻会找到指定商品，并在列表中显示，点击该商品进入详细页，如图 8-20 所示。

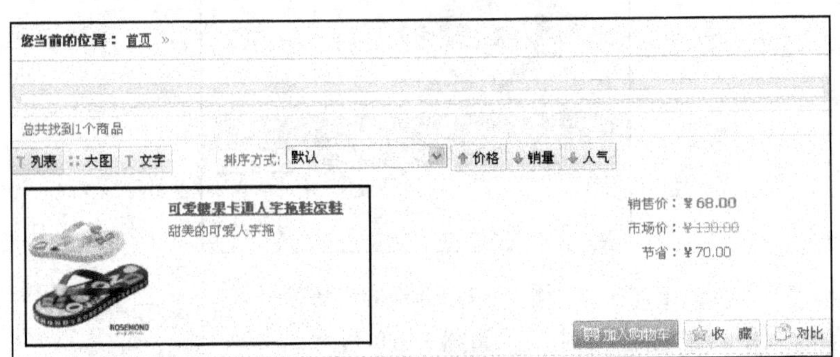

图 8-20　点击该商品

③ 在商品详细页的下方找到商品评论，并按题意输入相关评论信息，如图 8-21 所示。

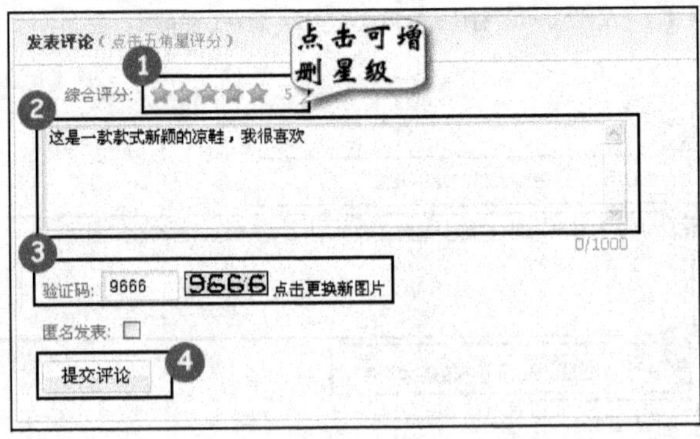

图 8-21　商品评论

④ 同理完成“水洗白铅笔牛仔裤”商品的评论操作。

8.2 全新的促销活动

8.2.1 项目规划

网店的促销活动是吸引消费者光顾的重要手段，怎样才能更加有效地利用网络营销吸引顾客的眼球呢？丁丁想了一下，决定从以下几方面入手……

8.2.2 项目计划书

- 项目一：添加优惠活动。
- 项目二：添加优惠券。
- 项目三：赠品促销。
- 项目四：设置团购活动。

8.2.3 项目执行

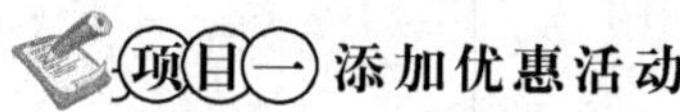

项目一 添加优惠活动

添加一个名为“全场购物满 50 免运费”的规则名称，规则描述： 全场购物满 50 免运费。

启用状态	是
开始时间	2012-1-1　09：00
结束时间	2020-3-1　21：00
会员级别	黄金会员，白金会员，特殊贵宾
优惠条件	当订单商品总价满 X 时,对所有商品优惠
订单金额	50
优惠方案	订单免运费

操作步骤如下：

① 在网店后台依次选择“促销”→“订单促销”，单击“添加规则”按钮，如图 8-22 所示。

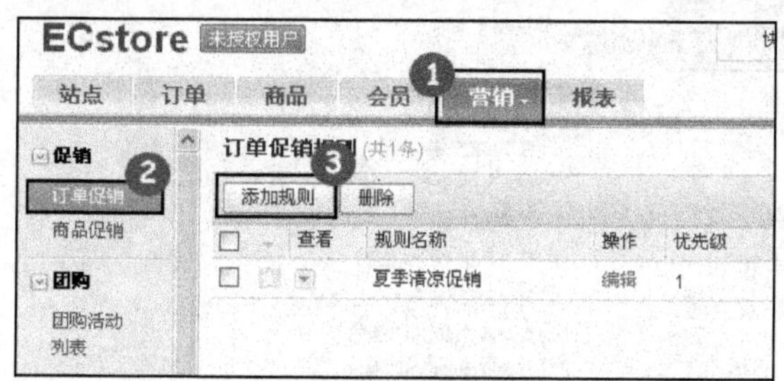

图 8-22　添加规则

② 按题意依次输入规则名称、描述、有效期等信息，如图 8-23 所示。

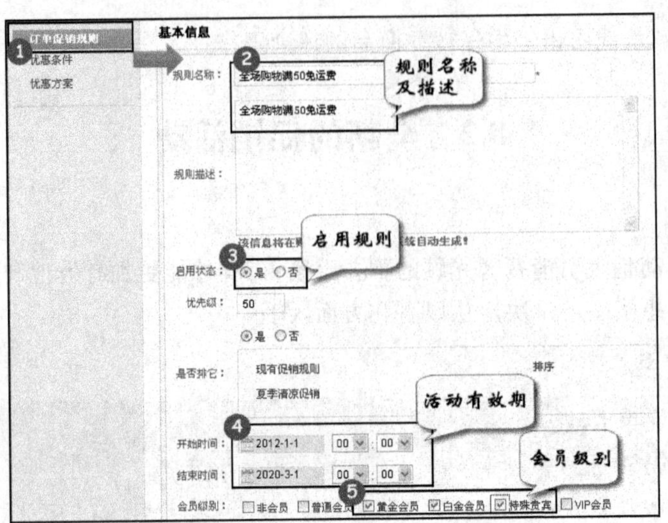

图 8–23 添加订单促销规则

③ 选择“优惠条件”选项，按题意进行设置，如图 8–24 所示。

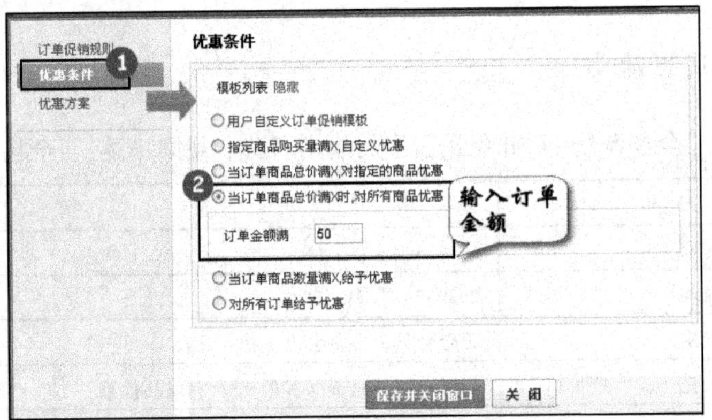

图 8–24 选择“优惠条件”

④ 选择“优惠方案”选项，按题意进行设置，如图 8–25 所示。

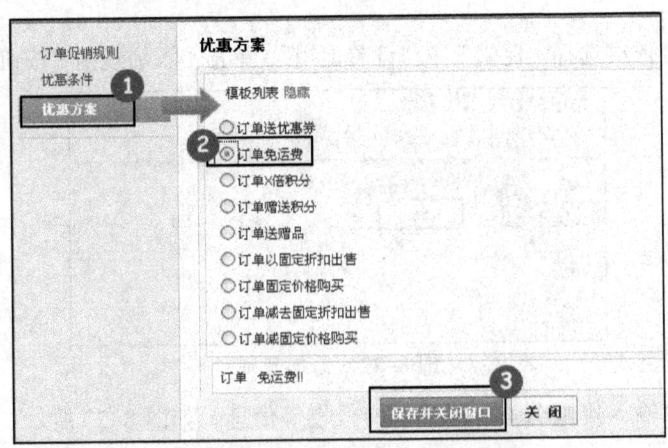

图 8–25 设置优惠方案

⑤ 来到网店前台，登录一个白金会员的账户，并购物验证，如图 8–26 所示。

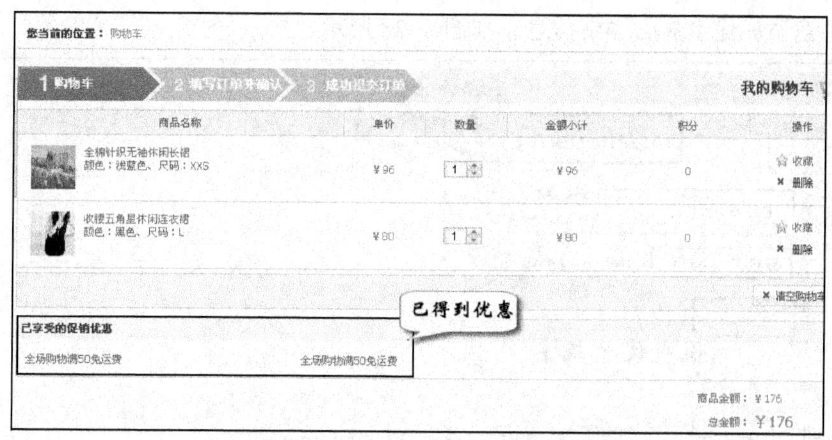

图 8-26　网店前台效果

项目二 添加优惠券

添加一个名称为“购物满 100 元立减 10 元”的优惠券

号码	DAF494994882
状态	启用
优先级	45
开始时间	2012-1-1　09:00
结束时间	2020-3-1　21:00
会员级别	普通会员　黄金会员　白金会员　特殊贵宾
优惠条件	对所有订单给予优惠
优惠方案	满 100 元立减 10 元

操作步骤如下：

① 在网店后台依次选择“促销”→“优惠券列表”，单击“添加优惠券”按钮，如图 8-27 所示。

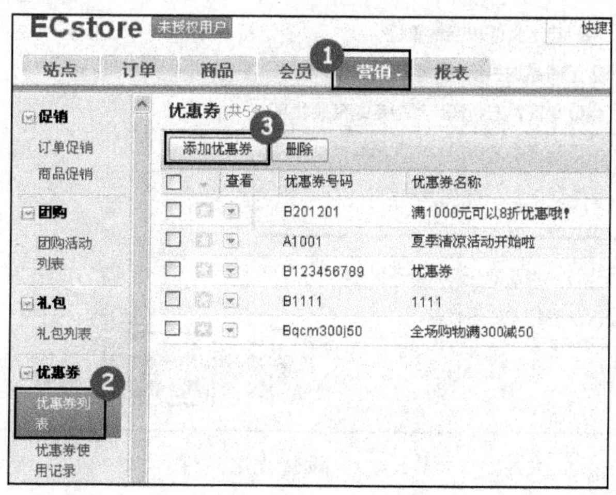

图 8-27　添加优惠券

② 按题意添加优惠券的详细信息，如图 8-28 所示。

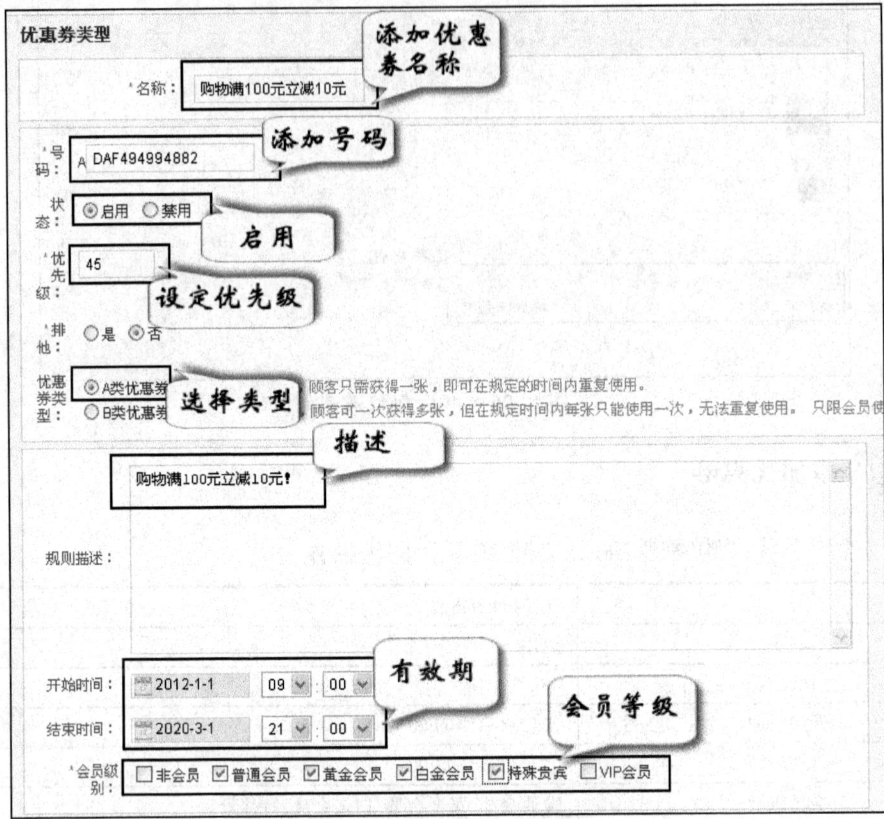

图 8-28　添加优惠券的详细信息

③ 按题意设置优惠条件，如图 8-29 所示。

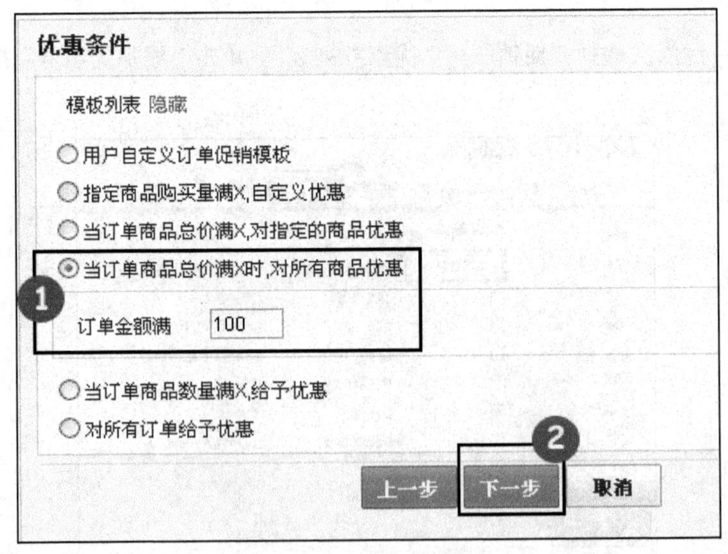

图 8-29　设置优惠条件

④ 按题意设置优惠方案，如图 8-30 所示。

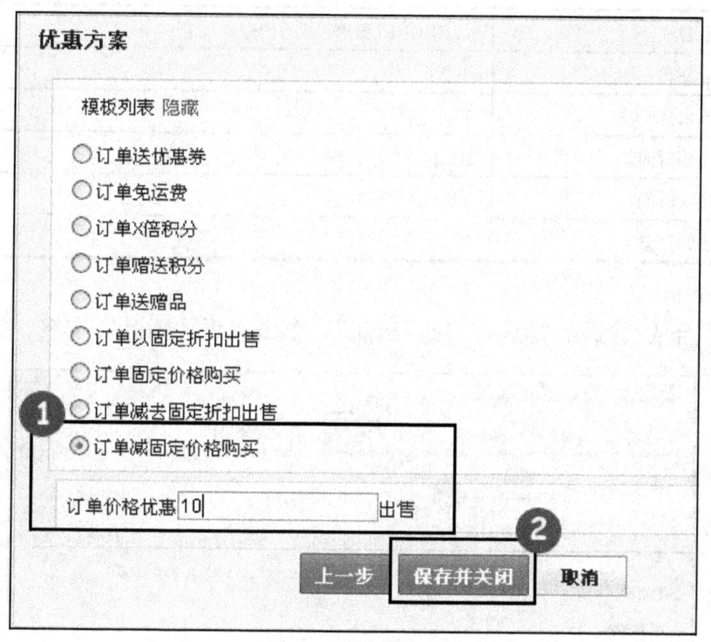

图 8-30 优惠方案

⑤ 来到网店前台，登录一个会员的账户，并购物验证，如图 8-31 所示。

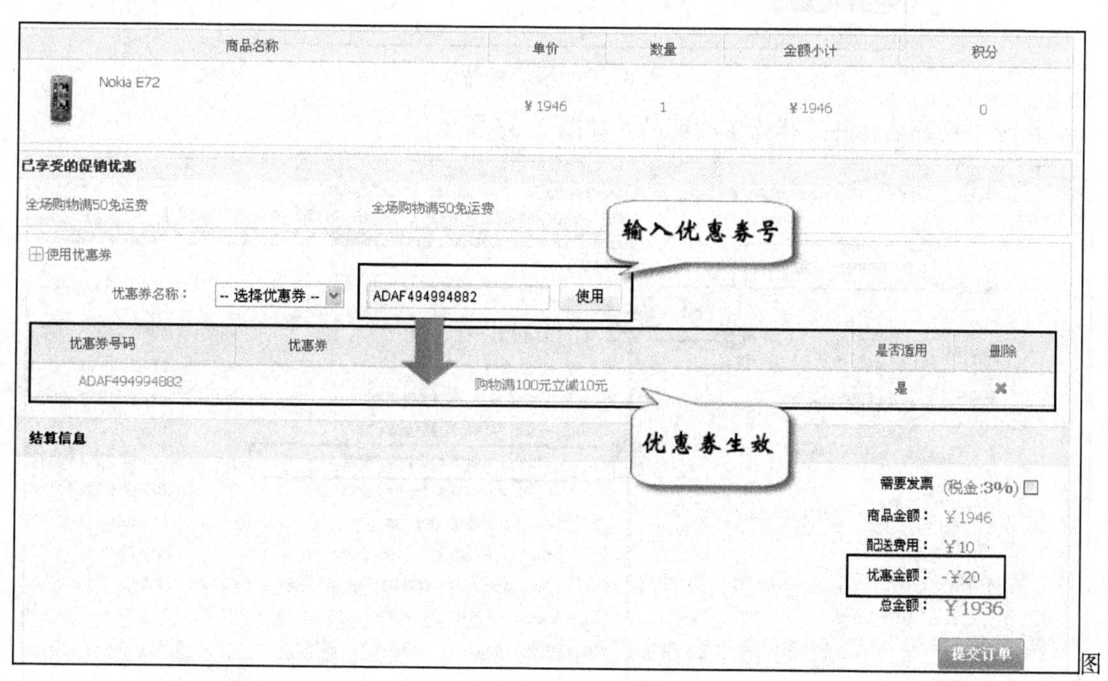

图 8-31 网店前台验证

 项目三 赠品促销

添加一个赠品名称为“CLINIQUE 倩碧 眼部护理水凝霜 15ml”赠品：

赠品名称	CLINIQUE 倩碧 眼部护理水凝霜 15ml
所属分类	小样
所需积分	500
兑换起始时间	2012-1-1 09:00
兑换终止时间	2021-3-1 21:00
每单限购数量	1

操作步骤如下：

① 在网店后台依次选择“促销”→“赠品”，单击“添加赠品”按钮，如图 8-32 所示。

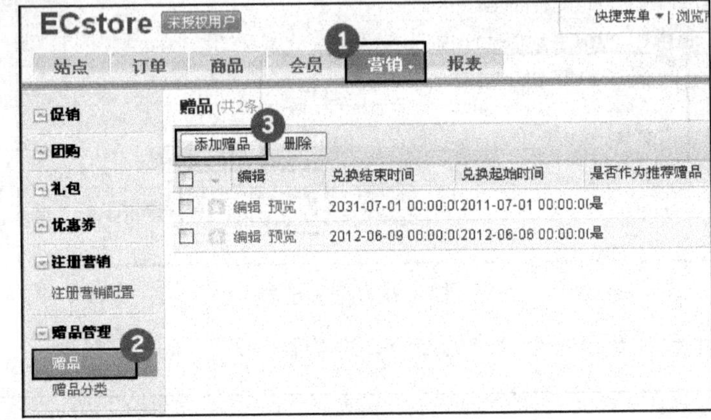

图 8-32　添加赠品

② 添加赠品名称并选择指定的商品，如图 8-33 所示。

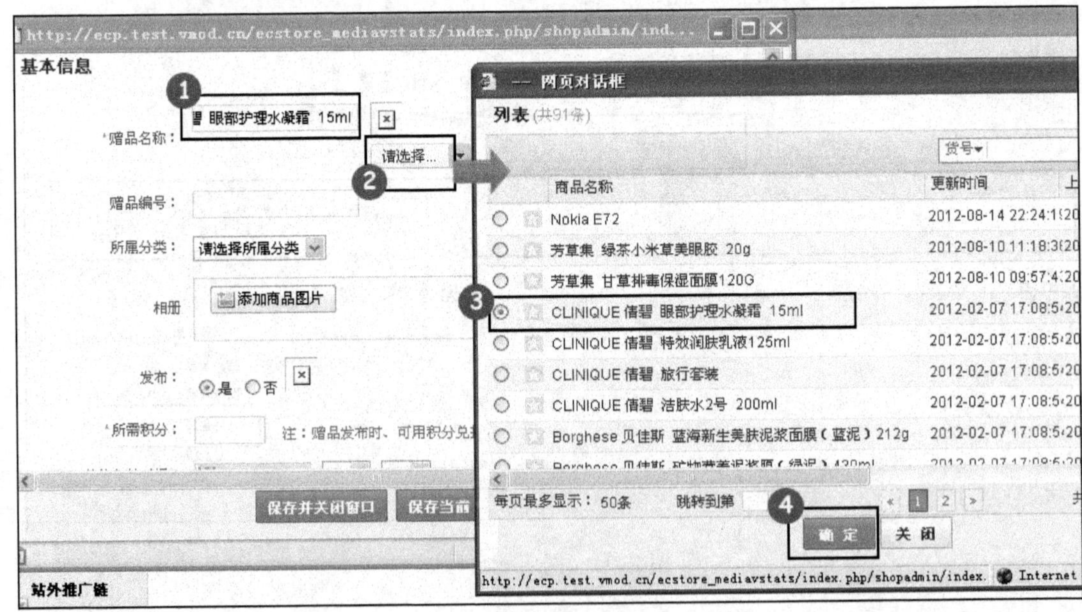

图 8-33　选择指定商品

③ 按题意添加赠品的其他信息，如图 8-34 所示。

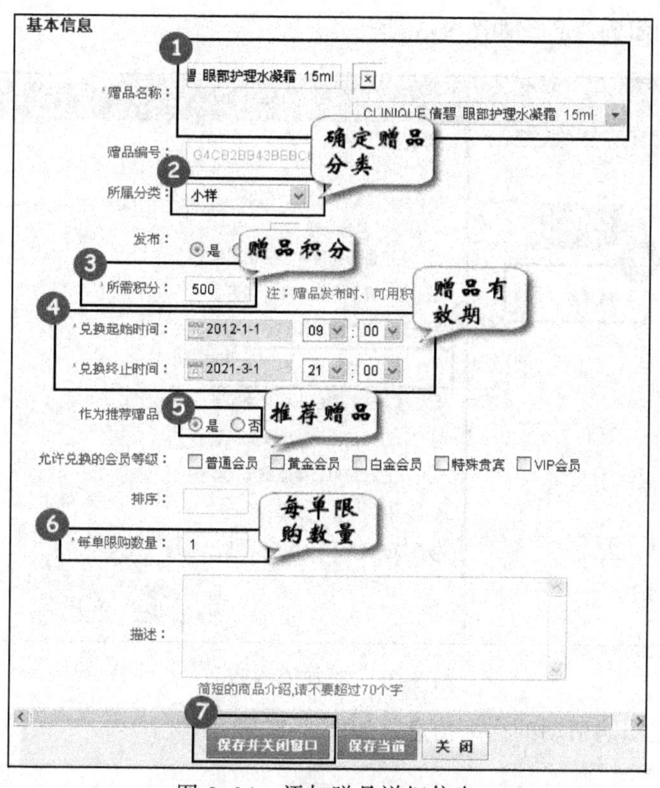

图 8-34　添加赠品详细信息

项目四 设置团购活动

请为商品名“韩版明星最爱休闲品”设置团购活动：

团购商品：	七彩钻石三角耳饰	活动开始：	2012 年 1 月 1 日
活动结束：	2012 年 12 月 31 日	活动最少数量：	10
活动最多数量：	30	价格：	98.00
活动对象：	黄金会员，白金会员	每人限购：	10

操作步骤如下：

① 在网店后台依次选择“营销”→“团购”→“活动列表”→“添加团购活动”，如图 8-35 所示。

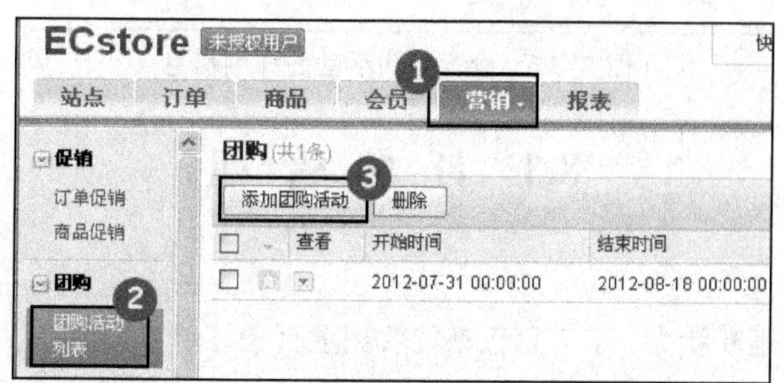

图 8-35　添加团购活动

② 按题意添加团购商品，如图 8-36 所示。

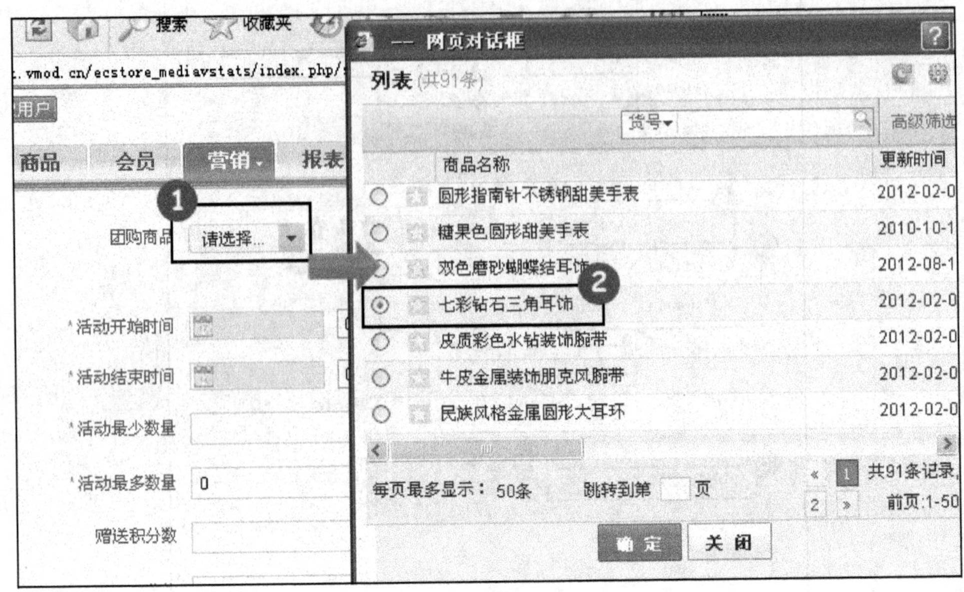

图 8-36 添加团购商品

③ 按题意确定团购活动的详细信息，如图 8-37 所示。

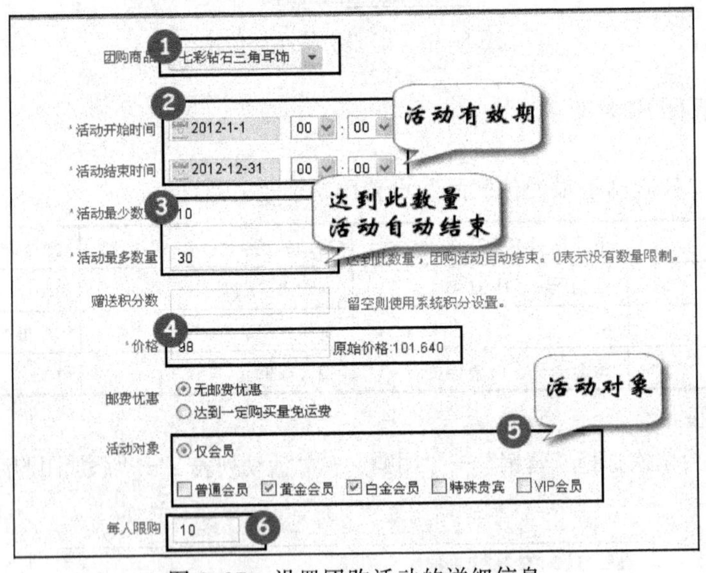

图 8-37 设置团购活动的详细信息

8.3 订 单 管 理

8.3.1 项目规划

随着客户队伍的不断壮大，丁丁每天都能收到上百条订单订购商品。他有些忙不过来，怎样才能更好地节约时间，提高工作效率呢？丁丁进行了有效地规划……

8.3.2　项目计划书

- 项目一：订单管理。
- 项目二：更改配送方式。
- 项目三：售后服务管理。

8.3.3　项目执行

项目一　订单管理

顾客刘刚在网店下了一个订单，他打电话来想要将“TATA 亮色漆皮可爱小矮靴”换成黄色，37 码的，请为他查询商品库存并修改订单信息。

操作步骤如下：

① 在网店后台的“业务概览”中找到“今日订单”，如图 8-38 所示。

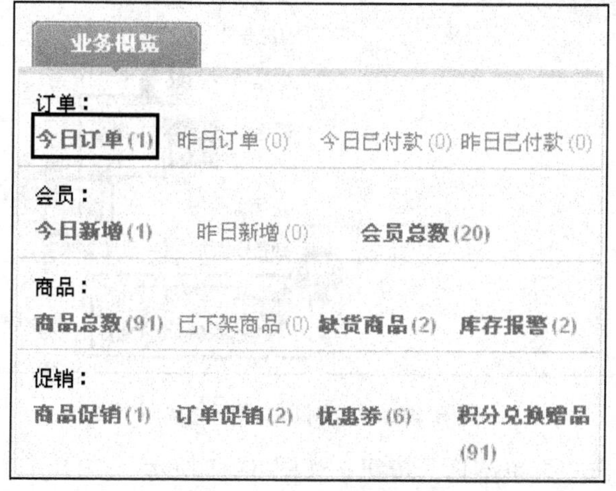

图 8-38　点击今日订单

② 在订单列表中找到刚才的订单，单击展开按钮，找到要修改的商品，点击展开，如图 8-39 所示。

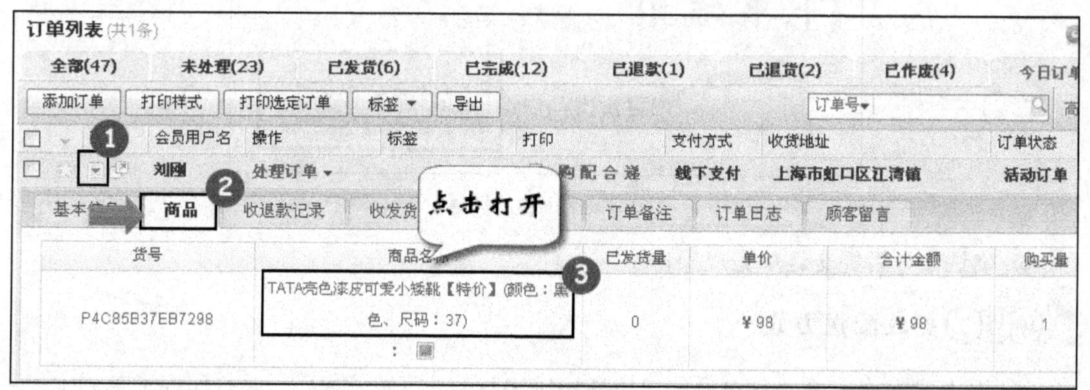

图 8-39　订单编辑

③ 在商品详细页中修改商品的颜色和尺码，单击“加入购物车”按钮，如图 8-40 所示。

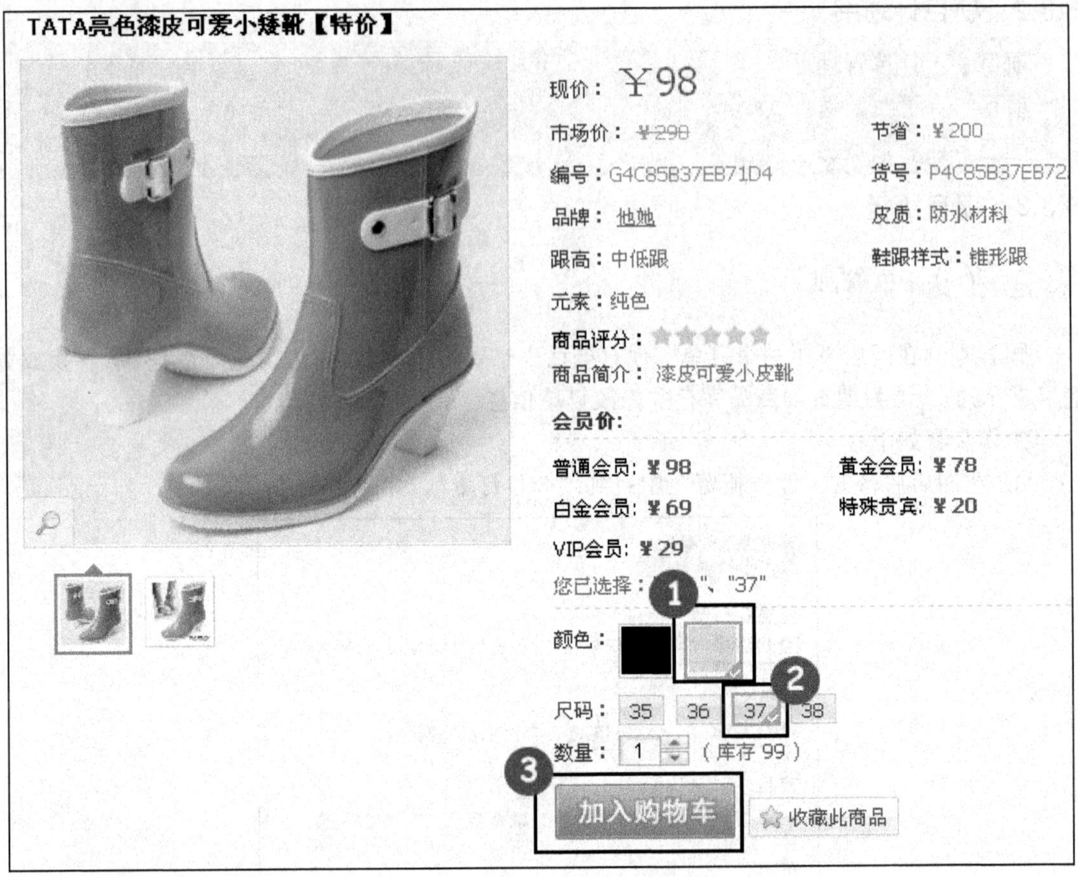
TATA亮色漆皮可爱小矮靴【特价】
现价：￥98
市场价：￥298
节省：￥200
编号：G4C85B37EB71D4
货号：P4C85B37EB72
品牌：他她
皮质：防水材料
跟高：中低跟
鞋跟样式：锥形跟
元素：纯色
商品评分：
商品简介：漆皮可爱小皮靴
会员价：
普通会员：￥98
黄金会员：￥78
白金会员：￥69
特殊贵宾：￥20
VIP会员：￥29
您已选择：
"37"
1
颜色：
2
尺码：
35
36
37
38
数量：
1
（库存 99）
3
加入购物车
收藏此商品

图 8-40　修改订单中商品属性

④ 在新窗口中单击“下单结算”按钮，如图 8-41 所示。

商品金额：￥98
下单结算
总金额：￥98
继续购物
下单结算 | >>

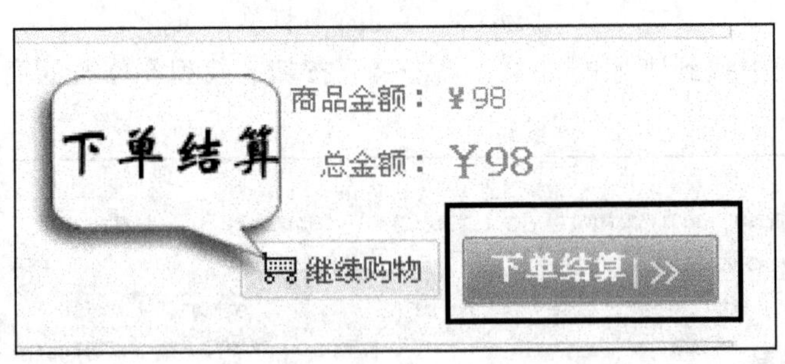

图 8-41　下单结算

⑤ 确认信息后提交订单完成操作。

项目二 更改配送方式

请为顾客刘样的订单（订单号：**20120816142041**）进行发货操作，并打印配货单和申通的快递单。

操作步骤如下：

① 在网店后台选择“订单”→“订单列表”，在右侧窗口中输入订单号，如图 8-42 所示。

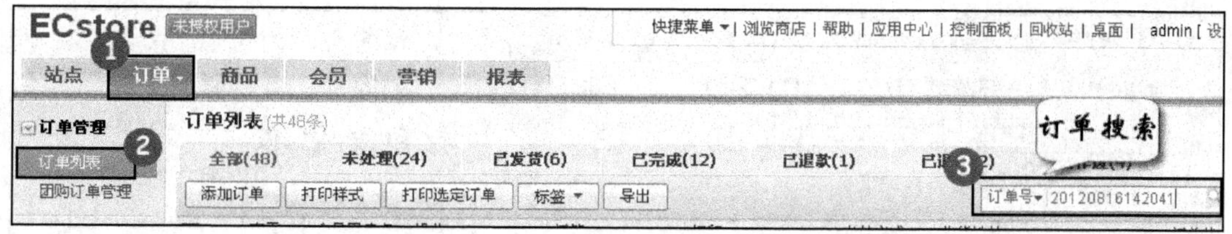

图 8-42　搜索订单

② 在找到的订单列表中单击中的“打开”按钮，在弹出的窗口中单击“发货”按钮，如图 8-43 所示。

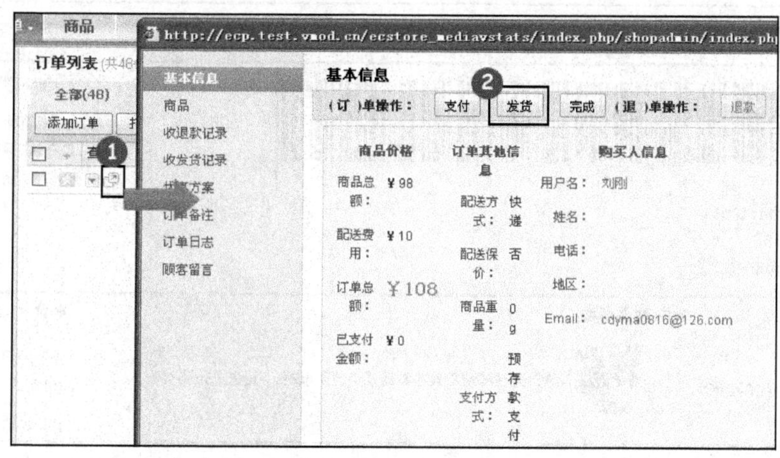

图 8-43　商品发货

③ 在确认了发货相关信息后，单击“发货”按钮，如图 8-44 所示。

图 8-44　发货

④ 在订单列表的“打印”选项卡中单击“配”打印配货单，如图 8–45 所示。

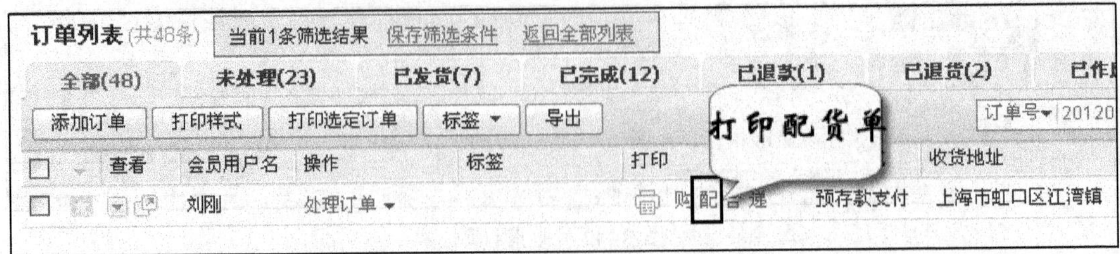

图 8–45　点击“配”

⑤ 系统会弹出配货单窗口，单击“打印”按钮，如图 8–46 所示。

图 8–46　打印配货单

⑥ 在订单列表的“打印”选项卡中单击“递”打印快递单，如图 8–47 所示。

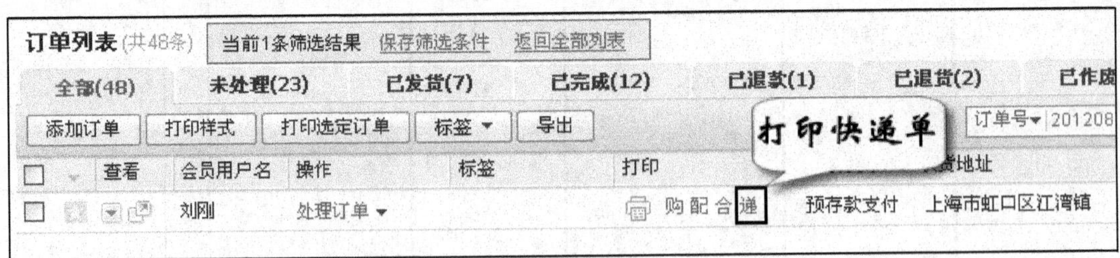

图 8–47　单击“递”

⑦ 在进行订单信息确认后单击“确认”按钮，如图 8–48 所示。

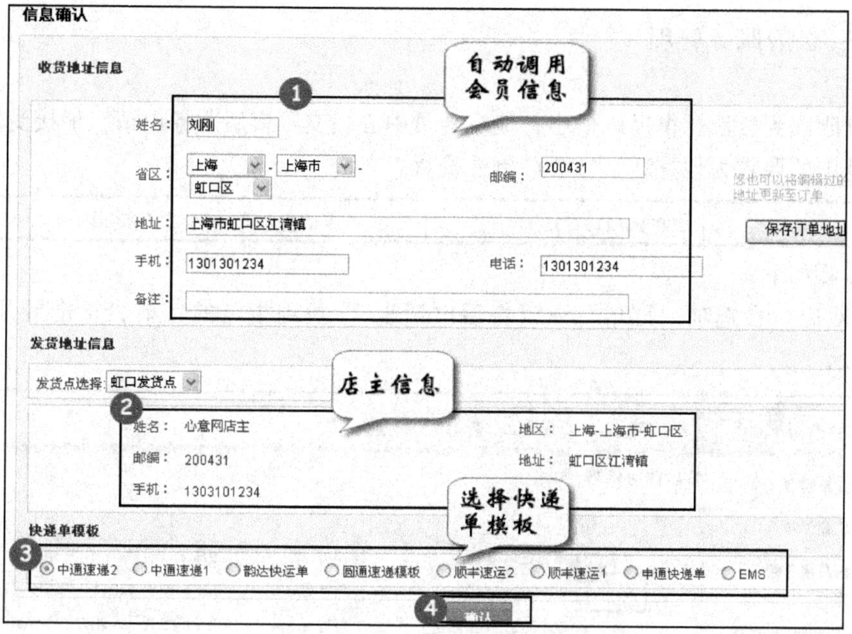

图 8-48　确认快递单信息

⑧ 在弹出的快递单窗口选择“打印快递单”，如图 8-49 所示。

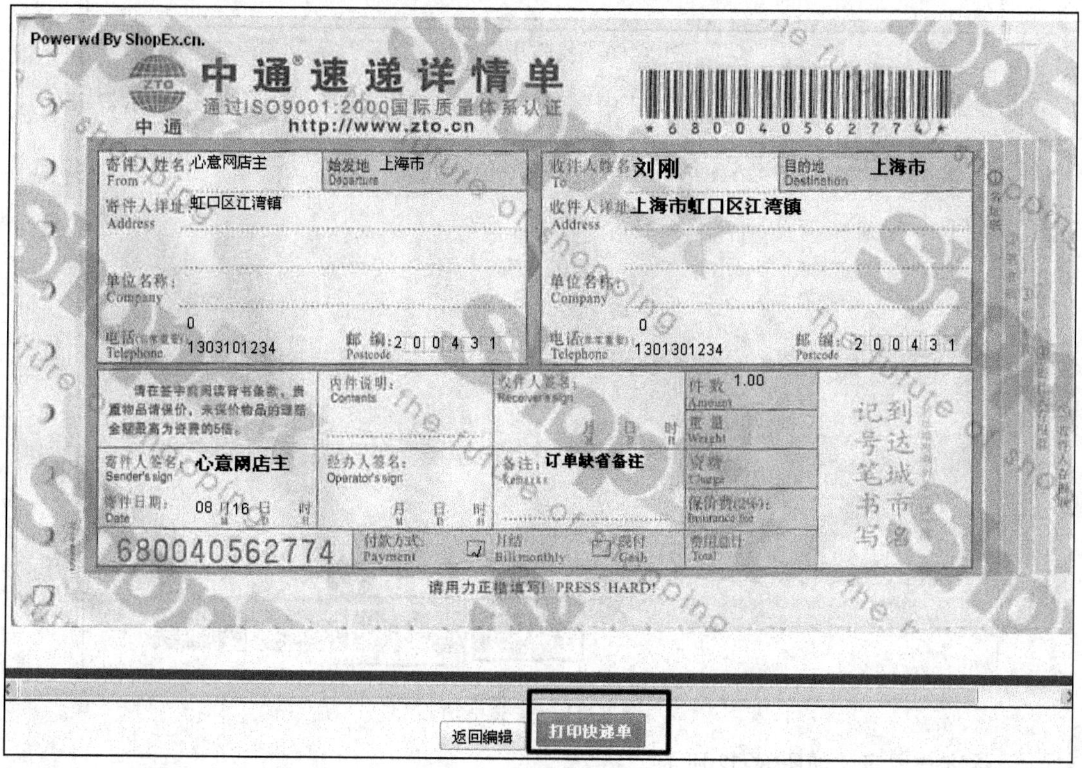

图 8-49　打印快递单

项目三 售后服务管理

顾客刘刚收到货后觉得尺码偏小，他在会员中心提交了售后服务申请，请接受他的申请，并根据申请中的要求为他重新下一个订单并发货。

原订单号	20090312137135	申请新尺码	43码

操作步骤如下：

① 在网店后台选项“订单”→“售后申请表”，找到指定的订单，点击展开按钮，如图 8-50 所示。

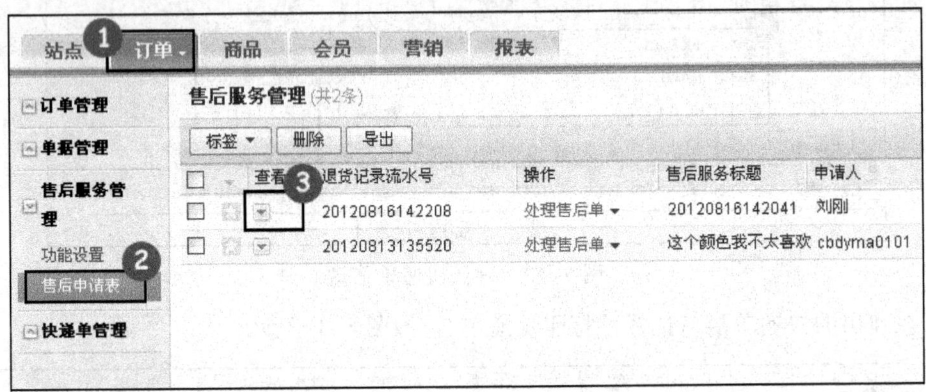

图 8-50　找到指定的订单

② 在弹出的窗口中依次点击“审核中”和“接受申请”按钮，如图 8-51 所示。

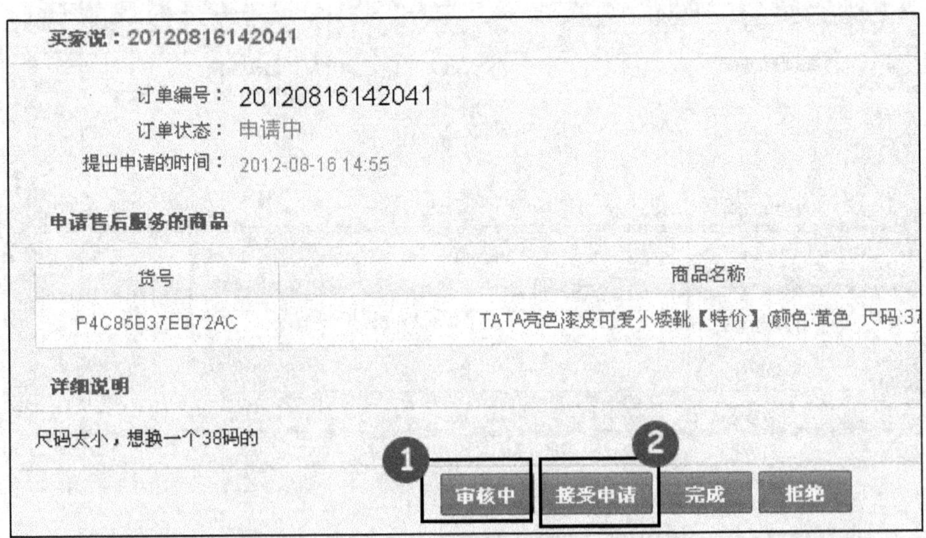

图 8-51　接受申请

③ 给客户留言，如图 8-52 所示。

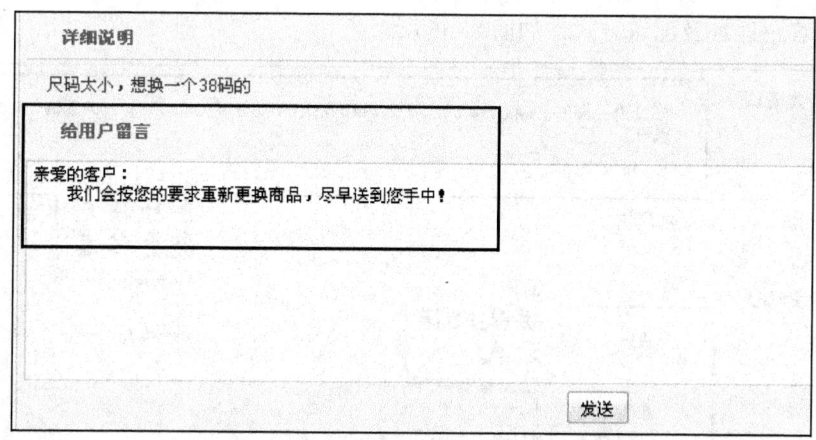

图 8-52　给客户留言

④ 为客户重下订单，在网店后台选择“订单”→“订单列表”，单击“添加订单”按钮，如图 8-53 所示。

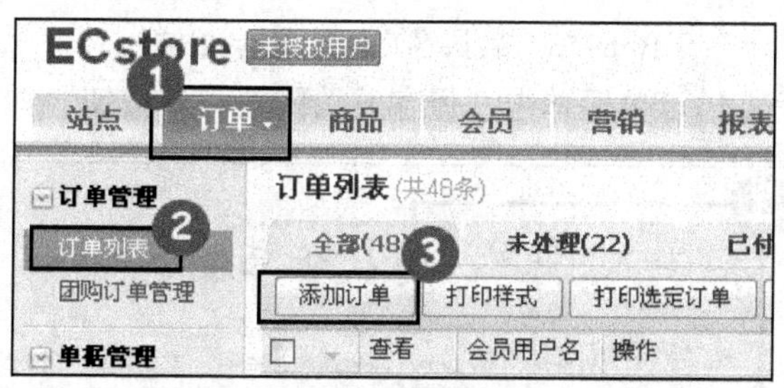

图 8-53　添加订单

⑤ 按题意输入用户名并找到指定的商品，如图 8-54 所示。

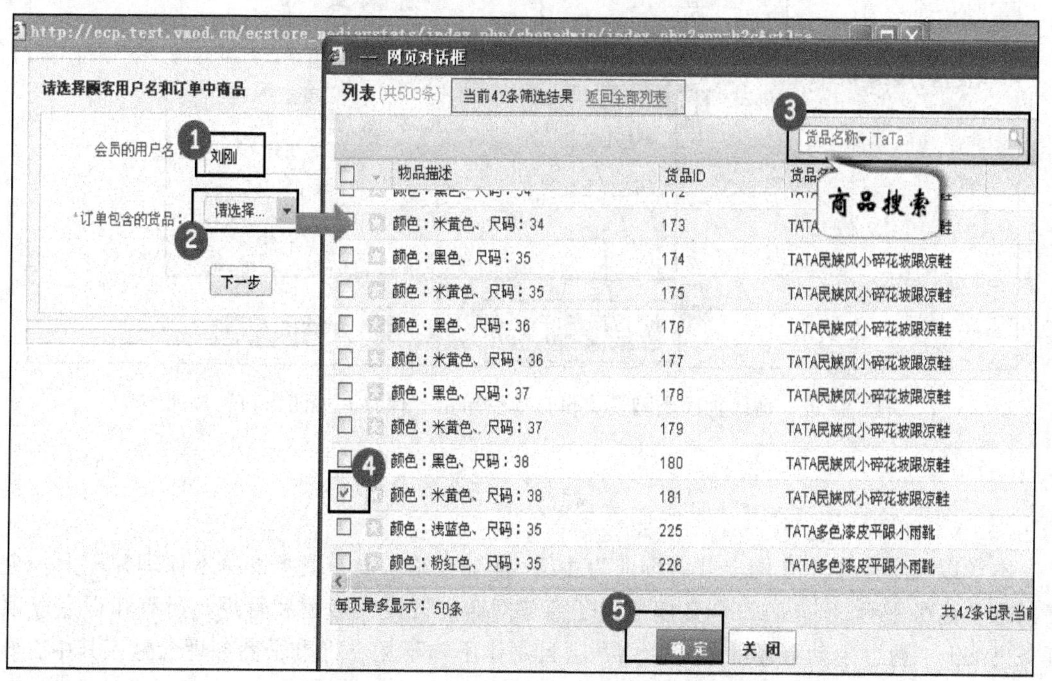

图 8-54　确定顾客用户名和所购商品

⑥ 确认客户地址及配送方式，如图 8-55 所示。

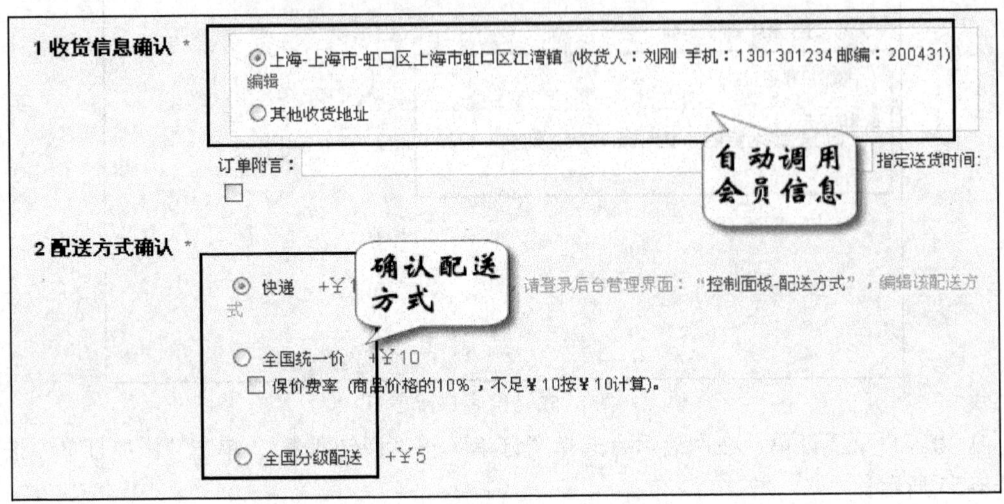

图 8-55　确认客户地址及配送方式

⑦ 确认货币类型及支付订单后单击“保存并关闭窗口”按钮，如图 8-56 所示。

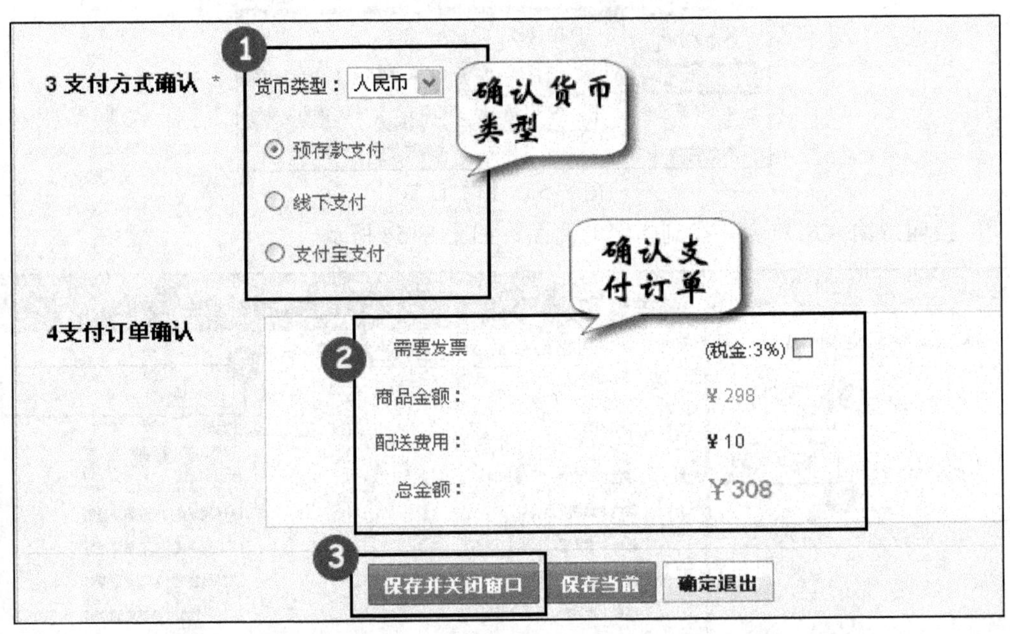

图 8-56　确认货币类型及支付订单后单击“保存并关闭窗口”按钮

小　　结

本章以大学生丁丁在网上开店创业为主线，详细介绍了电子商务的基本原理并配上一个全新的电子商务平台 Ecstore，全真模拟电子商务网店的开设、经营和管理。所有知识点以项目任务书展开，通过生动有趣的情景介绍及项目制作不知不觉已将电子商务理念融入其中，给人以耳目一新的感觉。

习　题

一、单项选择题

1. 网上商店建立的准备工作第一步是（　　）。

A. 编写网站设计的计划书　　B. 网站交互设计
C. 检查网页的链接　　D. 正式发布网站

2. 网上商店建设前准备（　　）。

A. 选好项目，联系货源
B. 找人建站或加盟提供网站的公司
C. 注册域名，网站备案、上架商品，录入资料、完善网站内容，如联系信息，收款账户，在线支付方式等
D. 以上都是

3. 网站编辑负责网站频道信息内容的搜集、把关、规范、整合和（　　），并更新上线。

A. 编辑　　B. 查询　　C. 搜索　　D. 研究

4. 在客户生命周期的各个阶段中，（　　）是客户对企业做出最大贡献的时期。

A. 客户潜在期　　B. 客户开发期　　C. 客户成长期　　D. 客户成熟期

5. 网上商店生成系统的常见功能准确的选择是（　　）。

A. 内置支付网关　　B. 购物车功能　　C. 多种支付选择　　D. 以上都是

6. 网上商店生成系统的常见功能准确的选择是（　　）。

A. 在线订单生成　　B. 商店静态优化　　C. 多种促销功能　　D. 以上都是

7. 网络和信息安全主要强调除网络自身安全及服务提供安全外，还包括网络上的信息机密性、（　　）、可用性，以及相关内容安全的有害信息控制。

A. 完整性　　B. 重要性　　C. 先进性　　D. 恢复性

8.（　　）是统计整理的一种重要形式，通过对零乱、分散的原始数据资料进行有次序的整理，形成一系列反映总体各组之间个体分布状况的数列。

A. 频数分布　　B. 累计频数　　C. 累计频率　　D. 统计数据分组

9. 网站信息安全的内容之一就是（　　）。

A. 防止网站信息被篡改　　B. 网站色彩鲜明
C. 网站内容完整　　D. 网站调用快速

10.（　　）所面对的主要问题包括发现所隐藏的信息的真实内容、阻断所指定的信息，挖掘所关心的信息。

A. 数据安全　　B. 交易安全　　C. 内容安全　　D. 下载安全

二、判断题

1. 电子商务网站的功能，包括商品发布功能、商品选购功能、具有个性化的采购订单模板，顾客进行购物组合比较、“购物车”内置的价格计算模型可以根据商家的价格体系灵活定制在线交易功能、商品交接、资金结算功能。（　　）

2. 电子商务网站主要分为 B2B 和 B2C 两种。（　　）

3. 一个电子商务应用平台系统的运行，要有网络、主机设备，也需要有支持平台软件和应用软件。（ ）

4. 已注册用户是指系统中已有其注册信息的用户，此类用户可完成整个购买流程。（ ）

5. 申请注册域名，用户可以通过 Web 和 E-mail 两种方式填写注册申请表。（ ）

6. 在创建一个 Web 站点之前，必须先申请域名和站点空间。只有申请了域名和站点空间后，用户制作的网页才能发布到 Internet 上，供他人浏览。（ ）

7. 网络编辑需要具备以下几方面基本知识与技能：新闻传播学、计算机及网络技术基础、文字表达能力及网络编辑所负责领域的相关学科基础知识。（ ）

8. 会员中心功能是网上商店生成系统的常见功能之一。（ ）

9. 信息安全有多层含义,首先最基本的是网站内容的合法性。（ ）

10. 内容安全是指对信息真实内容的隐藏、发现、选择性阻断。（ ）

三、实验题

用 Ecstore 平台建设一个电子商务网店。

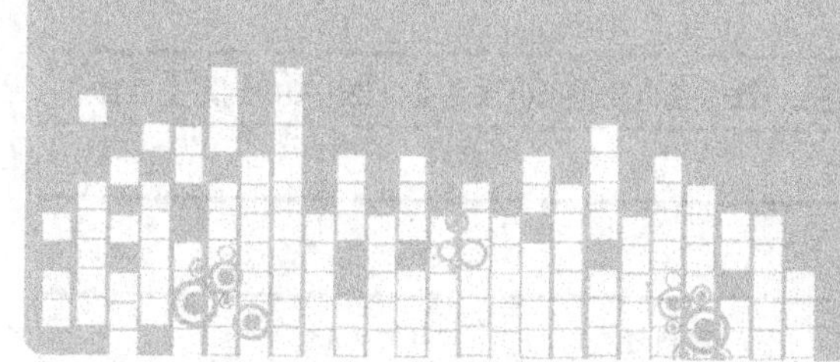

附录 A 模拟考试

操作模拟考试

1. 网店开设

（1）网店开设申请

网店名称	飞翔天空	商店网址	v.fly80.com
商店 Logo	logo.gif		

网站所有人	洪伟	所属行业	玩具/模型
联系人	洪伟	固定电话	021-6536××××
手机	1360165××××	电子邮箱	hongwei197900@live.com
QQ	240887891	淘宝旺旺	wl@msn.com
地址	上海市南泉路 22 号	邮编	200125

（2）配置网店布局

列表页缩略图	宽度：150 px	高度：160 px	默认图：default1.jpg
商品页详细图	宽度：300 px	高度：300 px	默认图：default2.jpg
商品相册图	宽度：600 px	高度：600 px	默认图：default3.jpg
开启图片放大镜	宽度：430px	高度：600 px	

（3）配置网店功能模块

是否支持非会员购物	是	顾客点击商品购买按钮后	直接加入购物车
前台商品价格精确到	无小数位	商品价格进位方式	四舍五入
订单金额取整位数	整数取整	订单金额取整方式	四舍五入
是否设置含税价格	是	税率	7%
优化商店运营数据	是	是否支持商品直接购买	是

（4）配送管理

类型	货到付款	重量设置	首重重量 500 g
支持物流保价	费率 1%	保价设置	最低保价费:10 元
地区费用类型	统一设置		

（5）配置支付方式

A. 支付宝支付：

支持交易货币：	人民币	合作者身份(parterID)	
交易安全校验码(key)：		支付手续费设置	使用标准双接口使用担保交易接口使用即时到账交易接口
按比例收费		费率	7%

B. ChinaPay：

支持交易货币	人民币	客户号	Wang_lin
公钥文件		私钥文件	
支付手续费设置	固定费用	费率	8%

2. 商品信息操作

（1）发布一个商品

发布以下商品，并将商品上架销售：

商品名称	精棉弹力拉皱时尚小脚牛仔裤		
商品品牌	他她	商品编号	CM005
销售价	100 元	成本价	88 元
相册照片	2.4.1.jpg	商品分类	女装—上衣
列表图片	2.4.2.jpg	规格	S,M,L
商品简介	本网站所售产品均为厂商正品，如有任何问题可与我们客服人员联系，我们会在第一时间跟您沟通处理。我们将争取以最低的价格、最优的服务来满足您最大的需求		

（2）商品下架停止销售

将分类为“钱包卡包”的商品置为下架状态，商店前台无法购买。

（3）修改商品资料

将商品“枫叶红堆叠造型单肩包”的信息做调整：

品牌	ELLE	销售价	400 元
成本价	350 元	市场价	420 元
相关商品	品牌为“麦包包”的所有商品		
商品标签	新颖包包		

（4）到货通知

设置“大花朵白色淑女时装包”库存为 0，到前台进行购买，登记到货通知。（前台用户名密码登录，用户名 demo，密码 demo，邮箱 demo@shopex.cn）

3. 网店维护

安装模板包“凡客诚品”到系统中并启用它。

（1）添加一个网站友情链接

在友情链接栏目添加一条内容：

链接名称	户外旅行网
图片	huwai.jpg
链接地址	http://www.huwaiwang.com
排序	2

（2）添加版块：最新发货

版块标题	新货发送	版块边框	无边框
显示成功发货	5 条	滚动速度	慢
高度	35	每次滚动条数	2 条

（3）添加前台虚拟分类

添加虚拟目录（促销商品）按价格区间分别为：50 元以下；50～150 元；150～250 元；250～350 元；350～450 元；450 以上，并在前台显示。

4．配送操作

添加一种名为“飞飞物流”的配送方式，并将收费标准按以下规范进行设置：

地区的运费 / 地区代号	支持的配送地区	运费标准
A	上海、江苏、浙江	首千克 4 元，以后每增加 1 kg 运费增加 2 元
B	北京、广东、山东、福建、广西、河南、河北	首千克 8 元，以后每增加 2 kg 运费增加 2 元
C	新疆、内蒙古、西藏、香港	首千克 12 元，以后每增加 1 kg 运费增加 4 元

（1）修改收件人地址

对订单编号为 20101012100499 的订单进行发货操作，并修改发货单信息：

① 配送方式：快递。

② 物流公司：中国邮政 EMS。

③ 物流单号：1200285545631。

④ 物流费用：20 元。

⑤ 收货人：商派丫头。

⑥ 手机：13333333333。

⑦ 地址：北京市东城区 1787 号 3202 室。

（2）为顾客发货并修改订单配送方式

为订单编号为 20101012105477 的订单修改配送方式，具体如下：

配送方式：	货到付款	物流公司：	顺丰速运

5．商品信息发布

① 新发布一个网店公告，要求如下：

结点	帮助中心-售后服务	标题	退换货总则
发布	是	发布时间	2012-1-1 09:00

续表

结点	帮助中心-售后服务	标题	退换货总则
内容	以下情况不予办理退换货： ① 任何非我们商城出售的商品（序列号不符）； ② 对于过保商品（超过三包保修期的商品）； ③ 未经授权的维修、误用、碰撞、疏忽、滥用、进液、事故、改动、不正确的安装所造成的商品质量问题，或撕毁、涂改标贴、机器序号、防伪标记； ④ 商品的外包装、附件、赠品（券）（需要和主商品一起退换）、说明书不完整，（券）发票缺失或涂改； ⑤ 密封产品原包装打开（如一次性封贴或者胶条封箱被拆开）； ⑥ 产品已使用		

② 在网站结点“帮助中心-购物指南”下添加标题为“订单付款后，如果长时间未收到货，我是否可以申请办理退款？”的文章，发布内容如下：

非我们快递覆盖区域内，由第三方快递公司负责直接送达的订单，如圆通快递，自发货时间算起超过10天仍未收到货或收货地址超出第三方快递覆盖的区域，由第三方快递转邮政，如圆通转EMS等，自发货时间算起超过20天仍未收到货，可致电客服中心400-606-0000，由客服人员为您申请办理退款事宜。

6. 订单操作

（1）录入和生成订单（默认会员用户名demo，密码demo）

订购商品	CLINIQUE 倩碧 旅行套装	商品品牌	倩碧
		数量	1
价格	¥398.00	配送方式	货到付款
订单附言	发票抬头：上海开心每一天有限公司	支付方式	预存款支付
送货地址	上海市徐汇区宜山路667号705室	收货人	王二毛
手机	1388182××××	邮编	2000032

（2）订单的变更

顾客张先生的新订单，要求更改收货信息，调整后的信息如下：

订单号	20101012105477		
收货人	商派爸爸	收货人电话	1361363××××
收货地址	上海市徐汇区宜山路667号705室		

（3）订单状态查询

请把订单号20101012109909的订单状态调整为支付。

7. 网络信息收集

请在网店商品中筛选出符合要求的商品，统计商品种类和数量：

销售价	99元		

复制本书附带光盘模拟试题（含素材）中2.1.1.1.txt至考生文件夹；并在该文档内填写以上统计数据（阿拉伯数字）并保存至考生文件夹。

将商品品牌为"百丽"，商品销售价小于100元的所有商品调整品牌为"芳草集"保存到考生文件夹，并命名为2.1.1.2.csv。

把库存小于100的商品打上同一个"需进货"的标签，并将这些商品进行库存调整，调整为全部增加100。

批量导出csv女装分类的商品，导出后台，修改价格，销售价格为500元，普通会员价格为450，黄金会员为400，白金会员为300元，修改好之后保存，重新到后台批量上传csv ,覆盖之前的内容。

8．售前咨询

① 根据网店商品信息回答顾客提出的留言问题，在系统中进行回复，回复内容如下：

顾客提问	"抽绳连体背带短裤"是什么品牌的？有哪些颜色可选
客服回答	

② 根据网店支付方式信息回答顾客提出的问题：

顾客提问	如何可以订购到你们的商品？
客服回答	

③ 根据网店帮助中心或素材库相关信息回答顾客提出的问题：

顾客提问	请问什么是积分？如何产生的？是干什么用的？
客服回答	

9．支付操作

① 修改支付方式：

支付方式名称	快线支付	客户号	001
私钥	cbdyma	顾客付款类型	银行直接支付
交易费率	6%	是否开启	是

② 在后台为订单号为20101012109909的订单进行支付操作，并填写支付单，要求如下：

收款银行	上海建设银行	收款账号	522250002348749
收款金额	1000	付款类型	线下支付
付款方式	预存款支付	收款单备注	货款
付款人	王毛毛		

10．售后服务

素材位置：素材\3.1

通过系统平台添加售后服务：

订单号		20101012101895	
会员用户名	商派小子	密码	demo
售后服务标题		商品退换货政策	
申请售后的详细原因描述		商品退换货政策	

接受售后服务申请，并回答顾客提出的关于售后服务的问题，答题参考本书附带光盘模拟试题（含素材）中的3.1.doc。

参 考 文 献

[1] 陈萍. 电子商务实训教程[M]. 2 版. 北京：科学出版社，2013.
[2] 陈文培. 电子商务运营[M]. 上海：上海财经大学出版社，2013.
[3] 陈文培. 电子商务管理[M]. 上海：上海财经大学出版社，2013.
[4] 虞益诚. 电子商务概论[M]. 北京：中国铁道出版社，2007.
[5] 吕廷杰. 电子商务教程[M]. 2 版. 北京：电子工业出版社，2012.